인조이 **스위스**

인조이 스위스

지은이 송윤경
펴낸이 임상진
펴낸곳 (주)넥서스

초판 1쇄 발행 2019년 5월 20일
초판 3쇄 발행 2020년 3월 10일

2판 1쇄 인쇄 2025년 8월 15일
2판 1쇄 발행 2025년 8월 25일

출판신고 1992년 4월 3일 제311-2002-2호
주소 10880 경기도 파주시 지목로 5
전화 (02)330-5500 팩스 (02)330-5555

ISBN 979-11-94643-56-2 13980

저자와 출판사의 허락 없이 내용의 일부를
인용하거나 발췌하는 것을 금합니다.

가격은 뒤표지에 있습니다.
잘못 만들어진 책은 구입처에서 바꾸어 드립니다.

www.nexusbook.com

여행을 즐기는 가장 빠른 방법

인조이
스위스
SWITZERLAND

송윤경 지음

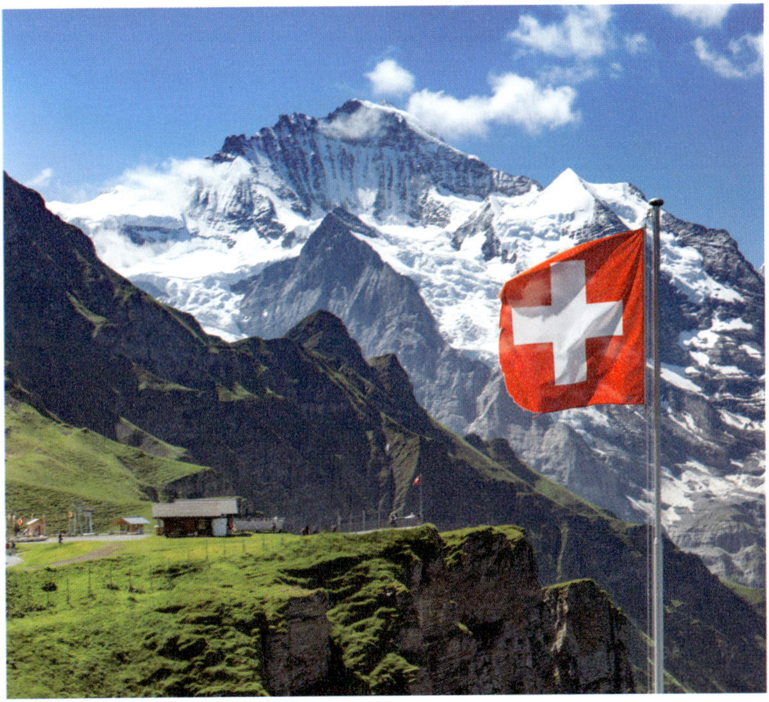

넥서스BOOKS

Prologue
여는 글

일상이 다정하지 않거나 속수무책일 때가 있습니다. 운동화 밑창이 잠길 정도로 얕게 고이는 비라면 걸어가겠지만, 이미 허리춤까지 차 버린 홍수라면 도망가는 게 상책이죠. 서해처럼 잔잔하던 제 하루하루에 더럭 불안과 우울이 밀물졌습니다. 쉽게 멈추지 않고 생각보다 깊이 들어차습니다. 저는 스위스로 도망쳤습니다. 물론, 피난처로 더없이 최악이라는 건 확신했습니다. 보름달이 그믐달로 깎여 나가듯 자고 나면 제 통장 잔고도 사정없이 빠르게 줄어 갔으니까요.

스위스는 SNS 피드를 넘기다 정했습니다. 거대한 예술 작품 같은 알프스 절경과 목가적인 마을 풍경에 수직 운동 하던 손가락을 멈췄죠. AI 알고리즘이 잘 형성되어 항공권을 권할 때까지 오래 봤습니다. 산골짜기에 홀로 있는 살레(스위스 전통 가옥)를 보며 "고립도 가능하겠어."라고 읊조렸던 것 같습니다.

'지금이 마지막 기회'라는 예약 사이트를 통해 항공권을 결제하고 도망칠, 아니 여행할 채비를 마쳤습니다. 설렘이나 간절한 마음은 없었지만, 돌아올 땐 회복하길 기대했습니다. 제네바 공항에 내려 숙소에 짐만 두고 곧장 레만 호수로 향했습니다. 통화 중인 회사원과 트럭에서 물건을 내리는 상인, 정차할 때마다 쇳소리 내는 트램까지 제네바는 바빴지만, 호수는 서해처럼 잠잠했습니다. 그때의 감정을 어떻게 설명하면 좋을까요. 손가락을 끼워 넣고 잠시 멈췄던 책을 다시 읽는 기분이었습니다. 이야기는 이어지고 머릿속엔 공상이 펼쳐졌습니다. 그날은 호수 너머 펼쳐진 알프스산맥 봉우리가 붉게 물들 때까지 걸었습니다. 게으른 성정을 타고나기라도 한 듯 느릿느릿 나아갔습니다.

가장 처음 내려온 눈처럼 칠렐레팔렐레하며 알프스로 향했습니다. 역에는 여행객들이 북적였으나 알프스산맥이 너른 탓인지 모든 사람을 품고도 여유가 넘치더군요. 등산 열차와 케이블카, 곤돌라로 산 깊이, 높이 다녔습니다. 4,000m급 고산을 땀 한 방울 흘리지 않고 올랐지만, 알피니즘(Alpinism) 역사를 써 내려간 등반가들이 왜 산을 찾는지 어렴풋이 알 것 같았습니다. 장대한 감상을

풀어 쓸 능력은 없지만, 하나는 확실했습니다. '자연 앞에 인간은 참 작구나. 내가 하는 고민도 별것 아니구나.' 말로, 글로만 알던 문장이었는데, 그렇게 할 장소에 와 보니 무슨 말인지 이해가 되었습니다. 웅장한 산그늘이 얼핏 든든했던 모양입니다. 잔잔한 불평거리를 늘어놓다가 그게 또 소중해서 피식, 바람 새듯 웃었습니다.

하루는 쉬운 길을 골라 하이킹을 떠났습니다. 그래도 해발 2,000~3,000m라 홀로 마음을 굳게 먹었습니다. 엄장한 마음과 달리 등산 열차를 타고 정상 부근에서 내리긴 했지만요. 능선을 따라 2시간을 내리 걸었습니다. 삼림 한계선을 훌쩍 넘긴 고산대라 햇볕을 피할 수도 없었어요. 얼굴은 벌겋게 달아오르고 등골에 땀이 흘러내렸습니다. 대충 너럭바위에 앉아 COOP에서 산 샌드위치와 갓 짜낸 오렌지 주스를 먹었습니다. 그제야 습한 마음 한편에 쨍쨍한 햇빛이 들어 잘 마른 수건처럼 빳빳해졌어요. 스스로 기특하더군요. 문제를 잊으려 하지 않고, 무뎌지지 않고 조금은 이겨 낸 것 같아 그랬나 봅니다. 모닥불에 타다 남은 불씨가 불식간에 화르륵 붙어 버린 것처럼 일어나 다시 길을 걸었습니다. 민망하지만 다시 말해야겠군요. 스위스는 피난처로 더없이 완벽했습니다.

원고를 다 쓰고 마지막에 프롤로그를 씁니다. 완주 거리가 정해진 마라톤처럼 완성된 원고가 나오기까지 물심양면으로 응원해 준 사람들에게 한 자 한 자 눌러 담아 감사를 드리고 싶어서요. 한결같이 지지와 사랑을 보내 주신 서용우 님, 나이에 맞지 않게 이해와 배려가 깊은 서윤우 님, 도와달라는 한마디에 가타부타 말도 없이 곁에 와 준 김선옥 님 감사합니다. 살다가 이렇게 마음 편히 일한 적이 있나 싶습니다. 서로 다른 방식과 만남 속에서 저와 인연을 맺고 마음 써 주신 모든 분께 감사드립니다. 《인조이 스위스》가 나올 수 있도록 인내해 주신 권근희 편집장님과 편집·디자인팀에도 감사드립니다.

송윤경

이 책의 구성

1. 한눈에 보는 스위스

스위스의 기본 정보를 비롯해 역사와 주요 키워드, 대표적인 명소를 살펴보면서 여행의 큰 그림을 그려 보자.

2. 테마로 즐기는 스위스

여행을 더 풍성하고 다채롭게 만들어 줄 스위스의 즐길 거리들을 테마별로 소개한다.

3. 추천 코스

전문가가 추천하는 스위스 여행 코스를 참고하여 자신의 여행 스타일에 맞는 최적의 일정을 세워 보자.

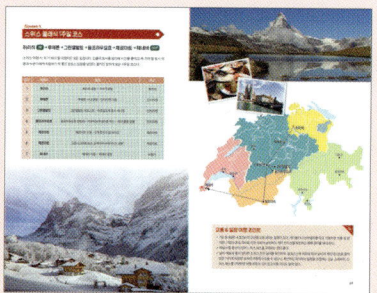

4. 여행 준비

여행 전 체크 리스트부터 공항 출입국 수속, 유용한 트래블 패스, 알아 두면 좋은 현지 정보까지 상세히 담았다.

> ❗ 현지의 최신 정보를 정확하게 담고자 하였으나 현지 사정에 따라 정보가 예고 없이 변동될 수 있습니다. 특히 요금이나 시간 등의 정보는 안내된 자료를 참고 기준으로 삼아 여행 전 미리 확인하시기 바랍니다.

⑤ 지역 가이드

스위스의 각 지역을 구석구석 소개한다. 스위스를 찾는 여행자라면 꼭 가 봐야 할 대표적인 명소부터 맛집, 상점, 호텔, 하이킹 코스 등을 소개하고 상세한 관련 정보를 담았다.

지역별 교통편과 여행 동선, 상세한 지도

관광 명소와 문화적 배경 지식, 유용한 여행 팁

당일치기 근교 여행지와 하이킹 코스

추천 식당과 숙소

⑥

부록 – 여행 회화 & 찾아보기

현지에서 사용할 수 있는 간단한 영어, 독일어, 프랑스어, 이탈리아어 회화 표현을 수록했다. 또한 책에 소개된 관광 명소와 식당, 숙소 등을 이름만 알아도 쉽게 찾을 수 있도록 정리했다.

Contents
목차

한눈에 보는 스위스
스위스는 어떤 곳일까? • 012
스위스의 역사 • 014
키워드로 보는 스위스 • 016
스위스 대표 여행지 Best 20 • 022

추천 코스
스위스 클래식 1주일 코스 • 068
스위스 파노라믹 2주일 코스 • 070
알프스 하이킹 2주일 코스 • 072
스위스 일주 30일 코스 • 074

테마로 즐기는 스위스
왁자지껄 흥겨운 **스위스 축제** • 032
놓칠 수 없는 즐거움 **스위스 대표 음식** • 038
디저트 마니아들 모여라! **스위스 디저트** • 044
이건 꼭 사야 해! **스위스 쇼핑 아이템** • 048
Special Theme | 슈퍼마켓 쇼핑 • 052
걸으면 더욱 아름다운 **하이킹 코스 Best 10** • 054
덜컹덜컹 낭만 가득한 **스위스 기차 여행** • 060
Special Theme | 그랜드 트레인 투어 • 063

여행 준비
여행 전 체크 리스트 • 078
출입국 체크 리스트 • 084
유용한 트래블 패스 • 088
알아 두면 좋은 현지 정보 • 090

지역 가이드

취리히 & 바젤 지역
취리히 • 098
샤프하우젠 • 138
바젤 • 148
아펜첼 • 162

피어발트슈테터 호수 지역
루체른 • 174
Plus Area ❶ | 리기산 • 194
Plus Area ❷ | 필라투스산 • 198
Plus Area ❸ | 티틀리스산 • 202
Plus Area ❹ | 슈탄저호른산 • 206

베른 지역
베른 • 214

베르너 오버란트 지역
인터라켄 • 238
그린델발트 • 254
라우터브루넨 • 262
융프라우요흐 • 272
칸더슈테크 • 282
마이링겐 • 288

발레 지역
체르마트 • 296
로이커바트 • 320
알레치 아레나 • 324

레만 지역
제네바 • 332
Plus Area | 프랑스 샤모니 • 351
로잔 • 362
Plus Area ❶ | 모르주 • 371
Plus Area ❷ | 프랑스 에비앙레뱅 • 374
몽트뢰 • 376
Plus Area ❶ | 브베 • 382
Plus Area ❷ | 라보 테라스 • 384

* 여행 회화 • 388
* 찾아보기 • 395

한눈에 보는 스위스

- 스위스는 어떤 곳일까?
- 스위스의 역사
- 키워드로 보는 스위스
- 스위스 대표 여행지 Best 20

스위스는 어떤 곳일까?

유럽 대륙 한가운데 있는 스위스는 이탈리아와 독일, 프랑스와 국경을 두고 있다. 독자적인 문화와 정체성을 가졌지만, 좋은 친구를 사귀듯 타국 문화와 언어도 받아들여 지역마다 다양한 생활 방식을 가진다. 이처럼 수용하는 태도 덕분에 스위스는 고립이 아닌 중립으로 '작지만 강한 나라'가 되었다. 스위스를 여행하려면 어떤 것부터 알아야 할까? 기본 정보부터 시작해 보자.

위치
유럽 중부 내륙

수도
베른(Bern)

면적
약 41,285km²

인구(2025년 기준)
약 892만 명

종교
가톨릭, 개신교, 이슬람교, 기타

언어
독일어, 프랑스어, 이탈리아어, 로망슈어, 기타

통화
스위스 프랑(CHF)

비자
90일까지 무비자

전압
230V, 50Hz

전화
국가번호 41

비행 시간(직항 기준)
인천-취리히 약 11시간 30분

시차
한국보다 8시간 늦음
(3월 말~10월 말 서머타임 기간에는 7시간 늦음)

스위스의
역사

스위스 기원이 된 슈비츠와 우리, 운터발덴이 모여있는 피어발트슈테터 호수(루체른 호수)

고대

게르만족의 한 갈래인 켈트족은 유럽 대륙 전역에 걸쳐 살고 있었다. 그중에서 알프스 고원으로 넘어온 것은 헬베티(Helvetii)족으로, 이들이 정착한 BC 5세기경부터 스위스 역사가 시작된다. 영토 전쟁으로 프랑스 동부까지 내려간 헬베티족은 카이사르가 이끈 로마 군대에 패해 식민지가 되었다.

중세 전기

이후 로마제국이 멸망했으나 스위스는 독립하지 못하고 4세기에 걸쳐 신성로마제국의 지배를 받는다. 13세기 신성로마제국이 몰락한 뒤에는 합스부르크 왕가가 통치했다. 유럽 남북을 연결하는 전략적인 요충지에 자리한 스위스는 중세 유럽 강대국 간의 전쟁터로 이리저리 휩쓸리게 되어 식민 지배에서 쉽게 벗어날 수 없었다.

중세 후기

1273년 자유와 독립을 바라는 슈비츠(Schwyz), 우리(Uri), 운터발덴(Unterwalden)이 모여 뤼틀리 서약(Rütlischwur)을 맺고 '스위스 동맹'이란 이름으로 독립운동을 펼쳐 자유 국가가 됐다. 15~16세기에 일어난 종교개혁으로 종교 전쟁, 나폴레옹 침공 등 수많은 전쟁을 겪은 스위스는 1815년 영구중립국을 선언했다.

스위스 독립의 영웅 빌헬름 텔

근현대

자원이 없는 대신 정밀 기술을 개발해 세계 최고 수준의 기계공업을 일구어 내고 스위스 용병 시절부터 쌓은 정직과 믿음을 바탕으로 최고의 신용을 자랑하는 스위스 은행을 만들었다. 19세기 영국을 중심으로 고봉을 정복하는 등반 붐이 일었고 알프스가 소개되면서 등반가와 여행객이 스위스로 모여들었다. 이에 많은 인원을 수용하기 위해 터널과 철도를 놓았다. 알프스 험지를 개발해 정상을 손쉽게 오를 수 있게 되자 스위스는 세계 최고의 관광 대국이 되었다.

형제에게 칼을 겨눌 수 없다 – 영구중립국 선언

스위스는 유럽에서 가장 가난한 나라였다. 우리나라 면적 5분의 2인데 알프스산맥이 75%를 차지하기까지 한다. 따라서 국토가 좁고 농경지가 부족하며 지하자원도 없다. 스위스 남자들은 먹고살기 위해 프랑스나 오스트리아, 이탈리아 등 강대국에 용병으로 나가 돈을 벌어 왔다. 산악 전투가 많던 중세 시대에 험한 고산에서 살아온 스위스 용병들은 전투 능력이 가장 뛰어나고 용맹했다. 비록 돈을 받고 모시는 군주지만 충성심이 뛰어나, 스위스 용병은 가장 인기 좋은 최고의 전사가 된 것이다. 그러다 보니 1798년 나폴레옹이 유럽을 휩쓸고 다닐 때, 파병된 용병들이 서로 적이 되는 일도 발생했다.

형제끼리 칼을 겨누는 비극적인 현실을 끝내기 위해 1815년 스위스는 영구중립국(永久中立國)을 선언했다. '누구의 편도 들지 않는 나라'로 정치, 경제, 문화 등 모든 면에서 안전한 나라로 만든 셈이다. 두 차례의 세계대전에도 참전하지 않고 중립을 유지한 스위스는 민병제를 채택하여 방어에만 힘쓴다. 국제 분쟁에서 벗어나 중립을 지키고 신뢰를 얻으면서 UN과 세계보건기구(WHO), 국제적십자사(ICRC), 세계무역기구(WTO), 국제결제은행(BIS), 국제올림픽위원회(IOC) 등 국제기구 중심지가 되었다.

오늘날 스위스 용병은 바티칸에서만 볼 수 있다. 1506년 교황 율리우스 2세가 150명의 스위스 용병을 근위대로 채용하면서 인연을 맺었으며 오늘날까지 협약에 따라 역사가 이어지고 있다. 참고로 근위대는 스위스 국적을 가진 19~30세 미혼 남성이자 가톨릭 신자만 가능하며 스위스군에서 복무한 경력이 있어야 한다.

바티칸을 지키는 스위스 용병

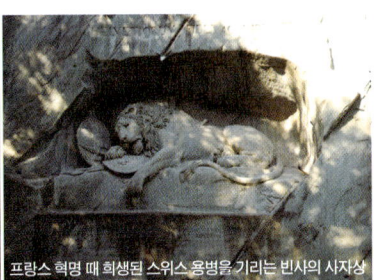
프랑스 혁명 때 희생된 스위스 용병을 기리는 빈사의 사자상

SWITZERLAND

키워드로 보는 스위스

우리나라 여행객이 유럽을 방문할 때 3명 중 1명(31%)은 꼭 스위스를 방문한다. 체류 비용이 부담스러울 정도의 물가를 생각하면 높은 수치다. 즉, 높은 물가에도 불구하고 스위스로 향할 만한 이유가 있다는 뜻이다. 누군가에게는 한 번쯤은 꼭 가고 싶은 버킷리스트이자 다녀온 여행객들이 추천하는 나라, 스위스의 매력을 키워드로 알아보자.

✚ 알프스 (Alps)

스위스 사람들은 '알프스는 우리 것이 아니고 잠깐 빌려 쓰는 거야.'라는 마음으로 살아가고 있다. 가장 높은 봉우리는 프랑스 몽블랑 4,807m이며 스위스 여행에서 꼭 가 봐야 한다고 알려진 마터호른은 4,478m, 융프라우는 4,258m다. 고봉이 연이어 펼쳐지는 알프스를 최초로 정복한 사람은 누구일까? 바로 로마 시대 북아프리카에 위치했던 카르타고의 한니발 장군이다. 그는 로마를 정복하기 위해 병사 8만 명과 코끼리 부대를 이끌고 장장 3개월 동안 스페인과 프랑스 땅을 가르는 피레네산맥을 넘었는데, 도착했을 땐 병사 3만 명만 살아남았다. 두 번째로는 고대 로마의 카이사르가 프랑스 원정길에 넘었다. 세 번째는 나폴레옹으로, 그는 로마 침공을 위해 프랑스 군대를 이끌고 알프스를 넘으며 말했다. "내 사전에 불가능은 없다."

✚ 전통 목조 가옥 샬레(Chalet)

예부터 전쟁이 많았던 스위스는 방어가 쉬운 산악 지대(해발 500~2,000m)에 집을 짓고 살았다. 스위스 샬레는 나무만 사용해 지은 집으로 18세기 때 장식이 더해지면서 독립적인 가옥 형태로 인정받았다. 자연과 어우러져야 한다는 정부 규정대로 지어야 건축 허가가 난다. 이와 같은 고산의 집터는 경사져 있기 때문에 돌로 기초를 쌓고 1층은 창고로 쓴다. 2층은 거실과 주방, 3층은 침실이다. 산악 기후를 고려해 지붕을 넓게 지어 강풍과 눈보라를 피할 수 있고 경사가 급해 눈이 쌓이지 않는다. 발코니에는 제라늄을 키우는 것을 흔히 볼 수 있는데, 제라늄이 환경에 크게 영향을 받지 않고 병충해에도 잘 견뎌 키우기 쉽기 때문이다. 또한 잎과 줄기에서 나는 특유의 향으로 해충이 집 안에 들어오는 것을 막아 주고 개화 시기도 길어 집을 화사하게 꾸며 준다. 이렇게 미관에 힘쓴 대가로 스위스 정부에서는 관광 산업 지원금을 준다.

고산에 자리한 샬레는 눈 내리는 겨울에 지내기에는 어려워 보인다. 이동이 어렵고 자칫 고립될 수 있으니 말이다. 척박한 환경을 개척해 살아온 스위스 사람들은 이를 문화로 만들었다. 스키를 타고 집 1층까지 그대로 들어와 즐기는 아프레 스키(après-ski)다. 샬레에는 레스토랑이나 카페를 열어 쉽게 음식과 음료를 즐길 수 있게 했고 집 마당에도 스키를 신은 스키어들이 자리할 수 있게 야외 좌석을 만들었다.

✦ 알프스 목동

프랑스 작가, 알퐁스 도데가 쓴 소설 <별>에서 부잣집 딸이 보름치 식량을 노새에 싣고 목동에게 가는 장면이 있다. 넓은 초지가 있는 산에 올라 여름 내내 머물다 오는 목동에게 줄 식량이다. 깊은 산골짜기를 하이킹할 때면 스위스 목동이 사는 약식 목조 건물을 볼 수 있다. 겨울에는 이용하지 않아 난방이 되지 않는 건물이다. 소설 속 목동이 오리온 별자리를 보고 자정을 확인하는 것처럼 스위스 목동은 오랜 경험을 통해 시간을 확인하는 능력이 있는데, 옛날에는 이 능력을 이용해 목동들이 산 위에서 15분 단위로 시간을 알려 줬다.

목동은 방목해 기르는 소와 양을 모을 때 요들을 부른다. 산에서 위험을 빨리 전할 때 사용하려 고안된 노래로, 소리를 멀리 전하기 위해 울리는 바이브레이션이 특징이다. 목동은 호흡기가 발달했고 이를 이용해 알프호른(alphorn)을 분다. 수 킬로미터까지 소리를 전달할 수 있어 목동들이 신호를 정해 소통했다고 한다. 길이는 약 2.7m로 통나무 하나를 반으로 잘랐다가 속을 파내고 다시 붙여서 만든다. 리코더와 같이 중간에 난 구멍이 없어 오로지 2옥타브에 걸친 5음만 낸다.

✦ 알프스 구조견과 목축견

스위스를 대표하는 개로 세인트버나드(Saint Bernard)를 빼놓을 수 없다. 스위스 남부의 부르 생 피에르(Bourg-Saint-Pierre) 마을에 있는 성 베르나르도 수도원의 수도사들이 기르던 개로, 알프스 조난자를 찾는 구조견이기도 하다. 조난자를 발견하면 목에 맨 술통의 술을 먹게 해 체온을 높이고 몸으로 덮어 체온을 유지하게 한다.

세인트버나드보다 몸집이 조금 작은 베르네제 마운틴(Bernese Mountain)은 목축견이다. 고대 로마 시대에 유입된 로만 마스티프에 뿌리를 두고 있으며, 베른 출신이라서 베르네제라는 이름이 붙었다. 소나 양을 몰거나 보호하고 우유 수레를 끄는 등 다재다능하다. 1897년부터 관리를 시작했고 1906년 품종 보존회를 창립해 순종을 보존하고 있다.

✤ 에델바이스 (Edelweiss)

스위스 국화로 공식 명칭은 레온토포디움 알피눔(Leontopodium alpinum)이다. 주로 7~9월에 개화하는 꽃 모양이 별처럼 생겨 '알프스의 별'이라 부른다. 에델바이스에 얽힌 전설이 있다. 알프스에 에델바이스라는 이름의 소녀가 살고 있었다. 원래 천사였는데 하느님이 인간으로 만들어 내려보냈다. 어느 날, 아무도 오지 않는 높고 험한 알프스에 등산가 한 명이 에델바이스를 보고 한눈에 반했다. 하산한 그는 소녀를 잊지 못하고 끙끙 앓다가 마을 사람들에게 이야기했고 사람들이 앞다투어 산을 오르다 목숨을 잃었다. 그 모습을 본 에델바이스는 다시 천사로 돌아갔고 소녀가 머물던 곳엔 새하얀 꽃이 피었다.

✤ 스위스 은행

종종 뉴스에 등장하는 스위스 은행! 과연 어떤 곳인지 궁금하다. 보통 은행에 돈을 예금하면 이자를 받을 수 있지만, 스위스 은행에 돈을 맡기면 보관료를 내야 한다. 그래도 고객이 많은 이유는 내 돈이 안전하게 보관되기 때문이다. 스위스는 영구 중립국을 선언하면서 전쟁의 위험에서 벗어났고 정치적으로 안정적인 데다 경제 강국이 되면서 환율에 강세를 보인다. 예금에 세금을 부과하지 않으며, 결정적으로 비밀이 보장된다. 스위스가 비밀 계좌를 시작한 건 1870년 독불 전쟁 때다. 전쟁으로 재산을 잃는 서민과 약자를 위해 중립국인 스위스가 지켜 주겠다는 취지였다. 스위스에서는 은행법으로 공식 인정되어 계좌를 공개하지 않아도 법적으로 문제가 없다. 오히려 은행 직원이 고객의 정보를 밝히면 국가 기밀 누설죄로 당장 감옥행이다. 유대인들의 재산을 몰수하기 위해 나치 정권이 계좌 정보를 오픈하라고 요구했을 때도 거절한 스위스 은행이다. 스위스 은행의 비밀 계좌는 부당한 세력으로부터 약자의 재산을 지키려고 만들어졌으나 검은돈 은닉처로 더 유명해졌다. 프랑스의 왕들이 금품을 맡긴 데 이어 미국 역사상 가장 악명 높은 마피아 두목 알 카포네가 조직 운용 자금을 이곳에 숨겼다. 부유층의 조세 피난처로 이용되고 있는 현실은 남의 나라 이야기가 아니다. 우리나라 기업들의 검은돈이 900조 원 넘게 숨겨져 있다는 주장이 있어 뒷골을 잡게 한다. 2009년 탈세 조사를 위해 미국이 스위스 은행에 명단을 요청했을 때는 합의금과 함께 명단을 제출한 적도 있다. 그러나 여전히 고객 정보를 누설하지 않기 위해 다른 나라 정부에 벌금을 내는 것도 마다하지 않는다.

스위스 1위의 투자은행인 UBS 취리히 본점

✚ 디자인 강국, 스위스

열악한 자연환경을 극복하기 위해 찾은 돌파구는 직물과 화학, 기계 산업이었고 이후 금융 산업이 발달했다. 스위스가 가진 상호주의와 다양성이 세계화의 기틀을 마련했고 중립을 지키며 실리 우선의 길을 걸었다. 20세기 초 유행한 모더니즘은 이러한 스위스 문화와 결을 같이해 시너지를 냈다. 르 코르뷔지에와 같은 디자인 선구자들이 있었고, 그 뒤를 이어 막스 빌 같은 개척자들이 전성기를 이끌어 왔다. 예술과 실용을 모두 챙긴 디자인 강국 스위스를 만나 보자.

스위스 국기

붉은색 깃발에 흰색 십자가가 새겨진 스위스 국기를 '크로스 크로스(Cross cross)'라 부른다. 1339년 베른주 라우펜(Laupen) 전투에서 스위스 군인들이 적군과 아군을 구별하기 위해 사슬 갑옷에 흰색 십자가를 꿰맨 것에서 시작됐다. 현재 디자인은 1840년에 만들어졌고, 49년 뒤 연방 의회에서 공식 깃발로 채택되었다.

헬베티카 폰트

스위스 모더니즘의 상징으로 1956년 막스 미딩거(Max Miedinger)가 디자인한 산세리프(고딕) 글자다. 4년 뒤 독일 스템펠 사(社)가 전 세계에 소개할 때 '헬베티카'라 이름 지었다. 균형감 있고 간결한 특징 때문에 다국적 대기업들이 시각적 아이덴티티를 위해 많이 사용하며 공항이나 지하철 등 공공 표식에도 이용된다. 2007년에는 탄생 60년을 기념해 영화로 만들었는데 그래픽디자이너 70여 명이 출연해 인정할 정도로 디자인 기본이 되는 서체다.

몬데인 시계

기차역에서 가장 시선을 많이 받는 디자인 작품은 스위스 철도의 시계, 몬데인(Mondaine)이다. 1944년 SBB 직원인 한스 힐피커(Hans Hilfiker)가 당시 시계 제조업체 모저 베어(Moser baer)와 함께 기차역의 시계로 만들었으며, 1953년 열차 파견 직원이 사용하는 지휘봉 모양의 빨간 색 초침을 추가해 현재 모습이 되었다. 멀리서도 잘 보이는 간결한 디자인이고, 빨간 원이 있는 초침은 멀리서도 쉽게 인식이 되기 때문에, 정확한 열차 시간 엄수와 함께 스위스 상징이 되었다. 미국 IT 기업 애플에서 간결하고 강력한 디자인이 얼마나 마음에 들었으면 도용하기까지 했다. 몬데인 시계는 손목시계로 판매하고 있어 기념품으로 구입하기 좋다.

스위스 대표 관광지 Best 20

SWITZERLAND

스위스는 바다를 접하지 않은 내륙 국가지만, 국토 중앙으로 알프스산맥이 지나고 있어 독특한 자연환경과 산악 문화도 두루 품은 곳이다. 독일과 프랑스, 이탈리아 등 유럽 국가와 접하고 있어 다양한 문화를 가지고 있다. 유럽 배낭여행에서 대부분 빼놓지 않는 나라이자 누군가에겐 버킷리스트인 스위스에서 다양하게 경험할 수 있는 여행지 20곳을 소개한다.

취리히 그로스뮌스터 & 프라우뮌스터

유럽의 많은 국가가 가톨릭교를 믿는 데 반해, 스위스는 16세기 종교개혁의 시발점이었기에 개신교를 믿는 종교인이 상대적으로 많다. 취리히 그로스뮌스터는 이곳 사제였던 울리히 츠빙글리가 종교개혁 운동을 시작해 의미가 있는 곳이다. 맞은편 프라우뮌스터에는 마르크 샤갈의 작품이 남아 있으니 함께 둘러보자.

샤프하우젠 라인 폭포

유럽 중앙을 가로지르는 1,320km의 라인 강에서 유일한 폭포다. 빙하기에 지질 변동으로 생긴 폭포는 낙차가 커서, 이 일대는 운반하던 짐을 내렸다가 다시 싣는 물류 도시가 되었다. 지금은 웅장한 규모와 압도적인 힘을 볼 수 있어 관광객이 모이고 있다.

아펜첼 에벤알프

여름이 되면 소 떼를 몰고 알프스 고지대로 올라가 방목하는 목동 문화가 잘 유지되고 있는 지역이다. 이때 목동들이 머물던 곳이 산장이다. 에벤알프에 있는 애셔산장은 BBC가 선정한 '죽기 전에 꼭 가봐야 할 곳'으로 선정될 만큼 아름다운 경관을 자랑한다.

아펜첼 **작서뤼크**

스위스 북동쪽 작은 마을 아펜첼에는 석회암으로 독특한 형태를 이룬 알프스 북쪽 산맥이 있다. 칼날처럼 솟아오른 암봉과 협곡이 있는 풍경이 감탄을 자아낸다. 케이블카로 정상 인근까지 도착하는 데다 하이킹 코스도 짧아 쉽게 이동할 수 있는 것도 장점!

P. 171

루체른 **카펠교**

루이스강이 흘러 피어발트슈테터 호수에 닿을 즈음 카펠교가 있다. 1333년 지어 유럽에서 가장 오래된 목조 지붕 다리로, 중세 분위기를 물씬 풍기는 루체른 구시가에 방점을 찍는다.

P. 181

루체른 **리기산**

'산들의 여왕'으로 불리는 리기산은 중부 알프스 내에서 1,797m로 낮은 산에 속하지만, 스위스 건국 배경인 피어발트슈테터 호수와 왕관을 두른 듯한 만년설 고봉들을 360도로 둘러볼 수 있어 경관이 아름답다.

P. 194

P. 220

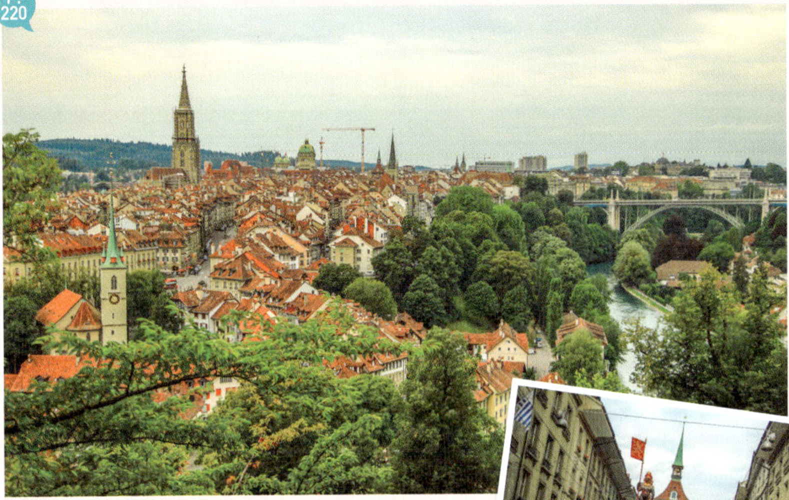

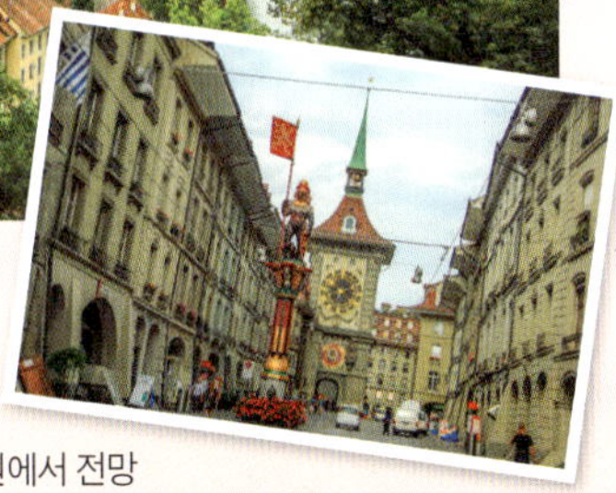

베른 **구시가**

중세 모습을 그대로 간직해 마을 전체가 유네스코 세계문화유산으로 등재되었다. 옛 모습은 그대로, 생활상은 현대적인 베른에서 현지인들의 삶을 누려 보자. 양파 시장에서 장을 보고 장미 공원에서 전망을 즐긴 뒤, 퇴근하는 현지인과 함께 아레강 물살에 몸을 맡겨 수영해서 집으로 돌아간다.

인터라켄 **하더 쿨름**

중부 알프스의 하이라이트인 융프라우와 묀히, 아이거를 정면으로 볼 수 있는 전망대다. 베르너 오버란트의 3대 봉우리를 가까이서 볼 수 있는 융프라우요흐 전망대까지 오가려면 온종일 걸리지만, 푸니쿨라를 10분만 타고 하더 쿨름에 오르면 일몰까지 느긋하게 볼 수 있다.

P. 241

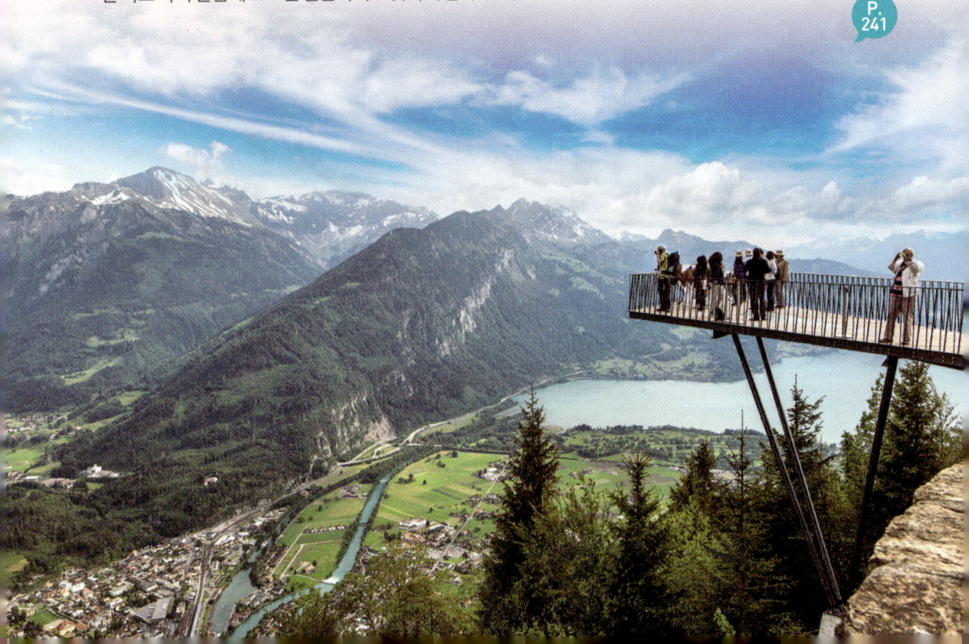

그린델발트 피르스트

알프스에 즐길 거리가 하이킹만 있다고 생각하면 오산이다. 놀이동산만큼 액티비티로 꽉 채운 한 곳을 꼽으라면 피르스트다. 2,000m 고도를 가로지르는 플라이어와 글라이더, 절벽 위 오프 로드를 달리는 마운틴 카트까지 다양하게 즐겨보자.

라우터브루넨 라우터브루넨 협곡

수천 년 전, 거대 빙하가 흘러 협곡을 형성하고 그곳에 라우터브루넨이 생겼다. 병풍처럼 펼쳐진 절벽 사이를 걸으면 척박한 환경을 일궈 삶을 이어 온 마을 사람들에게 경외감이 생긴다. 라우터브루넨 협곡 트레일을 걸으며 슈타우바흐 폭포와 트뤼멜바흐 폭포도 함께 둘러보자.

융프라우요흐 융프라우요흐 전망대

'유럽의 지붕'으로 불리는 융프라우를 가장 가까이서 볼 수 있는 전망대다. 험준한 고산을 개척해 건설한 곤돌라와 산악열차를 타는 것만으로 인간 승리의 현장 체험이다. 정상에선 여름에도 만년설을 걸을 수 있으며 알프스산맥 최대 빙하인 알레치 빙하도 볼 수 있다.

융프라우요흐 아이거 트레일

가파르기로 유명한 융프라우 북벽, 아이거를 바라보며 걷는 트레일이다. 융프라우요흐로 올라가기 전 곤돌라 정류장이자 산악열차역인 아이거글레처와 연결된 아이거 워크와 벵에른알프 구간 트레일도 인기 있는 구간이다.

칸더슈테크 외시넨 호수

융프라우 산괴의 서쪽 능선에는 산사태로 생긴 호수가 유명하다. 지상에서 케이블카를 타고 쉽게 오를 수 있고 아이들을 위한 터보건과 호수 보트, 송어 낚시와 같은 액티비티가 있어 가족들이 즐겨 찾는다. 하이킹 코스는 가파르긴 하지만, 호수 주변을 360도로 둘러싼 산맥 풍경이 아름다워서 인기다.

마이링겐 아레슐츠

피르스트 주변 빙하가 녹은 물이 석회암 아래로 흘러 아레 협곡으로 모인다. 1m쯤 되는 협곡 사이로 잔도를 놓아 가장 가까이서 태고의 신비를 느낄 수 있다. 경관 위주로 여행하는 스위스에서 비 올 때 둘러보기 좋은 코스다.

체르마트 마터호른

삼각뿔처럼 솟은 봉우리 마터호른(4,478m)은 체르마트는 물론, 스위스를 상징하는 랜드마크다. 마터호른을 볼 수 있는 전망대를 방문하거나 패러글라이딩을 하며 하늘에서 첨봉을 바라보자. 같은 이유로 스위스에서 단 한 번 패러글라이딩을 한다면 이곳을 추천한다.

체르마트 5개 호수 길

만년설과 빙하가 녹아 만들어진 5개 호수를 차례로 지난다. 미네랄, 석회 농도에 따라 달라지는 물색 덕분에 매번 다른 풍경이다. 마터호른을 배경으로 펼쳐지는 고산 풍경과 적대감 없이 다가오는 고산 동물들도 함께 만나보자.

P.312

로이커바트 로이커바트 온천

스위스 여행은 고도가 높은 알프스산맥을 오르거나 걷는 여정이 많아 체력이 많이 소진된다. 이럴 때 내 몸을 위해 피로를 풀어 줄 수 있는 장소가 바로 로이커바트 온천이다. 우리나라 온천처럼 고온은 아니지만, 미네랄을 포함한 광물이 다량 녹아 있어 피로 회복과 피부에 좋다.

P.322

제네바 국제연합 유럽본부

스위스는 외교, 군사, 정치 등 어떠한 군사 동맹이나 전쟁에 참여하지 않는 영세중립국으로 40개 이상의 국제기구가 본부 또는 사무소를 두고 있다. 인권과 보건, 난민, 노동 등 국제 문제와 중재를 담당하는 국제연합(UN)의 유럽 본부를 내부까지 관람할 수 있다.

P. 348

제네바 제 도 분수와 레만 호수

바다가 없는 스위스에서는 호수를 중심으로 휴양 문화가 발달했다. 레만 호숫가에서 해변을 뜻하는 플라쥬(Plage)를 만난다면 수영복을 챙겨 들고 가 보자. 돗자리를 깔고 쉬거나 소풍을 즐길 수 있으며 수영장을 운영하는 곳도 있다.

P. 339

몽트뢰 시옹성

중세 귀족이 살던 성채로 디즈니 애니메이션 〈인어공주〉에서 에릭 왕자가 사는 성의 모티브가 되었다. 동화처럼 아름다운 성은 낭만주의 작가들이 방문하면서 명작 배경이 되었다. 몽트뢰 마을에서 시옹성까지 타박타박 걷기도 좋다.

P. 380

테마로 즐기는 스위스

- 왁자지껄 흥겨운 스위스 축제
- 놓칠 수 없는 즐거움 스위스 대표 음식
- 디저트 마니아들 모여라! 스위스 디저트
- 이건 꼭 사야 해! 스위스 쇼핑 아이템
  Special Theme | 슈퍼마켓 쇼핑
- 걸으면 더욱 아름다운 하이킹 코스 Best 10
- 덜컹덜컹 낭만 가득한 스위스 기차 여행
  Special Theme | 그랜드 트레인 투어

Theme Travel 1

왁자지껄 흥겨운
스위스 축제

스위스 사람들은 국토 중앙을 가로지르는 알프스에 기대어 살았다. 비빌 언덕이 거기뿐이니 잘 알아야 할 터. 사람들은 자연의 언어를 배우기 시작했다. 꽃이 지면 괴물 같은 겨울을 채비하고, 봄이 오면 눈사람 인형을 태워 기뻐했다. 계절이 변하고 자연이 맞추면 사람은 겸허히 따라갔다. 스위스에서 축제는 삶의 변화를 기억하는 방식이다.

바젤 파스나흐트 Basel Fasnacht

스위스에서 가장 큰 카니발로, 유네스코 세계 무형 문화유산에도 등재되었다. 가톨릭교에서는 사순절 전에 카니발이 끝나지만, 종교 개혁으로 개신교 신도가 많은 스위스는 사순절이 시작되고 나서 카니발을 연다. 그래서 매년 사순절 시작을 알리는 '재의 수요일' 다음 월요일에 시작된다. 축제는 3일 동안 계속된다.

새벽 4시, 조명을 모두 끈 바젤 거리에 모르게슈트라이흐(Morgestraich)라는 등불 퍼레이드가 시작된다. 월요일 밤부터 수요일 아침까지 대성당 앞 뮌스터 광장에 라테르넨아우스슈텔룽(Laternenausstellung)이라는 등불 전시회가 열린다. 회화와 조각으로 꾸며진 기발하고 유쾌한 등불이 많아 보는 재미가 있다. 하이라이트는 코르테주(Cortege) 퍼레이드다. 월요일과 수요일 오후 1시 30분에 바젤 구시가 마르크트 광장, 바르퓌서 광장, 클라라 광장, 뮌스터 광장 구시가 일대에서 펼쳐진다. 1만 명 이상의 사람들이 축제 분장을 한 행진으로 큰 수레를 이동하면서 과일, 꽃, 사탕 등을 군중에게 던진다. 반면, 화요일은 구게무지게(Guggemuusige)로 채워진다. 1950년대 만들어진 브라스 밴드를 시작으로 여러 그룹이 전통을 잇기 위해 생겨났다. 밴드라곤 하지만, 연주 실력보다 퍼포먼스에 집중해 웃음을 자아낸다. 목요일 새벽 4시, 축제는 막을 내린다. 축제가 열리는 72시간 동안 레스토랑이나 바들은 계속 영업하며 전통 양파 케이크인 츠비벨쿠헨(Zwiebelkuchen)이나 치즈 타르트인 케제베헤(Käsewähe)를 맛볼 수 있다.

시기 2~3월 홈페이지 baslerfasnacht.info

취리히 젝세로이텐 Sechseläuten

오후 6시를 알리는 종소리란 뜻이다. 16세기에 노동 시간 종료를 알리기 위해 그로스뮌스터 대성당에서 종을 울리는 풍습에서 유래되었다. 오늘날에는 4월 셋째 주 월요일에 겨울의 끝과 봄의 시작을 알리는 행사가 되었다. 취리히 사람들이 1년 내내 준비했나 싶을 정도로 중세 복장과 구성에 진심이라 함께 어울리다 보면 시간 여행을 떠나온 건 아닌지 착각까지 든다.

시기 4월 홈페이지 sechselaeuten.ch

놓치면 안 될 축제 이벤트

❶ **일요일 오후** 전통 의상을 입은 3천여 명의 어린이 가장행렬과 청소년 악단 800명, 그리고 겨울을 상징하는 눈사람 인형, 뵈그(Böögg)가 행진한다.

❷ **월요일 오후 3시** '추그 데르 춘프트(Zug der Zünfte)'라 불리는 25개 길드 회원의 가장행렬이 이어지며 취리히 시민이 대부분 참여할 정도로 규모가 크다. 구도심 주변은 차량이나 대중교통이 모두 통제되므로 중앙역에서 도보로 이동해야 한다.

❸ **월요일 오후 6시** 행렬 종착지인 젝세로이텐 광장(Sechseläutenplatz)에 사람들이 모인다. 길드를 대표하는 남성이 말을 타고 주변을 달리며 광장 중앙의 3.4m 대형 눈사람, 뵈그에 불을 붙인다. 눈사람 주변에 안전 펜스가 있어 가까이 갈 수 없지만 뵈그가 높이 있어 모습은 볼 수 있다. 솜과 폭죽으로 채워진 눈사람 머리가 얼마나 빨리 터지느냐가 관건인데, 빨리 터질수록 그해 여름 날씨가 좋다는 설이 있어서다. 보통 1시간 안에 터진다.

☀ 루체른 페스티벌 Lucerne Festival

루체른 페스티벌은 1938년 시작해 세계에서 사랑받는 음악 축제다. 매년 봄과 여름, 11월에 세 개 최되는데 각각 성가곡과 클래식 교향곡, 피아노 콘서트가 열린다. 여름 페스티벌이 규모가 가장 크며 100개 이상 공연 중 30개 이상 심포니다. 유명 오케스트라와 전설적인 지휘자, 솔리스트들이 세계에서 이 축제를 위해 모여들며 그들의 공연을 보기 위해 매년 12만 명의 사람들이 축제를 찾는다. 축제 기간에는 숙박비가 꽤 오르기 때문에 주변 도시에 숙소도 고려하자. 겨울에 루체른을 찾는 여행자도 아쉬워 말자. 1월 중순, 18시에서 22시까지 루미나리에(LILU light festival)가 열린다.

시기 부활절, 여름, 11월 **홈페이지** www.lucernefestival.ch

☀ 라보 에페스 와인 축제 Epesses nouveau en fête

우리나라에 스위스 와인을 쉽게 찾을 수 없는 이유는, 맛이 좋아 수출하기도 전에 모두 소진되기 때문이라고 한다. 와인 최대 생산지인 레만 호수 북쪽 지역에 위치한 라보는 경사지를 이용한 포도 재배가 활발한데 특히 화이트 와인이 유명하다. 가을에 추수해 숙성시킨 포도주를 이듬해 봄이 오면 병에 옮기는 작업을 하는데, 이때 와인을 시음하던 전통을 이어 나가기 위해 축제가 만들어졌다. 특히 미네랄이 풍부한 토양으로 테루아르(Terroir)가 우수하다는 평가를 받는 에페스(Epesses)와 칼라민(Calamin) 지역 생산자들이 참여하고 있다. 축제는 포도 농장을 따라 걷다가 농장 부스에 차려진 와인을 시음하는 방법으로 진행된다. 오전 9시부터 오후 5시까지 운영되며 참가료를 내면 무제한으로 시음할 수 있다. 농장에 따라 포도주 병입 체험이나 기념품 증정, 음식 페어링 등 다양하니 미리 농장과 동선을 정해 이동하길 권한다.

시기 4~5월 **홈페이지** epesses-nouveau.ch

아트 바젤 Art Basel

1970년 스위스 바젤에서 활동하던 화가들이 시작해, 현재는 파리 피악(FIAC), 시카고 아트 페어(Chicago Art Fair)와 함께 세계 3대 현대 미술 아트 페어다. 전 세계에서 뽑힌 200여 개 갤러리가 참여하고 약 4,000명의 예술가들이 작품을 선보인다. 나아가 아트 딜러와 수집가, 애호가 등 6만여 명이 축제를 찾아 감상하거나 작품을 구입 및 발굴하는 현장이다. 축제 동안에는 바젤 전체가 예술로 들썩인다. 광범위한 예술 작품 탓에 선별해서 즐겨야 할 정도다. 취향에 맞게 관람을 즐기고 싶다면 홈페이지에서 보고 싶은 작가 부스를 확인하자.

대규모 아트페어인 만큼 안전 및 보안 규칙이 몇 가지 있다. 입장 시 보안 검사가 시행되며 가방은 1개(40x20x40cm 이내)만 소지 가능하다. 그 외 물건은 보관함에 둬야 한다. 카메라도 렌즈 80mm 이하 렌즈 1개만 허용된다. 음식과 음료는 실내에 반입할 수 없으나 건물 중정에 카페가 있어 간단한 음식과 음료를 판매한다. 행사장이 넓고 종류가 다양하기 때문에 편한 신발과 간절기 긴 옷은 필수다.

시기 6월 홈페이지 artbasel.com

몽트뢰 재즈 페스티벌 Montreux Jazz Festival

1967년 클로드 놉스(Claude Nobs)가 시작한 몽트뢰 재즈 페스티벌은 전 세계에서 매년 25만 명 이상의 재즈 팬들이 모여드는 국제적인 축제다. 공연장이 따로 있는 유료 입장 공연은 미리 온라인 예약이 필요하며 현장에서 입장 팔찌로 교환해야 한다. 공연은 오디토리움 스트라빈스키(Auditorium Stravinski), 몽트뢰 재즈 클럽(Montreux Jazz Club), 몽트뢰 재즈 랩(Montreux Jazz Lab)을 중심으로 열리며 그 밖에도 다양한 무료 공연이 펼쳐진다. 페스티벌이 열리는 2주간은 몽트뢰 전체가 축제라 할 정도로 공연이 많이 열리니 예매를 못 했다고 실망하지 말자. 기간 내 대중교통 운행 시간도 연장된다.

시기 7월 홈페이지 montreuxjazzfestival.com

스위스 국경일 Swiss National day

매년 8월 1일은 1291년 스위스 연방 탄생을 기념하는 날이다. 1891년 건국기념일로 지정되어 기념식 및 축하 행사가 열린다. 일부 주에서는 산에서 모닥불을 피우거나 종이로 만든 등불을 들고 밤거리를 행진하는 전통 의식도 있다. 전국적으로 화려한 불꽃놀이가 펼쳐지는데 특히 건국의 배경이 된 루체른 호수 위로 쏘아 올리는 불꽃놀이가 가장 볼 만하다.

시기 8월

취리히 스트리트 퍼레이드 Street Parade

8월 중순이면 취리히가 들썩인다. 스위스에서 가장 현대적인 축제이자 유럽 최대의 거리 축제인 스트리트 퍼레이드가 열려 도시 전체가 클럽이 되기 때문이다. 하이라이트는 거대한 음향 시설을 갖춘 러브 모바일 (Love Mobile)이다. 4m 높이의 움직이는 댄스 무대가 세워져 관중과 함께 신나는 테크노 댄스를 춘다. 이 기간에는 대중교통이 새벽 4시까지 운행되기 때문에 숙소 갈 걱정을 내려놓아도 된다. 오랜 시간 거리에 있어야 하기에 물과 편의용품을 준비하고 쉴 만한 곳을 미리 알아 두면 좋다.

시기 8월 **홈페이지** streetparade.com

놓치면 안 될 축제 이벤트

❶ **금요일 오후 1시** 워밍업 파티가 취리히 호수 주변에서 열린다. 장소는 우토케(Utoquai) 선착장, 오페라 하우스(opernhaus), 벨뷔(Bellevue), 뷔르클리플라츠(Burkliplatz), 콩그레스하우스(Kongresshaus), 렌테난슈탈트(Rentenanstalt) 등이다.

❷ **금요일 저녁** 퍼레이드 행렬이 시작된다. 코스는 우토케 선착장-오페라 하우스-벨뷔-케브뤼케(Quaibrucke) -뷔르클리플라츠(Burkliplatz) 순이다.

❸ **금요일 오후 10시** 하펜담 엥게(Hafendamm Enge), 오페라 하우스, 벨뷔, 뷔르클리플라츠, 렌테난슈탈트, 림마트케(Limmatquai)에서 가장 큰 파티가 열린다.

❹ **토요일, 일요일, 월요일 새벽까지** 100개의 크고 작은 파티가 시내와 외곽에서 열린다.

베른 양파 시장 Zibelemärit

매년 11월 네 번째 월요일, 베른 연방의사당 앞 전통 시장에는 주변 지역 농부들이 무려 50톤 양파를 가지고 참가한다. 1405년 베른 대화재 때 프리부르(Fribourg) 주민들이 물심양면으로 도왔는데, 이에 보답하기 위해 1년에 한 번 그들의 양파를 베른에서 팔 수 있는 권리를 주었다. 오늘날 양파 시장에서는 양파와 마늘을 예쁘게 꿰어 판매할 뿐만 아니라, 도자기, 채소, 기념품, 따뜻한 와인인 글뤼바인 등 다양한 상품을 판매한다. 아침 6시부터 시장이 열리는데 일찍 나올수록 좋은 양파를 구할 수 있어 사람들로 북적인다. 관광객들에게는 양파 파이가 인기 있다.

시기 11월

스위스 크리스마스 마켓 Christmas Market

11월 중순 이후부터 크리스마스까지 스위스 각지에서 열린다. 스위스 전통 가옥 샬레 모양으로 지은 상점이 다닥다닥 붙어 있고 크리스마스 장식과 아기자기한 수공예품을 판매하고 있어 선물용으로 좋다. 크리스마스 시즌에만 먹을 수 있는 그리티벤즈(Grittibanz) 빵도 한번 먹어 보자.

일정이 된다면 크리스마스 기간에 몽트뢰를 방문하는 것을 추천한다. 지정된 시간(5~7시)에 크리스마스 마켓 위로 산타 할아버지가 썰매를 끌고 날아가는 플라잉 산타 퍼포먼스를 볼 수 있다. 단, 이때는 산타클로스와 함께 다니는 쉬무츨리(Schmutzli)를 조심하자. 나뭇가지를 뭉친 채찍과 두꺼운 책을 들고 있는데 책에 적힌 못된 아이들에게 매를 주는 역할이다.

시기 12월

제네바 에스칼리드 L'escalade

1602년 12월 11~12일 밤, 가톨릭 국가였던 사보이아 공국(Ducato di Savoia)의 군대가 개신교 도시 제네바를 기습 점령하려다 실패한 사건을 기념하는 축제다. 사보이아 공국군은 성벽을 기어오르는 공격(에스칼리드, L'Escalade)을 시도했으나, 메르 르와욤(Mère Royaume) 부인이 성벽 아래서 끓는 수프 냄비를 적의 머리 위로 떨어뜨려 이들의 공격을 막아냈다. 이후 제네바에서는 매년 에스칼리드 축제를 열고, 채소 모형을 넣은 냄비 모양 초콜릿 마미트(Marmite)를 두 사람이 잡고 깨서 먹는 전통이 생겼다. 축제는 전통 복장을 한 군대가 말을 타고 순찰하며, 횃불이 밝혀진 구시가 밤거리에 전통 의상을 입은 시민들로 가득 찬다.

1년에 단 하루만 열리는 몽티에르 통로(Passage de Monetier)도 놓치지 말자. 5세기에 지어진 요새 비밀 통로로 도시 곳곳을 연결한다. 통로가 좁아 답답할 수 있으나 역사적인 장소이니 한 번 도전해 보자. 단, 저녁 시간에는 방문자가 많아 대기 시간이 길어질 수 있다.

홈페이지 1602.ch

Theme Travel 2

놓칠 수 없는 즐거움
스위스 대표 음식

스위스 여행 중 빼놓을 수 없는 것이 먹는 즐거움이다. 스위스는 대부분 산악 지대라 논밭에서 나는 곡식과 채소 대신 목축업과 치즈와 같은 저장 음식이 발달했다. 스위스 음식은 청정 자연에서 나고 자란 재료로 요리하다 보니 대단한 요리법이 없어도 맛있다. 그래서인지 인구수 대비 미슐랭 스타 레스토랑 수가 유럽에서 가장 많다고 한다.

🫕 퐁뒤 Fondue

프랑스어권인 뇌샤텔(Neuchâtel) 지역, 그중에서도 프랑스 국경 경계인 쥐라산맥 주민들이 딱딱하게 굳은 치즈를 녹여 먹는 데서 유래한 음식이다. 과거에 산간 지방은 겨울이면 눈이 쌓여서 외출이 어려웠고, 밖에 나갈 수 없으니 집 안에 남아 있는 오래된 치즈에 백포도주를 넣고 끓여 먹으면서 겨울 특식이 되었다. 퐁뒤가 익숙하지 않은 여행객에게는 포도주의 쓴맛이 강하게 다가오는데, 근래에는 포도주를 빼고 조리하는 식당도 많아졌다.

전통 퐁뒤 냄비인 카켈롱(caquelon)에 에멘탈과 그뤼에르 치즈를 반반 넣어 걸쭉하게 녹인 후 바삭한 빵 조각을 찍어 먹는다. 살라미나 부어스트(소시지), 오이 피클과 함께 먹으면 풍미가 살아난다. 마지막에 누룽지처럼 눌은 치즈가 가장 맛이 좋다.

퐁뒤를 먹을 때는 물 말고 다른 음료를 마실 것을 추천한다. 스위스 사람들은 물을 먹으면 몸속 치즈가 굳는다고 생각하기 때문이다. 발레(Valais) 지방 와인 팡당(Fendant)이나 라보(Lavaux) 지역 와인 샤슬라(Chasselas)를 곁들여 보자. 백포도주에 든 주석산이 치즈 속 단백질을 부드럽게 녹이는 역할을 한다.

다양한 퐁뒤 스타일

•TIP•

먹기 전엔 궁금하고, 먹고 나선 후회한다는 스위스 대표 음식이 퐁뒤다. 그만큼 호불호가 명확하게 갈리는 음식으로, 스위스 사람들도 겨울에만 먹는 특식이다. 치즈 대신 다양한 재료로 변신한 퐁뒤를 만나보자.

⚠ 잠깐! 퐁뒤를 먹을 때는 다른 사람 포크가 있으면 기다려 주세요. 포크끼리 부딪혀 치즈가 튀거나 엉킬 수 있으니 차례를 지키는 게 예절이에요.

❶ 퐁뒤 부르기뇽
Fondue Bourguignonne
끓는 기름에 얇게 저민 소고기나 돼지고기 닭고기 등을 튀긴 후 소스를 찍어 먹는 미트 퐁뒤로 레드 와인과 잘 어울린다.

❷ 퐁뒤 시누아
Fondue Chinoise
샤부샤부처럼 냄비에 육수를 넣고 끓이다가 얇게 썬 고기나 해물을 익혀 소스에 찍어 먹는 퐁뒤다. 화이트와인이나 스파클링와인과 함께 먹으면 좋다.

❸ 초콜릿 퐁뒤
Chocolate Fondue
끓인 우유와 생크림을 넣은 초콜릿에 빵이나 과일을 찍어 먹는 퐁뒤로 디저트로 먹기 좋다. 초콜릿이 냄비 바닥에 붙지 않도록 한 번씩 8자를 그리며 섞어 주자.

라클레트 Raclette

반달 모양 통치즈를 천천히 녹여 긁어서 접시에 흘러내리게 담은 후 삶은 감자와 살라미, 오이 피클과 함께 먹는 음식이다. 고급 레스토랑의 경우, 통치즈의 내부만 녹인 후 가져와 눈앞에서 담아 준다. 1970년대에 테이블용 전기 그릴과 전용 팬이 보급된 후로는, 슬라이스 된 라클레트 치즈를 녹여 내놓는 경우가 많다. 화이트와인이나 따뜻한 차가 잘 어울린다.

뢰스티 Rösti

스위스 농부의 아침 식사로 지금도 현지인에게 사랑받는 음식이다. 감자를 가늘게 썰어 버터에 볶아 구워 낸 음식으로, 우리나라 감자전과 비슷하다. 버섯이나 베이컨과 함께 아침 또는 점심 식사로, 저녁 식사에는 곁가지 메뉴로 즐겨 먹는다. 19세기에는 뢰스티를 가운데 두고 각자 잘라 우유를 넣은 커피에 찍어 먹었다. 또한 베른에선 베이컨, 취리히에선 양파를 넣는 등, 지역에 따라 재료를 다양하게 변형시켜 왔다.

게슈네첼테스 Geschnetzeltes

18세기 취리히 길드 조합원이 만든 취리히 대표 요리다. 송아지고기를 얇게 썰어 버터에 굽고 버섯과 채소를 넣은 크림소스를 올려 맛이 부드럽고 고소하다. 주로 바삭하게 구운 뢰스티를 소스에 찍어서 함께 즐긴다. 부드럽고 소화가 잘되는 음식이라 사계절 내내 가정식으로 즐겨 먹는다.

베르너 플라테 Berner Platte

1798년 3월 5일은 노이에네그(Neuenegg)에서 베른 군대가 프랑스와의 전쟁에서 이긴 날이다. 마을 여인들은 징병된 남편과 아버지, 아들을 성대하게 맞이하고 싶었지만 변변한 재료가 없어서, 집집마다 남은 음식을 가져와 한 접시에 담아 냈다. 두툼하게 썬 베이컨과 소시지, 고기가 대부분이었고 신선한 채소가 없어 삶은 감자나 절인 양배추인 슈크루트(Choucroute)와 함께 먹었다. 지금은 어느덧 베른의 대표 요리가 되었다.

브라트부어스트 Bratwurste

독일어로 브라트는 '굽다', 부어스트는 '소시지'로, 프라이팬이나 그릴에 구운 소시지를 가리킨다. 원래는 독일 음식으로 독일어권인 취리히와 장크트 갈렌 지방에서 많이 먹는다. 겉은 바삭, 속은 촉촉하게 구운 소시지에 머스터드소스를 바르고 맥주와 함께 먹으면 이것이 바로 진정한 소맥(소시지+맥주) 아닐까? 장크트 갈렌 지방에선 소스 없이 먹는 게 전통이다. 송아지고기로 만든 칼프스 브라트부르스트는 바비큐 할 때 가장 인기 있는 소시지다.

뷘드너플라이슈 Bündnerfleisch

지방이 거의 없는 소고기를 대패삼겹살만큼 얇게 저미고 허브 향을 더해 몇 달 동안 자연 건조하면 육포와 같은 살라미가 된다. 짭조름하면서 고소하고 육향이 가득하고 풍미가 깊어서 그냥 먹어도 맛있고, 빵에 넣어 샌드위치로 해 먹거나 뢰스티와 함께 점심 식사에 곁들이기도 좋다. 다양한 뷘드너플라이슈를 플레이트로 먹으려면 마트에서 쉽게 찾을 수 있다. 그라우부르덴(Graubünden) 지방의 다보스(Davos)와 쿠어(Chur) 산이 맛있다.

코르동 블뢰 Cordon Bleu

프랑스에서 유래되었지만, 스위스에서도 인기 있는 고기 요리다. 얇은 햄이나 저민 돼지고기를 짭짤한 치즈와 함께 넣어 기름에 튀기거나 구운 커틀릿이다. 가격과 취향에 따라 소고기나 닭고기도 사용한다. 맛과 식감이 우리나라의 치즈 돈가스와 비슷해 친숙한 것이 특징이다. 특히 화이트와인이나 맥주와 궁합이 좋다.

파페 보두아 Papet Vaudois

제네바 호수 지역인 보(Vaud)주는 19세기만 해도 빈곤한 지역이었다. 농민들이 겨울에 주로 먹던 파페 보두아는 쉽게 구할 수 있는 서양 대파(leek)와 감자를 넣고 푹 끓여 부드럽게 으깬 뒤 그 위에 소시지, 소시송 보두아(Saucisson vaudois)를 올려 먹었다. 서양 대파와 양배추, 돼지고기를 잘게 다져 돼지 창자에 넣은 소시지다. 재료가 조화롭고 부드럽고 풍부한 맛이 특징이다.

🍴 농어 요리 Filets de Perche

레만 호수 주변 마을, 특히 제네바나 몽트뢰에 가면 으레 민물 농어 요리를 만날 수 있다. 농어에 반죽을 입혀 튀기고, 레몬크림소스와 감자튀김을 곁들여 먹는다. 전통 음식점이라면 샬롯 버터 소스(beurre aux échalotes)가 있는지 물어보자. 음료는 스위스 대표 백포도주인 샤슬라(Chasselas)와 잘 어울린다. 농어 요리는 찾는 사람이 많아 양식 농어나 수입 농어를 사용하기도 하니 참고하자.

🍴 케제슈니테 Käseschnitte

독일어권이나 중부 알프스 산악 지역에서 즐겨 먹는다. 프랑스어권에선 크루트 오 프로마쥐(Croûte au fromage)라고도 한다. 백포도주로 적신 빵 위에 치즈를 올리고 오븐에 넣어 바삭하게 구워 낸다. 여기에 얇게 썬 햄을 넣거나 달걀 프라이를 얹어 든든하게 먹기도 하고, 양파와 베이컨을 넣어 풍미를 한층 올리기도 한다. 스키나 보드처럼 체력 소모가 큰 스포츠를 할 때 즐겨 먹는다.

🍴 앨플러마그로넨 Älplermagronen

'앨플러'는 알프스 목동, '마그로넨'은 마카로니를 가리킨다. 말 그대로 스위스 중부 알프스 산간 마을에서 목동이 즐겨 먹던 마카로니 요리다. 저렴한 데다가 조리가 쉽고 빠르며 저장성이 높은 것이 특징이다. 마카로니에 삶은 감자와 치즈, 크림을 넣고 볶다가 구운 양파를 토핑으로 얹는다. 마치 '마카로니 앤 치즈'와 닮았다. 스위스에서는 달콤하게 사과를 갈아 만든 소스를 곁들여 먹는다.

🍴 칼브스레버 Kalbsleber

스위스의 대표적인 고급 요리로, 송아지의 간으로 만들었다. 잘게 썬 송아지 간을 소금과 허브로 양념하여 버터에 볶은 뒤, 코냑과 소고기 육수로 만든 소스 또는 크림소스와 함께 볶는다. 우리나라 순대와 함께 나오는 간보다 식감이 부드러우며 풍미는 진하지만 향이 비리지는 않다. 얇게 썬 사과와 갈색이 나게 볶은 양파를 올려 내며, 보통 샐러드나 뢰스티를 함께 곁들여 먹는다.

취겔리파스테테 Chügelipastete

18세기부터 역사를 이어 온 루체른 지역 대표 요리다. 1월 2일 사프란 길드에서 매해 열리는 '베르텔리 식사(Bärteli Meal)' 때 선보이는 음식이지만, 지금은 루체른 레스토랑에서도 쉽게 볼 수 있다. 바삭바삭한 페이스트리 파이로 그릇을 만들고 그 안에 버섯과 함께 크림소스에 푹 끓인 송아지 스튜를 담아 오븐에 맛있게 구워 낸다.

스퉁기스 Stunggis

스위스 중부 알프스 산간 마을에서 유래한 전통 음식으로 특히 우리(Uri) 지방에서 쉽게 볼 수 있다. 루체른 인근에서 산악 하이킹을 하게 되면 산장에 들러 맛보자. 돼지 목심과 양파, 양배추, 부추 등 채소를 큼직하게 썰어 뭉근하게 끓여 낸 고기 스튜다. 부드러워 소화가 잘되고 따뜻한 음식이라 기운을 북돋아 준다. 남은 국물은 빵으로 싹 닦아서 먹자.

타르티플렛 Tartiflette

제네바를 포함한 스위스의 프랑스어권 지역 대표 음식으로 18세기부터 꾸준히 인기를 얻어 지금은 축제 단골 음식이 되었다. 타르티 플렛은 감자와 베이컨, 양파 등을 프랑스 알프스 사보이 지역 치즈인 르블로숑(Reblochon) 치즈와 섞은 그라탱이다. 치즈가 대량으로 들어가서 깊은 향이 나고 포만감도 크다.

비르허뮈슬리 Birchermüesli

스위스 사람들이 가장 좋아하는 아침 식사이자 직장인에게는 인기 도시락이고, 오후 간식이자 저녁 식사이기도 하며 일요일 브런치에는 꼭 포함하는 메뉴다. 1900년 취리히베르크의 의사, 막시밀리언 비르헤르-베너(Maximilian Bircher-Benner)가 발표한 건강식으로 균형 잡힌 영양과 맛으로 사랑받고 있다. 2~12시간 불린 귀리와 요거트를 기본으로 레몬주스와 사과 그리고 아몬드 등의 견과류가 들어간다.

Theme Travel 3

디저트 마니아들 모여라!
스위스 디저트

스위스는 국경을 마주한 프랑스와 이탈리아에 비해 디저트가 유명하지 않지만, 한번 빠지면 헤어나오기 힘든 매력을 지닌 것이 바로 스위스식 디저트다. 스위스는 주변국의 디저트 문화를 유연하게 받아들이는 동시에, 청정 자연에서 자란 재료들을 활용해 고유의 맛을 만들어 냈다. 알프스 산골 마을에서 시작된 치즈, 세계적으로 사랑받는 초콜릿, 마이링겐 지방에서 탄생한 머랭까지 다양한 스위스 디저트를 알아보자.

스위스 치즈

스위스는 국토의 약 70%가 농사에 적합하지 않은 초원이라서 가축을 기르는 낙농업이 발달했다. 그중 젖소에서 나오는 우유를 보관하려고 개발한 것이 치즈다. 곳간에 쌀이 가득하면 마음이 놓이듯, 스위스에서는 치즈가 얼마나 보관되어 있는지가 곧 부의 척도다. 여름에 산에서 키운 소의 젖으로 만든 치즈는 알프 치즈(Alp cheese), 겨울에 마을로 내려와 만든 치즈는 마운트 치즈(Mount Cheese)로 맛과 식감이 다르다. 종류가 많다 보니 고르기 쉽지 않지만, 지리적 표시 보호 제도인 AOP(Appellation d'origine protégée)나 원산지 통제 명칭 제도인 AOC(Appellation d'Origine Contrôlée)가 있다면 믿고 먹어도 좋다. 식전주인 아페리티프(Apéritif)와 함께 즐기기 좋다.

에멘탈 Emmental

스위스 치즈 대명사로 중부 에멘탈 특산품이다. 애니메이션 〈톰과 제리〉에 나온 구멍 난 치즈로 친숙하다. 은은한 호두 향이 나며 12개월 이상 숙성하면 향은 더욱 짙어진다. 주로 퐁듀나 샌드위치, 파이에 사용한다.

그뤼에르 Gruyère

짙은 황금색에 딱딱한 원형 치즈로 서부 그뤼에르 특산품이다. 진하고 부드러운 풍미를 위해 일정 기간마다 소금물을 발라 뒤집는 전통 방식을 1115년부터 고수하고 있다. 주로 퐁듀와 치즈 케이크에 사용한다.

스브린츠 Sbrinz

스위스 중부 특산품으로 파르메산 치즈의 원조다. 소젖으로 만들어 18개월 동안 숙성시킨 뒤 얇게 썰어 먹거나 파스타 등 요리에 넣어 먹는다. 24개월 이상 숙성한 치즈는 주로 갈아서 먹으며 카르파초와 잘 어울린다.

아펜첼러 Appenzeller

동부 아펜첼 특산품으로, 전통에 따라 아펜첼러 치즈 장인들이 비밀리에 전해지는 허브 소금물로 치즈를 씻어 만든다. 가열 없이 압축해 냄새가 강하고 오래 숙성할수록 매콤한 향이 강해진다. 살짝 매운 맛과 고소한 맛이 더해져 주로 샌드위치나 플레이트로 먹는다. 사과나 배 등으로 만든 과실주와도 잘 어울린다.

테트 드 무안 Tête de moine

'수도사의 머리'라는 뜻으로 치즈를 얇게 깎는 제조 방식에서 붙은 이름이다. 베른 쥐라 산맥에 있던 벨레 수도원 수도사들이 처음 만들었다. 중세에는 토지 임대료나 세금을 이 치즈로 냈을 정도로 최고급 품질과 맛을 자랑한다. 지방이 풍부해 고소하고 식감이 부드러우며, 견과류 맛이 강하다. 전용 기구 '지롤(Girolle)'로 프릴처럼 깎으면 화려해 파티에 많이 사용된다.

스위스 빵

스위스는 접경한 프랑스와 독일, 이탈리아에서 영향을 고루 받아 지역에 따라 다양한 종류의 빵을 만날 수 있다. 독일어권(동부)에서는 쫄깃하고 짭조름한 식사 빵이, 프랑스어권(서부)에선 크루아상이나 브리오슈 같은 버터 풍미가 가득한 빵이 많다. 이탈리아어권(남부)으로 가면 포카치아(Focaccia)처럼 납작한 빵이나 폭신한 파네토네(Panettone)처럼 식재료를 더한 빵을 흔히 볼 수 있다. 빵집 종류도 여럿이다. 일반 베이커리인 블랑제리(Boulangerie)는 바게트처럼 이스트를 넣어 숙성 발효한 식사 빵을 팔며, 치즈와 햄을 함께 파는 곳도 있다. 비에누아즈리(Viennoiserie)는 크루아상이나 팽 오 쇼콜라 같은 페이스트리 종류, 파티세리(Patisserie)는 디저트를 판매한다.

아펜첼 비버
Appenzeller Biber

아펜첼 전통 빵으로 생강이 들어간 빵이라 달콤쌉싸름하다. 안에는 하얀색 아몬드를 채운 꿀 반죽이 들었다. 아펜첼에 방문한다면 여러 겹의 페이스트리가 쌓인 스펙모켄(Speckmocken)도 맛보자.

비르넨베겐
Birnenweggen

루체른이 유명하며 아펜젤의 베레베게(Berewegge)와 비슷하다. 롤케이크처럼 돌돌 만 빵 안에 말린 과일(서양배, 무화과, 자두 등)을 넣어 만든 빵이다. 치즈 플레이트와 함께 단짠 조합으로 즐겨보자.

차쩨슈트렉커리
Chatzestreckerli

'고양이가 뻗은 다리'라는 뜻으로 루체른에서 볼 수 있다. 저민 아몬드를 꿀과 버무려 우리나라 땅콩강정과 비슷한데 겉은 바삭하고 속은 부드럽고 씹는 맛이 있다. 많이 달지 않아 아침 대용으로도 먹는다.

키르쉬토르테
Kirschtorte

1920년대에 체리 생산지인 추크(Zug)주에서 만든 케이크다. 스펀지케이크와 버터크림에 진한 체리 브랜디를 넣고 견과류 머랭을 쌓아 만든다. 알코올이 있어 어른들만 먹는 디저트다.

트레쾨니히스쿠헨
Dreikönigskuchen

예수를 찾아간 세 동방박사의 날을 기념해 매년 1월 6일에 먹는 빵이다. 12월 말부터 당일까지 살 수 있다. 폭신한 빵 안에 들어있는 왕의 인형을 뽑은 사람이 하루 동안 왕이 되는 풍습이 있다.

베르너 하즐너스립무헨
Berner Haselnusslebkuchen

베른 크리스마스 전통 과자다. 헤이즐넛과 아몬드를 으깨 설탕이나 꿀, 계피 가루, 오렌지 껍질 등과 섞고 구워 만든다. 과자 위에 아이싱으로 베른 상징인 곰 모양을 장식한다.

스위스 초콜릿

스위스 사람들은 한 명이 1년에 초콜릿 바를 평균 420개 정도 먹는 세계 최대의 초콜릿 소비국이다. 잘 먹는 만큼 잘 만들기도 하는데 가장 대표적인 브랜드는 린트&슈프륀글리(Lindt & Sprüngli)와 네슬레(Nestlé)다. 1875년 다니엘 페터(Daniel Peter)가 당시 쓴 음료였던 초콜릿에 연유를 섞어 밀크 초콜릿을 개발했고 판 형태의 고체로 만들었다. 이때 다니엘이 사용한 연유는 네슬레가 만들었다. 4년 뒤에는 로돌프 린트(Rodolphe Lindt)가 콘칭(Conching) 기술을 개발해 부드러운 크림 형태인 초콜릿을 만들어 스위스 대표 초콜릿으로 사랑받았다.

건빵보다 먼저 군대 식량이 된 초콜릿

*TIP

초콜릿은 각성 효과가 있다고 알려져 있다. 나폴레옹은 전장에서 잠을 물리치기 위해 초콜릿 가루를 우유에 타서 먹는 쇼코우유를 즐겨 마셨다고. 제2차 세계대전에서는 군인들의 필수 식량으로 지정된 피로 회복제였다.

삼각 초콜릿, 토블론으로 마터호른 인증샷 중지

토블론(Toblerone) 제조사인 미국 식품 기업 몬델레즈가 2023년부터 생산 시설 일부를 스위스에서 철수했다. 스위스는 자국 생산품에 대한 가치를 부가하는 '스위스니스(Swissness)'를 진행하기에 토블론 포장지에 있는 마터호른 그림을 쓰지 못하게 되어 일반적인 알프스 정상 이미지로 바뀌었다. 마터호른 인증샷은 체르마트에서 판매하는 발레(Valais) 생수로 대체하자. 병 하단 오목하게 올라온 부분이 입체 마터호른으로 되어 있어 새로운 인증샷 필수품이 되었다.

머랭

스위스 중부 마이링겐 요리대회에서 이탈리아 요리사 가스파리니(Gasparini)가 선보인 것이 기원이라고 한다. 마이링겐 또는 베르너 오버란트에 가면 머랭을 맛봐야 할 이유다. 이탈리아의 머랭보다 조금 더 바삭하고 단단한 것이 특징이다. 스위스 대형 슈퍼마켓에서 소포장해서 판매하니 어렵지 않게 맛볼 수 있다.

Theme Travel 4

이건 꼭 사야 해!
스위스 쇼핑 아이템

스위스를 찾는 여행자들에게 인기 있는 쇼핑 아이템은 시계나 초콜릿, 실용적인 생활용품, 그리고 실용 디자인과 환경친화적인 가치가 반영된 패션 제품이다. 기념품 상점이나 브랜드 매장에서 사도 되지만, 마노르(Manor) 백화점이나 글로부스(Globus) 쇼핑몰, 슈퍼마켓 체인이 있다면 이곳을 공략하자. 백화점에서 구매한 상품이 300달러 이상이면 세금 환급을 받을 수 있고 할인 기간이면 더 저렴하게 살 수 있다.

🏛 스위스 시계

스위스에서 가장 오래된 시계인 바세론 콘스탄틴(Vacheron Constantin), 파텍 필립(Patek Philippe), 피아제(Piaget), 롤렉스(Rolex), 오메가(Omega) 등은 시계에 관심 있는 사람이라면 들어 봤을 만큼 유명한 브랜드다. 수백만 원에서 수억 원까지 이르는 명품이다. 높은 가격이 부담스럽다면 태그호이어(TAG Heuer)나 브라이틀링(Breitling) 또는 합리적인 가격인 스위스 아미 와치(Swiss Amy Watch)나 스와치(Swatch)도 둘러보자. 시계 전문점인 부커러(Buchere)나 키르호퍼(Kirchhofer)에서는 다양한 브랜드의 시계를 한 번에 만날 수 있어 편리하다.

미세 가공의 꽃, 스위스 시계

프랑스 정부의 종교 탄압으로 칼뱅을 지지하던 위그노 교도들 40만 명이 프랑스를 떠나 유럽 각지로 흩어졌다. 스위스에는 첨단 기술이나 정밀 기술을 보유한 시계 장인이 많았다. 스위스 원주민들은 위그노를 찾아가 시계 제조 기술을 배우면서 산업이 발달해 제네바에 시계 길드가 생겼다. 1845년, 기계 산업화로 생산량이 늘었으나 스위스 정부는 더욱 견고하고 정밀한 기술 향상에 힘써 고부가가치를 창출해 냈다. 바로 명품이다. 수동 무브먼트, 오토매틱을 만드는 장인을 일컫는 가비노체(Gabinotier)는 부와 명성을 얻었다.

멈추지 않는 시계, 롤렉스

롤렉스가 가진 기술력을 증명한 사건이 있었다. 2023년 여름, 호주 서퍼 맷 커디(Matt Cuddihy)는 퀸즈랜드 누사(Noosa) 해안에서 롤렉스 서브마리너(Rolex Submariner)를 발견했다. 5년 동안 수압과 파도에 밀려 충격을 받았으나 시계는 움직이고 있었다. 이번이 처음은 아니었다. 굴껍질처럼 밀폐되는 방수·방진 구조를 홍보하기 위해 1927년 영국의 수영선수 메르세데스 글라이츠(Mercedes Gleitze)가 오이스터 시계를 찬 채 도버 해협을 횡단하는 이벤트를 하기도 했다. 스위스에서 미국으로 가던 배가 침몰해 몇 달 만에 발견됐을 때도, 심해 해저 탐사 1만 미터에도, 극지방과 에베레스트 최초 등정에서도 롤렉스 시계는 움직이고 있었다.

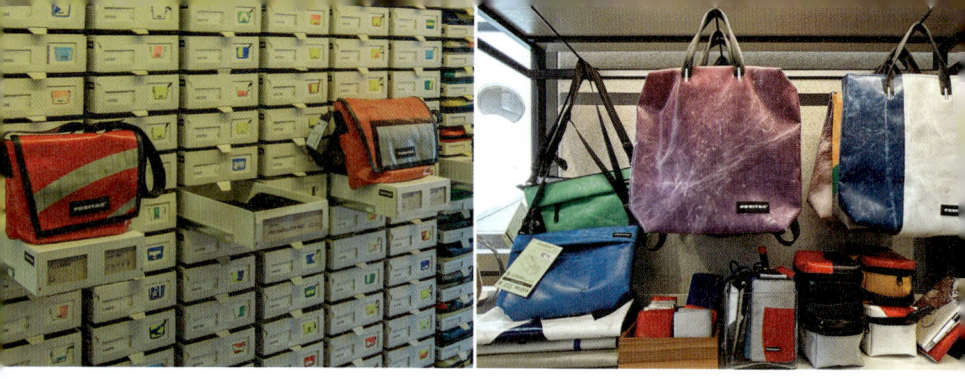

🛒 프라이탁 Freitag

비 오는 날 가방이 젖는 것이 불만이던 취리히의 프라이탁 형제가 만든 브랜드로 실용적인 디자인과 재활용 제품으로 사랑받고 있다. 우리나라에도 입점해 있으나 스위스 매장은 제품군이 더 다양하고, 현지에만 있는 디자인이 있어 기념품으로 더없이 좋다. 가방이나 지갑, 노트북 케이스가 인기이며 새로 선보인 친환경 티셔츠도 추천한다.

🛒 지그 물병 Sigg

하이킹이나 아웃도어 스포츠를 많이 하는 스위스 사람들에게 꼭 필요한 물병이다. 특히 취리히 관광청에서 제작한 공식 기념품 'ZH2O'는 한 개를 사면 CHF1이 탄자니아의 물 공급과 펌프 프로젝트에 기부되니 착한 일도 하고 최고급 스테인리스 스틸로 된 물병도 가질 수 있다. 이 물병 하나면 스위스 여행 중에 물을 사 먹지 않아도 된다.

🛒 빅토리녹스 스위스 군용 칼 Victorinox Swiss Army Knife

스위스 군용 칼은 미국 드라마 〈맥가이버〉에서 뭐든 뚝딱 고쳐 내고 해결하는 주인공이 항상 휴대해 일명 '맥가이버 칼'로 불린다. 1884년 스위스 이바크 마을에 살던 24살 칼 엘스너(Karl Elsner)가 만든 멀티 툴이다. 7년 후 스위스 육군에 보급하면서 폭발적인 판매를 이뤄 냈고 어머니 이름인 빅토리아를 딴 빅토리녹스가 탄생했다. 일반적으로 2~3개 칼과 병따개, 가위 등 다양한 기능 도구가 한데 모여 있다. 인기 상품은 스위스 챔프로 31가지 기능에 서바이벌 키트가 포함된 포켓 나이프다. 이름을 각인하는 서비스를 해 주니 선물용으로도 좋다.

🛖 목공예품

겨울이 길어 집에서 보내는 시간이 많아 예부터 가내수공업이 발달했고 목공품이나 자수 제품이 뛰어나다. 주변에서 쉽게 구할 수 있는 나무를 가져와 다듬었는데 특히 아펜첼과 인터라켄 브리엔츠 지역에서 예쁜 목공예품을 발견하기 쉽다. 가격이 부담스럽다면 기념품 상점에 파는 목제 인형도 좋다.

🛖 스노볼 Snowball

마터호른과 융프라우처럼 알프스 고봉을 담은 스노볼(스노글로브)을 데려가자. 기억에 남는 마을이 있다면 미니어처로 만들어놓은 스노볼도 좋다. 마을 곳곳에 있는 기념품 상점 헤이마트베르크(Heimatwerk)에서 다양한 종류를 만날 수 있다.

🛖 카우벨 Cow Bell

알프스를 걸을 때 가장 기억에 남는 소리 중 하나가 카우벨이다. ASMR처럼 여행 내내 편안하게 들려준 종소리를 데려갈 수 있다. 진짜 소 목에 달린 카우벨은 수십 킬로그램으로 기념품으론 너무 크다. 작고 소중한 손바닥 크기로 고려해 보자.

🛖 초콜릿

직장 동료나 지인에게 간단하게 선물하기 좋은 아이템이다. 슈퍼마켓에서 사기 가장 좋은 초콜릿은 라구사(Ragusa)다. 저렴한 가격에 맛이 좋다. 유명 초콜릿인 토블론이나 린츠, 카이에(Cailler)도 괜찮다. 고급스러운 초콜릿 선물을 고른다면 오랜 역사를 자랑하는 스프링글리(Spriingli)나 레더라(Laderach)의 판 초콜릿도 좋다. 미국 유명 인사 오프라 윈프리가 좋아한다는 명품 수제 초콜릿의 토이셔(Teuscher)도 있다.

Special Theme 슈퍼마켓 쇼핑

스위스 물가 높다고 말로만 들었지만 이렇게 비쌀 수가! 세계 빅맥 지수 1위를 실감하게 된다. 매끼 식당에서 먹기에는 부담스러운 이 가격을 뒤로 하고 슈퍼마켓으로 가자.

스위스 꿀

농약 없는 고산 지대나 알프스 청정 자연에서 꿀을 채집하며 AOP/IGP 가 표시되어 있으면 고품질 꿀이다. 비가열 방식으로 추출해 첨가물 없이 포장된다. 아피미엘(Apimiel) 브랜드의 스위스 꿀(Schweizer Honig)은 100% 스위스산으로 현지에서 가장 유명하다. 500g에 1만 원대로 품질 대비 가격이 합리적이다.

허브 제품

스위스는 허브를 사용한 캔디과 차, 코스메틱 제품이 유명하다. 리콜라(Ricola)의 허브 캔디는 여행 중 감기 증상이 있거나 목이 아플 때 먹으면 좋다. 허브티는 약국에서 파는 시드로가(Sidroga)를 추천한다. 건강 기능성 허브차로 'Schlaftee(수면 보조)', 'Erkältungstee(감기 완화)'가 유명하다. 일반 건강차인 'Kamille(위장 안정, 스트레스 완화)'와 'Fenchel(소화 촉진)' 등은 쿱에서도 살 수 있다.

푸랄피나(Puralpina)

마모트 오일(Murmeltier)은 류마티스나 관절·근육 통증 완화를 위한 크림으로 500년 전부터 사용되어 왔다. 허브와 마모트 오일을 바탕으로 만들었다. 빨간 뚜껑은 바르면 열이 오르는 온열 제품으로 근육과 관절 통증에 좋다. 파란 뚜껑은 냉각 제품으로 관절이나 인대, 타박상에 효능이 있다. 같은 브랜드에서 나온 허브 사탕도 있다.

간편식

CHF10 이내로 살 수 있는 간편식이 다양하다. 간이 포장된 샌드위치나 샐러드는 하이킹이나 소풍 필수 아이템이다.

채소와 과일

채소나 과일은 저울에 올려놓은 뒤 매대에 적힌 해당 농산물 번호를 누르면 금액이 적힌 스티커가 나온다. 물가에 비해 원재료는 가격이 저렴한 편이니 마음 놓고 구매하자.

소고기·돼지고기

숙소를 정할 때 취사가 되는 곳을 정하면 경비를 줄일 수 있다. 목초지를 활용한 축산업이 발달하다 보니 소고기와 돼지고기가 저렴하다. 특히 소는 산악 지대에 있는 초지에 방목해 키워 축산물 절반 이상을 차지한다. 돼지를 낮에 방목해서 키우는 농가도 있으니 자연에서 키운 돼지고기도 꼭 맛보자.

음료

탄산가스가 들어간 물은 미네랄 바서 미트 가스(Mineral Wasser mit Gas), 탄산가스가 들어가지 않은 물은 미네랄 바서 오네 가스(Mineral Wasser ohne Gas)라고 적혀 있다. 물도 좋지만 스위스 국민 음료인 리벨라(Rivella)를 마셔 보자. 치즈 만들고 남은 유청을 이용해 만든 음료다. 미네랄 성분이 들어가 몸에도 좋다.

스위스 양대 소비자협동조합, 미그로스(Migros)와 쿱(Coop) ·TIP·

미그로스는 프랑스어로 중간(Mi), 도매(Gros)를 말한다. 소매와 도매 중간인 대형 마트다. 쿱은 250만 명이 회원으로 가입된 스위스 최대 도소매 회사다. 전국 2천2백여 개 상점에서 스위스 유기농 식품 절반을 판매한다. 일종의 생활협동조합이다. 우리나라 아이쿱도 여기에서 출발했다. 두 곳 모두 식품류 외에 생활용품, 스포츠용품, 패션, 뷰티, 가전제품까지 판매한다.

판매 브랜드가 조금씩 차이가 있어 알아 두면 좋다. 예를 들어 쿱에선 생수 에비앙(Evian)을 팔고, 미그로스에서는 비텔(Vittel)을 판다. 린트 초콜릿이나 한국 라면도 쿱에서 판매한다. 무엇보다 미그로스는 주류를 취급하지 않는다. 창립자인 고틀리프 두트바일러(Gottlieb Duttweiler)가 1941년, 자신이 세운 기업을 사회로 환원시킬 때 조건으로 술·담배를 팔지 말라고 했다. 당시 스위스 사회에 뿌리 깊이 내린 중독 문화에 대한 걱정 때문이었다고 한다. 두 곳 모두 시내 큰 지점에는 레스토랑도 함께 운영하고 있어 적당한 가격에 한 끼 식사를 해결하기 좋다.

Theme Travel 5

걸으면 더욱 아름다운
하이킹 코스 Best 10

스위스는 하이킹 천국이다. 6만 5,000km에 달하는 트레일을 가지런히 연결하면 지구 한 바퀴 반을 걷는 길이다. 우람한 알프스 능선과 골짜기, 빙하 지대와 초지, 황홀한 꽃길부터 푸른 호수 마을까지 매력적인 코스가 거미줄처럼 연결된다. 살짝 땀이 나고 종아리가 저릿해지지만, 산악열차나 케이블카를 탈 때는 볼 수 없는 풍경과 순수한 즐거움을 경험할 수 있다. 발로 기억하는 스위스에 도전해 보자.

🌲 5개 호수의 길 5 Seenweg

블라우헤르트를 출발해 5개 호수(슈텔리, 그린지, 그륀, 무스지, 라이)를 차례로 만나는 길이다. 체르마트에서 가장 인기 있는 트레일로 마터호른을 질리도록 감상할 수 있다. 노약자나 아이와 함께 걸을 수 있을 정도로 난이도가 쉽지만, 구간이 길어 체력에 따른 코스 선택이 필요하다.

위치 발레 → 체르마트　**소요 시간** 약 4시간　**홈페이지** switzerland.com/en/experiences/route/5-seenweg-zermatt

🌲 마크 트웨인 길 Mark Twainweg

미국 유명 소설가 마크 트웨인의 이름을 딴 코스다. 그는 1878년 마터호른에 반해 머무르면서 얻은 영감으로 책 《리펠베르그를 오르며(Climbing the Riffelberg)》를 출간했다. 그가 사랑한 코스를 걸으며 나만의 생각이나 문장을 만들어도 좋다.

위치 발레 → 체르마트　**소요 시간** 약 1시간　**홈페이지** zermatt.swiss/en/p/mark-twain-trail-nr-18-01tVj000005EwcNIAS

하이킹 시즌

눈이 많이 쌓이거나 날씨 영향을 받는 위험 구간은 트레일 오픈 여부를 확인해야 한다. 산악 지대는 보통 6월 중순부터 걸을 수 있는데 고도가 올라갈수록 눈이 녹지 않을 가능성이 있어 6월 말이나 7월부터 시작하면 좋다. 눈이 녹기 시작하면 야생화가 피어난다. 쉬니게 플라테와 같이 꽃길이 아름다운 코스를 걸어 보자. 9월 중순부터는 트레일을 닫는 구간이 생긴다. 단풍과 함께 걷고 싶다면 수목한계선을 잘 확인해야 한다. 표고가 높으면 초지와 침엽수가 많으니 베르너 오버란트 호수 주변 트레일처럼 낮고 물이 많은 구간은 고려하자.
고산에선 날씨 변화가 잦으니 일기 예보를 주시해야 한다. 지역 웹캠을 보면 실시간으로 확인할 수 있다. 산 아래에선 비가 내리더라도 고도가 높은 산 정상은 운해로 가득한 맑은 날일 수 있다. 보통 산 위는 오전까지 구름이 적다. 아침 일찍 하이킹에 나서도록 하자.

🌲 융프라우 아이거 워크 Jungfrau Eiger Walk

전문 산악인이 아닌 등산객이 두 발로 오를 수 있는 최고선, 아이거글래처(Eigergletscher)에서 시작해 클라이네 샤이덱(Keine Scheidegg)까지 걷는 길이다. 정비가 잘 된 길이라 아이와 함께 즐길 수 있다.

위치 베르너 오버란트 → 융프라우요흐 전망대 **소요 시간** 약 3시간 **홈페이지** schweizmobil.ch/en/hiking-in-switzerland/route-353

🌲 파노라마 길 Panoramaweg

융프라우 산군 중심인 멘리헨(Männlichen)에서 클라이네 샤이덱(Keine Scheidegg)까지 걷는 길이다. 융프라우와 묀히, 아이거까지 바라보며 걷는다. 오르락내리락 걷지만, 고도차가 거의 없어 걷기 쉽다.

위치 베르너 오버란트 → 벵엔 **소요 시간** 약 2시간 **홈페이지** interlaken.ch/erlebnisse/tour/maennlichen-kleine-scheidegg-panoramaweg

🌲 바흐알프 호수 Bachalpsee

'한국인 지정 국민 트레일'이라고 할 만큼 우리나라 여행객이 많이 찾는 길이다. 그린델발트와 연결된 피르스트(First)를 출발해 바흐알프 호수까지 가는 코스다. 맞은편 고산인 아이거와 슈렉호른 능선을 옆으로 걷다가 호수에 다다르면 능선 반영을 볼 수 있다.

위치 베르너 오버란트 → 피르스트 **소요 시간** 약 3시간 **홈페이지** jungfrau.ch/en-gb/summer-sport/hiking/hiking-trail/first-bachalpsee-first-23429682

하이킹할 때 알아두면 좋은 정보 ·TIP·

❶ 옷차림 : 방한·방풍·방수가 중요하다. 고도가 높아질수록 온도가 급격히 낮아진다. 흐린 날이나 바람이 많이 부는 날, 날씨 변화가 잦아 옷을 갖춰 입기 어렵다. 얇은 옷을 여러 겹 입고 경량 패딩을 준비해 빠르고 가볍게 체온을 유지하자. 그늘이 없거나 눈에 반사된 햇빛으로 눈 자극이 심하다. 모자와 선글라스를 준비하고 자외선 차단제도 꼭 챙겨야 한다. 비나 눈을 대비해 우비나 우산을 준비한다.

❷ 음식 : 코스 길이에 따라 다르지만, 물과 음료, 에너지바는 꼭 챙기자. 수분과 당이 빠르게 흡수될 수 있는 제품이면 좋다. 대형 슈퍼마켓에서 파는 샌드위치나 주먹밥, 김밥으로 간편하게 식사하자. 고산이나 추운 날 하이킹을 한다면 한국에서 발열 도시락을 준비하길 권한다.

❸ 트레일은 대부분 산악 지역에 있어 마을까지 내려오는 교통수단을 잘 확인해야 한다. 트레일에서 빠질 수 있는 중간 지점을 확인해 건강 상태가 좋지 않을 때 이동할 경로를 파악하자. 특히 교통수단 막차 시간은 꼭 확인해야 하며 여유롭게 도착할 수 있도록 일정을 짜야 한다.

❹ 다른 등산객과 마주치면 인사를 나누자. 영어나 지역에 따라 독일어(구텐 탁, Guten Tag), 이탈리아어(챠오, Ciao), 프랑스어(봉주흐, Bonjour)를 쓸 수 있다.

❺ 트레일 내에 화장실이 없는 경우가 많다. 미리 역이나 산장에서 화장실을 들렀다가 가자. 하이킹 트레일은 보통 1시간쯤에 산장이 있으니 위치를 확인해 두는 것이 좋다.

❻ 고산에 방목하는 소나 염소가 많아 울타리가 많다. 철선으로 된 울타리는 약한 전기가 흐르니 조심하자. 기분 나쁠 정도로 찌릿하다.

❼ 눈이 쌓여 있다고 눈 속으로 뛰어들면 안 된다. 눈은 아래부터 녹아 땅으로 곤두박질할 수 있다. 혹은 골짜기라서 절벽 아래로 떨어질 수 있으니 절대 금물이다.

❽ 트레일 내에 바비큐장이 있는지 확인하자. 알프스 곳곳에 고기를 굽거나 음식을 해 먹을 수 있는 바비큐장이 있다. 돌을 쌓아 만든 불자리와 장작이 준비되어 있다. 곳에 따라 그릴도 있지만, 위생상 캠핑용 조리 도구나 포일을 준비하자. 불을 피울 숯이나 라이터, 먹을거리는 직접 가져와야 한다. 바비큐가 끝나면 주변 수도에서 물을 가져와 완전히 불을 끄고 쓰레기는 되가져간다.

❾ 트레일 일부 구간에선 인터넷 연결이 원활하지 않을 수도 있다. 오프라인 지도를 가져가거나 GPS 기반 트레일 앱인 올트레일스(All Trails)를 설치해서 가자. 오프라인 지도를 내려받을 수 있고 현재 위치와 방향, 코스 확인이 가능하다.

🌲 외쉬넨 호수 Oeschinensee

베르너 오버란트 외곽의 칸더슈테크 일대 고산인 프룬덴호른과 돌덴호른, 블륌리스호른 중심에 외쉬넨 호수가 있다. 산사태가 여러 번 생기면서 산은 더 날카로워지고 계곡은 막혀 호수가 되었다. 오롯이 자연이 만든 댐을 보며 산 중턱을 걸어 보자. 코스가 여럿이지만, 던든호른(Dündenhorn) 상부 길을 걸으며 전망하길 권한다.

위치 베르너 오버란트 → 칸더슈테크 **소요 시간** 약 4시간 **홈페이지** oeschinensee.ch

🌲 라보 테라스 Terrasses de Lavaux

레만 호수 북쪽 둔덕에 자리한 라보 와이너리를 따라 걷는 길이다. 호숫가에서 오르막길을 오르면 포도밭과 호수, 만년설이 쌓인 알프스산맥까지 한눈에 볼 수 있다. 오르막길은 경사가 있지만 가파르지 않고 포장된 길이라 걷기 쉽다. 대신 그늘이 없다. 걷다가 힘들면 라보 미니 열차를 타고 이동할 수 있으니 부담 없이 걸어 보자.

위치 레만 → 브베 **소요 시간** 약 4시간 **홈페이지** schweizmobil.ch/en/hiking-in-switzerland/route-113

🌲 트뤼브제 Trübsee

천사가 사는 마을, 엥겔베르크에 있는 호수다. 티틀리스로 올라가는 중간 기착지로 호수 둘레를 걸을 수 있다. 티틀리스 산맥이 호수를 껴안듯 자리해 풍광이 좋으며 보트를 타는 것도 트뤼브제를 즐기는 방법이다. 대부분 평지이고 산장이나 바비큐장이 있어 여유롭게 걷고 쉬어 갈 수 있다.

위치 루체른 → 티틀리스 **소요 시간** 약 1시간 30분 **홈페이지** engelberg.ch

🌲 에벤알프 Ebenalp

바위 절벽에 딱 붙어서 세운 애셔(äscher) 산장이 있어 유명한 트레일이다. 에벤알프 정상 인근까지 케이블카를 타고 올라 내리막길을 걸어 산장에 도착한다. 산장에서 가파른 숲길을 내려가면 제알프 호수(Seealpsee)가 있는데 목가적인 풍경이 매력적이라 추천한다.

위치 취리히 → 아펜첼 **소요 시간** 약 3시간 30분 **홈페이지** ebenalp.ch/en/summer/hiking

🌲 작서뤼크 Saxer Lücke

독특한 지질 구조를 가진 작서뤼크. 이곳은 공룡 스테고사우루스 등에 난 골판처럼 튀어나온 암벽이 특징이다. 구름이 낮게 깔리는 날이면 구름이 능선을 치고 솟구치는 모습도 볼 수 있다. 우리나라 여행객에게 유명한 베르너 오버란트의 고산과 분위기가 달라 권한다.

위치 취리히 → 아펜첼 **소요 시간** 약 1시간 30분 **홈페이지** hoherkasten.ch/entdecken/aktivitaeten/wandern/geologischer-panoramaweg

트레일 표지판 · TIP ·

트레일에는 5만 개의 표지판이 우리를 돕는다. 자원봉사자 1500여 명이 관리하고 있어 믿을 만하다. 표지판에는 방향과 난이도, 시간을 알 수 있다.

❶ 하이킹 트레일(Hiking Trail) : 노란색 표지판은 모든 연령대가 함께 할 수 있는 쉬운 코스다. 가파른 구간에는 등반을 돕는 계단이나 낙하 방지를 위한 안전 레일이 설치되어 있다.

❷ 마운틴 트레일(Mountain Trail) : 흰색과 빨간색이 교차하는 표지는 험난한 지형을 걷는 등산로다. 코스마다 난이도가 다르지만, 일부 트레일은 밧줄이나 체인을 잡고 건너야 하는 구간이 있어 유아가 걷기에 어렵다. 미끄러지지 않는 신발과 방한·방풍이 되는 옷을 입고 비상 식량을 챙기자.

❸ 알파인 트레일(Alpine Trail) : 흰색과 파란색이 교차하는 표지는 고산 지대에 있는 빙하와 눈길, 짧은 암벽 등반이 있는 구간이다. 신체 상태가 양호해야 하고 고산병에 대비해야 한다. 아이젠과 로프, 자일 등 전문 장비가 필요하며 초행길에는 반드시 전문가와 함께여야 한다.

Theme Travel 6

덜컹덜컹 낭만 가득한
스위스 기차 여행

스위스는 인접 국가인 프랑스와 이탈리아, 독일의 언어를 모두 사용하는 다국어 국가다. 스위스 국민을 위해 철도 시설은 물론, 편의 시설에서도 3가지 언어를 모두 표시해 둔다. 독일어 SBB(Schweizerische Bundesbahnen Bahn), 프랑스어 CFF(Chemins de fer federaux suisses), 이탈리아어 FFS(Ferrovie federali svizzere) 모두 국영 철도를 뜻한다. 스위스를 가장 편안하고 여유롭게 여행하고 싶다면 다양한 기차를 이용해 보자.

🚆 SBB 국철

국내외 어디든 쉽고 빠르게 이동할 수 있다. 운행 시간도 정확한 편. SBB 사이트나 앱을 이용하면 플랫폼 정보와 시간을 미리 확인할 수 있고 승차권 구매도 가능하다. 간혹 플랫폼이 현장에서 변경되는 경우가 있으니 타기 전 확인은 필수다. 스위스 내 80개 기차역에는 SBB 무료 와이파이가 연결된다. 1시간 이용할 수 있으며 사용 만료 후 2시간이 지나면 다시 1시간 무료 이용이 가능하다.

기차 여행에 필수적인 SBB 앱 · TIP ·

SBB 앱을 이용해 철도 정보 확인 및 예약할 수 있다. 곰돌이 마크는 키즈카페처럼 놀이 시설이 있는 객차가 있다는 표시다. 하단에 표시된 'Tickets from CHF'는 구간 중 가장 낮은 금액으로 대부분 1/2에 해당하는 금액이 나타난다.
현지인은 대부분 반액 할인 카드(Half fare card)를 가지고 있으며 한 달 이상 체류하는 여행객도 이용할 수 있다.

승차권 검사

유럽의 기차는 대부분 역에서 승차권을 산 뒤 기차를 타고 이동 중 역무원이 표를 검사하는 방식이다. 일부 유럽과 달리 스위스 기차는 탑승 시간이 표에 기재되어 있어 따로 검표할 필요가 없다. 다만 1등석과 2등석 서비스 차이가 있어 역무원이 검표 시 중요하게 확인하는 부분이니 기차를 탈 때 출입구에 적혀 있는 숫자를 잘 확인하고 타도록 하자.

🚆 산악열차

일명 '톱니바퀴 열차'라고 한다. 열차 선로에 톱니 틀이 있고 열차 하단에 톱니가 있어 맞물려 올라가는 형태다. 경사면이 심하게 가파르지 않은 이상, 산악열차는 산을 오를 수 있다. '유럽의 지붕'이라 불리는 융프라우요흐까지 올라가는 산악열차는 인간 승리의 정점을 찍었다고 평가받는다.

🚆 푸니쿨라

강철 케이블로 연결된 객차를 도르래로 감아올리는 형식으로 '강삭철도(Cable railway)'라고도 한다. 케이블을 길게 하면 당기는 힘이 많이 필요해 짧은 구간에 주로 설치한다. 유럽에서 가장 가파른 푸니쿨라인 슈토스반(Stoosbahn)과 겔머반(Gelmerbahn)은 도전하는 여행객이 많다.

🚆 트램

도시에서 주로 이용하는 대중교통으로 도로 위에 레일을 깔고 위로 주행하는 노면 전차다. 버스처럼 정류장에 정차하며 하차 벨을 누른 뒤 내린다. 내릴 때에는 문에 달린 정차 버튼을 눌러야 문이 열린다.

짐 부치고 가볍게 떠나자!
수화물 배송 서비스(Express Luggage Service)

가로로 길게 뻗어 있는 스위스를 여행하는 사람들은 대부분 입출국 도시가 다른 경우가 많다. 이동 중에도 놓치고 싶지 않은 도시가 많은 스위스. 출발지에서 도착지로 짐을 보내 주는 서비스를 이용하자. 역 또는 숙소를 지정해 짐을 회수하고 이틀 뒤에 도착해 그동안 가볍게 여행할 수 있다. 23kg 이하 짐만 가능하며 스키나 자전거도 가능하다. 스위스는 물론, 스위스 인접 국가인 독일과 오스트리아와도 배송된다. 비용은 CHF12부터다.

홈페이지 www.sbb.ch/en/tickets-offers/reservation-luggage/checking-taking-luggage.html

그랜드 트레인 투어 (Grand Train Tour)

Special Theme

기차 여행은 그 자체로 즐길 거리다. 필름 영화처럼 아름다운 풍경이 창밖으로 이어진다면 타지 않을 수가 없다. 스위스에선 창문 크기가 열차 반 이상인 파노라마 기차를 타고 광활한 대자연 속을 누비는 그랜드 트레인 투어가 있다. 취리히-생갈렌-루체른-몽트뢰-체르마트-생모리츠-루가노-루체른까지 이어지는 스위스 대표 절경 루트다. 알프스부터 빙하, 목가적인 풍경부터 화려한 도시까지 스위스 최고의 풍경만 묶었다.

골든패스 라인 GoldenPass Line

몽트뢰(Montreux)를 출발한 파노라믹 열차는 츠바이짐멘(Zweisimmen)과 슈피츠(Spiez)를 거쳐 인터라켄(Interlaken)에 도착한다. 중간에 츠바이짐멘에서 한 번 환승해야 하는데, 이는 몽트뢰~츠바이짐멘 노선은 MOB 철도가 운영하고, 나머지 구간은 BLS 철도가 운영하기 때문이다. MOB 철도 구간은 그랜드 트레인 투어 중 가장 인기 있는 코스다. 1979년부터 운행된 이 기차는 통유리창이라서 풍경을 감상하기 좋고, 기차 맨 앞에는 운전석 대신 1등석 VIP 객실이 배치되어 있어 더욱 특별한 경험을 할 수 있다.

운행 구간 루체른-인터라켄-츠바이짐멘-몽트뢰(역방향 가능) : 총 거리 191km **운행 기간** 연중무휴이나 자세한 사항은 홈페이지에서 확인 필요 **소요 시간** 약 5시간 8분 **홈페이지** www.goldenpassline.ch

루체른 인터라켄 익스프레스 Luzern-Interlaken Express

이름 그대로 루체른과 인터라켄을 연결하는 노선이다. 스위스에서 꼭 들러야 할 여행지인 만큼 풍경도 남다르다. 마이링겐에서 룽게른으로 넘어가는 브리닉 고개(Brünig Pass)에서는 경사가 있어 톱니바퀴 구동계로 바꿔 운행된다. 이후 펼쳐지는 풍경이 장관이니 카메라를 내려놓지 말 것.

운행 구간 루체른-인터라켄(역방향 가능) : 총 거리 98km **운행 기간** 연중무휴(기상 및 공사에 따라 변동 가능) **소요 시간** 약 1시간 50분 **홈페이지** www.zentralbahn.ch

고타드 파노라마 익스프레스 Gotthard Panorama Express

루체른에서 루가노(Lugano)까지 이어지는 노선이다. 유람선으로 이동하는 루체른-플뤼엘렌(Flüelen) 구간은 스위스 건국 배경이자 빌헬름 텔 설화가 깃든 뤼틀리 평원을 볼 수 있다. 플뤼엘렌-루가노 구간은 기차를 타고 이동한다. 루체른을 교통의 요지로 만들어 준 고타르트 패스에 1882년 건설된 옛길을 따라 천천히 이동한다.

운행 구간 루가노-벨린초나에서 플뤼엘렌까지 열차 이용, 플뤼엘렌에서 루체른까지 증기선 이용(역방향 가능) : 총 거리 182km **운행 기간** 4월 말~10월 중순 화~일 운행 **소요 시간** 벨린초나에서 루체른까지 4시간 54분~5시간 10분 소요, 루가노에서 루체른까지 5시간 26분~5시간 36분 소요 **홈페이지** www.myswitzerland.com/ko/gotthard-panorama-express.html

베르니나 익스프레스 Bernina Express

루가노와 티라노(Tirano), 생모리츠(St.Moritz), 쿠어(Chur)를 잇는 노선이다. 루가노에서 티라노 구간은 버스로 이동한다. 이때 이탈리아에서 세 번째로 큰 코모 호수를 지난다. 티라노에서 생모리츠 구간은 예약자가 많은 구간이다. 모르테라취(Morteratsch) 빙하와 고원, 원시에 가까운 자연까지 유네스코로 등재되어 있으니 빠짐없이 눈에 담아 보자.

운행 구간 스위스 쿠어↔이탈리아 티라노 : 총 거리 156km **운행 기간** 2월 21일~4월 21일 & 10월 31일~11월 24일 목~일, 4월 22일~10월 27일 매일 **소요 시간** 약 4시간 13분 **홈페이지** www.myswitzerland.com/ko/summer-mountain-tips-bernina-express.html, www.rhb.ch/en/panoramic-trains/bernina-express

글레시어 익스프레스 Glacier Express

생모리츠에서 체르마트까지 잇는 노선이다. '세상에서 가장 느린 특급 열차'로 불릴 만큼 평균 시속 38km로 천천히 움직인다. 약 270km 구간을 7시간 30분 소요되니 답답할 만도 하지만, 파노라마 열차의 본분을 다해서인지 만족도가 높다.

운행 구간 생모리츠↔체르마트(역방향 가능) : 총 거리 291km **운행 기간** 10월 14일~12월 14일 제외 연중무휴 **소요 시간** 약 8시간 3분 **홈페이지** www.myswitzerland.com/ko/traveling-by-train-glacier-express.html, www.glacierexpress.ch

보랄펜 익스프레스 Voralpen Express

스위스 동부 중심인 장크트 갈렌에서 루체른까지 연결한 노선이다. 99m 높이 시터(Sitter) 고가교와 계곡 상류로 구불구불 휘어진 토겐부르그(Toggenburg) 지역을 지난다.

운행 구간 생갈렌↔루체른 : 총 거리 125km **운행 기간** 2월 21일~4월 21일 & 10월 31일~11월 24일 목~일, 4월 22일~10월 27일 매일 **소요 시간** 약 2시간 15분 **홈페이지** www.voralpen-express.ch/en.html, www.myswitzerland.com/en-us/voralpen-express.html

추천 코스

- 스위스 클래식 1주일 코스
- 스위스 파노라믹 2주일 코스
- 알프스 하이킹 2주일 코스
- 스위스 일주 20일 코스

Course 1.

스위스 클래식 1주일 코스

취리히 IN → 루체른 → 그린델발트 → 융프라우요흐 → 체르마트 → 제네바 OUT

스위스 여행 시 꼭 가 봐야 할 여행지만 모은 일정이다. 입출국 도시를 달리해 시간을 줄이고 꼭 가야 할 도시 여행과 누군가에게 자랑하기 딱 좋은 알프스 일정을 넣었다. 짧지만 알차게 모은 1주일 코스다.

일자	여행지	일정	숙소
1	취리히	취리히 공항 – 구시가 관람	취리히
2	루체른	루체른 시내 관람 – 인터라켄 이동	인터라켄
3	그린델발트	그린델발트 피르스트 – 바흐알프제 호수 하이킹	인터라켄
4	융프라우요흐	융프라우요흐 전망대 – 라우터브루넨으로 하산 – 하더 쿨름 일몰	인터라켄
5	체르마트	체르마트 이동 – 5개 호수의 길 하이킹	체르마트
6	체르마트	고르너그라트 또는 글레이셔 파라다이스 관람	체르마트
7	제네바	제네바 이동 – 제네바 공항	비행기

교통 & 일정 여행 포인트

- 7일 중 4일은 4,000m대 고산을 오르내리는 일정이 있다. 케이블카나 산악열차를 타고 이동하면 쉬울 것 같지만, 기압과 온도 차이로 인한 피로가 상당하다. 자주 컨디션을 확인하고 체력 관리를 해야 한다.
- 매일 이동 동선이 있어 스위스 패스를 구매하는 편이 좋다.
- 날씨 예보가 좋지 않다면 스위스 전국 날씨를 확인하자. 알프스산맥 위치에 따라 날씨가 제각각이므로 멀지 않은 거리에 화창한 날씨의 여행지가 있을 수 있으니, 확인하고 즉석에서 일정을 조정하는 것도 고려하자. 스위스 패스를 구매하면 비용 부담이 크지 않고 이동 거리도 멀지 않다.

Course 2.
스위스 파노라믹 2주일 코스

제네바 IN → 몽트뢰 → 체르마트 → 베른 → 그린델발트 → 융프라우요흐 → 인터라켄 → 루체른 → 취리히 OUT

보기만 하는 유럽 여행은 있어도 스위스는 다르다. 4,000m급 고봉이 중심을 잡고 있어 남북 기후가 다르고 4개 언어를 쓰는 만큼 문화도 각색이다. 2주일은 있어야 제대로 즐겼다 할 수 있는 스위스. 파노라마처럼 펼쳐지는 여행지만 고르고 골랐나.

일자	여행지	일정	숙소
1	제네바	제네바 공항 – 제네바 시내 – 몽트뢰 이동 – 몽트뢰 호반 산책	몽트뢰
2	몽트뢰	시옹 성 – 라보 테라스 – 체르마트 이동	체르마트
3	체르마트	고르너그라트 전망대 및 하이킹	체르마트
4	체르마트	글레이셔 파라다이스 관람 및 하이킹	체르마트
5	베른	베른 이동 – 파울 클레 센터 및 베른 구시가	베른
6	그린델발트	그린델발트 이동 – 피르스트	그린델발트
7	융프라우요흐	융프라우요흐 전망대 – 아이거 워크 하이킹 – 라우터브루넨 산책	그린델발트
8	인터라켄	인터라켄 이동 – 쉬니게 플라테 – 하더 쿨름 – 이젤발트	루체른
9	루체른	필라투스 + 루체른 구시가와 명소	루체른
10	루체른	(원데이 트립) 티틀리스 + 슈탄저호른 또는 리기 정상 + 하이킹	루체른
11	취리히	취리히 이동 – 미술관 및 취리히 웨스트	취리히
12	취리히	(원데이 트립) 바젤	취리히
13	취리히	(원데이 트립) 샤프하우젠	취리히
14	취리히	취리히 구시가 및 쇼핑	비행기

교통 & 일정 여행 포인트

· TIP ·

- 프랑스어권인 스위스 서부 레만 호수와 알프스 만년설이 녹아 만들어진 중부 툰과 브리엔츠 호수, 스위스 기원인 루체른 호수, 도시 느낌 가득한 북부 취리히 호수까지 호반 지역을 즐기는 코스다. 스위스라면 놓칠 수 없는 알프스 고산 마을은 덤!
- 매일 이동 동선이 있어 스위스 패스를 구입하는 편이 좋다.
- 날씨 예보가 좋지 않다면 중부를 여행할 때 인터라켄에 숙소를 정한 다음, 맑은 날은 그린델발트와 융프라우요흐 등 고산으로, 흐리거나 비가 오면 베른과 루체른 도심으로 당일치기 여행을 가는 일정으로 변경하자.
- 패러글라이딩은 체르마트에서, 번지점프나 캐녀닝 같은 액티비티는 융프라우에서 하길 권한다.

Course 3.
알프스 하이킹 2주일 코스

취리히 IN → 아펜첼 → 루체른 → 로이커바트 → 체르마트 → 융프라우요흐 → 칸더슈테크 → 프랑스 샤모니 → 제네바 OUT

스위스가 알프스고, 알프스가 스위스다. 지리와 역사, 문화, 그 무엇을 놓고 말하든 과언이 아니다. 19세기 알피니즘이 유행하면서 유럽은 물론, 대륙을 넘어 도전의 역사를 써 왔다. 지금은 쉽게 올라갈 수 있는 정상 전망대와 걸으면 더 깊이 스며드는 알프스 하이킹 코스를 소개한다.

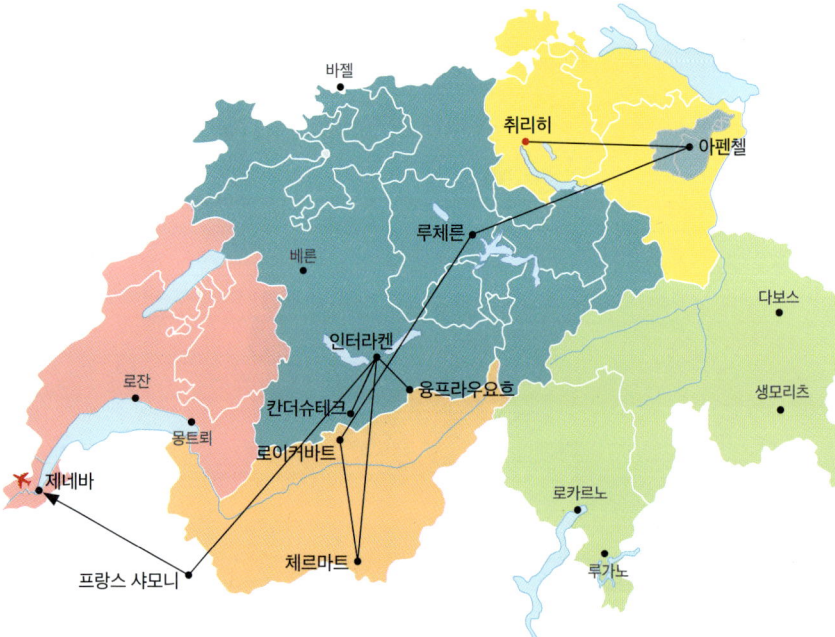

교통 & 일정 여행 포인트 · TIP ·

- 같은 스위스라도 같은 하이킹 코스는 없다. 지역에 따라 지질도 다르고 풍경도 다르다. 오로지 알프스 하이킹을 위한 코스다.
- 하이킹 코스가 쉬워 보여도 기본 2,000m가 넘는 고산이다. 체력 소모가 크기 때문에 여행하면서 관리가 필수다. 이동을 줄이고 오래, 천천히 머물면서 다리로 기억해 보자.
- 고산 날씨가 급변하니 방한·방서에 대비한 옷과 물품을 꼭 챙기자. 하이킹 코스가 많아 발이 편한 운동화, 간편식, 행동식, 물과 음료, 구급약품 등을 구비하고 전자 제품 배터리는 가득 충전하자.
- 고산 지대는 날씨 확인이 필수다. 하이킹 코스 대부분 웹캠을 확인할 수 있으니 자주 확인하자.
- 고산에 쌓인 눈이 녹을 때까지 트레일은 막힌다. 코스마다 트레일 오픈 시기가 다르니 홈페이지에서 꼭 확인해야 한다.

일자	여행지	일정	숙소
1	아펜첼	취리히 공항 – 아펜첼 이동	아펜첼
2	아펜첼	에벤알프 산장 및 제알프제 호수 하이킹	아펜첼
3	아펜첼	작서뤼크 하이킹 – 루체른 이동	루체른
4	루체른	(원데이 트립) 티틀리스 + 슈탄저호른 또는 리기 정상+하이킹	루체른
5	로이커바트	로이커바트 이동 – 로이커바트 온천 – 체르마트 이동	체르마트
6	체르마트	고르너그라트 전망대 및 하이킹	체르마트
7	체르마트	글레이셔 파라다이스 관람 및 하이킹	체르마트
8	융프라우요흐	피르스트 – 바흐알프제 호수 하이킹	인터라켄
9	융프라우요흐	융프라우요흐 전망대 – 아이거 워크 하이킹 – 라우터브루넨 폭포 산책	인터라켄
10	칸더슈테크	(원데이 트립) 외시넨 호수 + 블라우제	인터라켄
11	프랑스 샤모니	제네바 이동 – 프랑스 샤모니 이동	프랑스 샤모니
12	프랑스 샤모니	에귀디미디 전망대 – 플랑 드 레귀에서 몽탕베르까지 하이킹	프랑스 샤모니
13	프랑스 샤모니	락블랑 하이킹 – 브레방 전망대	프랑스 샤모니
14	제네바	QC 테르메에서 온천 – 제네바 이동	비행기

Course 4.
스위스 일주 20일 코스

제네바 IN → 로잔 → 몽트뢰 → 로이커바트 → 체르마트 → 그린델발트 → 융프라우요흐 → 칸더슈테크 → 마이링겐 → 베른 → 인터라켄 → 루체른 → 아펜첼 → 취리히 OUT

스위스를 대표하는 여행지와 알프스 하이킹 코스, 요즘 SNS에서 뜨고 있는 스폿과 인증샷 성지까지 둘러보는 꽉 찬 20일 일정이다. 스위스 트래블 패스나 할인 패스를 구매했다면 숙소 이동을 최소화해서 움직이자. 할인율도 높고 짐 이동이 쉽다.

교통 & 일정 여행 포인트

- 요즘 트렌드는 소도시 여행, 그렇다고 대표 명소를 빼놓을 수 없다. 그렇다면 둘 다 갈 수밖에. 대도시에 머물면서 '여행 안의 여행' 원데이 트립을 즐겨 보자.
- 스위스 중부는 절경은 물론 역사적인 고개(패스 Pass)가 많다. 대중교통으로 이동하긴 어렵고 드라이브 코스도 많이 가능하다면 차를 빌려 여행하자.
- 여행 기간이 길면 체력 안배도 잘해야 한다. 몽트뢰나 로이커바트, 베른처럼 곳곳에 무리하지 않는 일정을 넣어주자. 여행에도 일요일이 필요하다.

일자	여행지	일정	숙소
1	제네바	제네바 공항 – 제네바 시내 및 UN지구 관람	제네바
2	로잔	올림픽 박물관 및 로잔 시내 관람 – 몽트뢰 이동	몽트뢰
3	몽트뢰	몽트뢰 호반 산책 및 시옹 성, 브베 또는 라보 테라스 여행	몽트뢰
4	로이커바트	로이커바트 이동 – 로이커바트 온천 – 체르마트 이동	체르마트
5	체르마트	고르너그라트 전망대 및 하이킹	체르마트
6	체르마트	글레이셔 파라다이스 관람 및 하이킹	체르마트
7	그린델발트	그린델발트 이동 – 피르스트	그린델발트
8	융프라우요흐	융프라우요흐 전망대 – 아이거 워크 하이킹 – 라우터브루넨 폭포 산책	그린델발트
9	칸더슈테크	(원데이 트립) 외시넨 호수 + 블라우제 – 하더 쿨름 일몰	인터라켄
10	마이링겐	(원데이 트립) 마이링겐 + 아레슐츠 + 이젤발트	인터라켄
11	베른	(원데이 트립) 파울 클레 센터 및 베른 구시가	인터라켄
12	인터라켄	쉬니케 플라테 – 룽게른 – 루체른 이동	루체른
13	루체른	필라투스 + 루체른 구시가와 명소	루체른
14	루체른	(원데이 트립) 티틀리스 + 슈탄저호른 또는 리기 정상 + 하이킹	루체른
15	아펜첼	아펜첼 이동 – 아펜첼 에벤알프 산장 + 아펜첼 구시가	아펜첼
16	아펜첼	작서뤼크 – 취리히 이동	아펜첼
17	취리히	미술관 및 취리히 웨스트	취리히
18	취리히	(원데이 트립) 바젤	취리히
19	취리히	(원데이 트립) 샤프하우젠	취리히
20	취리히	취리히 구시가 및 쇼핑	비행기

여행 준비

· 여행 전 체크 리스트
· 출입국 체크 리스트
· 유용한 트래블 패스
· 알아 두면 좋은 현지 정보

Switzerland
여행 전 체크 리스트

여권 만들기

전자 여권(ePassport)은 보안성을 극대화하고 위·변조 도용을 막는 데에 특화되어 있다. 소지자를 파악할 수 있는 바이오 인식 정보(Biometric data)와 이름, 여권 번호 등 신원 정보가 IC칩에 내장되어 있다. 만약 IC칩이 손상되면 정보를 파악할 수 없어 재발급해야 한다. 사증란(출입국 도장을 찍는 란)이 부족하거나 여권 유효 기간이 출발일 기준으로 6개월 이하로 남아 있어도 재발급을 받아야 한다.

여권 발급은 서울의 각 구청이나 지방의 시·도청에서 가능하며 성인의 경우 대리인 신청이 불가하고 미성년자는 법정대리인이 대리 신청한다. 여권 수령 시 신분증과 접수증을 제출한다. 대리 수령은 접수증과 신청인 신분증, 대리인 신분증, 위임장이 필요하다. 여권 발급에 필요한 서류와 발급 비용과 관련한 자세한 사항은 홈페이지에서 확인이 가능하다.

발급된 여권은 심하게 구겨지거나 찢어짐이 있으면 안 되니 반드시 주의하자. 일반 스탬프가 찍혀 있거나 사증에 낙서해서도 안 된다. 여권이 훼손되면 입출국이 거부될 수 있다.

발급 시 필요한 서류

일반인 : 여권 발급 신청서, 6개월 이내 촬영한 여권용 사진 1매, 신분증, 여권 발급 수수료.
군 미필자 : 군 복무를 마치지 않은 25~37세 남자는 국외 여행 허가서를 제출해야 한다. 병무청 홈페이지(www.mma.go.kr)에서 신청하고 발급되면 출력해 제출한다.
미성년자 : 여권 발급 신청서, 6개월 이내 촬영한 여권용 사진 1매, 여권 발급 수수료, 법정대리인의 신분증 사본, 기본 증명서 및 가족관계증명서, 법정대리인의 여권 발급 동의서(법정대리인이 신청하는 경우 생략)

비자 발급

스위스는 셍겐 조약에 포함된 국가다. 우리나라 여권 소지자는 90일 이내 체류할 때 비자가 필요 없다.

> ### 셍겐 조약
> 유럽 지역 국가 중 셍겐 가맹국 간의 통행에는 제한을 두지 않는다. 그래서 비자와 여권이 없어도 가입국 간 이동이 가능하다. 현재 26개국이 가입되어 있으며 영국, 아일랜드, 불가리아, 루마니아, 키프로스, 크로아티아 등은 미가입국이다.

> ### 스위스에서 여권을 분실한 경우
> 베른에 있는 대한민국 대사관 내 영사부에서 당일에 재발급받을 수 있다. 분실 시 대사관에 연락해 재발급 예약을 잡는다. 베른역에서 걸어서 40분, 버스나 트램을 이용하면 20분 정도 걸린다. 입구에서 용무를 말하고 벨을 누르면 입장할 수 있다. 건물 오른쪽 민원실에서 재발급을 요청한다.
>
> ❶ 경찰서에 가서 분실한 여권 번호를 기입하고 분실 신고서를 발급한다. 여권 사본 또는 여권 사진이 필요하다. 여행 전 여권을 사진으로 찍어 핸드폰이나 이메일에 저장해 두면 좋다. 여권용 사진은 2~3매 미리 준비하는 게 좋다. 없다면 베른 중앙역 인근(Bahnhofpl. 10A, 3011)의 증명사진 기계를 이용하자. 대도시 기차역이나 지하철 등에도 있다.
> ❷ 구비 서류(분실 신고서, 신분증 사본, 여권용 사진)와 재발급 수수료 CHF 15를 들고 대사관에 간다.
> ❸ 여권 발급 신청서(재외공관용) 1매를 작성하고 구비 서류와 함께 여권 담당자에게 제출하면 경찰청 신원 조회 확보 후 긴급 여권을 받을 수 있다.

국제운전면허증 발급

스위스는 알프스산맥에서 시작된 능선이 여러 갈래로 뻗어 있어 대중교통으로 이동하기에 한계가 있다. 시간에 구애받지 않고 여행하고 싶다면 렌터카가 좋은 대안이다. 한국과 운전 방향이 같고, 도로 설비가 잘 되어 있다. 대도시에서 렌터카를 쉽게 대여할 수 있고 고속도로는 렌터카에 부착된 통행권(비넷, Vignette-autoroutière) 한 장으로 해결된다. 렌터카를 빌리려면 꼭 여권과 국제운전면허증이 필요하다.

국제운전면허증(International Driving Permit)은 전국 운전면허시험장 및 경찰서에서 발급받을 수 있다. 인천국제공항(제1여객터미널 3층, 제2여객터미널 2층 경찰 치안센터)이나 김해국제공항(국제선 1층 출국장) 국제 운전면허 발급센터에서도 가능하다. 발급일로부터 1년 동안 유효하다. 스위스는 국제운전면허증과 여권을 소지하면 되지만, 일부 지역에선 우리나라 운전면허증까지 요구할 수 있으니 함께 준비하자.

발급 시 필요한 서류
본인 여권(사본 가능), 운전면허증, 6개월 이내 촬영한 여권용 사진 1매, 발급 수수료 8,500원

여행자 보험 신청

여행에서 사건·사고가 발생하지 않는다면 가장 좋겠지만, 미래를 알 수 없으니 여행자 보험에 가입하자. 캐리어나 카메라 같은 기물이 파손되거나, 휴대전화나 물품을 도난당했을 때 혜택을 받을 수 있다. 특히 스위스는 상해·질병에 의한 병원 방문이나 구조 등 의료 행위에 대한 금액이 상상을 초월하기 때문에 반드시 준비해야 한다.

여행자보험은 출발 전 보험사 홈페이지에서 신청한다. 공항 출국장에서 가입하면 가격이 비싸다. 여행 시 쉽게 발생할 수 있는 의료 비용과 도난 손해 비용에 대한 보상이 있는지

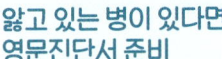

앓고 있는 병이 있다면 영문진단서 준비
지병이나 만성 질환이 있거나 특정 알레르기가 있다면 병원에서 영문 진단서를 발급하자. 스위스 여행지는 표고 차가 크고 기온 변화가 심하며 무리한 하이킹 일정으로 병이 악화될 수 있어 만약을 대비하는 것이 좋다.

잘 살펴보자. 스키 시즌에는 충돌로 인한 부상으로 손해를 입힐 수도 있어 배상책임 보상 여부도 확인해야 한다. 보험사는 삼성화재, 한화다이렉트, LIG 손해보험 등이 있고 온라인 보험사도 인기다. 카카오페이 손해보험은 안전한 귀국을 축하하는 환급금을 주기도 한다.

보험금 신청 시 필요한 서류
상해·질병 : 병원 진단서, 치료비 영수증, 약국 처방전 및 영수증
도난·손해 : 사고 증명서(현지 경찰의 도난 확인서), 수리 견적서(파손 시), 파손 사진(파손 시), 영수증(없으면 가격과 구입처)

항공권 예약

여행은 준비하는 만큼 편하고 저렴하다. 스위스 여행을 계획한다면 첫 번째로 항공권을 준비해야 한다. 우리나라 대한항공과 스위스 항공이 취리히까지 직항 운행하며, 유럽 다른 나라 도시를 경유하는 방법도 있다. 취리히와 제네바, 바젤 베른, 루가노는 유럽 대부분 도시와 연결된다. 항공권 발권 시 환승에 필요한 탑승권을 함께 준다. 만약 주지 않을 경우, 확인해서 받는 것이 좋다. 환승 국가의 공항에서 다시 발급받을 경우 시간이 오래 걸려 비행기 시간을 놓칠 수 있어서다.

스위스행 항공편

	항공사	환승 도시	홈페이지
직항	대한항공	(취항 도시는 코드셰어 항공사마다 다름)	kr.koreanair.com
	스위스항공	(취항 도시는 제네바/취리히)	swiss.com
1회 경유	아시아나항공	코드셰어 항공사마다 다르다.	flyasiana.com
	루프트한자	프랑크푸르트/뮌헨	lufthansa.com
	에어프랑스	파리	airfrance.co.kr
	영국항공	런던	britishairways.com
	에티하드항공	아부다비	atihad.com
	카타르항공	도하	qatarairways.com
	KLM네덜란드항공	암스테르담	klm.com

항공사 프로모션

각 항공사는 고객 유치를 위해 일찍 항공권을 구입하는 이들을 위한 얼리버드 프로모션, 커플 여행을 위한 밸런타인 프로모션 등을 진행한다. 이런 프로모션을 통하면 저렴한 항공권을 구입할 수 있으니 참고하자. 요즘에는 '플레이윙즈'와 같이 항공권 할인 정보를 알려 주는 앱이 출시되어 많은 여행자가 이용하고 있다.

• 항공권 비교 사이트
구글 플라이트 google.com/travel/flights
스카이스캐너 www.skyscanner.co.kr
인터파크투어 tour.interpark.com
투어익스프레스 www.tourexpress.com
카약 www.kayak.co.kr
땡처리닷컴 www.ttang.com

숙소 예약

스위스는 도시에 따라 숙소 형태가 조금씩 다르다. 제네바나 취리히는 외교와 경제를 맡고 있어 비즈니스를 위한 방문이 많아 호텔이 발달했다. 세계적인 호텔 학교가 있는 스위스다 보니 시스템이나 컨디션이 매우 좋다. 가격이 높은 럭셔리 호텔도 있지만, 가족 경영 호텔이 많아 가성비 좋은 숙소가 많다. 유스호스텔도 장식 없이 간결하고 깔끔한 형태다. 가격이 저렴한 만큼 조식은 기대하지 말자. 알프스산맥이 있는 마을로 들어가면 스위스 전통 가옥인 샬레를 경험할 수 있다. 소규모 호텔 또는 에어비앤비로 운영된다. 하이킹을 좋아한다면 산장에서의 하룻밤도 고민해 보자. 산장은 산 능선이나 골짜기처럼 걸어서 도착할 수 있는 곳에 주로 있다. 고산이 아니라면 1인실부터 다인실까지 다양하게 구성되어 있다.

숙소 예약 시 주의 사항

① 산에 있는 호텔이나 산장을 예약할 때 풀 보드(Full Board)와 하프 보드(Half Board)를 지정하는 항목이 있다. 주변에 식당이 없어 끼니를 해결할 수 없으니 숙소에서 제공하는데 일정에 맞춰 2식(하프 보드), 3식(풀 보드)를 묻는다. 보통 조식은 포함된다.

② 숙소는 취사 시설이 있는 숙소를 정하자. 외식비가 비싼 탓에 스위스 현지인도 특별한 날이 아니면 집에서 식사한다. 슈퍼마켓에 밀키트나 레토르트 제품이 다양하고 식재료도 저렴해 쉽고 간단한 요리는 해 먹는 편이 낫다. 하이킹이나 이동 시 필요한 도시락을 준비할 수도 있다.

③ 숙소를 정할 때는 구글 지도 미리보기에서 숙소 위치와 가는 길을 확인하자. 산악 지대나 언덕에 있는 숙소가 많고 계단을 오르지 않으면 갈 수 없는 숙소도 있다.

④ 숙소 예산을 줄여 보자. 오래된 호텔은 대부분 객실과 욕실이 따로 있어 공용 욕실을 쓰는 곳이 많다. 오래되었지만 리모델링된 호텔을 찾아 욕실 미포함 객실을 예약하자. 일부 호텔은 객실을 개조해 다인실로 사용하기도 한다.

• 예약 사이트

호텔스컴바인 www.hotelscombined.co.kr
부킹닷컴 www.booking.com
에어비앤비 www.airbnb.co.kr
호스텔닷컴 www.hostel.com

⑤ 체크아웃할 때 도시세(City Tax)를 지불해야 한다. 숙소 등급에 따라 다르며 1박당 1인 CHF 5 안팎이다. 소규모 숙박 시설은 도시세를 현금만 받는 곳도 있다.

스위스 여행에 도움이 되는 어플리케이션 ·TIP·

구글 맵스
Google Maps
인터넷 기업 구글에서 운영하는 지도 서비스다. 숙소나 식당을 찾기 좋고 평도 믿을 만하다. 식당은 예약을 할 수 있어 편하다.

맵스미
Mapsme
도시 중심 오프라인 지도로, 산악 하이킹 코스는 제공되지 않는다. 인터넷 연결 없이 GPS를 기반으로 사용할 수 있다.

와츠앱
WhatsApp
해외판 카카오톡이라고 보면 된다. 숙소나 식당 등 현지에서 전화나 문자로 예약 또는 문제 해결 시 사용하기 좋다.

로깨비eSIM
eSIM 전문 업체다. 한국에서 USIM을 구입할 수도 있다. 로밍을 하지 않아도 저렴하게 인터넷을 사용할 수 있다.

올트레일스
AllTrails
스위스는 하이킹 코스가 많은데, 일부 구간에선 인터넷 연결이 원활하지 않아 길을 잃을 수 있다. 오프라인에서도 위치와 방향을 확인할 수 있는 앱이다.

스위스 연방 철도
SBB
스위스 전역은 물론, 주변 국가를 이어 주는 스위스 연방 철도 앱이다. 시간표와 플랫폼 등 정보 확인과 승차권 구매까지 할 수 있다.

메테오스위스
MeteoSwiss
스위스 전국 날씨를 알 수 있는 앱이다. 알프스산맥이 날씨에 영향을 많이 주기 때문에 유용하다. 맑은 지역으로 당일 여행을 떠나도 좋다. 동영상 표시를 누르면 지역 날씨를 영상으로 실시간 확인할 수 있다.

트래블 월렛
Travel Wallet
해외 체크카드다. 스위스 대부분 지역에서 사용할 수 있어 현금을 들고 다니지 않아도 된다. 신용카드처럼 한도가 크지 않고 앱에서 조금씩 환전해 체크카드에 보유하면 도난 및 카드 복사 범죄로부터 걱정을 덜 수 있다.

로밍·유심 신청

로밍 서비스 이용

국내에서 사용하던 통신사에서 데이터 로밍 서비스를 제공한다. 국내로 한정된 네트워크 범위에 스위스 현지 통신사의 네트워크를 추가해 이용하는 방식이다. 통신사에 전화 연결하거나 앱에서 신청할 수 있다. 인천국제공항 출국장에 있는 통신사를 이용해도 된다. 한국에서 발신된 문자나 전화 모두 사용할 수 있고, 설치 과정이 필요한 유심(U-Sim)이나 이심(E-Sim)과 달리 신청만 하면 스위스 도착하자마자 사용할 수 있어 편리하다. 1일 1만 원대로 가격은 가장 비싸지만, 여행 일정이 짧다면 고려해 볼 만하다. 가족이나 일행이 함께 쓸 수 있는 상품이나 청년 혜택, 가격 이벤트도 있으니 참고하자.

유심(Prepaid Sim)

유심이란 휴대전화에 있는 IC 카드로 개인의 정보 및 데이터가 포함되어있는 카드다. 스위스 현지 통신사 유심을 구매해 기기에 있는 한국 유심과 바꾸면 인터넷과 전화 사용이 가능하다. 일정 데이터와 통화량을 포함한 유심을 선불로 샀기에 셀룰러 데이터와 통화량이 소진되면 더 이상 사용할 수 없으며 추가 비용이 발생하지 않는다.

스위스 유심은 Swisscom, Salt, Sunrise 등의 통신사에서 구매할 수 있다. 스위스에서 가장 안정적인 네트워크를 보유하고 있는 통신사는 Swisscom이다. 일정 데이터를 소진하고 난 뒤 통신사를 방문하면 같은 유심에 데이터를 추가할 수 있다. 스위스에 도착한 후 구매할 수도 있지만, 출국 전 한국에서 구매대행업체 유심을 살 수도 있다. 우리나라를 출발해 기기의 유심만 변경하면 바로 사용할 수 있다. 단, 한국 통신사 유심은 돌아와서 사용해야 하니 여행 내내 잘 보관해야 한다. (여행 일정 동안 한국 유심은 사용하지 않으므로 최저요금제로 변경하면 지출을 줄일 수 있다.)

스위스만 여행한다면 위 통신사를 이용하면 되지만, 타 유럽 국가와 함께 방문한다면 통신사 쓰리(Three)에서 유럽 통합 유심을 구매해야 한다.

이심(E-Sim)

한국 통신사에서 사용하던 유심과 동시에 이용할 수 있는 이심(E-sim)이 가장 인기가 있다. 기존 한국 전화번호로 오는 전화나 메시지도 받으면서 스위스 네트워크를 사용할 수 있어 로밍과 현지 유심의 장점만 쏙 뽑았다. 아이폰 11세대 이후, 갤럭시 S23, Z 이후 버전 단말기면 사용할 수 있다. 데이터 양, 여행 기간, 통합 국가 종류에 따라 상품이 다양하다. 구매대행업체로는 도시락, 로밍 도깨비, 말톡 등이 있다.

환전

스위스 여행에서 사용할 비용은 현금과 신용카드, 외화 선불카드로 준비하자. 스위스는 신용카드와 외화 선불카드를 사용하기 편한 환경으로 분실 위험이 있는 현금은 많이 준비하지 않아도 된다. 공중화장실 비용이나 CHF 10 이하 금액을 결제할 때 주로 사용한다.

신용카드는 비자(Visa), 마스터카드(MasterCard), 아메리칸 익스프레스(American Express) 등 해외 결제 신용카드라면 사용할 수 있다. 통화 선택은 스위스 프랑(CHF)로 결정해야 환전 수수료가 적게 책정된다. 스위스 프랑에서 미국 달러, 다시 한국 원화로 환전해 2번 수수료가 생기지만, 미국 달러로 선택하면 미국 달러에서 스위스 프랑, 미국 달러, 한국 원화로 환전해 3번 수수료가 발생한다. 타 유럽 국가와 함께 여행할 때 유로를 사용하다가 스위스 프랑으로 환전하지 못해 그냥 유로를 쓰는 경우가 있는데, 환율 차이가 크다.

트래블 월렛 또는 트래블 로그처럼 충전식 외화 선불카드가 가장 안전하고 편리하다. 식당과 숙소, 쇼핑까지 대부분 외화 선불카드로 결제할 수 있으며 스위스 UBS, Credit Suisse, Post Finance 등 은행 인출기에서 수수료 없이 현금을 출금할 수 있다.

여행 가방 꾸리기

설레는 마음에 하나둘 챙기다 보면 여행지에선 짐이 될 뿐이다. 내 삶의 무게라 생각하며 짊어지고 끙끙대고 싶지 않다면 필요한 것을 잘 판단해서 짐을 줄이자. 닳아 버린 티셔츠나 버려도 아깝지 않은 속옷, 양말이라면 가져가서 입고 버리도록 하자. 점점 줄어드는 짐 대신 기념품으로 가득 채워 올 수 있다.

종류	준비물	체크	비고
기본 물품	여권	☐	분실을 대비해 복사본과 여권용 사진 2매를 준비하자.
	국제면허증, 운전면허증, 국제학생증	☐	일부 렌터카에서 우리나라 면허증도 요청할 수 있다.
	여행자 보험	☐	물가가 비싸고 고산 하이킹이나 액티비티가 많아 보험은 필수!
	해외 체크카드, 해외 신용카드	☐	트래블월렛이나 트래블로그 등 충전식 외화 선불카드 추천!
	스위스 프랑	☐	신용카드 사용이 편해 소액만 준비하자.
	항공권	☐	전자항공권(e-ticket)으로 탑승권 발권을 편하게!
	예약 바우처	☐	스위스 패스와 같은 교통권이나 예약 바우처는 날짜별로 챙겨 놓자.
	《인조이 스위스》, 일정표, 필기구	☐	스위스 여행은 《인조이 스위스》와 함께!
의류	일상복, 겉옷	☐	긴 옷과 후드 티셔츠는 체온을 유지하고 소나기에 대처하기 좋다.
	편안한 옷	☐	기내에서나 잘 때 입을 편안한 옷
	수영복	☐	호수 수영이나 온천, 호텔 수영장에서 필요하다.
	하이킹용 의류	☐	고산에 올라가는 일정이 많으니 경량 조끼, 경량 패딩을 준비하자.
	속옷, 양말	☐	빨래하기 쉽고 잘 마르는 소재로 된 것을 가져가자.
잡화	발이 편한 신발	☐	하이킹하기 좋은 것으로 가져가자. 슬리퍼는 숙소에서 쓰기 편하다.
	수건	☐	빨리 마르는 스포츠 타월이 좋다.
	선글라스, 우산, 에어 목 베개	☐	우산은 양산을 겸용해 사용할 수 있는 제품이 좋다.
	액세서리	☐	귀걸이는 데일리 약통에 넣으면 분실 위험이 적다.
	손목시계	☐	산악열차나 케이블카 시간을 지켜야 할 일이 많아 휴대전화 배터리가 없을 때 유용하다.
위생 용품	세면도구, 손톱깎이	☐	여행이 길다면 헤어와 바디 제품은 현지에서 구매하자.
	의약품	☐	감기약, 지사제, 소화제, 연고, 바르는 파스, 일회용 밴드
	화장품, 헤어 제품	☐	선크림을 잊지 말자.
	물티슈, 티슈	☐	하이킹 중 도시락이나 주전부리를 먹을 때 편하다.
전자 제품	휴대전화, 충전기, 이어폰	☐	USB 충전기가 있으면 호텔의 TV단자에 꽂아 충전할 수 있다.
	카메라, 부속품	☐	충전기, 배터리, 렌즈, 메모리카드, 삼각대(선택)
	여행용 멀티탭, 멀티어댑터	☐	멀티탭은 2~3구 정도면 충분하다.
기타	컵라면	☐	현지 슈퍼마켓에서도 팔지만, 입맛에 맞는 컵라면을 사 가면 좋다.
	누룽지 또는 발열 도시락	☐	하이킹할 때 따뜻하게 먹기 좋다.
	세제 또는 비누	☐	손빨래에 사용할 정도 양만 챙긴다.
	비닐 팩, 지퍼 팩	☐	온천을 이용하거나 하이킹할 때 유용하다.
	휴대 편한 도시락통	☐	식비를 줄이기 위해 도시락을 싸면 좋다.
	장바구니	☐	슈퍼마켓 장볼 때 편하다.
	리유저블 와인잔	☐	피크닉 즐기기 좋은 스위스. 깨지지 않는 플라스틱으로 준비하자.
	소형 아이스박스	☐	방수천으로 된 아이스박스는 부피를 줄일 수 있다.

Switzerland

출입국 체크 리스트

출국 수속

탑승권 발급(위탁 수화물 맡김) → 출국장 → 보안 검사 → 출국 심사 → 면세 구역 이용 및 탑승 대기 → 항공기 탑승 및 이륙

탑승권 발급 및 위탁 수화물 맡기기

인천국제공항 제1여객터미널과 제2여객터미널 모두 공항 3층에 있는 운항 정보 안내 모니터를 보고 예약한 항공사의 수속 카운터를 확인한다. 잘 모르겠다면 3층의 중앙에 있는 안내데스크에 문의해도 좋다. 여권을 제시한 뒤 수화물을 맡긴다. 탑승권과 수화물표를 받는다.
참고로 20인치 이하의 캐리어는 기내 반입이 가능하다. 탑승 2시간 전까지 공항에 도착해 탑승 수속을 하는 것이 좋으나 만약 탑승까지 1시간이 채 안 남았다면 해당 항공사의 직원에게 먼저 수속할 수 있는지를 확인해야 한다.

셀프 체크인 키오스크 이용하기 · TIP ·

항공사 수속 카운터가 있는 3층에는 곳곳에 키오스크를 두어 셀프 체크인이 가능하다. 수속 카운터에 대기자가 많거나 시간이 없다면 셀프 체크인을 하는 것이 좋다. 단, 터미널과 항공사에 따라 셀프 체크인이 되지 않는 곳도 있으니 미리 확인하자. 셀프 체크인은 24시간 이용할 수 있고 비자가 필요한 국가나 공동 운항으로 항공사가 바뀐 경우, 유아 동반은 셀프 체크인을 할 수 없다.

- **셀프 체크인 이용 가능 항공사**
① 제1여객터미널: 아시아나항공, 캐세이항공, 유나이티드항공, 중국국제항공, 중국남방항공, 아메리칸항공, 터키항공, 이스타항공, 제주항공, 티웨이항공, 에어서울, 에어캐나다 등
② 제2여객터미널: 대한항공, 에어프랑스, KLM네덜란드항공, 델타항공

- **셀프 체크인 하는 법**
① 예약 정보 확인: 여권을 스캔하면 정보가 뜬다. 스캔이 잘 안 되면 항공권(E-Ticket)에 있는 예약 번호를 입력하자.
② 여권 확인: 여권 정보가 있는 부분을 펼쳐 여권을 스캔하자.
③ 여정 확인: 비행 정보를 확인하고 좌석을 지정하자.
④ 탑승권 출력 및 수속 완료: 탑승권이 나오면 끝이다.

- **자동 수화물 등록(셀프 백드롭)**
셀프 체크인이나 모바일 체크인을 한 뒤에 항공사의 수화물 전용 카운터에 짐을 맡기면 되지만 셀프로도 가능하다. 탑승권을 소지한 후에는 자동 수화물 위탁 카운터에서 할 수 있다. 대부분 항공기 출발 1시간 전이며 일부 항공사는 이용 가능 시간이 있어 확인해야 한다.
① 탑승권과 여권 스캔: 기계 왼쪽에서 탑승권과 여권을 스캔한다.
② 수화물 위탁 규정 확인 및 수화물 투입: 항공사마다 정해진 규정을 통과한 수화물을 기계 안으로 넣는다.
③ 수화물 태그 부착: 수화물 처리가 끝나고 태그가 프린트되어 나오면 손잡이 부분에 부착한다.
④ 확인증 발행: 발행된 수화물 확인증을 잘 보관한다.

출국장 입장 및 보안 검사

탑승 수속을 마친 뒤 보안검색대로 이동한다. 이상하게 내가 기다리는 보안검색대의 줄만 줄지 않는 느낌인데 이럴 때 이용할 수 있는 것이 네이버 검색창이다. 인천공항이라고 검색하면 출국장 대기 인원 상황이 나온다. 여객 터미널의 주차 상황과 운항 정보도 쉽게 확인할 수 있다. 검색대를 지날 때는 주머니에 있는 물건을 가방에 넣고 노트북은 따로 꺼내 놓는다. 100㎖를 넘는 액체류나 젤류, 칼, 가위 등 규정 외의 제품은 기내 반입이 되지 않는다. 압수될 수 있으므로 미리 수화물에 넣어 맡기자. 면세점에서 구매한 액체류나 젤류가 있다면 비닐에 포장된 그대로 이동하자. 환승할 경우 환승 공항에서 압수당할 수 있다.

출국 심사

출국심사는 여권과 탑승권을 제시하고 지문 인식 후 통과 가능하다. 만19세 이상 국민이라면 자동 입국 심사대를 통해 간편하게 입국 심사를 받을 수 있다.

만약 출국 도장을 여권에 날인하고 싶다면 따로 요청해야 하며 출입국 증명이 필요하다면 출입국사무소와 주민센터, 인터넷 민원24 홈페이지(www.minwon.go.kr)에서 확인 가능하다.

면세 구역 이용 및 탑승 대기

출국 심사를 받은 뒤 면세점이나 음식점에서 휴식을 취하고 탑승권에 적힌 마감 시간까지 탑승구에 도착하도록 한다. 외국 항공사의 경우 모노레일을 타고 다른 청사로 이동해야 하는 경우가 있으므로 미리미리 움직이자.

통관 시 주의사항

만약 다른 유럽 국가에서 환승해야 한다면 통관이 까다로운 경우도 발생하므로 면세점 이용 시 가지고 있는 액체류가 100㎖ 이상이 되지 않도록 하자. 또한, 가방에 든 액체류를 비닐백에 담아 손쉽게 뺄 수 있도록 한다.

스위스 도착

취리히 국제공항(Flughafen Zurich)

170개 직항 노선을 가진 스위스의 대표적인 국제공항으로 취리히 도심과 불과 11km 거리에 위치하여 기차로 10분 정도면 도착한다. 취리히 공항 근처 호텔에 숙박한다면 'Hotel Bus'라는 표지판을 따라 바깥으로 나가 호텔의 셔틀버스를 타면 된다. 취리히 도심이나 다른 도시로 이동하기 위해 기차를 타야 한다면 'Bahn/Railway' 표지를 따라 에스컬레이터를 타고 지하로 내려가 취리히 공항역으로 가면 된다.

제네바 국제공항(Geneve Aeroport)

100개가 넘는 직항 노선을 가진 스위스 제2국제공항으로 유럽 대도시를 연결하는 저가 항공사들이 많이 이용한다. 제네바 도심까지는 4km 정도 거리에 위치하여 기차로 7분 정도면 도착한다. 제네바 공항 근처 호텔에 숙박한다면 바깥으로 나와 무료 셔틀버스를 이용해 호텔로 이동하면 된다. 제네바 도심이나 다른 도시로 이동하기 위해 기차를 타야한다면 'Gare CFF/Railway station' 표지를 따라 제네바 공항역으로 가면 된다. 또한 제네바 국제공항에서는 제네바 주의 대중교통을 80분 동안 이용할 수 있는 무료 승차권을 제공하는데 이 승차권은 도착 층 수화물 찾는 구역에 있는 기계에서 뽑을 수 있다.

시내와의 거리가 4km로, 취리히 공항보다 더 가까운 거리에 있다. 국제공항은 물론 국내선도 바로 붙어 있어 스위스 내 항공은 물론 스위스 주변 국가 이동도 좋다. 특히 프랑스 파리를 통해 한국에서 대한항공 에어프랑스 코드셰어 항공편인 경우가 꽤 있다. 제네바 공항 역시 시내로 나가는 기차가 바로 연결된다.

스위스 입국 수속

현지 공항 도착 → 입국 심사 → 위탁 수화물 찾기 → 세관 신고 및 보안 검사 → 입국장

입국 심사

우리나라에서 출발하는 비행기는 대부분 취리히에 도착한다. 복층 구조가 많고 경로가 복잡해 헤맬 수 있으니 입국 시간을 길게 계획해 다음 일정에 불편이 없도록 하자. 입국 카드는 작성하지 않으며 입국 심사대는 'EU'와 'All Passports'로 구분되어 있으므로 'All Passports'에 줄을 서면 된다. 만약 솅겐 조약 가맹국에서 환승해 입국한다면 입국 심사는 없다.

위탁 수화물 찾기

입국 심사를 받고 나온 후 위탁 수화물이 있다면 해당 항공편이 표시된 수화물 수취대에서 짐을 찾는다. 만약 짐이 도착하지 않았다면 수화물 신고센터에 가서 분실 서류를 작성하고, 항공사에서 받은 수화물 보관증서와 함께 제출하자. 항공사별로 수화물 분실을 대비한 비상키트를 준비하니 이를 요구하면 된다.

세관 신고 및 보안 검사 후 입국장으로!

위탁 수화물을 찾고 입국장으로 나가기 전 세관 신고 및 보안 검사를 한다. 스위스에 면세로 한 사람당 하루에 반입 가능한 한도는 주류의 경우 알코올 농도 18% 이하 5L와 알코올 농도 18% 이상 1L다. 담배는 총 250개비 또는 기타 담배 250g 중 한 가지를 면세받을 수 있다. 그 밖의 품목은 CHF 300까지 면세 반입이 가능하다.

스위스 출국 수속(귀국할 때)

공항 도착 → 탑승권 발급(위탁 수화물 맡김) → 출국장 → 보안 검사 → 출국 심사 → 면세 구역 이용 및 탑승 대기 → 항공기 탑승 → 출발(이륙)

한국에서 출국할 때와 기본적으로 동일한 과정을 거친다. 공항에 도착해 예약한 항공사 데스크에서 체크인 후 탑승권을 받는다. 보안 검사가 오래 걸릴 수 있으니 여유롭게 도착하자. 출국 심사는 여권에 출국 스탬프를 찍거나 그냥 통과하는 등 간단하다.

스위스 출국 시 면세 수속(Tax Refund)

스위스는 상품 판매 가격에 8% 부가가치세를 포함하고 있으며 여행자가 한 점포에서 CHF 300(VAT 포함) 이상 물건을 사면, 상품 가격에 포함된 부가가치세를 환급받을 수 있다. 구입한 물건은 30일 이내 스위스에서 반출되어야 하고 출국 전 반드시 스위스 세관에 관련 서류와 물건을 보여 주고 스탬프를 받아야 한다. 세관 신고 후에는 공항 내 글로벌 블루 사무소(Global Blue office)에서 현금 또는 카드로 환급받을 수 있다. 스위스는 EU 국가가 아니므로 다른 유럽 국가로 이동할 때 반드시 스위스 출국 전에 면세 수속을 해야 한다.

· **취리히 공항 택스 리펀드**
스위스 취리히 공항으로 도착한다면 짐 찾는 곳(Baggage claim)에서 항공권을 확인받은 후 면세품 구입이 가능하다. 또한 면세 쇼핑센터가 있어 출국 전 쇼핑하기 좋다. 일부 항공사는 제한될 수 있으니 향수와 화장품류는 20%, 와인과 증류주는 30%, 담배류는 50% 세금 환급할 수 있다. 환율이나 물가로 인해 한국과 비교했을 때 비싼 제품이 있기 때문에 미리 금액을 비교해 보는 것이 좋다. 공항 내 대형 슈퍼마켓인 미그로스와 쿱(06:00~23:00)이 있으니 기념품을 구입하고 세금 환급받은 뒤 수화물을 맡기자.

· **제네바 공항 택스 리펀드**
제네바 공항은 취리히와 달리 국경에 있어 타 유럽 국가에서 산 물건도 세금 환급을 받을 수 있다. EU 국가에서 산 물건에 대해 세금 환급을 받으려면 프랑스 세관이 있는 F 섹터로 가자.

우리나라 입국 수속(귀국할 때)

공항 도착 → 입국 심사 → 위탁 수화물 찾기 → 세관 신고 → 입국장

스위스에서 입국할 때와 기본적으로 동일한 과정을 거친다. 입국 심사대의 내국인 부스 또는 자동 입국 심사대를 통해 입국 심사를 마친 후 위탁 수화물을 찾는다. 2023년 5월 1일부터 면세 한도를 초과하지 않았다면 휴대품 신고서를 작성할 필요 없이 '세관 신고 없음' 통로로 나가면 된다. 만약 면세 한도를 초과한 경우에는 미리 모바일로 관세청 앱을 다운받아 신고하거나, 기내에서 종이 신고서를 미리 작성한 후 '세관 신고 있음' 통로로 이동한다.

Switzerland
유용한 트래블 패스

알찬 스위스 여행을 위한 필수품 0순위! 바로 스위스 패스다. 정식 명칭은 스위스 트래블 패스다. 스위스나 리히텐슈타인 공국 거주민이 아닌 여행객을 위한 만능 교통 패스다. 프리미엄 파노라마 기차(예약 필수, 추가 비용 발생)를 포함한 스위스 기차와 유람선, 버스를 무료로 이용할 수 있으며 90개 이상 도시의 대중교통도 무료나. 리기와 슈탄저호른, 슈도스 지역 산악열차는 무료, 그 외 산악열차나 케이블카, 곤돌라 등 고산 교통 시스템은 지역에 따라 최대 50% 할인받을 수 있다. 500개 이상의 박물관도 무료로 입장한다.

스위스 트래블 패스는 연속 사용할 수 있는 스위스 트래블 패스와 한 달 동안 원하는 날짜를 정해 사용하는 스위스 트래블 패스 플렉스가 있다. 독특한 조건의 스위스 반액 카드, 스위스 패밀리 카드도 있다. 이 카드들은 모두 스위스 철도청 SBB에서 살 수 있다. SBB앱을 설치하고 구매하면 하단에 'Ticket & Travelcards' 탭에서 패스를 확인 및 사용할 수 있다. 마이리얼트립이나 클룩 등 구매대행업체를 이용하면 혜택이나 저렴할 수 있으니 비교해서 구매하자.

스위스 트래블 패스(Swiss Travel Pass)

스위스 트래블 패스는 항공권처럼 생긴 종이 패스로 발권되어 손상되는 문제가 많았다. PDF 형식 패스를 휴대전화나 메일에 저장할 수 있는 E-티켓, 프린트 앳 홈(Print@home)이 가능해 편리해졌다.

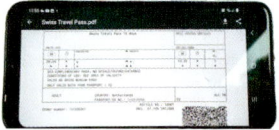

(단위 CHF)

연속 사용일	성인(만 25세 이상)		유스(만16~24세)	
	1등석	2등석	1등석	2등석
3일	389	244	274	172
4일	469	295	330	209
6일	602	379	424	268
8일	665	419	469	297
15일	723	459	512	328

스위스 트래블 패스 플렉스(Swiss Travel Pass Flex)

스위스 트래블 패스 플렉스는 이름과 생년월일, 레퍼런스 번호가 적혀있는 구매 확인서를 받는다. SBB 홈페이지(activateyourpass.com)에 레퍼런스 번호와 이름, 생년월일을 입력하고 사용일을 지정하면 QR코드가 있는 티켓이 발행된다. 휴대전화에 저장하거나 프린트할 수 있다.

(단위 CHF)

연속 사용일	성인(만 25세 이상)		유스(만 16~24세)	
	1등석	2등석	1등석	2등석
3일	424	267	299	189
4일	514	323	362	229
6일	610	384	430	272
8일	649	409	459	290
15일	706	449	501	321

스위스 반액 카드(Swiss Half Fare Card)

기차와 유람선, 버스, 산악열차 대부분을 개시일 후, 한 달 동안 50% 할인받을 수 있다. 90개 이상 도시의 대중교통은 최저요금에서 50% 할인 혜택이 적용된다. 단기간 여행자나 '한 달 살기'처럼 장기간 여행자 중 이동이 많지 않은 여행자에게 유리하다. 휴대전화나 메일에 저장할 수 있는 E-티켓, 프린트 앳 홈(Print@home)이 가능하며 카드 가격은 CHF120이다.

> **예스 패밀리 여행지 스위스, 스위스 패밀리 카드(Swiss Family Card)!**
>
> 6~16세 자녀를 동반할 경우 유용한 교통권이다. 스위스 트래블 패스, 스위스 트래블 패스 플렉스, 스위스 반액 카드, 교통권을 소지한 부모(최소 1인)와 동반하는 경우, 6~16세 자녀는 스위스 전역 대중교통을 무료로 여행할 수 있다. 부모는 발권 전에 요청하면 무료로 스위스 패밀리 카드를 발급할 수 있다. 만약, 부모가 동행하지 않더라도 어린이는 스위스 전역 대중교통 티켓과 패스를 50% 할인된 가격으로 판매한다.

Switzerland
알아 두면 좋은 현지 정보

날씨와 옷차림

우리나라와 같이 사계절이 있으나 11월부터 3월까지 겨울이 길다. 4월부터 6월까지 봄이지만, 알프스 산악 지대에는 6월이 돼서야 눈이 녹기 때문에 그 이후로 여행하는 편이 좋다. 여름에도 선선하나 최근 온난화로 35℃ 이상 고온 현상이 나타나는 지역이 많다.

4,000m급 고봉으로 이루어진 알프스산맥의 영향으로 머무는 지역과 이동하는 지역이 가까워도 전혀 다른 날씨일 때가 있다. 기상청 홈페이지(meteoswiss.ch) 또는 메테오스위스(MeteoSwiss) 앱을 확인해야 하며 고산에선 날씨가 변화무쌍하니 꼭 웹캠을 확인하는 편이 좋다. 실시간 웹캠은 홈페이지에서 지역을 선택하면 'Weitere Livecams', 앱에선 'Measurements' 항목에서 확인할 수 있다. 스위스 남부, 특히 티치노주는 연중 온화한 기후다. 단, 이 지역은 8~10월 비가 많이 온다.

산악이나 호숫가 등 지형에 따라 기후가 다양해 옷차림에 신경을 써야 한다. 한여름에도 비가 오면 서늘해지니 여러 겹으로 입을 수 있는 옷을 준비해 기온에 맞춰 입자. 만년설이 있는 알프스에 오르는 일정이 많아 여름에도 방풍·방한이 되는 긴 소매를 준비해야 하고 자외선 차단제와 선글라스도 필수다. 만약 하이킹을 즐길 계획이라면 발이 편한 신발과 모자, 물병 등도 준비하자.

긴급 연락처

국가번호 +41
경찰 117
구급차 144(비상시에만)
화재 118
헬기구조대 1414
도로 구조 140
날씨 안내 162
분실물 등록 및 확인 easyfind.ch
기차 내 분실물 접수
sbb.ch/en/help-and-contact/lost-found-office/questions-answers-sbb-lost-found-office.html

> **• 스위스 대한민국 대사관**
> (Embassy of the Republic of Korea)
> **주소** Kalcheggweg 38, 3006 Bern, Switzerland
> **전화** +41 (0)313-562-444/450 (긴급 전화 +41 (0)798-974-086)
> **이메일** swiss@mofa.go.kr, swiss.bern@mofa.go.kr
> **비고** 여권 사진 2장, 재발급 수수료 CHF 15를 제출하면 여행 증명서를 발급해 준다.

전압

전압 230V. 주파수 50Hz로 우리나라 전기 제품을 그대로 사용한다. 단, 플러그가 2종으로 'C-Type'은 가능, 3판인 'J-Type'은 멀티 어댑터를 써야 한다. 교통·공공시설에는 USB 충전이 가능하니 참고하자.

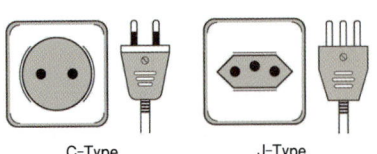

C-Type   J-Type

인터넷

호텔이나 카페, 기차역에서 대부분 무료 와이파이를 이용할 수 있다. 단, 시간 제한이 있어 30분 또는 1시간 단위로 다시 로그인해야 하는 경우가 많다. 선불 심카드(prepaid SIM)인 유심은 'SALT'나 'Swisscom' 통신사에서 살 수 있다. 이심(e-SIM)도 통신사에서 가능하며 국내 데이터 스토어 앱을 설치해서 사용할 수도 있다. 스위스는 유럽연합(EU) 국가가 아니므로 유럽 통합 유심을 사용할 수 없으니 참고하자.

화폐

스위스의 화폐 단위는 스위스 프랑(CHF)이며 보조 단위는 센트(Cent)를 사용한다. 지폐는 10, 20, 50, 100, 200, 1000프랑 지폐가 있고, 동전은 1, 2, 5프랑과 5, 10, 20, 50센트 동전이 있다.

환전은 트래블월렛이나 트래블로그와 같은 외화 충전 결제 카드를 주로 사용하는 것이 좋다. 이런 카드 사용처가 많이 있고 편리하며, 도난 위험이나 수수료 부담이 적어 환전보다 낫다. 현찰로 환전하려면 환전은 소도시보다 대도시 취리히를 권하며 그중에서도 중앙역 환전소 환율이 낮은 편이다. 공항이나 호텔은 환전 수수료가 높다.

영업 시간

상점 대부분은 휴일, 일요일에 영업하지 않는다. 대도시는 주중 특정 요일(일반적으로 목요일)에는 저녁 8시까지 영업 시간을 연장한다. 기념품 상점, 여행 관련 업소, 약국, 식당 등은 일요일에 영업하는 곳도 있다. 여행자에게 중요한 슈퍼마켓은 일요일에 영업하지 않아 미리 장을 보거나 대도시 기차역에 있는 슈퍼마켓을 이용해야 한다.

은행 월~금 08:30~16:30 / 토~일, 공휴일 휴무
우체국 월~금 08:00~12:00, 14:00~17:00 / 토 08:30~12:00(소도시는 토요일 휴무)
상점 월~금 09:00~18:00 / 토 09:00~16:00
레스토랑 12:00~14:00, 17:30~22:00(대도시는 휴식이 없는 곳도 있다)

물가

맥도날드 빅맥 가격으로 세계 각국의 물가 수준을 가늠하는 빅맥 지수가 8.17달러로 세계 1위다. 3.97인 우리나라보다 2배 정도 차이가 난다.

마셔도 되는 수돗물이 공짜!

유럽 대부분 도시에선 물을 사서 먹어야 한다. 수돗물에 석회가 들어서 배탈이 날 수 있어서다. 스위스에선 물 걱정은 접어 두자. 알프스 빙하가 녹은 호숫물과 지하수, 샘물로 배합된 수돗물 수질이 세계 1위다. 청정 스위스의 이름값을 제대로 한다. 더 매력적인 사실은 도시 곳곳에 설치된 1,200여 개 분수에서 공짜로 즐길 수 있다는 점이다. 단, 'No Drink(영어)', 'Kein trinkwasser(독일어)', 'Non potable(프랑스어)'이 적혀있다면 음용 불가다.

공휴일 (2025년 기준)

1월 1일　새해(New year's day)
4월 18일　부활절 전 금요일(Good Friday, 매년 변동)
4월 21일　부활절 다음 월요일(Easter Monday, 매년 변동)
5월 1일　노동절(May day)
5월 29일　예수 승천일(Ascension day, 매년 변동)
6월 8일　성령강림절 다음 월요일(Whit Monday, 매년 변동)
8월 1일　스위스연방 설립 기념일(Swiss National day)
12월 25~26일　성탄절 휴일(Christmas Holiday)

※ 그 밖에도 지역마다 자체 공휴일과 기념일, 축제가 있으므로 방문할 지역별로 확인해야 한다.

지역 가이드

취리히 & 바젤 지역
- 취리히
- 샤프하우젠
- 바젤
- 아펜첼

피어발트 슈태터 호수 지역
- 루체른
  Plus Area | 리기산 · 필라투스산 · 티틀리스산 · 슈탄저호른산

베른 지역
- 베른

베르너 오버란트 지역
- 인터라켄
- 그린델발트
- 라우터브루넨
- 융프라우요흐
- 칸더슈테크
- 마이링겐

발레 지역
- 체르마트
- 로이커바트
- 알레치 아레나

레만 지역
- 제네바
  Plus Area | 프랑스 샤모니
- 로잔
  Plus Area | 모르주 · 프랑스 에비앙레뱅
- 몽트뢰
  Plus Area | 브베 · 라보 테라스

취리히 & 바젤 지역
Zürich & Basel Region

· Schaffhausen
· Basel
· Zürich
· Appenzell

취리히

Zürich

스위스 하면 도시보단 눈 덮인 알프스산맥과 목가적인 풍경이 먼저 떠오른다. 그러나 우리는 낯선 여행지를 다니다가도 익숙한 도시가 필요할 때가 있다. 취리히가 바로 그런 곳이다. 취리히는 도시로서의 성장 단계를 차근차근 밟아 왔다. 고대 로마 때부터 사람들이 살기 시작해 이탈리아와 프랑스, 독일을 연결하는 지리적 이점으로 교통과 무역의 중심지로 발달했다. 중세에 상인은 길드(조합)를 만들고 봉건 제도를 벗어나 자유 도시(Reichsstadt)를 만들었고, 주변 귀족들의 공격이 빈번해지자 독립을 유지하려 스위스 연맹에 합류했다. 종교 개혁과 산업 혁명을 거쳐 근대로 오면서 섬유 산업과 정밀 기계 공업이 발달했고, 무역으로 쌓은 부를 기반으로 금융 1번지가 되었다. 이같은 자본력을 바탕으로 '다다이즘'을 비롯한 예술이 꽃피우면서, 60여 개의 크고 작은 미술관과 100여 개의 갤러리를 지닌 예술 도시가 되기도 했다. 무엇보다 취리히는 매년 미국 컨설팅 기업 머서(Mercer)에서 '살기 좋은 도시'로 꼽혔다. 또한 스위스 대표 국제공항과 가장 큰 기차역이 있어 여행자에겐 스위스 여행의 처음과 끝을 담당한다.

• 취리히로 이동하기 •

항공

취리히 공항(Flughafen Zürich, ZRH)은 약 170개 직항 노선을 가진 스위스 대표 국제공항이다. 유럽 주요 항공사는 물론, 저비용 항공사들도 대부분 취항하고 있다. 인천에서 취리히까지 직항 노선으로 11시간, 경유 시 15시간 이상 걸린다. 유럽 대도시에서는 2시간 30분 이내에 이동할 수 있다. 대부분 외곽에 위치한 유럽 공항과 달리 취리히 공항은 시내에서 10km 정도로 가깝고 이동하기 편리하다.

주요 노선	이동 시간
제네바 – 취리히	약 50분
파리 – 취리히	약 1시간 20분
바르셀로나 – 취리히	약 1시간 40분
런던 – 취리히	약 1시간 40분

홈페이지 www.flughafen-zuerich.ch

취리히 공항 내 무료 인터넷

해외에 도착하면 가장 먼저 필요한 건 인터넷이다. 취리히 공항에서 무료 와이파이를 4시간 이용할 수 있다. 안내소(information)에 요청하거나 탑승권 스캐너 기계에 탑승권 바코드를 대면 번호를 발급해 준다. 'Zurich Airport'에 접속해 번호를 입력하고 'Accept GTCs and log in, Go to the Internet'을 차례로 누르면 된다. 7시간이 지나면 무료 인터넷 번호를 다시 발급받을 수 있다.

■ 공항에서 시내로 이동하기

기차

취리히 시내까지 이동한다면 가장 편리한 방법이다. SBB(스위스 연방 철도)의 IR이나 중·단거리 통근 열차인 S반(S-Bahn)으로 시내에 있는 취리히 중앙역까지 이동할 수 있다. 보통 5시부터 24시까지 운영하며 이른 아침과 늦은 밤을 제외하고 배차 간격이 5~10분으로 자주 오간다. 직행은 약 10분 정도 걸리고 완행은 이동 시간이 오래 걸리니 직행인지 꼭 확인하자. SBB 홈페이지 또는 앱에서 확인할 수 있다.

승강장은 공항 지하에 있는 체크인 센터 3구역이다. 승차권 발매기는 입국장(Arrival) 1과 2, 승강장 내 에스컬레이터 근처에 있고 유인 매표소는 6시 15분에서 22시 30분까지 운영한다. 스위스 트래블 패스 소지자는 도착일과 개시 시작일이 맞다면 스위스 패스만 있으면 된다.

버스

공항 버스터미널은 지역 버스와 포스트 버스 16개 노선이 취리히와 근교까지 연결한다. 배차 시간은 10분에서 1시간 정도다. 승차권은 기차와 같이 구매할 수 있다. 노보텔, 이비스 등 글로벌 체인 호텔 중에는 투숙객을 위한 무료 셔틀을 운행하기도 하니 사전에 문의해 보자. 호텔 셔틀버스 정류장은 택시 승강장 인근에 있다. 배차는 호텔이나 운영 시간에 따라 다르며 보통 1시간에 2회 정도다. 정류장 앞에 실시간 시간표가 있으니 참고하자.

호텔 셔틀

트램

일반 도로에 레일을 깔아 움직이는 노면 전차다. 10번 트램을 이용하면 취리히 중앙역까지 35분 정도 소요되며, 배차 간격은 10분 정도로 짧은 편이다. 12번 트램은 슈테트바흐(Stettbach)역에서 7번 트램으로 갈아타고 취리히 중앙역으로 올 수 있다. 50분 정도 소요된다. SBB와 비교해 조금 저렴하지만 오래 걸려 추천하지 않는다.

택시

1층 입국장(Arrivals) 1과 2에 택시 승강장이 있다. 시내까지 15분 정도 소요되며 요금은 CHF60 이상 발생한다. 취리히 공항은 11시 이후 비행이 없으나 저비용 항공은 그보다 늦거나 새벽에 도착 또는 연착해 곤란한 경우가 생기는데, 이럴 때 택시를 이용하자. 짐이 많은 경우에도 택시를 고려할 수 있다. 미리 숙소에서 픽업 서비스를 요청하거나 공항 택시를 예약하자. 홈페이지(airportstaxitransfers.com)에서 출발지와 도착지, 날짜와 시간을 입력해 예약할 수 있다. 글로벌 차량 공유 서비스인 우버(Uber)는 택시보다 저렴한 편이다. 일반 택시 정류장은 1층, 차량 공유 서비스는 2층 일반 차량 대기 장소에서 탈 수 있다.

기차

취리히 중앙역(Zürich Hauptbahnhof, Zürich HB)은 1847년에 지어졌다. 하루 평균 승객 수가 35만 명에 달하는 스위스 최대 규모의 기차역으로 지역 대부분을 연결한다. 역 내의 SBB(스위스 연방 철도) 매표소에서 스위스 트래블 패스 및 승차권 구매가 가능하며, 환전도 할 수 있다. 0층에 관광안내소와 통신사 부스(Swisscom, Salt), 분실물 보관소가 있고, 지하 1층에 유료 화장실과 샤워실, 코인 로커가 있다. 코인 로커는 28인치 캐리어도 들어갈 만큼 크기가 다양하며 현금과 카드 모두 사용할 수 있다. 지하 2층은 쇼핑몰, 지하 3층은 S반(광역 전철) 승하차장이다. (0층은 우리나라 1층에 해당한다.) 중앙역 0층에선 행사가 자주 열리는데, 매주 수요일과 토요일에 시장이 열린다. 취리히는 독일 문화권이라 10월이면 맥주 축제인 옥토버페스트(Oktoberfest)가 열린다. 11월 말부터는 크리스마스 마켓이 열리는데 15m 높이의 트리가 유명하다.

플랫폼을 마주하고 왼쪽 출구로 나가면 반 호프 거리와 연결된다. 반대 방향은 스위스 국립 박물관과 가깝다. 중앙역 주변은 취리히 교통의 중심으로 트램과 자동차, 사람들이 뒤섞여 있어 안전에 유의해야 한다.

주요 노선	이동 시간
루체른 – 취리히	약 50분
제네바 – 취리히	약 1시간 40분
인터라켄 – 취리히	약 2시간
바젤 – 취리히	약 1시간
파리 – 취리히	약 4시간
밀라노 – 취리히	약 4시간
프랑크푸르트 – 취리히	약 4시간

유료 화장실 06:30~21:30   **코인 로커** 월~금 04:15~익일 01:30 / 토~일 24시간

취리히 중앙역에서 발견하는 디자인 도시의 면모

공공 미술이 발달한 취리히는 중앙역에서도 쉽게 예술을 감상할 수 있다. 프랑스 조각가 니키 드 생팔(Niki de Saint Phalle)과 마리오 메르츠(Mario Merz) 등 현대 미술 작가의 작품이 역내를 장식한다.

• 니키 드 생팔의 <수호천사(L'ange protecteur)>

스위스 철도 150주년을 기념하기 위해 글로벌 보안 회사인 시큐리타스(Securitas)가 선물했다. 니키의 대표작인 풍만하고 다채로운 여인 조각상 '나나'다. 높이 11m, 무게 1.2톤인 작품은 세 부분으로 나눠 미국에서 로테르담을 거쳐 바젤에 도착했다. 이후 합쳐서 취리히 중앙역 천장에 설치되었다. 길 떠나는 모든 이를 보호하는 수호천사처럼 내려다보고 있다.

• 마리오 메르츠의 <철학자의 알(The Philosopher's Egg)>

승강장과 역사 사이에 전시되어 있다. 빨간 나선 주위로 숫자가 적힌 새가 맴도는 형태다. 빨간색 선은 기차가 가진 역동성과 이동을 상징하고, 새는 역과 세계를 잇는 왕래를 뜻한다. 기차와 노선을 상징적으로 표현한 것이다. 숫자는 피보나치수인데, 이탈리아 중세 수학자이자 철학자인 레오나르도 피보나치(Leonardo Fibonacci)가 쓴 《산반서(Liber Abaci)》에서 나온 수열이다. 마리오 메르츠는 1977년부터 물체와 피보나치수열을 합친 예술을

선보였는데 <철학자의 알>은 그중 하나다. 피보나치수열과 토끼 문제처럼 무한 확장에 영감을 받아 만들었다고 한다.

• 한스 쿤지 기념관(Denkmal für Hans Künzi von Carsten Höller)

유로파플라츠(Europaplatz) 방향 출입구에 한스 쿤지 기념관이 있다. 한스 쿤지는 ETH 취리히의 계량경제학 및 비즈니스 프로세스 연구 교수이자 시의원, 국가 의회 의원을 역임했다. 무엇보다 취리히 S반(S-bahn) 시스템을 후원해 S반의 아버지로 불린다. 스위스는 그의 활동 분야에 영감을 받아 수학에 추상적 반응을 접목한 구조물을 만들었다. 직경 60cm의 원형 네온 조명 400개가 입구 천장에 L자 모양을 이룬다. 천장 아래 사람들이 움직이면 속도와 방향에 따라 불이 들어와 흐름을 확인할 수 있는 점이 재미있다.

일요일에는 취리히 중앙역에서 쇼핑 ·TIP·

중앙역 지하 2층에는 쇼핑몰 숍 빌(Shop ville)이 있다. 대형 슈퍼마켓인 쿱(Coop)과 미그로스(Migros)를 비롯한 200여 개 상점과 식당이 1년 내내 문을 연다. 시내 상점은 평일 9시부터 20시, 토요일에 17시까지 운영하며 일요일은 쉬는 곳이 많아 여행자에겐 불편하다. 중앙역 내 상점은 대부분 평일 21시, 토요일 20시까지 문을 연다. 단, 일요일은 그보다 운영 시간이 짧으니 필요한 물건은 미리 준비하자.

버스

취리히는 육지로 연결된 유럽 주요 도시에서 고속버스를 이용해 도착할 수 있다. 스위스는 고산이 많아 버스가 편할 것 같지만, 실제로는 기차에 비해 2배 이상 시간이 소요된다. 또한 소도시까지 기차 선로 설치가 잘 되어 있기 때문에 기차로 이동하는 편이 편리하다. 대신 유로라인(Eurolines), 플릭스버스(Flixbus) 등 국제 고속버스 패스가 있다면 무료 또는 저렴하게 이용할 수 있다. 취리히 질콰이 버스터미널(Carparkplatz am Sihlquai)은 기차역 인근에 있어 시내로 이동이 편리하다.

주소 Bus-parkplatz Sihlquai, Ausstellungsstrasse 15 8005 Zürich

자동차

취리히 도심은 도보나 대중교통을 이용해 관광하는 것을 추천한다. 과속 단속 카메라와 일방통행 도로가 많고 트램 노선과 버스 전용 차선, 자동차 차선이 한 도로에 있어 헷갈리기 쉽다. 주차장도 찾기 힘들고 시설이 좋지 않은 곳도 많다. 게다가 주차 비용이 2시간당 CHF8 정도로 비싸다. 불법 주차 시 단속이 엄격하니 반드시 지정된 주차장을 이용하자. 노상 주차장은 인근 무인 주차 정산기에서 주차권을 산 뒤 차량 대시보드 위에 보이도록 올려놓는다.

공항에서 스위스 중부나 서부로 이동한다면 자동차 여행을 추천한다. 취리히 공항에서 고속도로가 잘 연결되어 있다. 4번 도로와 1번 도로를 이용하게 되며 동부로는 3번 도로를 이용해 이동한다.

홈페이지 공공 주차장 www.parkingzuerich.ch

취리히 관광안내소

취리히 중앙역 1층에 있다. 시내 지도와 명소, 식사와 숙박 정보 공유는 물론 관광청에서 운영하는 시내 가이드 투어(취리히 예술·역사·미식 등)를 신청할 수 있다. 취리히 카드를 사거나 액티비티 신청도 할 수 있고, 식당 할인 쿠폰도 있으니 놓치지 말자.

주소 Hauptbahnhof Zürich, 8001 Zürich **전화** +41 44 215 40 00 **시간** 5~10월 월~토 08:00~20:30, 일 08:30~18:30 / 11~4월 월~토 08:30~19:00, 일 09:00~18:00 **홈페이지** www.zuerich.com

• 취리히의 시내 교통 •

시내에서 머무른다면 걸어서 여행하기에 무리가 없다. 중앙역에서 취리히 호수까지 도보 20분 정도 소요되며 여행지 대부분이 주변에 있다.

취리히 대중교통은 ZVV(Zurcher Verkehrsverbund)에서 운영한다. 트램과 버스, 근교를 잇는 S반(S-Bahn)과 SBB 열차, 포스트 버스는 물론 케이블카, 보트 등 관광 인프라도 포함된다. 취리히 카드나 스위스 트래블 패스 사용일에는 모든 대중교통이 무료다.

기차역에서 취리히 호수로 바로 이동하거나 취리히 웨스트, 취리히 호른까지 간다면 트램이나 버스를 이용하면 좋다. 모두 110존(Zone)으로 싱글 티켓 하나면 된다. 중앙역과 호수 주변, 관광지를 연결하는 트램은 4번과 11번이니 도보 여행과 적절히 섞어서 사용하자. 대부분 5시부터 24시까지 운영한다. 금요일부터 주말에는 자정 이후 나이트 버스와 S반을 운영한다. 자세한 노선 및 이용 시간은 홈페이지 (zvv.ch)에서 확인할 수 있으며 ZVV 앱도 있다.

교통 패스

승차권

승차권은 ZVV의 모든 교통을 이용할 수 있다. 존(Zone)에 따라 요금이 달라지며 취리히 시내 중심은 110존, 공항은 121존에 해당한다. 하루 2회 이상 이용한다면 1일권이 낫다. 각 정류장 매표소 또는 티켓 자동판매기에서 살 수 있다.

(단위 : CHF)

1회권							1일권			
단거리 티켓 (5개역, 30분)				싱글 티켓 (1~2존, 1시간)				1~2존 (24시간)		
어른		6~16세		어른		6~16세		어른		6~16세	
1등석	2등석	1등석	2등석	1등석	2등석	1등석	2등석	1등석	2등석	1등석	2등석
4.6	2.8	4.0	2.4	7.4	4.6	5.3	3.2	15.2	9.2	10.8	6.4

취리히 카드

취리히 카드는 시내 교통을 무료로 무제한 이용할 수 있다. 취리히 박물관을 대부분 무료 입장할 수 있고 지정된 상점이나 레스토랑에서 할인 또는 서비스를 받을 수 있다. 관광안내소 또는 주요 호텔, ZVV나 SBB 티켓 자동판매기에서 살 수 있다. 24시간 이용권은 어른 CHF29, 6~16세는 CHF19이다. 72시간 이용권은 어른 CHF56, 6~16세는 CHF37이다. 시내 교통과 박물관까지 무료이고 지정된 상점에서 할인받을 수 있기 때문에, 대중교통 1일권보다 취리히 카드의 가성비가 좋다.

빨간 트램, 폴리반(Polybahn)

새빨간 꼬마 기차 폴리반은 1889년부터 학생들을 태우던 푸니쿨라(언덕 전차)다. 아인슈타인을 포함해 노벨 수상자를 다수 배출한 취리히 연방공과대학과 연결된다. 시내와 대학교를 연결해서 토요일 늦게까지 운영하고 일요일은 쉰다. 도착지인 실반(Seilbahn) 옆 전망대가 있어 취리히 시내를 내려다볼 수 있다. 인근 법학 도서관이나 쿤스트하우스도 언덕에 있어 동선에 넣으면 편하다.

겨울에만 탈 수 있는 독특한 이벤트 - 퐁뒤 트램(Fonduetram)

1930년에 만들어진 취리히 트램 한 량이 레스토랑으로 변신했다. 실내는 테이블과 의자로 아늑하게 꾸미고 취리히 시내 곳곳을 누비는 2시간 동안 스위스 전통 음식을 맛볼 수 있다. 알프스 특산 소고기 요리로 시작해 아펜첼러 치즈를 이용한 퐁뒤, 토블론 초코 무스가 차례로 나온다. 비건 메뉴가 따로 구성되어 있으며 음료는 별도다. 인기가 많은 편이니 여행 일정이 정해진다면 미리 홈페이지에서 예약하자.

교통 ❶ 중앙역에서 도보 15분 ❷ 버스 S6 또는 S16 타고 벨뷰플라츠(Bellevueplatz) 정류장 하차 **주소** Bellevueplatz, 8001 Zürich **전화** +41 444 11 44 99 **시간** 11월 수·금~토, 12월 월·수·금~일, 1월 수~토, 2월 화~토 1회차 17:30~19:30, 2회차 20:15~22:15 **요금** 어른 CHF109, 12세 이상 어린이 CHF55 **홈페이지** extrafahrten.vbz.ch/genuss-linie/fondue-tram

택시

트램 정류장처럼 택시 정류장이 있어 찾아가거나 전화로 부를 수 있다. 취리히 중앙역 부근에 택시 정류장이 많으며 비교적 쉽게 택시를 잡을 수 있다. 요금은 기본 CHF8이고 1km당 CHF5이다. 글로벌 차량 공유 서비스인 우버(Uber)나 볼트(Bolt), 프리나우(Free Now) 앱을 이용하면 편리하고 택시보다 저렴하다. 스위스에서는 법적으로 운전자와 차량 모두 정식 등록되어 있어야 운행할 수 있어 안심이다.

자전거

트램을 타기에는 가깝고 걷기에는 다리가 아픈 취리히 여행. 자전거 대여 서비스를 이용해 보자. 시내에 있는 대여소는 4월 중순부터 10월에만 운영한다. 반면 중앙역 인근에 있는 취리 롤트(Züri rollt)는 1년 내내 무료 운영한다. 대여 시 여권을 확인하며 보증금 CHF20을 내야 한다. 반납은 운영 시간 내에 가능하며 당일을 넘기면 대여료 CHF10을 내야 한다. 그 외 자전거 대여소 위치와 오픈은 홈페이지에서 확인할 수 있다.

취리 롤트(Züri rollt)
주소 Kasernenstrasse 100 **전화** +41 79 336 36 12 **오픈** 09:00~21:30 **홈페이지** www.zuerirollt.ch

Zürich

취리히
추천 코스

취리히의 역사와 현지인 라이프, 풍경, 발견하고 싶은 매력에 따라 취리히에서 방문해야 할 곳도 달라진다. 핵심만 고른 취리히 시내 도보 코스를 참고해 보자. 시간이 남는다면, 취리히 호른이나 취리히 웨스트를 둘러보자.

취리히 중앙역 — 도보 1분 → ① 스위스 국립 박물관 — 도보 5분 → ② 반호프 거리 — 도보 3분 → ③ 아우구스티너 거리 — 도보 1분 → ④ 린덴호프 — 도보 3분 → ⑤ 장크트 페터 교회 — 도보 3분 → ⑥ 프라우뮌스터 — 도보 6분 → ⑦ 그로스뮌스터 — 도보 6분 → ⑧ 쿤스트하우스 취리히 (취리히 미술관) — 도보 10분 → ⑨ 니더도르프

A부터 Z까지 스위스 최대의 역사 박물관
스위스 국립 박물관 Schweizerisches Landesmuseum

중립국과 종교 개혁, 고물가와 알프스 생활사까지, 스위스의 모든 것이 궁금하다면 해답은 국립 박물관에 있다. 중앙역 인근에 위치한 고풍스러운 고성이다. 1898년 연방 헌법 50주년을 기념해 구스타프 굴(Gustav Gull)이 지었다. 역사부터 문화와 생활사를 아우르는 다양한 상설 전시와 기획 전시가 열린다. 공간 전체를 사용하는 전시 구성이나 실험적인 전시 기법 덕분에 박물관을 관람하는 데 반나절은 훌쩍 지나 버린다. 특히 살아 움직이는 듯한 종이책 영상은 남녀노소 구분 없이 호기심을 자극한다. 박물관 큐레이팅은 앱으로 볼 수 있으며 VR, 비디오, 만화, 사진 등 미디어를 활용해 재미를 더한다. 예부터 위조가 어려웠다는 스위스 화폐 이야기부터 귀한 과일이라 부의 상징이었던 코코넛 장식까지 흥미로운 이야기가 많다. 전시 규모가 방대해지자 공간이 부족해 2016년 현대 건축물을 더 지었다.

교통 중앙역에서 무제움슈트리세(Museumstrasse) 방향 출구 이용하여 도보 2분 **주소** Museumstrasse 2, 8021 Zürich **전화** +41 44 218 65 11 **시간** 10:00~17:00(목 ~19:00) / 월요일 휴관 **요금** 어른 CHF13, 16세 이하 및 취리히 카드 소지자 무료 **홈페이지** landesmuseum.ch

박물관 내 플라츠스피츠(Platzspitz) 공원의 어두운 과거 ·TIP·

여성 투표권과 동성애자 권리에 대해 보수적인 스위스지만 마약과 관련된 법률은 느슨했다. 1970년 리마트강 변에서 대마초를 사용하는 중독자가 늘었고 1982년 강변이 폐쇄되자 스위스 국립 박물관 뒤뜰인 플라츠스피츠로 모였다. 90년대에는 각지에서 모인 중독자들이 1,000여 명에 달했다. 공원 곳곳에 쓰러진 중독자와 널브러진 주사기를 볼 수 있어 '마약 정원', '바늘 공원'이라 불렀다. 시의회는 심각성을 깨닫고 감염을 막기 위해 깨끗한 주사기를 나눠 주거나 따뜻한 식사와 차를 제공했다. 1992년에는 공원을 폐쇄하고 마약 거래상과 중독자를 적극 해체시키고 지금은 공원으로 완전히 정비했다. 현재 스위스에선 대마초가 합법이지만, 여행자라면 조심해야 한다. 합법인 스위스에서 호기심에 접하더라도 체내에 남으며 귀국 시 처벌받으니 일절 관심 가지지 말자.

요즘 취리히에서 가장 힙한 동네
에우로파알레 Europaallee

도시 형성 과정을 보면 기차역 주변은 소음과 정체로 주거 환경 조성이 어려워 우범 지대가 되고 만다. 취리히 중앙역과 접한 에우로파 알레는 디스토피아적 분위기를 개선하기 위해 새롭게 도시 개발을 한 지역이다. 현대 건축물 전시관이자 삶의 질을 고려한 야외 공간, 새롭게 꾸민 실(Sihl) 제방까지 대도시로서의 면모를 제대로 보여 준다. 문화 공간, 상점, 레스토랑, 클럽까지 트렌디한 현지 라이프를 경험할 수 있다. 푸드 페스티벌을 비롯하여 독특한 이벤트가 자주 열리며 홈페이지에서 행사 여부를 확인할 수 있다. 나선형 계단이 아름다운 네그렐리스테그(Negrellisteg) 다리는 기차역 위로 설치되어 에우로파알레와 리마트강을 연결해 준다.

교통 중앙역에서 도보 5분 **주소** Europaallee, 8004 Zürich
시간 ❶ 레스토랑-월~토 11:00~22:00 / 일요일·공휴일 휴무 ❷ 상점 월~금 11:00~19:00, 토 10:00~18:00 / 일요일 휴무 **홈페이지** europaallee.ch

네그렐리스테그 다리

취리히 시내 중심
반호프 거리 Bahnhofstrasse

취리히 중앙역에서 호수까지 이어지는 약 1.3km 거리다. 유럽식 고층 건물 사이로 시원하게 뻗은 길에는 트램과 사람들이 분주히 이동한다. 호수까지 트램을 타도 좋지만 쇼핑 거리인 만큼 걸어 보자. 명품 매장과 스위스 시계를 모아 둔 부커러(Bucherer), 공예 기념품을 전문으로 하는 하이마트베르크(Heimatwerk) 등 매력적인 상점이 많다. 크리스마스에는 마켓이 열리고 대형 트리도 설치된다. 1883년 문을 연 최초의 백화점 옐몰리(Jelmoli)나 마노르(Manor), 대형 쇼핑몰 글로부스(Glovus)도 있다. 백화점 지하에 있는 푸드 코너에서 저렴하게 식사하거나 완제품을 살 수도 있다.

교통 중앙역 앞 **주소** Bahnhofstrasse, 8001 Zürich

취리히의 유서 깊은 전망대
린덴호프 Lindenhof

취리히를 가로지르는 리마트강 하류에 자리한 언덕이다. 알프스 빙하가 과거 골짜기였던 리마트강을 따라 내려오며 암석과 자갈 등을 끌고 와 퇴적해 생겼다.

1747년, 린덴호프에서 2세기 로마 제국 인물인 루키우스 아엘리우스 리쿠스(Lucius Aelius Urbicus)의 묘석이 발굴되었는데 2가지 사실을 확인할 수 있었다. 취리히는 고대 로마인이 살았던 곳으로 옛 지명은 투리쿰(Turicum)이며, 린덴호프는 세관장인 리쿠스가 일했던 세관이었다는 점이다. 이탈리아 북부와 프랑스, 독일을 하나로 연결하는 길목이자 리마트강을 드나드는 배가 훤히 보이는 언덕이라 세관 자리로 알맞다. 4세기에는 린덴호프에 로마 성채가 지어졌으며 9세기에 샤를마뉴(Charlemagne) 대제의 손자가 궁전을 짓기도 했다. 1798년 스위스 연방 헌법에 취리히가 가입 서약을 한 역사적인 곳이기도 하다. 지금은 취리히 시민이 휴식하는 공간이자 여행자에겐 전망대가 되고 있다. 4월에는 스위스 가장 큰 행사인 젝세로이텐(Sechseläuten)을 준비하는 모습을 볼 수 있다.

린덴호프로 갈 때 아우구스티너 거리(Augustinergasse)를 지나는 길을 추천한다. 퇴창(Erkern)이 있는 중세 건물이 늘어선 길이다. 골목이 좁아 햇빛이 들지 않자 외부로 창을 돌출시켰고 집마다 그림을 그려 아름답다. 이 길을 따라 비더 거리(Widdergasse)로 빠져 2분 정도 걷다가 왼쪽 오르막인 팔츠 거리(Pfalzgasse)로 올라가면 린덴호프에 도착한다.

교통 중앙역에서 도보 10분 **주소** Lindenhof, 8001 Zürich

쉬프페 Schipfe

린덴호프 언덕 기슭에 있는 강가다. 기원전 로마인들이 거주하던 오래된 지역으로 중세에는 리마트강을 따라 실크가 거래되면서 교역의 중심이 되었다. 큰돈을 벌러 온 어부들이 모여들어 수시로 배가 드락거렸다. 강으로 배를 미는 모습을 슈프펜(Schupfen)이라고 했는데, 이곳 지명의 어원이 되었다. 지금은 장인들이 개성 넘치는 가게를 열어 쇼핑을 즐기기 좋다.

시계탑에 사는 파수꾼
장크트 페터 교회 Kirche St. Peter

루돌프 브룬 기념비

고대 로마 성터인 린덴호프에서 가깝다. 당시 주피터 신전이 있던 자리가 867년에 7평 남짓한 성소로 바뀌었고 지금까지 이어져 취리히에서 가장 오래된 교회가 되었다. 로마네스크와 고딕, 바로크로 건축 양식을 바꾸어 가며 도시에서 유일한 교구 성당으로 자리했으나, 1706년 종교 개혁으로 개신교회가 되었다. 종교 개혁 당시에 취리히의 성당 장식이 대부분 철거되었으나 장크트 페터 교회는 바로크 양식의 회중석(제단 맞은편 신자 공간)과 크리스털 샹들리에로 꾸며져 비교적 화려하다. 설교단 상부에는 독일어로 된 성경 구절과 히브리어로 하나님을 적어 놓았는데 이는 하나님의 말씀이 가장 중요하다는 종교 개혁 정신을 반영한 것이다. 순백인 내부 장식 덕분인지 취리히 사람들의 결혼식 장소로 많이 이용된다.

시내의 랜드마크인 종탑 시계는 지름 8.7m로 유럽에서 가장 크다. 시침이 5.07m, 분침이 5.73m다. 종탑에는 1538년 만들어진 6개의 종이 있었는데 소리가 어울리지 않아 박물관에 보관하고 1880년에 5개의 종을 새로 달았다. 그중 가장 큰 종은 무려 6,000kg에 달한다. 창문이 있는 탑 꼭대기에는 파수꾼이 살았다. 파수꾼은 1340년부터 1911년까지 화재 감시를 위해서 15분마다 밖을 내다보는 일을 했다. 덕분에 목조 건물이 많은 시대임에도 취리히는 대화재를 한 번도 겪지 않았다. 이처럼 공익적인 역할을 해서인지, 본당은 취리히 복음주의 개혁 교구가 운영하지만 첨탑은 시(市) 소유다. 첨탑 외벽에 취리히 초대 시장이었던 루돌프 브룬(Rudolf Brun)의 묘와 기념비가 있다는 점도 독특한 이력이다.

교통 ❶ 중앙역에서 도보 11분 ❷ 트램 11, 13번 타고 렌베크(Rennweg) 하차 후 도보 6분 **주소** Sankt Peterhofstatt, 8001 Zürich **전화** +41 44 211 60 57 **시간** 월~금 08:00~18:00, 토 10:00~16:00, 일 11:00~17:00 **홈페이지** www.st-peter-zh.ch

스위스 종교 개혁의 시발점
그로스뮌스터 Grossmünster

독일어로 그로스는 '큰', 뮌스터는 '수도원'을 뜻한다. 원래 그 자리에 있던 성당은 1078년 화재로 불타서 정확한 역사를 확인할 수 없지만, 전설에 따르면 샤를마뉴(Charlemagne) 대제가 사냥하던 중 사슴을 쫓아 취리히까지 왔고 갑자기 사슴과 사냥개, 대제가 탄 말까지 무릎을 꿇었다고 한다. 알고 보니 그곳은 취리히 순교자인 펠릭스(Felix)와 레굴라(Regula) 무덤의 자리였고, 대제는 성인들의 유해를 관에 모시고 성당을 세웠다고 한다. 그로스뮌스터 기둥에 새겨진 부조 중에는 말을 탄 샤를 대제가 성인들과 만나는 전설 속 장면을 묘사한 것이 있다.

오늘날 건물은 로마네스크 양식으로 1100년부터 120년 동안 지어졌다. 직육면체로 올린 쌍둥이 종탑의 상단에는 목조 첨탑이 있었으나 1763년 번개로 소실되었고, 1787년에 지금의 신고딕 양식으로 재건하였다. 남쪽 탑인 칼스트룸(Karlstum) 벽에 샤를마뉴 대제 조각상이 있는데, 원본은 지하 제실(Krypta)에 있다. 칼스트룸은 187개의 계단을 통해 오를 수 있으며 시내와 호수, 알프스까지 한눈에 담을 수 있는 전망대다. 북쪽 탑은 개방하지 않는다.

1519년, 그로스뮌스터는 가톨릭 성지에서 스위스 종교 개혁의 시발점으로 변신했다. 울리히 츠빙글리(Ulrich Zwingli)가 그로스뮌스터 부사제로 와 개혁 의지를 불태우고, 이어 하인리히 불링거(Heinrich Bullinger)가 힘썼다. 5년 뒤 제단을 철거하고 설교단을 꾸려 하느님 말씀에 집중했다. 우상 숭배라는 이유로 성상과 성화를 없애 내부는 단순하다. 성가대석 뒤로 아우구스토 자코메티(Augusto Giacometti)가 그린 스테인드글라스(1933)는 크리스마스 이야기를 담았다. 시그마 폴케(Sigmar Polke)가 그린 추상적인 스테인드글라스(2006) 12개도 볼만하다. 1950년 오토 뮌히(Otto Munch)가 만든 청동문에는 설교하는 츠빙글리의 부조가 있다. 펠릭스와 레굴라 성인의 뼈가 프라우뮌스터로 이동할 때 이 문을 통해 나갔다.

교통 ❶ 프라우뮌스터에서 뮌스터 다리(Münsterbrücke)를 건너 도보 3분 ❷ 취리히 중앙역에서 6·7·11·13·17번 버스나 트램 타고 두 번째 정거장 하차, 5분 소요 **주소** Grossmünster platz, 8001 Zürich **시간** ❶ 교회–월~토 10:00~18:00, 일 12:00~18:00 ❷ 칼스트룸 탑–월~토 10:00~17:00, 일 12:00~17:00 **요금** ❶ 교회–무료 ❷ 칼스트룸 탑–어른 CHF5, 6~16세 CHF2 **홈페이지** www.grossmuenster.ch

취리히에는 가톨릭 성당보다 개신교회가 더 많다?!

종교 개혁가 울리히 츠빙글리 동상

종교 개혁가 하인리히 불링거 부조

스위스의 가톨릭 신자는 38.6%, 개신교 신자는 28%, 무교가 26.3%다. 취리히는 스위스 평균보다 개신교회가 더 많은데 스위스의 종교 개혁가 울리히 츠빙글리(Ulrich Zwingli)가 이곳에서 종교 개혁 운동을 시작해서다. 그는 1506년 로마 가톨릭 교회의 사제가 된 후 그로스뮌스터에서 지냈다. 인문학자 에라스뮈스(Erasmus)와 친하게 지내며 성경을 공부하던 그는 하느님 말씀이 근본이 되어야 한다고 생각했다. 탑 내 사무실에서 종교 개혁을 구상하고 1516년 가톨릭 교회와 이견을 내기 시작했다. 성화와 성상 폐지를 주장했고 사순절 금식과 성직자 비혼을 반대했다. 특히 교회를 교육 공동체로 만들어 남녀노소 누구나 성경을 읽고 배워야 한다고 해서 시민의 문해력과 인권을 높였다.

• 취리히에서 시작된 츠빙글리의 종교 개혁

츠빙글리는 1512년과 1515년에 용병 사제로 이탈리아 원정을 나섰다. 천 명 넘는 신도들이 죽었는데 그중 대부분이 각국에 용병으로 나가 있던 스위스 군인이었다. 이를 목격한 그는 스위스인끼리 서로 죽고 죽이는 용병 제도를 강력하게 비판했다. 성경의 가르침에 반대된다며 용병 제도 철폐를 요구한 것이다. 더불어, 순교자에게 잠자리와 먹을 것을 제공하고 돈을 받는 여관업도 해서는 안 된다고 주장했다. 하지만 알프스 산악 지대에 사는 사람들은 주로 산맥을 넘는 여행자를 상대로 여관업을 하고 직업 군인으로 일하며 생계를 유지하는 경우가 대부분이었다. 먹고살 길이 없어지자 산악 지대 사람들은 츠빙글리의 적인 가톨릭 국가 오스트리아와 손잡고 쳐들어왔고 이때 츠빙글리는 전사한다.

• 츠빙글리 사후의 종교 개혁

츠빙글리는 47세의 나이로 전사하였지만, 종교 개혁의 흐름은 취리히의 하인리히 불링거와 제네바의 칼뱅 등 다음 세대 개혁자들에게 이어졌다. 스위스는 오랫동안 가톨릭 지역과 개신교 지역으로 분열되어 갈등을 빚다가 18세기에 이르러서야 진정되었다. 유럽 전체가 로마 가톨릭 교회(구교)와 프로테스탄트 교회(신교)의 분열로 30년 전쟁이 일어났을 때도 스위스 연방은 중립을 유지하면서 둘 사이에서 정치적인 모색을 도모하기도 했다.

• 종교 개혁과 경제 발전

개신교는 '노동의 신성함'과 '검소한 생활'을 강조하며 사회 전반에 큰 영향을 미쳤다. 단순히 종교적인 변화를 넘어, 상업 활동을 장려하고 자본 축적을 긍정적으로 바라보는 새로운 경제관을 형성하는 데 기여한 것이다. 또한 프랑스에서 탄압받던 개신교도들이 스위스로 망명하면서 섬유, 화학, 기계 등의 선진 기술을 가지고 왔고, 훗날 유명해진 스위스 시계를 비롯해 산업을 발전시키는 기반이 되었다.

마르크 샤갈의 스테인드글라스를 볼 수 있는 곳
프라우뮌스터 Fraumünster

853년 동프랑크 왕국 루트비히 2세가 힐데가르트(Hildegard)와 베르타(Bertha) 두 딸을 위해 세운 수도원이자 성당이다. 전설에 따르면, 공주들은 취리히 인근에서 수녀로 살았는데 알비스의 어두운 숲을 지나던 어느 날, 뿔이 빛나는 사슴 한 마리가 길을 밝혀 주었다. 공주들은 왕에게 이 일을 고했고 사슴이 사라진 자리에 수녀원을 지었다. 874년 그로스뮌스터에 있던 성인 펠릭스(Felix)와 레굴라(Regula)의 유물을 옮겨온 후로는 성인 이름으로 불리다가 14세기에 '여성(Frau) 수도원'이라는 뜻의 프라우뮌스터가 됐다.

수녀원장인 첫째 딸 힐데가르트는 베네딕트 수도회칙을 따랐지만, 수녀원을 떠나거나 결혼할 수 있도록 정했다. 주로 귀족 수녀들이 입회했으며 각 나라에서 딸들을 위한 지원금이 끊이지 않았다. 취리히 왕실로부터 자체 관할권을 받아 부동산 소유 및 시장 형성, 주화 제조까지 참여해 경제에도 영향력을 행사했다. 수녀들은 집과 하인을 소유하고 화려한 옷도 입고 다녔고, 시장 임명을 하는 등 정치적 권한까지 더해지면서 힘이 막강했다. 그러나 종교 개혁 후에는 개신교회로 역할이 바뀌고 취리히시(市)에 귀속되었다.

개신교회가 된 후에는 가톨릭 성당 시절의 성물과 성상을 모아 지하실에 봉인했다. 1층 내부에는 근현대에 만들어진 스테인드글라스와 5,793개 파이프로 된, 취리히에서 가장 큰 오르간이 있다. 청동 탑은 그로스뮌스터처럼 2개였는데 18세기 남쪽 탑은 없애고 북쪽 탑을 높였다. 성당 외부에 있는 회랑(Kreuzgang Fraumünster)도 함께 둘러보자. 폴 보드머(Paul Bodmer)가 그린 프레스코화는 수도원 건립과 취리히 수호성인인 펠릭스와 레굴라 전설을 묘사하고 있다.

교통 ❶ 중앙역에서 도보 11분 ❷ 트램 11, 13번 타고 파라데 광장(Parade Platz) 하차 후 도보 2분 **주소** Münsterhof 2, 8001 Zürich **전화** +41 44 221 20 63 **시간** ❶ 교회-월~토 4~10월 10:00~18:00, 11~3월 10:00~17:00 / 일요일 10시 예배 후 ❷ 회랑-월~금 07:30~18:30, 토 08:00~18:00 **요금** 프라우뮌스터 CHF5, 회랑 무료 **홈페이지** www.fraumuenster.ch

입장료를 받는 데는 이유가 있다 – 프라우뮌스터의 주요 작품

❶ 마르크 샤갈의 스테인드글라스

가장 눈여겨볼 작품으로 마르크 샤갈(Marc Chagall)이 1967년부터 만든 스테인드글라스 5부작이다. 제단 뒤 합창단석에 있는 채광창으로 성서에 나오는 5가지 이야기를 담았다. 왼쪽부터 〈선지자들: 엘리야의 승천〉, 〈야곱: 야곱의 싸움과 천국의 꿈〉, 〈그리스도: 예수의 삶〉, 〈시온: 세상이 끝나는 날 트럼펫을 부는 천사〉, 〈율법: 백성의 고통을 내려다보는 모세의 모습〉이다.

❷ 마르크 샤갈의 남측 장미창

고딕 성당에서 채광 중심을 맡고 있는 장미창은 웅장한 크기와 화려한 장식이 특징이다. 큰 창이 강한 바람에 깨지지 않도록 석재로 모양을 만드는데 고딕에선 대개 뾰족한 형태인 트레포일을 많이 쓴다. 샤갈의 장미창은 둥글둥글한 콰트르포일만 사용해 특유의 사랑스러운 구성과 색감이 돋보인다.

❸ 아우구스토 자코메티의 북측 장미창

아우구스토 자코메티(Augusto Giacometti)가 1945년에 만든 스테인드글라스 〈천국의 낙원〉이다. '색채의 마에스트로'라는 별칭답게 다채로운 색감이 빛을 머금어 더욱 아름답다.

❹ 13세기 프레스코화

성당 남쪽 벽에 힐데가르트와 베르타 수녀원장의 유골이 묻혀있고 그 위에 한 쌍의 프레스코화를 그렸다. 오른쪽 그림은 수도원 탄생 설화로 두 공주가 수사슴을 따라 왕궁에서 프라우뮌스터 수녀원으로 이동하는 모습이다. 'AGNESA'라고 적힌 글자 위에 무릎을 꿇은 두 여인은 기부자로 해석된다. 왼쪽 그림은 주교와 왕이 도시 성인인 펠릭스와 레굴라의 유골이 담긴 2개의 관을 들고 그로스뮌스터에서 프라우뮌스터로 옮기는 행렬이다. 왼쪽 관 아래 지체 장애인 2명이 소원을 간청하고 있다. 성인은 앞을 보지 못하거나 다리를 저는 사람들을 치유한다고 알려져서다. 종교 개혁 당시에 성당 내부 다른 프레스코화처럼 이 그림도 흰색으로 덧칠되었다. 1847년에 발견되었으나 다시 흰색으로 칠해져 손상됐다. 1979년 보수 공사를 시작하며 천장과 벽화를 보수했는데 이 그림은 2006년 프란츠 헤기(Franz Hegi)가 수채화로 재현했다.

❺ 한스 발트만의 프레스코화(1478)

예수 그리스도를 중심으로 오른쪽에 하나님, 왼쪽에 성모 마리아를 그려 성가정을 이룬다. 성모 마리아 머리 위에는 성령을 상징하는 비둘기가 있어 삼위일체로 해석할 수 있다. 양옆에 성인 펠릭스와 레굴라가 잘린 머리를 들고 서 있다. 하단에는 3개의 귀족 문장이 있는데 가운데는 화가인 한스 발트만(Hans Waldmann), 왼쪽은 어머니 집안인 슈바이거, 오른쪽은 아내 집안인 란돌트 문장이다.

❻ 지하 박물관

지하 일부는 개방해 박물관으로 활용하고 있다. 최초에 지어진 성소 흔적이 남아있으며 왕실에서 허가한 수녀원 증명서도 볼 수 있다. 울리히 츠빙글리의 성경책과 하인리히 불링거와 마틴 루터 사이에 오간 편지, 종교개혁으로 파괴된 성상 등 종교 개혁 역사도 살펴보자.

중세부터 현대까지 스위스 미술을 한눈에

쿤스트하우스 취리히(취리히 미술관) Kunsthaus Zürich

스위스 여행에서 미술관이 최우선은 아니지만, 미술에 관심 있는 사람이라면 쿤스트하우스는 필수다. 피카소와 반 고흐처럼 세계적으로 유명한 화가부터 마네와 모네, 르누아르, 고갱 등 인상주의 화가들, 플랑드르의 거장 렘브란트와 루벤스, 고향인 노르웨이를 제외하고 가장 많은 작품을 볼 수 있는 뭉크까지 서양 미술사를 짚어 볼 만큼 방대한 컬렉션을 만날 수 있다. 우리에게 잘 알려지지 않은 스위스 작가 자코메티와 피슐리, 바이스의 작품을 보고 새로운 영감을 얻을 수 있다. 회화와 조각, 드로잉, 사진, 디자인, 팝아트 작품까지 종류도 다양하며 전시 방식도 새롭다.

미술관은 1910년에 문을 열었다. 옛 우체국 자리에 칼 모저(Karl Moser)가 세운 네오클래식 건물, 모저관이다. 이후 피스터관(1958년)과 밀러관(1976년)이 차례로 생겨났다. 2021년에는 세계적인 건축가 데이비드 치퍼필드(David Chipperfield)가 디자인한 치퍼필드관이 맞은편에 오픈했다. 건물을 오가는 것만으로 근현대 시간 여행을 하는 듯하다. 미술관 내에 카페와 레스토랑, 바가 있어 여유롭게 시간을 보내도 좋다.

교통 ❶ 그로스뮌스터에서 도보 6분 ❷ 취리히 중앙역에서 트램 3번 타고 쿤스트하우스(Kunsthaus) 하차 **주소** Heimplatz 1, 8001 Zürich **시간** 화·금~일 10:00~18:00, 수·목 10:00~20:00 / 월요일·크리스마스·새해·공휴일 휴관 **요금** 상설 전시-어른 CHF24(오디오 가이드 포함), 14세 이하 학생 CHF17 / 특별 전시-CHF22~ **홈페이지** www.kunsthaus.ch

어라? 이 작품이 또 있어? - 로댕, 지옥의 문

쿤스트하우스 취히리 정문 옆에 프랑스 조각가 오귀스트 로댕의 작품 〈지옥의 문(Porte de l'Enfer)〉이 있다. 1880년 이탈리아 문학가 단테의 〈신곡〉에서 영감을 받아 만든 작품이다. 그는 20년을 고뇌하고 씨름했지만, 미완성으로 남았다. 다양한 인간 군상을 표현하기 위해 만들고 부수기를 여러 번, 아쉽게도 로댕은 청동 작품을 내놓지 못하고 생을 마감했다. 파리 로댕 박물관의 수석 학예관이 기존 작품을 맞춰 석고형을 완성했고 프랑스 파리 오르세 미술관에 전시 중이다. 프랑스에서는 공공 기관이 주문한 경우, 총 8개까지 주조하도록 법으로 정해 놨다. 1926년, 미국 필라델피아 미술관에서 세계적인 주조 전문가 알렉시스 뤼디에(Alexis Rudier)에게 제작을 의뢰해 첫 번째 〈지옥의 문〉이 탄생했다. 이어 프랑스 파리 로댕 미술관, 일본 마츠카타 컬렉션과 스위스 취리히 미술관, 미국 스탠포드 대학과 일본 시즈오카 현립 미술관, 우리나라 삼성문화재단에서 주문해 총 7개의 〈지옥의 문〉이 세상에 나왔다. 이제 마지막 〈지옥의 문〉 탄생만이 남았다.

쿤스트하우스 취리히의 대표 작품들

❶ 페르디난드 호들러 <만장일치>

스위스 상징주의 화가인 그의 작품은 공간을 짜 맞춘 듯 안정적인 평행주의 기법을 사용했다. 거침없는 드로잉과 힘 있는 터치가 돋보인다.

❷ 마르크 샤갈 <창밖의 브레아 풍경>

프라우뮌스터에 있는 스테인드글라스와 함께 취리히 사람들의 사랑을 받는 샤갈의 대표 작품이다. 그가 프랑스 브레아에 머물던 중 휴양지 풍경을 화폭에 담았다. 샤갈 특유의 몽환적이고 아름다운 색채가 돋보인다.

❸ 몬드리안 <빨강 노랑 파랑의 구성>

스위스 건축가 르 코르뷔지에도 영향을 받은 추상미술의 선구자 몬드리안의 작품이다. 궁극의 추상성을 표현하기 위해 수평선과 수직선, 흑과 백, 삼원색으로만 구성한 작품이다.

❹ 빈센트 반 고흐 <감자를 심는 농부와 그의 아내>

암울한 분위기의 초기 작품 중 하나다. 고흐의 그림 중 감자는 노동을 상징하며, 자신의 가난을 대변하는 상징물이다.

❺ 요한 하인리히 휘슬리 <뤼틀리의 서약>

우리, 슈비츠, 운터발덴 등 3개 주가 오스트리아 합스부르크 왕가에 대항해 뤼틀리 들판에서 영구동맹을 맺은 역사적 장면을 묘사했다.

❻ 알베르토 자코메티 <마차>

스위스 대표 조각가로, 뼈대만 있는 듯 길고 가느다란 표현으로 유명하다. 점토를 붙이는 기존의 방법과 달리 점토를 덜어 내는 기법을 사용한다. 두 바퀴가 달린 마차 위에 여신이 서 있는 작품 <마차>는 제1차 세계대전 이후 세대에게 희망의 메시지를 전달한다. 알베르토 자코메티는 그로스뮌스터와 프라우뮌스터의 스테인드글라스 제작에 참여한 아우구스토 자코메티의 조카다.

전 세계 이과생이 꿈꾸는 대학
취리히 연방 공과대학 Eidgenössische Technische Hochschule, ETH Zürich

스위스 연방 정부가 과학자와 엔지니어 육성을 위해 1855년 설립한 대학이다. 이공계 연구 중심 대학교로 로잔에 있는 연방 공과대학(EPFL)과 함께 스위스 과학 기술의 중심이다. 글로벌 대학 리더 포럼으로 지정된 29개 학교 중 하나이며 세계 대학 순위는 손에 꼽히고 '유럽의 MIT'라는 별칭이 있다. 천재 물리학자 알버트 아인슈타인과 컴퓨터 공학 수학자 폰 노이만, 수은 온도계를 만든 물리학자 샤를 기욤 등 노벨상 수상자 22명을 배출해 '노벨상의 요람'이라 불린다. 자녀가 공부를 잘했으면 하는 마음은 세계 공통인지 세계 각지에서 온 가족 여행객이 많다. 특히 아인슈타인이 사용하던 사물함은 기념 장소로 꾸며져 있으니 믿거나 말거나 기 좀 받고 오자.

학교가 언덕 위에 있기 때문에 폴리반(언덕 전차)을 타고 오르면 편하다. 길이는 176m로 짧지만, 고도 41m를 올라가는 급경사다. 대학교 난간에 서면 취리히 시내가 한눈에 보인다.

교통 중앙역에서 도보 15분 **주소** Rämistrasse 101, 8092 **전화** +41 44 632 11 11 **시간** 월~금 06:00~22:00, 토~일 09:00~17:00 **요금** 무료

세계적인 건축가 칼라트라바의 작품
취리히 대학교 법학 도서관 UB Recht

도서관은 1909년 헤르만 피츠(Hermann Fietz)가 지었다. 80년 뒤 스페인 건축가 산티아고 칼라트라바(Santiago Calatrava)가 리모델링을 맡았는데 승인 허가가 늦어져 작가가 세계적으로 유명해진 2004년에 완공되었다. 중정이 있는 ㅁ자 모양의 건물이고, 천장을 돔형 유리 채광창으로 만들어 일조량이 넉넉하다. 햇빛과 열, 자외선 농도에 따라 자동 조절되도록 설계되어 있다. 대리석 바닥부터 천장까지 비워진 아트리움을 중심으로 비대칭 타원으로 층을 쌓고 단풍나무 목재로 마감했다. 중앙에 서 있으면 마치 우주선이나 엄마 배 속에 들어온 듯 기시감이 든다. '책에서 얻은 지식은 무게가 없다.'라는 건축 의도에 따라 가벼운 느낌을 주기 위해 비운 공간이 많다. 튜브형 엘리베이터를 타고 오르면 구조를 더욱 명확하게 볼 수 있다.

교통 취리히 연방 공과대학(ETH)에서 도보 5분 **주소** Rämistrasse 74/27, 8001 **전화** +41 44 634 30 99 **시간** 월~금 08:00~20:00, 토~일 09:00~17:00 **요금** 무료

레흐베르크 공원 Rechberggarten

취리히 대학교와 쿤스트하우스 사이에 있는 바로크 정원이다. 귀족 저택 같은 외관 탓인지 눈에 띄지 않아 대학교 학생 또는 현지인이 즐겨 찾는다. 1790년에 만들어진 건물 뒤로 안뜰과 테라스, 2층 정원과 오렌지 온실이 차례로 자리한다. 계절마다 꽃이 가득 피고 여름에는 작은 분수 안에서 아이들이 물놀이한다. 도시락을 준비해 대학교에서 쿤스트하우스 사이를 오갈 때 쉬어 가기 좋다. 떠나기 전, 독일 세미나(Deutsches Seminar UZH) 건물을 자세히 살펴보자. 뱅크시처럼 그래피티 아티스트로 유명한 하랄드 나겔리(Harald Nägeli)의 작품 〈물의 요정(Undine)〉를 볼 수 있다.

교통 취리히 연방 공과대학(ETH)에서 도보 7분 **주소** Hochschulen, 8001 **시간** 4~10월 06:00~21:00, 11~3월 08:00~18:00 **요금** 무료

아인슈타인의 산책길
니더도르프 Niederdorf

리마트강을 사이에 두고 린덴호프 맞은편 언덕 기슭에 있어 '아랫마을'이라 부른다. 약 700m의 보행자 전용 도로로 취리히 연방 공과대학까지 이어진다. 학생들의 진취적인 열기와 푸릇한 기운이 골목을 더 활기차게 한다. 취리히 대학교 졸업생이자 강단에 서기도 했던 물리학자 아인슈타인도 자주 걷던 길이다. 낮에는 개성 있는 상점과 카페가, 밤에는 바와 레스토랑이 사람들로 북적인다. 다정한 풍경 때문인지 현지인은 '작은 마을'이란 뜻의 되르플리(Dörfli)라고 부른다. 8월 마지막 주말에는 되르플리패쉬트(Dörflifäscht)가 열리는데 낮에는 공연과 페이스페인팅 이벤트가 진행되고 밤에는 길거리 디제잉 파티가 열린다.

교통 그로스뮌스터에서 도보 3분 **주소** Niederdorfstrasse, 8001 Zürich **홈페이지** dolerflifaescht.ch(축제)

리마트강과 취리히 호수가 만나는 곳
뷔르클리 광장 Bürkliplatz

리마트강 하류, 취리히 호수를 순회하는 유람선 선착장 옆에 있다. 호수와 면한 뷔르클리 테라스는 알프스 풍경을 즐기기에 가장 좋은 장소다. 거리 예술가들이 다양한 공연을 열기도 한다. 테라스 중앙에는 1952년 헤르만 후바허(Hermann Hubacher)가 만든 〈올림포스로의 납치(Entführung in den Olymp)〉가 있다. 남성인 가니메데에게 반한 제우스가 독수리로 변신해 올림포스로 데려가려고 하는 장면이다. 1942년 1월 미술사학자 하인리히 뵐플린(Heinrich Wölfflin)이 제작을 의뢰했고, 그해는 스위스가 동성애에 대한 처벌을 금지한 해다.

화요일과 금요일 오전 6시부터 11시까지 유럽의 다른 전통 시장들처럼 싱싱한 꽃과 채소, 과일, 치즈, 유기농 제품, 지역 특산물을 파는 시장이 열린다. 또한 5월에서 11월 초까지는 토요일 오전 6시부터 오후 4시까지 옷, 가방, 액세서리, 빈티지 제품을 파는 벼룩시장이 열린다. 오래된 물품은 부품을 잘 확인해야 하고 대량 생산된 공산품인지도 꼼꼼히 확인하는 게 좋다. 현금은 필수이며, 수량이 한정된 물품이 많으니 오픈 시간에 맞춰 가는 것을 권한다.

교통 반호프 거리 끝이자 취리히 호수 앞 **주소** Bürkliplatz, 8001 Zürich **전화** +41 79 436 29 74 **시간** ❶ 시장-화·금 06:00~11:00 ❷ 벼룩시장-5~10월 토요일 07:00~17:00(한여름에 비정기적으로 휴장) **홈페이지** www.buerkli-flohmarkt.ch

취리히의 휴식처
취리히 호수 Zurichsee

알프스 빙하가 녹아 만들어진 호수는 40km의 긴 초승달 모양으로 취리히주, 장크트 갈렌주, 슈비츠주와 접하고 있다. 중세 시대부터 국제 무역 통로로 사용된 호수는 취리히를 부유한 도시로 만들었다. 국경을 넘나들던 무역선은 이제 유람선으로 바뀌고 연안 공원은 주말을 즐기려는 사람들로 들썩인다. 일 년 내내 산책하기 좋고 여름이면 호숫가에 수영을 즐기는 사람도 많다.

취리히 호수에서 즐기는 액티비티

· 유람선

취리히 호수 연안을 따라 이동하는 유람선은 여행에 여백을 줄 수 있어 좋다. 날씨가 좋을 때는 배 위에서 망중한을 즐겨 보자. 브런치 또는 퐁뒤 디너 등 다양한 이벤트 크루즈를 운영한다. 유람선은 뷔르클리 광장(Burkliplatz)에 있는 선착장에서 출발하며 자세한 시간표는 홈페이지(www.zsg.ch)에서 확인할 수 있다.

코스		소요시간	요금
미니 코스(여름만)	뷔르클리 선착장↔졸리콘(Zollikon)	2시간	2등석-어른 CHF7, 어린이 CHF3.5
짧은 코스	뷔르클리 선착장↔에를렌바흐(Erlenbach)	2시간	2등석-어른 CHF9.2, 어린이 CHF4.6
긴 코스	뷔르클리 선착장↔라퍼스빌(Rapperswil)	2시간	2등석-어른 CHF27, 어린이 CHF13.5 1등석-어른 CHF44.6, 어린이 CHF22.3

• 보트

취리히 호수를 좀 더 가까이, 한적하고 여유롭게 즐기고 싶다면 보트나 스탠드업 패들을 빌려 보자. 스탠드업 패들은 3~4m 길이 보드에 서서 노를 젓는 해양 스포츠로, 배우기 어렵지 않아 쉽게 도전해 볼 수 있다. 모터보트는 비싸지만, 선장의 가이드를 받으며 호수를 관람할 수 있다. 여름에는 보트를 타다가 마음에 드는 호숫가에 정박해 수영을 즐기는 것도 가능하다. 겨울에는 사우나 시설이 있는 보트로 특별한 경험을 해 보자. 보트 한가운데 최대 90℃인 사우나 시설이 있다. 4시간 동안 2~6명이 이용할 수 있으며 음료를 준비하거나 예약할 수도 있다. 대여 시 여권이 필요할 수 있으니 챙겨 가자.

소형 보트 대여 - 라고(Lago)
교통 뷔르클리 광장에서 취리히 동물원 방향으로 도보 15분 **주소** Utoquai 6, 8008 Zürich **전화** +41 44 262 22 20 **시간** 10:00~20:00 **요금** 30분 CHF25~ **홈페이지** www.lago-zuerich.ch

소형 보트 대여 - 엥에(Enge)
교통 뷔르클리 광장에서 오페라하우스 방향으로 도보 10분 **주소** Mythenquai 25, 8002 Zürich **전화** +41 44 211 22 62 **시간** 11:00~19:00 **요금** 페달보트 1시간(3인용) CHF22(보증금 CHF50) / 사우나 보트 4시간 1~6명(18세 이상) CHF450 **홈페이지** bootsvermietungenge.ch

스탠드업 패들 대여- 서프스위스(Supswiss)
교통 뷔르클리 광장에서 취리히 동물원 방향으로 도보 20분 **주소** Bachstrasse 7, 8038 Zürich **전화** +41 44 451 90 90 **시간** 금~토 12:00~20:00, 일 12:00~18:00(날씨에 영향) **요금** 1시간 CHF35~, 패들 수업 CHF99~(2시간 소요) **홈페이지** www.supswiss.ch

• 수영장

날씨가 더워지면 취리히는 들뜨기 시작한다. 우거진 신록을 뒤로 하고 호수를 찾을 때다. 취리히의 강과 호수에는 야외 수영장이 10여 곳이 있다. 로마 시대부터 시작된 목욕 문화가 이어져 왔고 19세기에는 대중 목욕탕 건설 붐이 일었다. 각 가정에 수도가 공급되면서 대중 목욕탕은 수영장으로 바뀌었고, 호수에서 수영하거나 호숫가 수영장에서 물놀이하는 것을 쉽게 볼 수 있다. 수영장은 탈의실과 화장실 등 편의 시설을 갖추고 있으며 저녁에는 바를 열고 디제잉 콘서트가 열릴 때도 있다. 입장료는 성인 CHF8 정도이며 무료인 곳도 있다. 주말에는 붐비니 참고하자.

❶ 미텐키 리도 Strandbad Mythenquai

1922년부터 취리히 사람들의 휴양을 책임져 온 호숫가 모래사장이다. 길이 250m로 아담하지만, 수심이 낮고 워터슬라이드도 있어 가족 단위 방문객이 많다. 잔디 공원이 잘 조성되어 있어 피크닉을 즐기기 좋으며 샤워실과 화장실, 테이블과 의자 등이 설치되어 있다. 스탠드업 패들 보드 대여도 가능하다.

교통 ❶ 트램 7번 타고 브루나우슈트라세(Brunaustrasse) 하차 ❷ 버스 161·165번 타고 슈쿨렌텐삼룽(Sukkulentensammlung) 하차 **주소** Mythenquai 95, 8002 **시간** 5월 중~6월 초, 8월 중~9월 중 07:00~20:00 / 6월 초~8월 중 07:00~21:00 / 9월 중~말 07:00~19:00 / 동절기 06:00~20:00 **요금** 어른(20세 이상) CHF8, 청소년(16세 이상) CHF6, 어린이(6세 이상) CHF4, 사물함 보증금 CHF2

❷ 취리히호른 Zürichhorn

리마트강 하류부터 호수 연안을 따라 곳곳에 공원이 조성되어 있다. 취리히호른은 그중 하나다. 아담한 모래사장이나 작은 자갈 해변으로 되어 있어 접근하기 쉽다. 잘 관리된 잔디밭은 일광욕하기 좋으며 호수와도 가까워 수영을 즐기기 좋다.

주소 Bellerivestrasse 138, 8008 Zürich **요금** 무료

❸ 슈타트하우스케 Stadthausquai

1837년 문을 연 최초의 여성 목욕탕이었고, 지금은 여름 낮에만 한시적으로 열리는 여성 전용 야외 수영장이다. 아르누보 양식으로 지어진 나무 벽이 수영장을 둘러싸고 있다. 입구에서 맨발로 들어가야 하며 내부에는 수영장 2개, 샌드위치나 음료 같은 가벼운 음식을 파는 매점과 마사지숍이 있다. 저녁 8시 이후에는 바르푸스(Barfuss) 바가 열리며 남성들도 입장할 수 있다. 월요일은 쉰다.

주소 Stadthausquai 12, 8001 Zürich 전화 +41 44 211 95 92 시간 5~9월 07:00~19:30 요금 어른 CHF8, 16~19세 CHF6, 6~15세 CHF4

❹ 리미니 Rimini

1864년 문을 연 남성 전용 야외 수영장이다. 샨첸그라벤(Schanzengraben) 성곽 안쪽의 실(Sihl)강 지류에 있어 아늑한 분위기다. 물길 일부를 막아 수영장을 만들고 성벽을 따라 목조 데크를 설치해 바로 만들었다. 오후 5시면 여성도 입장할 수 있으며 다양한 식음료를 판매한다.

주소 Badweg 10, 8044 Zürich 전화 +41 44 211 95 94 시간 5월 중순~9월 중순 11:00~18:30 요금 무료

❺ 제바트 엥에 Seebad Enge

1960년대에 만들어진 풀장으로 남녀 공용 풀과 여성 전용 풀이 있다. 낮에는 일광욕과 수영을 하는 사람들로 가득 찼다가 저녁이면 낭만적인 바로 변신한다. 마사지나 사우나, 요가, SUP 프로그램을 운영하며 밤 8시 이후에는 수영이 금지되어 있다. 겨울 시즌에는 사우나를 운영해 핀란드식 냉수 목욕을 즐길 수 있다.

주소 Mythenquai 9, 802 Zürich 전화 +41 44 201 38 89 시간 5월 09:00~19:00, 6~9월 08:00~20:00, 9월 09:00~19:00 요금 CHF8 홈페이지 www.seebadenge.ch

❻ 제바트 우토케 Seebad Utoquai

1890년 욕조만큼 작은 수영장 2개로 시작해 120년 역사를 가진 호수 수영장이다. 1942년 보수 공사를 하면서 호수 연안 수심 30m 위에 뗏목을 띄워 남녀 구분된 수영장 2개, 탈의실, 일광욕 테라스를 만들었다. 호수와 연결된 계단이 있고 다이빙대도 있다. 수심이 깊어 수영 초보자는 출입을 제한하기도 한다.

주소 Utoquai 50, 8008 Zürich 전화 +41 44 251 61 51 시간 5월 중순~9월 중순 09:00~20:00 요금 어른 CHF8, 16~19세 CHF6, 6~15세 CHF4

❼ 플루스바트 오버러 & 운터러 레텐 Flussbad Oberer & Unterer Letten

오버러 레텐

운터러 레텐

스위스 국립 박물관 플라츠스피츠 공원 앞에서 리마트 강을 보면 가운데 둑이 길게 이어진다. 1951년 레텐 발전소를 운영하기 위해 만든 수로다. 수로의 수위를 2m 이상 높이고 하류에 발전소를 지어 전기를 생산한다. 청소년 문화 센터(Jugendkulturhaus Dynamo) 제방부터 레텐 발전소 앞까지 약 800m 정도 길이의 수로는 여름이면 물놀이 장소로 변한다. 유수를 따라 물 위를 둥둥 떠다니거나 다이빙도 할 수 있다. 상류에 위치한 오버러 레텐은 유속이 빠르고 하류에 있는 운터러 레텐은 덜하다. 둑에는 일광욕 테라스와 다이빙대, 파나마(Panama) 레스토랑이 있고 맞은편 제방에는 비치발리볼 코트 2개가 있다. 강가 테라스에 매트를 깔고 즐겨도 좋지만, 유수를 따라 이동하고 싶다면 방수 가방을 준비하자. 귀중품이나 간식을 넣을 수 있고 튜브처럼 탈 수도 있다. 관광안내소 또는 상점에서 쉽게 파는 제품이니 기념품 삼아 구입해도 좋다.

주소 Lettensteg 10, 8037 시간 5월 중~6월 초, 8월 중~9월 중 09:00~20:00 / 6월 초~8월 중 09:00~21:00 요금 무료

▎20세기 거장이 보여 주는 근대 건축 5요소
▎르 코르뷔지에 파빌리온 Le Corbusier Pavillon

모더니즘 거장이자 '현대 건축의 아버지'로 불리는 르 코르뷔지에의 작품이다. 친구인 하이디 베버(Heidi Weber)는 르 코르뷔지에의 가구와 그림, 판화 등 몇몇 작품을 팔기 위한 장소로 파빌리온을 의뢰했다. 1964년 공사를 했으나 1년 뒤 르 코르뷔지에의 유작이 되었고, 1967년 완공 뒤에는 박물관으로 운영되고 있다. 내부에는 하이디 베버가 모아 놓은 르 코르뷔지에의 건축 설계, 드로잉, 구조물, 그림, 가구, 책 등을 전시한다.

르 코르뷔지에 작품은 그가 만든 도미노 시스템을 바탕으로 한 근대 건축 5요소를 알고 보면 더 재미있다. 첫 번째, 필로티(Pilotis)다. 아파트 1층을 기둥만 세우고 비워 둔 형태를 생각하면 된다. 무게 중심을 벽이 아닌 기둥에 두어 벽면 활용을 자유롭게 할 수 있다. 덕분에 두 번째, 자유로운 입면도 가능하다. 벽면을 삼원색의 에나멜 패널로 꾸며 몬드리안 작품을 3차원 입체화했다. 세 번째는 수평 창이다. 수평으로 길게 창을 내서 자연광을 건물 안으로 끌어들였다. 네 번째, 자유로운 평면이다. 경량 철골을 이용해 다양한 형태를 시도했는데 파빌리온에는 지붕이 공중에 떠 있다. 피카소 작품의 입체감을 닮은 지붕은 눈이나 비를 흐르게 해 누수 위험을 방지한다. 독특한 지붕 구조 때문에 다섯 번째 요소인 옥상 정원은 없다.

교통 취리히 중앙역에서 4번 트램 타고 회슈가세(Höschgass) 하차 후 호수 방향으로 도보 3분 **주소** Höschgass 8, 8008 Zürich **시간** 5월~11월 화~일 12:00~18:00(목요일은 ~20:00) / 월요일 휴관 **요금** 어른 CHF12, 학생 CHF8 **홈페이지** pavillon-le-corbusier.ch **비고** 매년 문을 여는 날짜가 변동되므로 홈페이지를 확인해야 한다.

▎축구 팬이라면 필수 방문지
▎FIFA 세계 축구 박물관 FIFA Museum

국제 축구 연맹(FIFA) 본부가 있는 취리히에 2016년 축구 박물관이 개관했다. 입장하자마자 세계적인 축구 선수 이름이 있는 로커에 짐을 보관하는 순간부터 전시가 시작된다. 0층은 FIFA 가입국 유니폼으로 무지개를 만들어 전시한다. 맞은편에선 100년이 넘는 축구 역사를 멀티미디어로 만날 수 있다. 1층엔 흥미로운 코너가 많다. 킥으로 과녁을 맞히거나 핀볼을 하는 게임도 있다. 순위가 표시되어 남녀노소 승부욕이 솟는다. 스피커형 의자에 앉아 축구와 관련된 음악을 듣거나 퀴즈를 풀 수도 있다. 2층에는 FIFA 월

드컵 관련 전시가 있다. 'The Cinema'는 월드컵 현장을 기록한 영상물이다. 영상관 앞 알록달록한 의자들은 FIFA 월드컵이 있었던 경기장에서 옮겨 왔다. 카페와 음식점, 기념품 상점 등 편의 시설도 있다.

교통 취리히 중앙역에서 트램 타고 엥에(Enge) 하차 **주소** Seestrasse 27, 8002 Zürich **전화** +41 43 388 25 00 **시간** 화~일 10:00~18:00 / 월요일 휴관 **요금** 어른 CHF24, 7~15세 CHF14 **홈페이지** fifamuseum.com

린트의 초콜릿 공장
린트 초콜릿 박물관 Lindt Chocolate Museum

1945년 취리히 작은 과자점에서 시작한 린트 초콜릿은 80년 전통의 스위스 대표 브랜드로 성장했다. 2020년 문을 연 박물관 입구엔 시선을 사로잡는 9m 높이 초콜릿 분수가 여행객을 맞이한다. 귀엽고 재미있는 전시 방법으로 재료부터 공정까지 전시하고 있다. 6개 언어로 된 오디오 투어를 무료로 즐길 수 있는데, 아쉽게도 한국어는 없다. 투어 마지막에는 기계에서 갓 나온 초콜릿을 종류별로 시식할 수도 있으며 세상에서 가장 큰 린트 초콜릿 숍에서 쇼핑도 할 수 있다.

교통 중앙역에서 S8·S24 타고 킬히베르그(Kilchberg)역 하차 후 도보 9분 **주소** Schokoladenplatz 1, 8802 Zürich **전화** +41 44 716 20 00 **시간** 4~10월 10:00~19:00, 11~3월 10:00~18:00 **요금** 어른 CHF15, 어린이 CHF10 **홈페이지** lindt-home-chocolate.com

취리히 동네 뒷산
위틀리베르크 Uetliberg

해발 871m로 꽤 높은 취리히 뒷산이다. 산꼭대기 우토쿨름(Utokulm)에 서면 취리히 시내와 호수, 그 너머 알프스 산악지대까지 한눈에 볼 수 있다. 용기가 있다면 30m 높이 전망탑까지 올라 보자. 1990년대 철골로 만들어진 탑은 360도 파노라마 전망을 자랑한다. 옆은 TV 타워다. 노천 테이블이 있는 레스토랑 무제 가르덴에서 식사를 즐겨도 좋다.
여름에는 우토쿨름에서 펠젠에그(Felsenegg)까지 이어진 하이킹 코스가 유명하다. '플래닛 트레일' 코스로 산마루를 따라 걷는 길이다. 펠젠에그에서 케이블카를 타고 아들리스빌(Adliswil)에 도착하면 S4 열차로 취리히에 도착할 수 있다. 겨울에 눈이 내리면 터보건 슬로프가 열린다. 위틀리베르크역에서 나무 썰매(CHF25)를 빌려 타고 숲에 난 슬로프를 내려가는 레포츠다. 트리엠리(Triemli)역까지 3.1km다. 이곳에서 다시 기차(20분 간격)를 타고 산에 올라갈 수 있다. 눈이 적정량 쌓여야 가능하므로 전화로 문의해 보자. 겨울 트레킹은 아이젠을 꼭 착용해야 한다.

교통 중앙역에서 S10 타고 위틀리베르크역 하차(20분 소요) **주소** 8143 Uetliberg, Zürich **전화** +41 44 412 14 71

과거의 산업 지대가 현대적인 도시 문화 공간으로
취리히 웨스트 Zürich West

1890년 취리히 서부 지역에서는 라인강의 수력 발전을 이용한 산업화가 이루어졌다. 조선소와 직물 공장, 노동자를 위한 양조장까지 들어섰다. 1980년대 들어 인건비가 싼 주변국에 밀리고, 공장 자동화와 인터넷 기반으로 산업이 옮겨 가자 이 지역은 급격히 쇠퇴하고 방치되었다. 국민 수에 비해 디자이너와 건축가 비율이 높은 스위스에서 가만두고 볼 일은 아니었다. 공간 재생 프로젝트를 통해 새로 태어난 이곳에는 100여 개의 소규모 브랜드가 탄생했고 개성 넘치는 편집 숍이 즐비해, 현지인은 물론 여행객들로 북적인다.

교통 중앙역에서 S반(3,5,6,7,9,12,15,16) 타고 하드브뤼케(Hardbrucke)역 하차, 프라임타워 보이는 쪽으로 나오면 대표 공간이 모여 있다.

임 비아둑트 Im Viadukt

1894년 취리히 웨스트에 철도가 생기면서 산업 유통이 활발해졌다. 2차 산업이 사양길에 접어들자 SBB는 선로를 변경했고 2004년 철도 고가 아치 재개발로 임 비아둑트가 탄생했다. 고급 쇼핑몰이나 유흥 시설보다 지역과 호환되고, 지역에 뿌리를 둔 사람만 신청이 가능해 지역민이 환영했다. 아치를 활용한 52개 공간에는 마크트할레(Markthalle)와 레스토랑, 의류와 리빙, 아웃도어 상점이 모여 있다. 문화 공간과 체육관, 예술가의 작업실로도 사용된다. 특히 식료품을 판매하는 마켓인 마크트할레는 간단한 음식 판매도 하고 있어 쉬어 가기 좋다. 슬로 푸드와 자연 친화 상품 등을 파는 미래 지향적인 모토도 이곳 특징이다. 잔디 마당은 놀이터와 피크닉을 즐기기 좋으니 포장해서 즐겨 보자.

주소 Viadukt strasse, 8005 Zürich **시간** 월~목 10:00~20:00, 금~토 08:00~20:00 / 일요일 휴무 **홈페이지** www.im-viadukt.ch

프라이탁 Freitag

프라이탁 브랜드의 플래그십 스토어로, 17개의 컨테이너를 쌓아 올려 만든 취리히 웨스트의 랜드마크다. '금요일'이라는 뜻의 이름처럼 설레고 활기찬 외관이 눈에 띈다. 브랜드를 만든 프라이탁 형제는 디자인과 학생 시절에 메신저백을 고안했다. 비 오는 날 디자인 시안이 젖지 않도록 하기 위해서였다. 버려진 화물용 트럭 방수포를 재활용해 만든 가방은 더없이 튼튼했다. 이후 자동차 안전벨트나 폐타이어를 이용해 다양한 상품을 만들었다. 1993년 시작한 프라이탁은 20년 후 100% 생분해 섬유를 개발해 의류 산업에도 업사이클(upcycle)을 시도했다. 직원 작업복을 만들 생각이던 프라이탁 형제는 대모인 마가렛(Margreth)의 도움으로 퇴비화 기술을 알게 되었고 흙에 넣으면 3개월 안에 완전 분해되는 'F-ABRIC'을 만들었다. 이곳 매장에서는 의류와 가방, 지갑 및 스마트폰 케이스까지 다양한 상품을 만날 수 있는데, 국내에서 볼 수 없는 제품도 있고 디자인 한정판도 있다. 26m 높이 건물 꼭대기에 있는 아슬아슬한 전망대에 올라가 취리히 웨스트도 조망해 보자.

주소 Geroldstrasse 17, 8005 Zürich **전화** +41 44 366 95 20 **시간** 월~금 11:00~19:00, 토 10:00~18:00 / 일요일 휴무 **요금** 메신저백 CHF 230~ **홈페이지** www.freitag.ch

프라우 게롤즈 가르텐 Frau Gerolds Garten

'게롤즈 부인의 정원'이라는 다정한 이름을 가진 이곳은 다이닝과 다양한 문화를 즐길 수 있는 아지트다. 여름에는 정원에서 맥주와 길거리 음식을 즐기고 겨울에는 실내 벽난로 옆에서 퐁뒤를 먹을 수 있다. 내부에는 개성 넘치는 디자인숍과 카페, 레스토랑이 있으며, 봄부터 가을까지 토요일마다 벼룩시장이 열린다. 감각적인 디자이너 제품도 나오니 득템 기회를 놓치지 말자. 프라이탁 바로 옆에 있어 함께 둘러보기 좋다.

주소 Geroldstrasse 23, 8005 Zürich **전화** +41 78 971 67 64 **시간** 월~수 11:00~23:00, 목~토 11:00~24:00, 일 12:00~22:00 **요금** 식사 CHF 24~ **홈페이지** www.fraugerold.ch

쉬프바우 Schiffbau

독일어로 '배를 만들다'라는 뜻의 쉬프바우는 19세기 초 1,900여 명의 직원들이 거대한 증기선을 만들던 조선소였다. 입구에 놓인 선박 프로펠러가 건물의 출신을 밝히고 있다. 지금은 공간 재활용을 통해 샤우슈필하우스(Schauspielhaus) 극장과 재즈 클럽 '무드(Moods)' 등 공연장으로 자리매김했다. 향수를 부르는 분위기인 레스토랑 '레 잘(La salle)'에서 스위스식 타파스나 홍합찜을 즐겨보는 건 어떨까? 와인 컬렉션도 괜찮은 편이다.

주소 Schiffbaustrasse 4, 8005 Zürich **전화** +41 44 258 70 70 **시간** 레 잘-월~화 11:00~24:00, 수~목 11:00~01:00, 금 11:00~02:00, 토 17:00~02:00, 일 17:00~24:00 **요금** 레 잘-메인 CHF 29~ **홈페이지** 샤우스필하우스 www.schauspielhaus.ch(공연 예매 가능), 레 잘 www.lasalle-restaurant.ch

펄스 5 Puls 5

펄스 5는 1898년 지어진 제철소였다. 산업 시대가 지나고 1975년 용광로가 식은 뒤 30년 동안 창고와 작업장으로 사용되었다. 취리히 웨스트의 변화에 맞춰 이곳도 새로운 공간으로 바뀌었다. 건물 중심에 있는 파운드리 홀은 원래 용광로에서 꺼낸 시뻘건 강철을 크레인이 옮기던 자리다. 천장에 질서 정연한 레일이 그 모습을 그대로 상기시킨다. 홀은 비어 있으며 사진 또는 영화 촬영 장소로 대여하고 있다. 건물에는 상점과 레스토랑, 주거와 상업 공간이 있다.

주소 Giessereistrasse 18, 8005 Zürich **시간** 월~금 10:00~20:00, 토 10:00~18:00 / 일요일 휴무 **요금** 메인 CHF39.5~ **홈페이지** gnusserei-gourmetladen-shop.business.site

토니 아레알 Toni Areal

토니 아레알은 한 때 유럽에서 가장 큰 우유 공장이었다. 문을 닫은 후 큰 건물은 예술대학이 되었다. 로비는 캠퍼스가 되고 디자인 박물관도 들어섰다. 층 구성과 실내 건축을 보는 재미도 있다. 매번 새롭게 시도한 작품들이 쏟아져 나오고 한정판 포스터와 출판물, 기념품을 상점에서 살 수도 있다. 이곳을 방문한 여행객은 영감을 받거나 휴식을 취할 수도 있다. 옥상 정원에서 쉬거나 워크 스페이스에서 일을 할 수도 있다. 1층 비스트로는 맛 대비 가성비 좋기로 유명하다.

주소 Pfingstweidstrasse 96, 8005 **홈페이지** zhdk.ch

줌 가울 Zum Gaul

프라우 게롤즈 가르텐 바로 옆에 있는 야외 바이자 캐주얼 레스토랑이다. 메뉴는 햄버거와 치킨, 바비큐를 판매하고 있다. 맥주에 곁들여 먹으면 금상첨화다. 스위스 외식 가격보다 저렴한 편이라 가볍게 즐기기 좋다. 분위기도 활기차고 유쾌하다. 야외에서 시식하는 구조로 겨울에는 문을 열지 않는다. 운영 날짜는 매년 달라지니 홈페이지에서 확인하자.

주소 Geroldstrasse 35 **전화** +41 78 704 12 71 **시간** 5~10월 월~금 09:30~24:00, 토 11:00~24:00 / 일요일 휴무 **홈페이지** zumgaul.ch

미그로스 현대 미술관
Migros Museum für Gegenwartskunst

스위스 최대 슈퍼마켓 체인인 미그로스에서 운영하는 현대 미술관이다. 미그로스 창업자인 고틀리에프 두트바일러(Gottlieb Duttweiler)는 실험적인 현대 작품에 관심이 많았는데, 수집품을 전시하기 위해 만들었다고 한다. 현대 미술관이 있는 건물은 뢰벤브로이 맥주 양조장을 개조해 사용하고 있다. 갤러리와 서점, 바가 함께 있어 여유롭게 즐기기 좋다.

주소 Limmatstrasse 270 **전화** +41 44 277 20 50 **시간** 금~수 11:00~18:00, 목 11:00~20:00 / 월요일 휴무 **요금** 전시에 따라 차이 **홈페이지** migrosmuseum.ch

추천 식당

초이크하우스켈러
Zeughauskeller

1487년 지어진 건물은 1926년까지 병장기를 수리하고 보관하는 무기고로 사용되었다. 1644년 재고 목록 고문서에 따르면 빌헬름 텔의 활이 보관되었다는 기록이 있다. 내부는 비어홀 겸 레스토랑이다. 한국어 메뉴가 있을 정도로 우리나라 여행객도 많이 찾는다. 1미터 소시지 카노넨퓌처(Kanonenputzer)와 엘드게노스(Eldgenoss)맥주가 유명하다. 일반 잔 10배 크기의 와인잔에 도수가 높은 맥주를 넣고 불을 붙이는 이벤트가 흥미롭다.

교통 프라우뮌스터에서 도보 2분 **주소** Bahnhofstrasse 28A, 8001 Zürich **전화** +41 44 220 15 15 **시간** 11:30~23:00 **요금** 카노넨퓌처 55cm CHF44, 1m CHF88 **홈페이지** www.zeughauskeller.ch

크로넨할레
Kronenhalle

취리히에서 산업 혁명이 일어난 1862년에 문을 연 크로넨할레는 레스토랑보다 갤러리에 가깝다. 주인 구스타브와 울다는 피카소와 샤갈, 미로 등 가난한 예술가에게 음식과 술을 마음껏 먹게 하고 값으로 그들의 작품을 받았다. 방마다 빛이 잘 들어 미술관 못지않다. 스위스 화가 바를랭(Varlin)의 울다 춤슈테크 초상화가 걸린 첫 번째 홀과 샤갈 작품이 주를 이루는 두 번째 홀, 스위스 화가 작품으로 구성된 세 번째 홀이 있다. 식사와 예술 감상을 함께 할 수 있어 가격대는 비싼 편이다.

주소 Rämistrasse 4, 8001 Zürich **전화** +41 44 262 99 11 **시간** 일~목 11:30~24:00, 금~토 11:30~00:30 **요금** 메인 CHF55~ **홈페이지** kronenhalle.com

하우스 힐틀
Haus Hiltl

1898년 문을 연 비건 식당이다. 세계 최초의 채식 식당으로 기네스북에 등재되었다. 100여 가지 음식을 뷔페로 즐길 수 있다. 무제한 식사 또는 접시에 음식을 담고 무게로 계산하는 방법이 있다. 채식이라고 샐러드만 있는 건 아니다. 콩고기처럼 채소로 변형을 주거나 카레나 볶음 요리처럼 뜨거운 음식도 있다. 육류가 저렴한 스위스에서는 채식을 먹을 기회가 적은데, 이곳은 영업 시간이 길고 취리히 내 여러 지점이 있어 이용하기 좋다.

주소 Sihlstrasse 28, 8001 Zürich **전화** +41 44 227 70 00 **시간** 월~목 07:00~22:00, 금 07:00~23:00, 토 08:00~23:00, 일요일 10:00~22:00

중세 길드 회관 '춘프트하우스'에서의 식사

중세 상공업자 단체, 길드에서 사용하던 건물을 '춘프트하우스'라고 한다. 1336년 취리히 시장이었던 루돌프 브룬이 길드법(Zunftordnung)을 제정해 상인 길드 13개와 귀족·기사가 모인 길드 1개로 총 14개를 만들었다. 그로 인해 귀족 가문이 집권하는 것을 금지하고 수도원의 권한을 약화했다. 각 길드의 전통은 지금까지도 내려오고 있으며 레스토랑이나 박물관으로 변신해 여행객을 맞이하고 있다.

• 춘프트하우스 추어 바그 Zunfthaus zur Waag

1315년에 지은 바그 회관은 양모 제작자 모임이 있었던 장소다. 길드 문장이 새겨진 스테인드글라스를 비롯해 레스토랑 곳곳에서 그 흔적을 발견할 수 있다. 푸른 입면이 아름다운 건물로 들어가면 고급스러운 천장 패널과 클래식하고 우아한 구성이 마음을 사로잡는다. 스위스 정찬을 즐길 수 있으며 취리히 게슈네첼테가 유명하다. 와인 구성이 좋으며 채식 메뉴도 있다.

위치 프라우뮌스터에서 도보 1분 **주소** Münsterhof 8, 8001 Zürich **전화** +41 44 216 99 66 **시간** 레스토랑 11:30~14:00, 18:00~24:00 / 일요일 휴무 **요금** 전채요리 CHF21~, 메인 CHF41~ **홈페이지** www.zunfthaus-zur-waag.ch

• 라 로티세리 La Rôtisserie

1401년 정육점 상인이 모여 만든 길드, 줌 비더(Zum Widder)와 관련이 있다. 길드 상인이 살고 있던 집 9채 중 하나로, 고급스럽고 현대적인 호텔 스토르첸(Storchen)과 미슐랭 1스타 레스토랑 라 로티세리가 들어서 있다. 그로스뮌스터가 보이는 리마트강 변에 있어 분위기도 좋다. 복장에 큰 규제는 없으나 슬리퍼는 입장이 어려울 수 있다. 예약은 필수다.

위치 장크트 페터 교회에서 도보 1분 **주소** Weinplatz 2, 8001 Zürich **전화** +41 44 227 21 13 **시간** 11:45~14:00(일요일은 ~15:00), 18:00~22:00 **요금** 2코스 CHF58 **홈페이지** storchen.ch/de/essen-trinken/la-rotisserie

• 하우스 줌 루덴 Haus zum Rüden

1348년 지어진 루덴 회관은 귀족과 기사, 부자들의 모임을 위해 지어졌다. 1401년 즈음에는 회원이 200여 명이나 늘어날 정도로 인기 있는 길드였다. 지금은 고딕 양식 홀이 레스토랑으로 사용되고 있다. 역사를 대변하는 듯 오래된 목재에 캘리그라피 장식이 인상적이다.

위치 그로스뮌스터에서 도보 3분 **주소** Limmatquai 42, 8001 Zürich **전화** +41 44 261 95 66 **시간** 화~금 11:30~15:00, 18:00~23:00 / 토 18:00~24:00 / 일~월 휴무 **요금** 메인 CHF32~ **홈페이지** haus-zum-rueden.ch

• 춘프트하우스 추어 사프란 Zunfthaus zur Saffran

1336년 시작된 길드로, 당시 향신료나 의약품, 면과 실크를 다루는 상인 조합이었다. 로코코 양식의 화려한 3층짜리 길드하우스는 현재 레스토랑으로 이용되고 있다. 내부는 짙은 색의 호두나무 옷장과 호화로운 옛 난로, 우아한 테이블 세팅 등으로 꾸며져 더욱 길드하우스의 매력을 즐길 수 있다.

교통 그로스뮌스터에서 도보 3분 주소 Limmatquai 54, 8001 Zürich 전화 +41 44 251 37 40 시간 07:00~24:00 요금 메인 CHF39~ 홈페이지 www.zunfthauszursaffran.ch

• 바이저 뷘드 Restaurant Weisser Wind

오랜 시간 레스토랑으로 자리 잡을 수 있었던 이유는 제빵사들의 길드에서 시작했기 때문인지도 모른다. 1336년부터 지금까지 밀가루를 만지며 맛있는 빵을 구워 내고 있다. 식사도 함께. 합리적인 가격에 제공하는 점심에 이용하길 권한다.

교통 그로스뮌스터에서 도보 2분 주소 Oberdorfstrasse 20, 8001 Zürich 전화 +41 44 251 18 45 시간 월~금 11:00~14:00, 17:00~23:00 / 토요일 12:00~23:00 / 일요일 휴무 요금 점심 CHF24.5~ 홈페이지 www.weggenzunft.ch

• 춘프트하우스 추어 마이젠 Zunfthaus zur Meisen

화가이자 말 안장을 만들던 장인들의 길드로, 문화의 선두 주자였던 만큼 취리히에서 가장 아름다운 길드하우스를 만들었다. 이후 여관을 할 때 스웨덴 구스타프 왕과 엘리자베스 2세, 지미 카터, 윈스턴 처칠과 같은 유명 인사가 머물기도 했다. 한때 도자기 박물관이었으나 지금은 결혼식이나 행사장으로만 이용되고 있다.

교통 프라우뮌스터에서 도보 1분 주소 Meisen Münsterhof 20 전화 +41 44 211 21 44 홈페이지 www.zunfthaus-zur-meisen.ch

르 디젤레
Le Dezaley

현지인이 더 많이 찾는 스위스 전통 레스토랑이다. 퐁뒤는 치즈에 빵을 찍어 먹는 간단한 음식이라서 질릴 수 있다. 먹고 싶다면 혹시 모르니 작은 크기로 먹어 보자. 르 디젤레의 퐁뒤는 숙성 치즈를 사용해 콤콤한 특유의 냄새가 난다. 퐁뒤에 찍어 먹는 빵은 무료로 추가할 수 있다. 제철 재료를 사용하기 위해 메뉴가 조금씩 바뀌며, 송아지고기 코르동블루가 유명하다. 여름엔 등나무가 덮인 정원 테이블을 예약해 식사하기를 추천한다. 주말에는 인기가 많아 금방 자리가 찬다.

주소 Römergasse 7+9, 8001 Zürich **전화** +41 44 251 61 29 **시간** 11:30~14:30, 18:00~24:00 / 일요일 휴무 **요금** 치즈 퐁뒤 CHF30 **홈페이지** www.le-dezaley.ch

바우쉔즐리
Bauschänzli

독일식 소시지인 브라트부어스트와 시원한 맥주를 함께 즐길 수 있는 비어 가든이다. 10월 중순부터 한 달 동안 취리히 옥토버페스트가 진행되기도 한다. 버거나 파스타, 그 밖의 식사 메뉴도 가능하며 커피나 차, 와인을 마실 수도 있다. 리마트강 바로 옆 요새에 있어 테라스에서 식사를 즐기며 전망하기 좋다. 유일한 단점은 맛 대비 비싼 가격이라고 할 수 있다.

주소 Stadthausquai 2, 8001 Zürich **전화** +41 44 212 49 19 **시간** 4월 중순~9월 중순 11:30~23:00(우천 시 휴무) **요금** 소시지 CHF8~ **홈페이지** bauschaenzli.com

카바레 볼테르
Cabaret Voltaire

1916년 독일 출신 후고 발(Hugo Ball)이 만든 카바레. 제1차 세계대전 때 중립국 스위스로 유입된 예술가와 정치인들이 한데 모여 시를 낭송하고 춤과 음악을 나누던 나이트클럽이었다. 전쟁의 참담하고 우울한 배경 속에 피어난 다다이즘 운동은 카바레 볼테르에서 새로운 형식의 실험적인 퍼포먼스를 선보이며 처음 피어났다. 지금은 카페와 함께 복합 문화 공간으로 운영되고 있다.

주소 Spiegelgasse 1 8001 Zürich **전화** +41 43 268 57 20 **시간** 월~목 17:30~24:00, 금~토 11:30~익일 02:00, 일 11:30~23:00 **홈페이지** cabaretvoltaire.ch

비호감 예술, 다다이즘

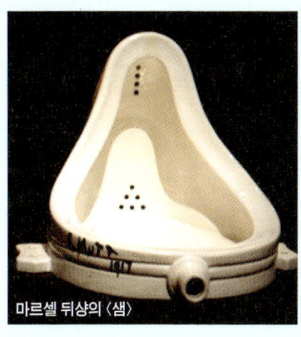

마르셀 뒤샹의 〈샘〉

스위스 취리히로 망명한 예술가들이 아지트에 모여 만든 예술 잡지 〈다다(Dada)〉에서 비롯된 말이다. 아기의 옹알이 소리와 발음이 같아 의미가 없다는 뜻으로도 해석하기도 한다. 다다이즘은 기존 예술에 반기를 들고, 알고 있는 예술 밖의 예술을 하는 데에 의의를 둔 운동이다. '아름다운 것만 예술이 아니다!'라는 다다이즘 예술은 우스꽝스럽기도 하고 암울하기도 하다. 때론 무의미하고 불규칙적이기도 하다. 프랑스 화가인 마르셀 뒤샹(Marcel Duchamp)은 남성용 소변기를 전시해 논란의 중심에 서기도 했다. 사물이 관람자에게 새로운 사고방식이나 의미를 부여할 수 있다면 작품이다. 다다이즘 대표 작가로는 미국의 초현실주의 사진작가 만 레이, 추상화가 칸딘스키, 파울 클레 등이 있다.

레스토랑 미그로스
Restaurant Migros

스위스 최대 슈퍼마켓 체인인 미그로스에서 만든 레스토랑이다. 유통 라인이 명확한 미그로스에서 신선한 재료로 만들어 저렴하게 판매한다. 주간 추천 메뉴가 있으며 매일 바뀌는 채식 뷔페도 있어 취향껏 맛볼 수 있다. 점심 메뉴는 특히 저렴하니 부담이 없다.

주소 Löwenstrasse 31-35, 8001 Zürich **전화** +41 44 227 10 50 **시간** 09:00~20:00 / 일요일 휴무 **요금** 점심 CHF 10.5 **홈페이지** gastro.migros.ch/de/genossenschaften/ostschweiz/migros-restaurant.html

슈프륑글리
Sprüngli

1836년부터 가문 대대로 이어져 오는 초콜릿 명가 슈프륑글리의 디저트 카페다. 지금은 스위스를 대표하는 린츠(Lindt) 초콜릿을 만드는 곳이기도 하다. 트러플이나 샴페인이 함유된 수제 초콜릿과 핫 초콜릿(Heisse Schokolade)을 추천한다. 시그니처 마카롱인 룩셈부르겔리(Luxemburgerli)와 건강한 아침 식사인 뮤즐리(Muesli)도 맛볼 수 있다. 점심시간에는 간단한 음식도 판매한다. 스위스 곳곳에서 만날 수 있으니 동선과 맞는 곳으로 방문하면 된다.

주소 Bahnhofstrasse 21, 8001 Zürich **전화** +41 44 224 47 11 **시간** ❶ 초콜릿 상점-월~금 07:30~18:30, 토 08:30~18:00 / 일요일 휴무 ❷ 카페-월~금 08:30~18:30, 토 09:00~18:30, 일 09:00~17:00 **요금** 초콜릿 CHF7~ **홈페이지** www.spruengli.ch

오데온 카페
Café Odeon

1911년 문을 연 오데온 카페는 아인슈타인이 1896~1900년 취리히 연방 공과대학 학생일 때, 그리고 1912년부터 2년 동안 교수로 재직할 때 단골 카페였다. 아인슈타인뿐 아니라 독재자 베니토 무솔리니와 《율리시스》의 저자 제임스 조이스, 러시아 혁명가 레닌이 이곳을 찾았다. 오전 7시에 문을 열어 대학생, 교수, 예술가들의 아침을 책임졌다. 고객의 주머니 사정을 걱정하다 보니 샴페인을 글라스에 파는 잔술을 처음 판매한 카페다. 아르누보의 화려한 인테리어와 오래된 포스터, 은은한 목재향이 도는 카페에 앉아 있노라면 역사 속 단골들과 샴페인을 나누고 싶어진다.

주소 Limmatquai 2, 8001 Zürich 전화 +41 44 251 16 50 시간 월~목 07:00~24:00, 금 07:00~익일 02:00, 토 09:00~익일 02:00, 일 09:00~24:00 요금 메인 CHF23~ 홈페이지 www.odeon.ch

유미하나

취리히 시내에 위치한 한인 마트다. 라면이나 김치, 햇반, 찌개나 불고기 양념류도 있고 캔에 담긴 반찬도 있다. 만두와 같은 냉동식품과 아이스크림, 음료, 주류도 있다. 일본 식품도 함께 입점해 있으며 일본식 단팥빵이 인기다. 취리히에 2호점이 있으며 바젤에 한 곳 더 있다.

주소 Bahnhofquai 9-11, 8001 Zürich 전화 +41 44 211 57 57 시간 월~토 09:00~19:00 홈페이지 yumihana.ch

 추천 **숙소**

25아워즈 호텔 취리히 랑슈트라세
25hours Hotel Zürich Langstrasse

취리히 웨스트의 발랄하고 유니크한 4성급 디자인 호텔이다. 호텔에 머무는 동안 취리히 현지인 체험을 할 수 있도록 자전거 대여를 해 주며, 프라이탁 가방도 마음껏 이용할 수 있다. 1년 중 1층 스튜디오를 스위스와 세계 각지 아티스트에게 무료로 작품 활동을 할 수 있도록 내주기도 하는데 이들이 남기고 간 작품은 호텔 일부가 되고 있다.

주소 Pfingstweidstrasse 102, 8005 Zürich **전화** +41 44 577 25 25 **요금** CHF189~ **홈페이지** www.25hours-hotels.com

비더 호텔
Widder Hotel

중세 길드, 줌 비더(Zum Widder) 건물에 유명 예술가들이 직접 참여해 디자인한 호텔이다. 모든 객실 분위기가 다른데 앤디 워홀, 로버트 라우센버그 같은 유명 작가의 그림이나 조각으로 꾸며져 있어서다. 르 코르뷔지에가 만든 가구를 직접 이용할 수도 있다. 역사와 문화적 갈증을 채울 수 있는 4성급 호텔이다.

주소 Rennweg 7, City Centre, 8001 **전화** +41 44 224 25 26 **요금** CHF580~ **홈페이지** www.widderhotel.com

비투 부티크 호텔 앤 스파
B2 Boutique Hotel & Spa

130여 년 전 훌리미 양조장 건물을 상생 디자인으로 개조한 4성급 호텔이다. 객실만 보면 깔끔하고 일반적이라 생각할 수 있으나 이 호텔의 매력은 취리히 시내가 한눈에 보이는 루프톱 스파다. 인피니티 풀이며 실내 스파 시설을 갖추고 있다. 라운지는 보헤 샹들리에와 고서 수집가에게 구입한 3만 3천여 권의 장서로 채워져 있다.

주소 Brandschenkestrasse 152, 8002 Zürich **전화** +41 44 567 67 67 **요금** CHF340~ **홈페이지** www.b2boutiquehotels.com

센트랄 플라자 호텔
Central Plaza Hotel

취리히 중앙역 주변이자 리마트강 변에 있어 위치와 전망까지 모두 갖춘 호텔이다. 디자인 호텔 못지 않은 깔끔한 내부 인테리어로 호불호 없이 여행객의 사랑을 받고 있다. 호텔 내에 중세 왕실에 초대받은 듯한 독특한 인테리어인 레스토랑 '킹스 케이브(King's Cave)'가 있다.

주소 Central 1, 8001 Zürich **전화** +41 44 256 56 56 **요금** CHF187~ **홈페이지** www.centralplazahotel Zürich.com

비더 호텔

호텔 뢰슬리
Hotel Rössli

14~15세기 지어진 역사적 건물인 호텔 뢰슬리는 구시가지의 그로스뮌스터 근처라 위치가 좋다. 호텔이 자랑하는 옥상 테라스에 올라가면 취리히 시내와 호수까지 모두 조망할 수 있다. 부티크 호텔답게 디자인이 세련되고 방이 깨끗하다. 조식이 종류가 많지 않으나 깔끔한 편이다.

주소 Rössligasse 7, 8001 Zürich 전화 +41 44 256 70 50 요금 CHF165~ 홈페이지 www.hotelroessli.ch

호텔 마르타
Hotel Marta

중앙역에서 가까워 위치가 좋다. 주변 건물이 많아 찾기 힘든데 푸른 외관이 눈에 쉽게 띈다. 새롭게 재단장해서 깔끔하고 모던한 호텔이다. 내부가 넓진 않지만 깔끔하고 청결한 객실과 욕실을 갖추고 있다. 창도 큰 편이어서 채광이 좋다. 위치나 방 상태, 서비스 모든 면에서 가성비 좋다.

주소 Zähringerstrasse 36, 8001 Zürich 전화 +41 44 269 95 95 요금 CHF112~ 홈페이지 www.hotelmarta.ch

앙바사도르 아 로페라
Ambassador à l'Opéra

럭셔리한 호텔이 즐비한 취리히 호수 주변에서 구할 수 없는 합리적인 가격을 제공하고 있다. 부티크 호텔답게 안락한 침구와 친절한 서비스에 구시가지와 호수 전망까지 갖추고 있다. 현지인들에게도 인기가 좋은 레스토랑 오페라도 함께 즐겨보자.

주소 Falkenstrasse 6, 8008 Zürich 전화 +41 (0)44 258 9898 요금 CHF 250~ 홈페이지 www.ambassadorhotel.ch

알파인 가든
Capsule Hotel-alpine garden Zürich airport

공항 내에 있는 캡슐 호텔이다. 늦은 밤이나 새벽에 도착하는 경우 편하게 이용할 수 있다. 도미토리 형식으로 침대마다 캡슐로 되어 있다고 보면 된다. 슬라이드로 된 문이 있어 열고 잠글 수 있다. 셀프체크인 가능하며 GOKI 어플을 받아 사용하면 편리하다. 공용 샤워실과 화장실도 청결한 편이며 공용 어메니티와 헤어드라이어가 있다.

주소 Zürich Airport, Prime Center A11, G01, 8060 Zürich 전화 +41 (0)41 539 1385 요금 CHF71~ 홈페이지 capsulehotel.ch

호텔 마르타

샤프하우젠
Schaffhausen

취리히 북쪽의 샤프하우젠은 라인강 변에 자리한 마을이다. 유럽 중앙을 횡단하는 라인강을 따라 무수한 도시들이 배를 타고 물자를 움직일 수 있어 번영을 누리며 살았다. 이처럼 중부 유럽의 무역에 중요한 물길이지만 단 한 곳, 라인 폭포로는 배가 지나지 못했다. 낙차가 크고 물살이 거세기 때문이다. 2,000여 년 전 마지막 빙하기에 거대한 빙하가 지나가 깊은 골짜기가 생겼는데 그 길을 따라 라인강이 흘렀다. 한 지점에서 단단한 규질 암석이 침식되지 않고 남아 높낮이가 생기니 라인 폭포가 되었다. 무역선은 인근에 있는 샤프하우젠에 배를 정박하고 물건을 하역해 육로로 옮겼다. 하루 만에 짐을 싣고 내릴 수 없으니 사람이 모였고 마을엔 시장이 열리며 샤프하우젠은 황금시대를 맞았다. 부유해진 상인들은 바로크 양식 건물을 짓고 화려한 퇴창으로 장식했다. 도시 요새를 짓고 지켜온 마을은 지금도 중세 풍경을 그대로 간직하고 있어 시간 여행을 하러 방문하는 사람들이 많다.

• 샤프하우젠으로 이동하기 •

기차

취리히에서 샤프하우젠으로
취리히 중앙역에서 IC와 RE, S반(S-Bahn) 기차를 이용해서 도착할 수 있다. 직통으로 운행되며 IC와 RE는 36~38분, S반은 57분 이상 소요된다.

바젤에서 샤프하우젠으로
장거리 기차인 IR과 ICE, EC는 물론이고 S반 기차로도 도착할 수 있다. 1회 이상 갈아타야 하고 1시간 40분 이상 소요된다.

• 샤프하우젠의 시내 교통 •

시내에서 머문다면 걸어서 여행하기에 무리가 없다. 기차역에서 가장 먼 무노트(Munot)까지 도보 10분 거리다. 그 사이에 있는 구시가지는 차 없는 거리여서 걷기 좋다.

■ 샤프하우젠에서 라인 폭포로 이동하기

기차
• 노이하우젠 라인팔역 Neuhausen Rheinfall
샤프하우젠에서 강변을 따라 도착하는 노이하우젠 마을의 기차역이다. 역에서 엘리베이터를 타고 강변으로 내려오면 라인 폭포 관광안내소와 유람선 선착장에 도착할 수 있다. 역에서 도보 8분이면 강 건너 라우펜성까지 갈 수 있다. 샤프하우젠 기차역에서 S반을 타고 도착할 수 있다. 직통만 있으며 4분 소요된다.

• 슐로스 라우펜 암 라인팔역
Schloss Laufen am Rheinfall
노이하우젠 마을 강 건너에 있는 라우펜성 앞 기차역이다. 샤프하우젠 기차역에서 S반을 타고 도착할 수 있다. 직통은 5분, 1회 환승 열차는 28분 걸리니 출발 시간과 노선을 잘 확인하자.

버스
샤프하우젠역 앞 정류장에서 6번 버스 승차 후 슐로스 라우펜, 라인팔(Schloss Laufen, Rheinfall) 정류장 하차하면 인근에 라우펜성이 있다(32분 소요).
1번 버스 승차 후 노이하우젠, 첸트룸(Neuhausen, Zentrum) 정류장에서 하차하면 라우펜성 맞은편 마을에 있는 노이하우젠 라인팔역 근처다(12분 소요).

■ 취리히에서 라인 폭포로 이동하기
취리히에서 출발한 S반(S-Bahn) 12번은 노이하우젠 라인팔(Neuhausen Rheinfall)역에 직통으로 연결되며 약 45분 소요된다. IC 또는 RE는 1회 갈아타야 하고 약 50분 정도 소요된다.

같은 S반 12번이 슐로스 라우펜 암 라인팔(Schloss Laufen am Rheinfall)역에 직통으로 연결되지만, 노선이 달라 승차 시간을 잘 확인해야 한다. 즉, 두 역은 연결되지 않으므로 도착역을 정확히 정해야 한다. 직통으로 연결되는 S반은 50분, 1회 갈아타야 하는 IC 또는 RE는 약 45분 소요된다.

샤프하우젠 관광안내소
샤프하우젠 가장 유명한 거리인 보르더 거리에 있다. 시내 지도와 명소 안내도 받을 수 있으며 관광청에서 운영하는 올드타운이나 미식, 샤프하우젠에서 가장 유명한 라인강 가이드 투어를 신청할 수 있다.

주소 Vordergasse 73, 8200 Schaffhausen **전화** +41 52 632 40 20 **시간** 월~금 10:00~17:00, 토 3~10월 10:00~14:00(11~2월 휴무) / 일요일 휴무 **홈페이지** schaffhauserland.ch

샤프하우젠
추천 코스

샤프하우젠은 취리히 근교에 있어 당일치기 나들이로 즐겨 찾는 곳이다. 대표 명소인 라인 폭포는 인기가 많아 배를 타거나 전망대를 둘러보려면 아침 일찍부터 일정을 시작하는 것이 좋다. 이후 샤프하우젠으로 이동해 점심을 먹자. 무노트 요새 언덕이나 샤프하우젠 주변 구릉에서 자란 포도주를 곁들여도 좋다. 고대 로마부터 내려온 포도주 역사를 이어 오고 있어 믿음이 간다. 마을 언덕인 무노트 요새 인근에도 시음할 수 있는 가게가 있다. 구시가지는 차량 통행이 금지되어 있어 걸어서 이동해야 한다.

- 라인 폭포 관람
- 기차 5분
- ② 샤프하우젠 기차역
- 도보 1분
- ③ 황금 황소의 집
- 도보 1분
- ④ 무어인 분수
- 도보 1분
- ⑤ 프론바그 광장
- 도보 5분
- ⑥ 알러하일리겐 대성당
- 도보 1분
- ⑦ IWC 샤프하우젠 박물관
- 도보 7분
- ⑨ 무노트 요새

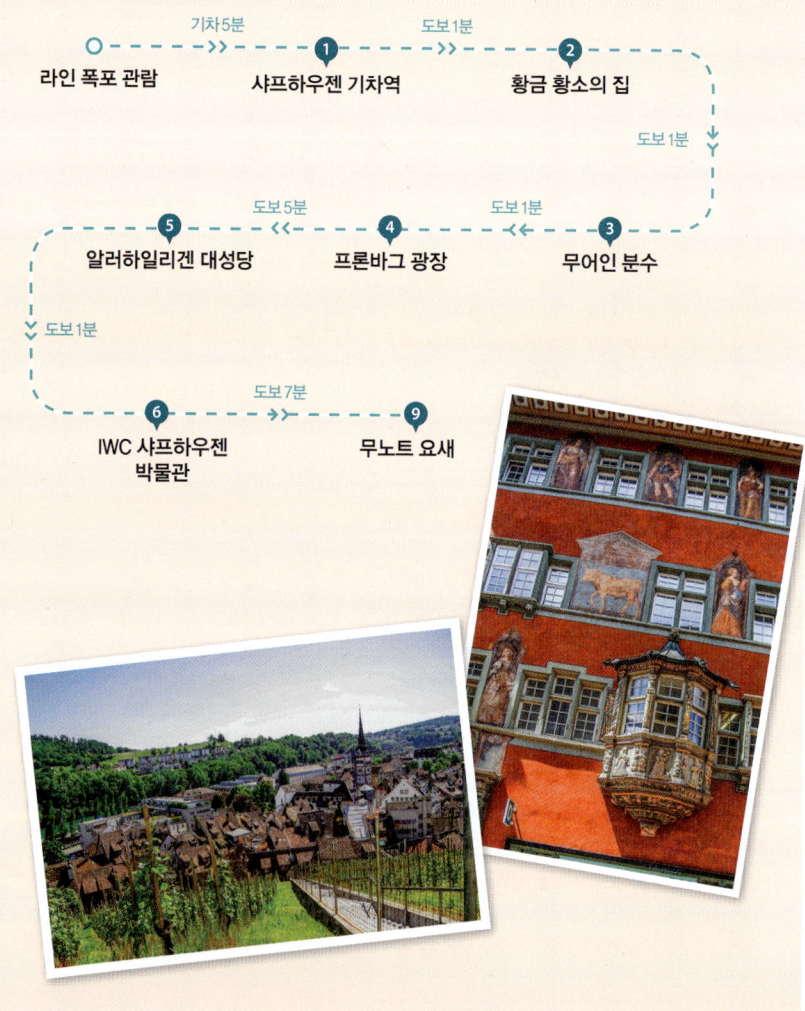

중세 시장이 열리던 암 마르크트
프론바그 광장 Fronwagplatz

구시가지 대표 광장이다. 바로크풍 건물로 둘러싸인 광장은 프론바그 탑(Fronwagturm)이 중심을 잡고 있다. 1564년 요아힘 하브레히트(Joachim Habrecht)가 만든 천문 시계탑이다. 시간과 요일, 계절은 물론 태양과 달의 위치나 변화, 춘분, 일식 등 10가지를 알려 준다. 탑 하단에는 저울이 매달려 있었는데 라인강을 통해 교역하던 상품 무게를 측정할 때 사용했다. 물자와 사람이 모이니 시장이 열렸고 암 마르크트(am Markt)라고 불렀다. 지금은 화요일과 토요일 아침에 가판대가 서고 신선한 채소와 과일, 빵, 특산품 등을 살 수 있다.

교통 샤프하우젠역에서 도보 3분 **주소** Fronwagplatz, 8200 Schaffhausen

•TIP•
포르슈타트(Vorstadt) 거리의 분수 이야기

광장에서 북쪽으로 가면 아름다운 기둥이 있는 분수가 여럿이다. 광장 내에 있는 용병 분수(Metzgerbrunnen)는 마을에서 가장 크다. 분수 기둥 위에 중무장한 스위스인 동상이 있는데 요새 도시 샤프하우젠을 상징한다. 가장 유명한 무어인 분수(Mohrenbrunnen)는 1520년 만들어졌다. 분수 위 동상은 예수 탄생일에 찾아온 동방 박사 3명 중 무어인 가스파르(Gaspar)다. 중세에는 이슬람계 이베리아와 아프리카 사람들을 지칭하는 무어인이 피부가 검다는 인식으로 만들어진 동상이다. 허리에 칼을 차고 왼손엔 금잔, 오른손에 문장이 새겨진 방패를 들고 있어 부유한 마을 사람들을 상징한다. 퇴창이 아름다운 보르더 거리(Vordergasse)에서는 텔 분수(Tellbrunnen)에 닿는다. 활을 들고 있는 동상은 14세기 합스부르크 가문의 폭정에 맞서 저항한 빌헬름 텔이다. 자유를 사랑하는 스위스인을 상징한다.

용병 분수   무어인 분수   텔 분수

부유한 상인의 화려한 퇴창 건축물
황금 황소의 집 Zum Goldenen Ochsen

상인들은 자신의 부를 과시하기 위해 집을 장식했다. 프레스코화는 가장 효과적인 방법이었는데 이런 저택이 마을에 10채 정도 있었다고 한다. 대부분 없어지고 남은 3채 중 하나가 황금 황소의 집이다. 1492년 부유한 상인, 한스 후그 클뢰닝거(Hans Hug Klöninger)가 지었다. 1608년까지 여관으로 사용된 건물로 황금 황소와 바빌로니아 역사, 고대 그리스 사람, 트로이 전쟁 영웅을 그렸다. 건물 중 가장 눈에 띄는 특징은 오리엘 창문이다. 5면으로 된 창은 각각 오감을 의인화한 부조로 꾸며져 있으며 각 감각에 맞는 사물을 들고 있다. 거울은 시각, 장갑은 촉각, 꽃은 후각, 현악기는 청각, 케이크는 미각을 뜻한다.

교통 샤프하우젠역에서 도보 3분 **주소** Vorstadt 17, 8200 Schaffhausen

프레스코 벽화가 아름다운 곳
기사의 집 Haus zum Ritter

르네상스 시대 프레스코화 중 가장 아름답다는 평을 받고 있다. 1566년 기사 작위인 발트키르쉬(Waldkirch)가 건물 2층을 증축하고 두 해 지나 샤프하우젠의 화가 토비아스 스티머(Tobias Stimmer)가 프레스코화를 그렸다. 가운데에는 기사(knight)가 문패처럼 그려져 있다. 하단에 초록색 치마를 두른 여인은 미덕을 의인화한 것이다. 왕은 국가를 뜻하고 왕비는 종교를 뜻한다. 그들의 시선을 따라 오른쪽으로 가면 영광(GLORIA)과 영생(IMORTALE)이 있다. 그 위로 가문 문장과 승리의 행렬이 이어진다. 한 층 위로 올라가면 고대 그리스 시인 호메로스의 《오디세이》장면을 묘사하고 있다. 독이 든 나무 열매를 먹는 동료들, 마녀 키르케가 오디세우스를 만나 음료를 권하는 모습, 미리 마신 동료는 동물이 된 모습이다. 지붕 박공 밑에는 (왼쪽) 개와 집주인 발트키르쉬, (오른쪽) 화가 자신을 그렸다.

교통 샤프하우젠역에서 도보 5분 **주소** Vordergasse 65, 8200 Schaffhausen

샤프하우젠에서 가장 오래된 대성당
알러하일리겐 대성당 Kloster Allerheiligen

1064년 지어진 베네딕트 수도원으로, 샤프하우젠에서 가장 오래된 건물이다. 알러하일리겐은 '모든 성인'이란 뜻이다. 1100년 로마네스크 양식 대성당이 지어졌으나 종교 개혁 이후 개신교회와 수도원 박물관으로 변경되었다. 박물관은 수도사 생활을 전시하고 있으며, 스위스에서 가장 큰 회랑을 만날 수 있다. 고풍스러운 나무 천장과 궁륭, 사암 기둥이 아름답다. 회랑은 허브 정원을 감싸고 있다. 베네딕트회 수도사가 약용 식물과 향신료, 채소를 길렀던 곳이다. 성경에 나오는 식물을 심기도 했다. 안뜰에는 1486년 만들어지 '실러의 종'이 있다. 대성당에서 가장 큰 종으로 1895년까지 사용되었다. 종소리를 들은 프리드리히 실러(Friedrich Schiller)가 '나는 산 자를 부르고 죽은 자를 위해 울며 번개를 깨뜨린다.'라는 문장을 남겼다. 그는 괴테와 함께 언급되는 독일 고전주의 문호로 《빌헬름 텔》을 쓴 독일 작가다.

교통 샤프하우젠역에서 보르더 거리 방향으로 도보 8분 **주소** Klosterstrasse 16, 8200 Schaffhausen **전화** +41 52 624 39 42 **시간** 화~금 09:00~17:00, 토~일 09:00~20:00 / 월요일 휴무 **요금** 교회 무료, 박물관 CHF5 **홈페이지** www.muenster-schaffhausen.ch

스위스 시계 장인이 한 땀 한 땀 만든 IWC의 박물관
IWC 샤프하우젠 박물관 IWC Schaffhausen

샤프하우젠은 1583년 시계 공방 길드가 존재했다는 기록이 전해질만큼 시계 제조에 유구한 역사를 가진다. 시계 제작자인 미국인 플로렌틴 아리오스토 존스(FlorentineAriosto Jones)는 1868년 국제 시계 공사(International Watch Company) 약자를 따서 IWC를 창립했다. 회중시계를 제조하기 위해 스위스로 답사를 왔다가 라인 폭포 수력으로 만든 생산 설비와 시계 장인의 기술력까지 갖춘 이 도시에 최초로 공장을 설립했다. 창립 125주년인 1993년 박물관을 만들어 지금까지 230개가 넘는 시계를 전시하고 있다. 최초의 디지털 방식 회중시계 폴베버, 최초의 손목시계 칼리버, IWC를 전성기로 올려놓은 파일럿(Pilot) 시계 등 역사를 톺아볼 수 있다. 부티크도 함께 운영하고 있어 실제 제품을 보고 구입도 가능하다.

교통 샤프하우젠역에서 도보 8분 **주소** Baumgartenstrasse 15, 8201 Schaffhausen **전화** +41 52 235 75 65 **시간** 화~금 09:00~17:30, 토 09:00~15:30 / 일~월 휴무 **요금** 어른 CHF6, 12세 이하 무료

반지를 닮은 요새
무노트 요새 Munot

무노트 요새는 시내 어디에서나 보이며, 반대로 요새에선 시내 곳곳이 보인다. 1564년 알브레흐트 뒤러(Albrecht Durer)가 설계한 요새는 방어를 목적으로 지어졌다. 1501년 샤프하우젠이 스위스 연방에 가입하고 종교 개혁을 거치면서 도시 요새를 더욱 강화하기 위해서였다. 강제 노동에 가까웠지만, 시민들이 힘을 모아 25년 만에 세운 요새는 딱 한 번 쓰였다. 1799년 나폴레옹 군대가 오스트리아에서 철수하다 여기에서 짧은 접전을 벌였고 라인강을 건너 도망쳤다. 요새는 원통형으로 지름 50m, 높이 25m, 벽 두께 4m다. 상부 구조물의 무게가 약 4만 톤이나 나가지만 아치형 천장으로 튼튼하게 지어졌다. 요새 안에 있으면 세상과 단절된 기분마저 든다. 요새 위 광장은 비어 가든 또는 와이너리로 이용하고 있다. 가장자리에 철 덮개를 씌운 우물은 비상 탈출구다. 문을 열고 협소한 나선형 계단을 내려가면 마을로 연결된다. 15m 감시탑에는 야경꾼이 살았다. 매일 저녁 9시에 5분간 종을 울리는데 옛날 성문과 여관을 닫아야 한다는 신호였다. 요새로 가는 길은 두 갈래다. 운터슈타트(Unterstadt) 거리에서 계단을 올라 포도밭을 통과해서 갈 수도 있고, 프라이어 광장(Freier Platz)을 지나 왼쪽 계단을 올라가서 도착할 수도 있다.

교통 샤프하우젠역에서 도보 12분 **주소** Munotstieg 17, 8200 Schaffhausen **전화** +41 52 625 42 25 **시간** 5~9월 08:00~20:00, 10~4월 09:00~17:00 **요금** 무료 **홈페이지** www.munot.ch

라인강에서 유일한 폭포
라인 폭포 Rheinfall

1만 5천여 년 전, 빙하 시대에 만들어진 라인강은 스위스 알프스를 시작으로 중부 유럽을 관통해 흑해로 흘러 들어간다. 단단한 석회암 위를 흐르던 강물이 자갈을 만나 급격히 요동치는 구간이 라인 폭포다. 강폭이 150m, 높이 23m로 세계적인 폭포 규모와 비교하면 장대하지 않지만, 라인강 상류에 위치해 포효하듯 기세가 대단하다. 봄과 여름에는 알프스 고산 지대의 눈이 녹아 수량이 풍부하고 유속도 세다.

웅장한 라인 폭포는 라우펜성과 뵈르트성에서 감상할 수 있다. 두 성은 강을 사이에 두고 마주하고 있어 동선을 잘 짜야 한다. 첫째, 슐뢰스 라우펜 암 라인팔(Schloss Laufen am Rheinfall)역에 도착해 라우펜성과 켄첼리(Känzeli) 전망대를 관람하자. 강 건너 뵈르트성에서 보는 풍경도 멋지다. 켄첼리 전망대 옆 선착장에서 2번 유람선을 타거나 벨베데레(Belvedere) 산책로를 따라 라인 다리(Rheinbrücke bei Laufen)를 건너 뵈르트성(도보 20분)에 가는 방법이 있다. 다리 가장자리에서 성까지 엘리베이터가 있어 편리하다. 둘째, 반대로 노이하우젠 라이팔역에서 뵈르트성을 보고 유람선 또는 도보로 라우펜성으로 이동 후 슐뢰스 라우펜 암 라인팔역에서 기차 또는 버스를 이용해 샤프하우젠에 돌아갈 수 있다.

라우펜성 Schloss Laufen

절벽 위 우뚝 솟은 라우펜성은 858년 라우펜 남작이 살던 성채다. 주인이 여러 차례 바뀌었지만, 중세 탑과 기사의 방, 댄스 홀까지 역사적인 공간을 잘 보존하고 있다. 내부 전시 공간인 히스토라마(Historama)에서 라인 폭포와 성의 역사를 알아볼 수 있다. 레스토랑이 있어 식사도 가능하다. 가장 인기 있는 장소는 켄첼리(Känzeli) 전망대다. 안뜰을 지나 계단을 통해 내려가면 라인강을 좀 더 가까이 만날 수 있다. 특히 저층 테라스(Rheinfall-Felsen)는 암벽에 구멍을 뚫어 라인강을 눈앞에서 만날 수 있다. 물길에 살짝 닿기만 해도 빨려 들어갈까 두려울 정도다. 저층 테라스와 성 상부는 엘리베이터로 연결되어 있다.

주소 Schloss Laufen, 8447, Laufen-Uhwiesen 전화 +41 52 659 67 67 시간 ❶ 성-1·12월 10:00~16:00, 2~4·11월 09:00~17:00, 5·9·10월 09:00~18:00, 6~8월 08:00~19:00 ❷ 레스토랑-11:30~23:30(7·8·11~3월은 월~화 휴무) 요금 어른 CHF5, 6~15세 CHF3 홈페이지 www.schlosslaufen.ch

뵈르트성 Schlössli Wörth

라인강 연안과 이어진 작은 바위섬에 있다. 1348년 지은 중세 건물은 세관으로 사용되었는데, 위층에는 관리인이 있어 숙박객도 받았다. 가장 유명한 사람은 1797년 방문한 독일 대문호 괴테다. 그는 와인 한 잔을 마시러 이곳을 찾았다고 썼다. 근대에 레스토랑으로 바뀌어 괴테가 와인을 마시며 바라봤을 라인 폭포를 여행객도 조망할 수 있다. 매년 12월 31일에는 폭포 위에서 새해 불꽃놀이가 열려 인기가 높다. 인근에 관광안내소와 유람선 선착장이 있어 관람 후 차를 한잔하며 쉬어 가기 좋은 장소다.

주소 Rheinfallquai 30, 8212 Neuhausen am Rheinfall 전화 +41 52 672 24 21 시간 수~금 11:30~14:30, 17:30~22:00 / 토 11:30~22:00 / 일 11:30~21:00 홈페이지 www.schloessliwoerth.ch

라인 폭포 유람선 Schifffahrt am Rheinfall

라인 폭포를 손에 잡힐 듯 가까이 체험하려면 유람선을 타면 된다. 라이팔 멘들리(Rhyfall-Mändli) 유람선은 다양한 경로로 폭포를 감상할 수 있게 도와준다. 가장 인기 있는 코스는 1번 옐로우 유람선, 펠젠파르트(Felsenfahrt)다. 폭포 중간에 있는 바위산 입구에서 하선해 정상에 오를 수 있다. 30분 코스로 바위산에는 20분 동안 머물 수 있다. 2번 레드 유람선은 뵈르트성과 라우펜성 기슭을 연결하며 5분 걸린다. 4번 블루 유람선은 바위산에 가지 않지만 라인 폭포로 최대한 다가가 엄청난 물살을 그대로 느낄 수 있다. 15분 소요된다.

주소 Rheinfallquai 30, 8212 Neuhausen am Rheinfall 전화 +41 52 672 48 11 시간 4·10월 11:00~17:00, 5·9월 10:00~18:00, 6~8월 09:30~18:30 요금 ❶ 1번 유람선-어른 CHF20, 6~16세 CHF15 ❷ 2번 유람선-어른 CHF2, 6~16세 CHF1 ❸ 4번 유람선-어른 CHF7, 6~16세 CHF4 홈페이지 www.rhyfall-maendli.ch

바젤
Basel

바젤에서 예술은 일상이다. 미술관을 찾아가지 않아도 걷다가 우연히, 때론 도로 귀퉁이를 돌다가 작품을 발견한다. 그렇다고 미술관이 홀대받는 건 아니다. 건축물 자체가 예술의 범주에 있으며 주위와 자연스레 어울린다. 하루 중 일부를 할애해 오도카니 머물기 좋은 장소다. 바젤은 '스위스 문화 도시'로서의 역할을 한 지 오래되었다. 라인강에 자리한 내륙 항구이자 프랑스·독일과 면한 국경 도시다. 로마 시대부터 번영을 누린 바젤은 종교 예술이 발달했고 종교 개혁 후에는 시에서 작품을 사서 세계 최초의 공공 미술관을 세웠다. 시대를 초월한 시민들의 문화 사랑이 예술 도시로 만든 셈이다. 바젤은 현재진행형이다. 세계적인 현대 건축가들이 도시 일부를 꾸미고 있어 건축학도들은 바젤로 건축 기행을 오기도 한다. 무엇보다 매년 '아트 바젤(Art Basel)'이 열린다. 세계에서 가장 영향력 있는 현대 미술 아트페어로 바젤을 글로벌 아트 시장으로 성장하게 만들었으며, 매년 화상과 컬렉터, 예술 애호가들로 북적인다. 기회가 된다면 이 일정을 놓치지 말자.

• 바젤로 이동하기 •

항공

스위스와 프랑스, 독일이 공동 운영해 유로 공항(Euro airport)이라 한다. 프랑스 영토에 있으나 바젤에서 3.5km로 가장 가깝다. 스위스는 바젤(Basel), 프랑스는 뮐후스(Mulhouse), 독일은 프라이부르크(Freiburg) 공항이라 부르며, 스위스와 프랑스가 공동 운영해 2개 건물이 있다. 통관 구역이 있으며 스위스 방향 출입구를 잘 확인해야 한다.

주요 노선	이동 시간
프랑크푸르트 – 바젤	약 45분
파리 – 바젤	약 1시간
바르셀로나 – 바젤	약 1시간 40분
런던 – 바젤	약 1시간 40분

■ 공항에서 시내로 이동하기

공항에서 스위스 방향 출구로 나오면 버스 정류장이 나온다. 규모가 크지 않아 쉽게 찾을 수 있다. 50번 버스를 이용하면 바젤 SBB 기차역까지 약 9km로 15분 정도 걸린다. 버스는 주중엔 10분, 주말에는 7분 간격으로 운행한다. 택시나 픽업 차량을 이용할 수 있으며 CHF50 정도 나온다.

기차

바젤 SBB 기차역은 공항처럼 스위스와 프랑스, 독일 국철이 함께 이용한다. 스위스 SBB 기차는 플랫폼 1~29번, 프랑스 SNCF 기차는 플랫폼 30~35번을 이용한다.
독일 DB 기차는 바젤 북부에 있는 바젤 바디세역(Basel Badischer Bahnhof)을 통한다. 만일 독일 DB 기차를 타고 바젤에 도착한 후 스위스 다른 도시로 이동하려면 SBB 기차역으로 이동해야 한다. 바젤 바디세역에서 트램 1, 2, 6번(15분 소요) 또는 버스 30번(20분 소요), ICE 기차(13분 소요)를 타면 된다.

주요 노선	이동 시간
취리히 – 바젤	약 35분
베른 – 바젤	약 1시간
인터라켄 – 바젤	약 2시간
제네바 – 바젤	약 2시간 45분
파리 – 바젤	약 3시간 7분 (TGV)
프랑크푸르트 – 바젤	약 3시간

역사 내에는 약 60개 상점과 편의 시설이 있다. SBB 티켓 판매소에서 티켓 구매는 물론, 환전도 가능하다. 공항으로 가는 50번 버스는 SBB 기차역 정문 왼쪽에 있는 A 정류장, 시내로 가는 버스와 트램은 정문 인근에 있는 4개 정류장에서 탈 수 있다.

자동차

국경을 면한 프랑스, 독일에서 쉽게 입국할 수 있다. 국경 검문소에서 검문을 위해 차를 세우는 경우는 드물지만, 고속도로 통행 스티커(Autobahn-vignette)가 없다면 정차해 구매해야 한다. 스티커가 있다면 'mit Vignette' 표지판을 따라, 없다면 'ohne Vignette' 표지판을 따라 이동한다. 검문소 외에 국경 인근 주유소에서도 구매할 수 있다. 스티커는 1년 통행권만 있으며 CHF 40이다. 바젤에서 렌트할 경우 대부분 스티커가 붙어 있는 경우가 많으며 홈페이지(via.admin.ch/shop/dashboard)에서 구매·등록 여부를 확인할 수 있다.

스위스 내에서 이동할 경우, 취리히에서 3번 도로(1시간 소요), 루체른에서 2번과 3번 도로(1시간 10분 소요)를 이용한다. 베른에서 1번과 2번 도로(1시간 10분 소요)를 이용하며, 인터라켄에서는 6번 도로를 타고 베른에 경유해 이동할 수 있다(2시간 30분 소요).

바젤 관광안내소
바젤 SBB 기차역과 바르퓌서 광장(Barfüsserplatz)에 있다. 시내 지도와 명소 안내를 받을 수 있고, 호텔 예약도 할 수 있다. 특히 바젤 유명인 이름을 딴 구시가지 워킹 투어 5곳 지도는 꼭 챙기자.

바젤 SBB 기차역
주소 Centralbahnstrasse 20, 4051 Basel 전화 +41 61 268 68 68 시간 월~금 08:00~18:00, 토 09:00~17:00, 일 09:00~15:00 홈페이지 basel.com

바르퓌서 광장
주소 Steinenberg 14, 4051 Basel 전화 +41 61 268 68 68 시간 월~금 08:00~18:30, 토 09:00~17:00, 일 10:00~15:00 홈페이지 basel.com

• 바젤의 시내 교통 •

서울의 강남과 강북처럼 바젤도 라인강을 두고 대바젤(Grossbasel)과 소바젤(Kelinbasel)로 나뉜다. 대바젤에는 바젤 SBB 기차역과 시청사, 대성당과 현대 미술관 등이 있고 소바젤에는 상점과 레스토랑이 모여 있다. 메세 바젤과 비트라 디자인 박물관처럼 현대 예술을 만나러 가는 길목이기도 하다. 여행지끼리 거리가 떨어져 있어 버스나 트램을 이용해야 한다.

라인강 나룻배

바젤을 가로지르는 라인강을 특별하게 즐기고 싶다면 나룻배를 추천한다. 무동력으로 양쪽 강변에 맨 줄을 따라 물살을 타고 가로지른다. 선착장 4곳 중 바젤 대성당 팔츠 전망대 앞 뮌스터 선착장(Münster Fähre) 레우(Leu)를 추천한다.

주소 Altstadt Grossbasel, 4051 Basel **전화** +41 61 225 95 95 **시간** 하절기 09:00~20:00, 동절기 11:00~17:00 **요금** 어른 CHF 2, 6~16세 CHF 1

교통 패스

승차권

여행지는 대부분 1·2존(zone)에 속한다. 3번 이상(단거리는 5번 이상) 타거나 가장 먼 팅겔리 박물관까지 가려면 1일권을 이용하는 편이 낫다. 스위스 트래블 패스나 바젤 카드가 있다면 무료다. 노선은 SBB 홈페이지 또는 앱에서 확인 가능하다.

(단위 : CHF)

1회권						1일권	
단거리 티켓		싱글 티켓				(1~2존, 24시간)	
(4개역, 30분)		(1~2존, 60분)		(1~2존, 90분)			
어른	6~16세	어른		6~16세		어른	6~16세
2.6	2.0	4.2	2.9	5.1	3.4	10.7	7.5

바젤 카드

바젤 정식 숙소를 예약한 경우, 머무는 동안 바젤 카드(옛 명칭은 모빌리티 티켓)를 제공한다. 카드는 체크인할 때 받게 되는데 숙소에 도착하기 전이라면 호텔 예약 확인서로 대신할 수 있다. 대중교통과 바젤시 와이파이가 무료이고, 일부 박물관을 50% 할인받을 수 있다.

바젤
추천 코스

마르크트 광장(Marktplatz)에서 시작하는 도보 코스 5개가 있다. 관광안내소에서 책자를 받거나 바젤 시티 가이드 앱에서 확인할 수 있다. 먼저 역사적인 장소를 찾아가는 에라스뮈스(Erasmus) 코스는 30분이 소요되며 가장 쉬운 편이다. 다음으로 부르크하르트(Burckhardt) 코스는 중세 건축물과 문화유산을 찾아가는 길로 45분 정도 걸린다. 플라터(Platter) 코스도 비슷한 시간이 소요되지만 옛 상업과 무역, 길드를 주제로 걷는다. 파라셀수스(Paracelsus) 코스는 레온하르트성(Leonhards kirche)처럼 중세 행정과 관련된 장소를 찾는다. 1시간 걸리지만, 계단을 오르내려 힘들다. 마지막으로 홀바인(Holbein) 코스는 대바젤과 소바젤을 아우르는 코스로 1시간 30분 정도 소요된다. 그 외 여행지는 대중교통을 이용하는 것이 좋다.

○ ···8번 또는 11번 트램 10분>>> ❶ ···도보 1분>>> ❷
기차역 　　　　　　　　마르크트 광장 　　　　　시청사
　　　　　　　　　　　　　　　　　　　　　　　　도보 5분
❺ <<<도보 5분··· ❹ <<<도보 5분··· ❸
팅겔리 카니발 분수　　바르퓌서 교회　　　　　대성당
　　　　　　　　　　· 역사 박물관
도보 10분
❻ ···31번 또는 38번 버스 15분>>> ❼ ···38번 버스 5분+도보 10분>>> ❽
바젤 미술관　　　　　팅겔리 미술관　　　　　메세 바젤

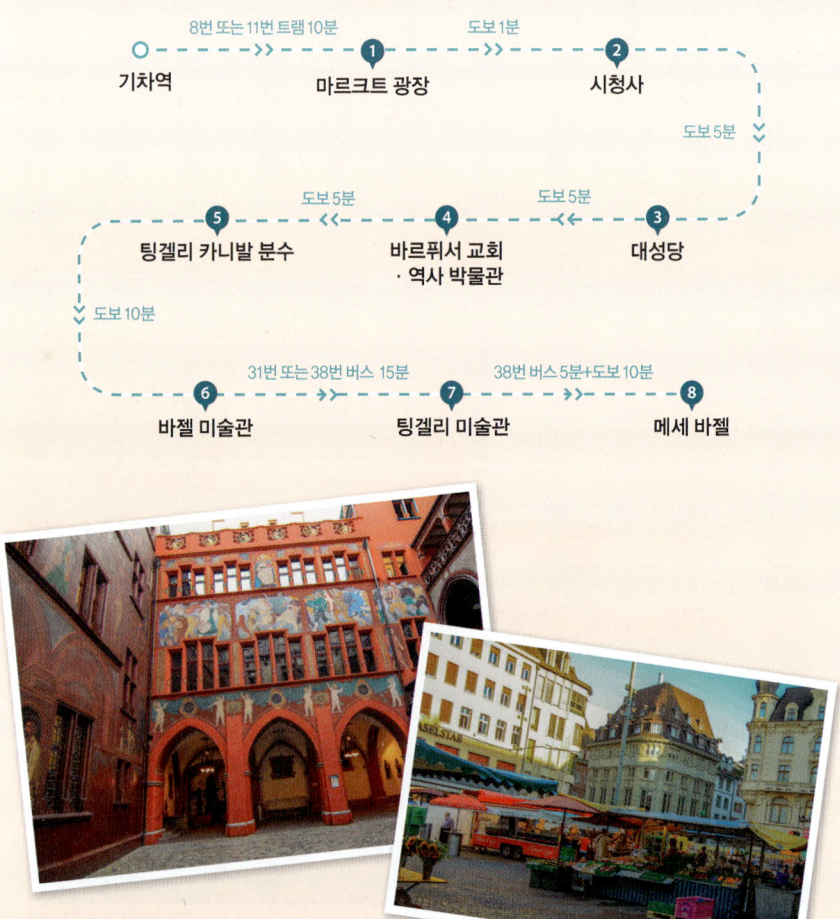

바젤 중심에 세워진 스위스 연방 가입 기념 건축물
시청사 Rathaus

기원전 44년 로마 집정관인 루키우스 무나티우스 플란쿠스(Lucius Munatius Plancus)가 현재 바젤 구도심에 정착하면서 도시가 만들어졌다. 1266년 당시 지도층이었던 종교계는 도시 상업을 육성하기 위해 모피상 길드를 허가했으며 13세기가 끝날 무렵에는 15개로 늘어났다. 세금과 관세로 부를 축적하던 바젤시는 1290년 시청사를 지었으나 66년 뒤 대지진으로 무너졌고, 1501년 스위스 연방에 가입을 결정한 뒤 신흥 도시로 인정받기 위해 지금의 화려한 시청사를 짓게 된다.

강렬한 붉은색 사암 건물에 금색 탑과 모자이크 지붕이 화려하다. 정면 파사드 위 시계에는 칼과 저울을 든 정의의 여신과 대성당을 든 황제 하인리히 2세, 십자가를 든 황후 동상이 있다. 안뜰까지는 예약 없이 입장할 수 있는데, 도시를 건설한 루키우스 무나티우스 플란쿠스의 동상도 안뜰에서 볼 수 있다. 벽면을 장식한 프레스코화는 1515년 프랑스와의 마리냐노 전투(Schlacht bei Marignano)를 묘사하고 있다. 홈페이지에서 예약하면 30분간 가이드 투어도 가능하다. 시청 앞을 마르크트 광장(Marktplatz)이다. 오전에는 신선한 채소와 과일 등 식료품을 파는 시장이 열린다. 일요일은 쉰다.

교통 바젤 SBB 기차역에서 8번 또는 11번 버스 이용 **주소** Marktplatz 9, 4001 Basel **전화** +41 61 267 81 81 **시간** 월~금 08:00~12:00, 13:30~17:00 / 토~일 휴무(가이드투어 토요일 16:30) **요금** 무료(가이드투어 CHF10) **홈페이지** www.staatskanzlei.bs.ch/rathaus.html

루키우스 무나티우스 플란쿠스 동상

붉은 사암으로 지어진 고딕 대성당
바젤 대성당 Basler Münster

1019년에 지어진 대성당은 증축과 개축을 거쳐 1500년에 완공되었다. 붉은 사암으로 지어진 건물에 모자이크 타일 지붕이 눈에 띈다. 원래 가톨릭 성당이었으나 1529년 종교 개혁으로 개신교회로 바뀌었다. 당시 우상으로 여겨졌던 성상이 파괴되어 내부는 단순하다. 가장자리에는 납골당이 있는데 중앙 제단을 바라보고 왼쪽 가장 앞에 있는 기둥이 인문주의자 에라스뮈스의 묘다. 가톨릭 사제였던 그가 루터와 함께 종교 개혁에 앞장서고, 죽어서는 개신교회에 묻힌 생애를 살펴볼 수 있다.

정문 위 삼각형 석조물인 팀파눔(Tympanum)에는 아브라함과 왕, 천사와 나열된 장미 조각이 있다. '최후의 만찬' 조각도 있었으나 유리창으로 바뀌었다. 2개의 문 사이에 있던 성모 마리아 동상도 없어졌다. 대신 정문 왼쪽에 성당 건축을 후원한 황제 하인리히(Heinrich) 2세와 십자가를 든 황후 쿠니군데(Kunigunde) 동상이 있다. 정문 오른쪽엔 유혹하는 마귀와 어리석은 처녀 동상이다. 조각에 대한 명확한

설명은 없다. 중세에는 여성이 얕은 신앙심으로 마귀의 꾐에 쉽게 넘어간다고 생각했기 때문에 신앙심을 고무시키기 위한 상징일 수 있다.

로마네스크 고딕 양식인 두 개의 탑도 눈여겨보자. 왼쪽의 64.2m 북탑은 게오르그스투름(Georgsturm)이다. 탑 아래에 용을 물리치는 성 게오르그 동상이 있어 붙여진 이름이다. 오른쪽의 62.7m 남탑은 마르틴스투름(Martinsturm)이다. 말을 타고 가는 기사의 수호성인, 성 마르틴 조각이 있다. 성당을 올려다보면 현대식 시계와 1798년 만든 해시계가 있다. 해시계는 옛날 바젤 시간을 나타내 시간 차이가 난다. 탑 위에 전망대가 있으며, 성당 뒤 팔츠 테라스도 놓치지 말자. 아름다운 소바젤을 한눈에 볼 수 있는 포인트다.

교통 바젤 SBB 기차역에서 트램 10·11번 타고 바젤 방크페어라인(Basel Bankverein) 정류장에서 하차 **주소** Munsterplatz, 4051 Basel **전화** +41 61 272 91 57 **시간** 월~금 10:00~17:00, 토 10:00~16:00, 일 11:30~17:00 / 12월 24일, 1월 1일 휴무 **요금** 성당 무료, 첨탑 전망대 CHF 5

종교 개혁 교회이자 바젤 역사 박물관 본관
바르퓌서 교회 Barfüsserkirche

바르퓌서는 '맨발의 성인 프란체스코'에게 봉헌된 수도원 교회다. 1894년 라인강을 중심으로 한 스위스 바젤과 프랑스, 독일의 예술 작품과 보물을 전시하는 공간으로 바뀌었다. 바젤에는 음악과 건축, 문화 예술로 나뉜 역사 박물관(Museum fur Geschichte)이 있는데 그중 문화 예술을 담당하고 있다. 바젤 대성당 보물인 조각 〈죽음의 춤(Basler Totantanz)〉과 종교 예술품, 중세 태피스트리, 금이나 상아 세공품은 물론 중세 과학 또는 약학 도구들이 전시되어 있다. 교회 앞 광장은 구시가 중심지이자 교통 허브다. 매주 둘째·넷째 수요일 7시부터 19시까지 벼룩시장이 열려 수공예품과 골동품을 판매하니 일정을 맞춰 봐도 좋다.

교통 트램 3·6·8·11·14·16번 타고 바르퓌서 광장(Barfüsserplatz) 정류장 하차 **주소** Barfüsserplatz 7, 4051 Basel **전화** +41 61 205 86 00 **시간** 10:00~17:00 / 월요일 휴무 **요금** 어른 CHF15, 13~20세 CHF8(매월 첫째 주 일요일 무료) **홈페이지** www.hmb.ch

시민이 사랑한 조각가 장 팅겔리의 분수
팅겔리 분수 Tinguely Brunnen

바젤 시민이 사랑하는 스위스 조각가 장 팅겔리가 만든 '사육제 분수(Fasnachts brunnen)'다. 옛 극장이 있던 자리에 검은색 아스팔트를 깔고 물을 얕게 채워 만든 분수다. 기계 조각품 10점은 과거 무대에서 사용하던 물건을 재활용해 배우와 무용수, 마임 연기자와 같은 예술가를 표현했다. 키네틱 아트(움직이는 예술 작품) 거장인 그는 작품에 저전압 전류를 보내 움직이고 물을 뿜게 했다. 마치 한 편의 연극을 보는 듯 경쾌한 풍경이다. 1977년 만들어진 후 쉬지 않고 움직이고 있다. 단, 수요일 오전 청소 시간에는 운영하지 않는다.

교통 ❶ 바젤 SBB 기차역에서 도보 10분 ❷ 트램 2·6·8·10·11번 타고 방크페라인(Bankverein) 정류장 하차 **주소** Klostergasse 7, 4051 Basel

중세부터 바젤 출입구였던 문
슈팔렌토르 Spalentor

세례자 요한이 그려진 수돗가

14세기 바젤 지진으로 무너진 외성을 1400년에 다시 지었는데 그 성문들 중에서 지금까지 3개가 남아 있다. 슈팔렌토르는 그중 하나다. 둥근 탑 사이 화려한 삼각뿔 주탑은 옛날 알자스 지방에서 국경 도시인 바젤로 들어올 때 무역상의 이정표가 되었다. 도시 바깥쪽 파사드에는 아기 예수를 안고 있는 성모 마리아와 예언자 2명이 장식되어 있다. 규모가 크진 않지만 오밀조밀하고 보존이 잘 되어 있다. 가옥 아래 만들어진 수돗가는 바젤에서 가장 크다. 벽화는 누마 돈제(Numa Donzé)가 그린 작품 〈세례자 요한(johannes der täufer)〉이다.

교통 바젤 SBB 기차역에서 30번 버스 타고 슈팔렌토르(Spalentor) 정류장 하차 **주소** Spalenvorstadt, 4056 Basel

대바젤과 소바젤을 이어 주는 다리
미틀러 다리 Mittlere Brücke

'중간'이라는 뜻의 이름처럼 구시가가 있는 대바젤(Grossbasel)과 라인강 건너 소바젤(Kleinbasel)을 잇는다. 1226년 지어지기 전에는 종교와 행정 중심인 대바젤보다 소바젤이 경제 상황이 좋지 않아 차별당했다. 대바젤 방향 다리 끝에서 혀를 내민 조각을 볼 수 있는데 소바젤을 놀리기 위해 만든 조각이다. 20세기에 와서 트램 선로가 놓이고 소바젤에 메세 바젤과 같은 현대적인 건축물과 쇼핑몰, 아트페어가 열리며 빈부 격차는 옛말이 됐다.

다리를 걸어서 건넌다면 중앙에 놓인 작은 예배당(Käppelijoch)도 놓치지 말자. 중세 시대에 사형수는 다리에서 밀어 사형을 집행했는데, 이때 마지막으로 기도하던 예배당을 재현해 놓은 건물이다. 그들이 마지막에 회개했을지 궁금해지는 곳이다.

교통 바젤 SBB 기차역에서 8·11번 트램 타고 바젤 선착장(Schifflände) 하차 **주소** Mittlere Brücke, 4000 Basel

스위스 현대 미술의 현주소
바젤 현대 미술관 Kunstmuseum Basel

1460년 스위스 최초의 대학인 바젤 대학이 생기고 인쇄업이 번성해 출판사가 설립되는 등 바젤은 문화적 발전을 이룬다. 인쇄업으로 흥한 아머바흐(Amerbach) 가문이 예술 작품을 수집하고 아트 컬렉터가 늘면서 소장품 후원 운동이 일었고 덕분에 피카소, 고흐, 몬드리안, 앤디 워홀 등 다수의 컬렉션을 자랑하게 되었다. 이때 모금해서 산 작품은 대학 도서관에 보관함으로서 공공 미술관의 틀을 만들었다. 1661년 바젤시는 아머바흐 가문 수장고인 '아머바흐 캐비닛'에서 소장품 5천 점을 구입해 바젤 현대 미술관을 세웠다.

〈무덤 속 그리스도〉를 비롯한 한스 홀바인의 작품은 세계에서 가장 방대한 컬렉션을 자랑한다. 일찍이 바젤 출판업자와 친목이 두터웠던 그가 보니파키우스 아머바흐(Bonifacius Amerbach)와 친구였기에 가능한 일이었다. 그 외에도 스위스 화가 파울 클레와 엘 그리코처럼 미술 사조를 논하기 어려운 독특한 작가부터 고흐, 고갱, 세잔 등 19세기 인상파, 피카소와 브라크 등 20세기 입체파와 큐비즘까지 근대 회화 작품을 만날 수 있다.

미술관은 2016년 대대적인 개보수와 신축을 통해 3곳으로 늘어났다. 본관(Hauptbau)과 신관(Neubau), 그리고 인근의 현대관(Gegenwart)이 있다.

교통 바젤 SBB 기차역에서 트램 2번 타고 쿤스트뮤지엄(Kunstmuseum)에서 하차 **주소** St. Alban-Graben 20, 4052 Basel **전화** +41 61 206 62 62 **시간** 화·목·일 10:00~18:00, 수 10:00~20:00 / 월요일 휴무 **요금** 어른 CHF16, 6~16세 CHF8(매월 첫째 주 일요일, 화~금요일 17시 이후 무료) **홈페이지** kunstmuseumbasel.ch

*TIP.

바젤 시민에게 감동한 피카소

1967년 바젤 항공사는 비행기 추락 사고로 막대한 보상금이 필요했다. 어쩔 수 없이 피카소의 작품 두 점을 팔기로 했는데 작품의 높은 가치를 아는 미술관이 막아섰다. 바젤시는 시민 투표를 통해 세금으로 그림을 구매해 영구 소장했다. 이 소식을 들은 피카소는 작품을 지켜 준 바젤 시민에게 〈비너스와 에로스〉, 〈커플〉을 포함해 작품 4점을 선물했다. 기증 소식을 들은 컬렉터들은 너나없이 피카소 작품을 기증했고 이는 아트 바젤로 가는 초석이 되었다.

미술관 앞 로댕의 '칼레의 부르주아들(Les Bourgeois de Calais)'

현대 미술관에 들어서면 로댕의 작품 '칼레의 부르주아들'이 관람객을 맞이한다. 12개 에디션 중 하나다. 14세기 백년전쟁 때 프랑스 칼레 시민들은 잉글랜드군에 포위되었다. 잉글랜드 왕 에드워드 3세는 "시민 대표 여섯 명이 목에 올가미를 걸고 성문 열쇠를 들고 나와 항복한다면 칼레 시민들 목숨은 살려 주겠다."라고 제안했다. 칼레에서 가장 부유한 유스타쉬드 생 피에르(Eustache de St. Pierre)를 시작으로 시장과 귀족, 법률가 등 다섯 명이 그 뒤를 따랐다. 이 이야기는 높은 신분을 가진 자의 도덕적 의무, 노블레스 오블리주의 시초로 언급된다. 부흥의 시대를 보내던 바젤 시민에게 울림을 주는 작품이 아니었을까?

체험형 키네틱 아트 미술관
팅겔리 미술관 Museum Tinguely

스위스 현대 미술 작가인 장 팅겔리(Jean Tinguely)는 키네틱 아트로 유명하다. 키네틱 아트란 모빌(Mobile)처럼 움직이는 예술을 말한다. 가치를 다한 오브제에 작용이나 동력을 가해 움직이는 조형물을 만든다. 기계의 움직임에 매료된 그는 작품을 눈으로만 바라보는 대상에 머무르지 않고 관람객을 체험 영역으로 안내한다. 스위치를 눌러 작동시킬 수도 있다. 가장 유명한 작품은 1954년 파리 개인전에서 선보인 '드로잉 기계'다. 반복적인 기계 동작으로 같은 행위를 하는 작품이며 이후 '메타매틱(Metamatic)' 시리즈로 이어진다.

건축은 친분이 있는 마리오 보타(Mario Botta)가 맡았다. 나뭇잎 단면 구조체 다섯 개를 수평으로 붙인 천장이 인상적이다. 대부분 규모가 큰 팅겔리 작품을 전시하기 위해서 층고를 높게 지었다. 내부에는 작품을 높은 곳에서 볼 수 있도록 중간층 복도를 만들었다. 도로와 가까운 북쪽과 동쪽에 두꺼운 벽을 둬서 관람객이 기계음에 집중할 수 있도록 했다. 안뜰에는 팅겔리의 아내 니키드 생 팔의 생기 넘치는 작품을 볼 수 있다.

교통 바젤 SBB 기차역에서 트램 2번 타고 베트슈타인 광장(Wettsteinplatz)역 하차 후 31·38번 버스로 갈아타고 팅겔리 미술관(Tinguely Museum) 정류장 하차 **주소** Paul Sacher-Anlage 2, 4002 Basel **전화** +41 61 681 93 20 **시간** 화~일 11:00~18:00 / 월요일 휴무 **요금** 어른 CHF 18, 학생 CHF 12(16세 이하 무료) **홈페이지** www.tinguely.ch

저명한 미술상, 바이엘러 가문 미술관
바이엘러 재단 Fondation Beyeler

예술에 관심이 있다면 '아트 바젤'을 이끈 미술상 에른스트 바이엘러(Ernst Beyeler)와 힐디 바이엘러(Hildy Beyeler)의 미술관을 방문해 보자. 24살에 고서점을 인수해 화상으로 나선 바이엘러는 1960년 미국 은행가에게 피카소와 칸딘스키, 자코메티 등 작품을 사서 전시해 유명해졌다. 피카소가 신뢰할 만큼 안목이 좋은 부부는 1982년 바이엘른 재단을 설립했다. 고전 미술 작품 250여 점과 현대 미술품 등 소장품을 공공에 개방하기 위해 1997년 미술관을 지었다. 하이라이트는 클로드 모네의 <수련> 시리즈 중 일부다. 통유리창으로 보이는 연못과 상호 유연하게 연결되는 연출이 인상

적이다. 유럽과 미국을 아우르는 작품 컬렉션 외에 아프리카와 알래스카에서 만난 부족 미술품도 있다. 바젤 외곽 리헨(Riehen)에 위치한 미술관은 이탈리아 건축가 렌조 피아노(Renzo Piano)가 설계했다. 바이엘러가 요구한 대로 시청사를 닮은 파타고니아 붉은 반암을 썼다. 지붕은 불투명한 유리로 적정한 자연광을 들이고 북서쪽은 전면 유리로 개방시켜 호젓한 자연을 차경(借景)했다. 연못은 에드 드가(Edgar degas)가 그린 <목욕 후 아침 식사>라는 작품에서 영감을 받아 설계했다. 고요하고 편안한 관람을 지향한 의뢰인의 마음을 잘 구현했다.

교통 바젤 SBB 기차역에서 트램 2번 타고 게베아브슐레(Gewerbeschule) 하차 후, 트램 6번으로 환승하여 파운데이션 바이엘러(Fondation Beyeler) 정류장 하차 **주소** Baselstrass 101, 4125 Riehen **전화** +41 61 645 97 00 **시간** 10:00~18:00(수요일 ~20:00) **요금** 어른 CHF30, 학생 CHF25(25세 이하 무료) **홈페이지** www.fondationbeyeler.ch

하나쯤 내 거 하고 싶은 디자인 박물관
비트라 디자인 박물관 Vitra Design Museum

비트라는 1950년 독일 바일 암 라인에 설립된 디자인 브랜드다. '팬톤 체어'와 에펠을 닮은 'DSW 체어' 등 눈으로 보면 어떤 제품인지 공감되는 홈 컬렉션이 많다. 붉은 외관인 샤우데포(Schaudepot) 건물 내에서 전설적인 가구들을 만날 수 있다. 비트라에는 유명 디자이너가 많지만 소속된 디자이너는 없다. 모두 협업을 통해 진행되는데 이는 작가의 독창성을 최대한 존중하기 위해서다. 이런 브랜드의 특징은 건축에서도 볼 수 있다. 비트라 캠퍼스는 넓은 부지에 자하 하디드(Zaha Hadid)

와 안도 다다오(Ando Tadao), 알바로 시자(Alvaro Siza) 등 유명 건축가가 만든 건물로 채워져 있다. 건축물 전시장인 셈이다. 벨기에 출신의 카르스텐 횔러가 만든 30m 높이의 전망 타워 겸 미끄럼틀도 놓치지 말자. 아이는 물론, 어른들도 줄을 서는데 세계적인 K-POP 그룹 BTS의 RM도 탔다.
12시와 14시에 영어로 진행되는 가이드 투어는 비트라 하우스에서 가구 생산 공정을 볼 수 있고 자하 하디드의 소방서 내부, 안도 다다오의 콘퍼런스 파빌리온 내부까지 관람할 수 있다.

교통 바젤 SBB 기차역에서 버스 2번 타고 바젤 바디셰(Basel Badischer) 정류장 하차 후, 버스 55번으로 환승하여 바일 암 라인 비트라(Weil am Rhein Vitra) 정류장 하차 **주소** Charles Eames Strasse 2, 79576 Well am Rhein, Germany **전화** +49 7621 702 3200 **시간** 10:00~18:00 **요금 ❶** 통합권 €35 **❷** 박물관-어른 €16, 학생 €14 **❸** 샤우데포-어른 €12, 학생 €9 **❹** 가이드투어-어른 €35, 학생 €28 **홈페이지** www.design-museum.de

바젤 건축 기행

• 메세 바젤 뉴 홀 Messe Basel New Hall

자크 헤르조그(Jacques Herzog)와 피에르 드 뫼롱(Pierre de Meuron)은 소꿉친구다. 운명처럼 건축에 관심이 많아 같은 대학을 나오고 1978년 건축사무소 '헤이조그 앤 드 뫼롱(Herzog & de Meuron)'을 열었다. HdM의 작품은 바젤에서 특히 많이 볼 수 있는데 아트페어가 열리는 메세 바젤이 대표적이다. 그물 망사처럼 된 외피는 둥지처럼 중심을 감싸 안는다. 상부는 '하늘을 향해 열린 창'으로 원형 개구부가 있어 채광이 좋다.

교통 바젤 SBB 기차역에서 트램 6번 이용 **주소** Messeplatz 10, 4005 Basel

• 국제 결제 은행 Bank for International Settlements(BIS)

우리나라의 남양 성모 성지를 지어 익숙한 마리오 보타(Mario Botta)의 작품이다. 높이 69.5m의 6층 건물로 1977년에 완공되었다. 50여 년 전이라고 볼 수 없을 정도로 세련된 건축물은 건축가의 특징인 원통형 타워로 곡선이 유려하다. 바로 옆에 BIS 별관이 있어 함께 둘러보면 좋다.

교통 바젤 SBB 기차역에서 도보 3분 **주소** Centralbahnplatz 2, 4002 Basel

• 시그널 박스 Signal Box

건축계 노벨상인 '프리츠커 상'을 받아 HdM이 알려진 건축물이다. 건축 재료로 잘 쓰지 않는 동판을 건물 외피로 마감했는데, 현대 기술과 다양한 재료로 한 표현으로 새로운 건축 언어 영역을 개척했다는 평을 받는다. 철도 신호 통제소인 건물은 동판으로 겉을 감싸 기계 장치의 온도 유지를 위한 단열 처리가 뛰어나다.

교통 SBB 기차역에서 도보 15분 **주소** Münchensteinerstrasse 115, 4052 Basel

• 샤올라거 박물관 Schaulager Museum

HdM 작품으로 독일어로 '보다'를 뜻하는 'Schauen'과 창고인 'Large'를 더한 이름이다. 바젤 대표 미술상인 엠마누엘 호프만 재단(Emanuel Hoffmann Foundation)의 소장품을 전시하는 수장고다. 넓어서 다양한 크기의 작품을 보관할 수 있고, 설비 기술이 동원되어 쾌적하다. 외벽은 건물터를 팔 때 나온 자갈과 흙으로 마감해 열전도율을 최소화했다. 종이를 찢은 듯한 창이 특이하다.

교통 트램 10, 11번 타고 뮌헨슈타인(Münchenstein) 정류장 하차 **주소** Ruchfeldstrasse 19, 4142 Münchenstein

• 로슈 탑 Roche Turm

HdM의 작품이다. 신종플루 치료제인 타미플루 제조사 로슈에서 만들어 로슈탑이라 부른다. 2015년에 178m, 41층으로 지어진 탑1과 2022년에 205m, 50층으로 지어진 탑2는 바젤에서 가장 높은 건물이다. 이 회사 상속인이 파울 자허로, 바이엘러 재단과 어깨를 나란히 하는 예술 후원자였으며 세계 10대 부호 중 한 명이었다.

교통 바젤 SBB 기차역에서 트램 2번 타고 베트슈타인플라츠(Wettsteinplatz) 정류장에서 하차 후 도보 8분 **주소** Grenzacherstrasse 124, 4070 Basel

• 성 안톤 성당 Kirche St. Anton

1927년 지어진 가톨릭 성당이다. 스위스 출신 모더니즘 건축가 카를 모저(Karl Moser)의 작품으로 외관은 장식을 최대한 배제하고 직선과 면으로 이루어져 있다. 스위스 최초의 노출 콘크리트 건축물로 차가운 분위기다. 내부로 가면 성상이나 성화는 없지만, 벽면 대부분에 설치된 스테인드글라스가 압권이다.

교통 바젤 SBB 기차역에서 버스 50번 타고 카넨펠트슈트라세(Kannenfeldstrasse) 정류장 하차 **주소** Kannenfeldstrasse 35, 4056 Basel

아펜첼
Appenzell

아펜첼은 스위스 북동쪽 국경 인근 마을이다. 1403년 장크트 갈렌 수도원에서 독립해 스위스 연방에 가입했다. 종교 개혁 이후 1597년, 신구 기독교 갈등으로 아펜첼 이네로덴(Innerrhoden)과 아우세로덴(Ausserrhoden)으로 나뉘었다. 우리가 흔히 아는 아펜첼 마을은 가톨릭교의 이네로덴으로 좀 더 보수적인 성향이다. 아펜첼 시내 곳곳에 붙은 아펜첼러 치즈 광고를 보면, 전통 옷을 입은 할아버지들이 꼬장꼬장하게 앉아 있고 "치즈의 비밀에 대해 한마디도 하지 않겠다."라고 문구가 적혀 있다. 아펜첼 사람들은 전통적 가치관을 가졌으며 완고하다는 평판을 잘 나타내는 광고다. 가장 오래된 민주주의 방식을 이어오는 관습을 봐도 알 수 있다. 5월이면 목동들이 소와 양을 몰아 아펜첼 알프스(Appenzell Alps)를 오르고 찬 바람이 불면 다시 마을로 내려온다. 소몰이 행사 알파브하르트(Alpabfahrt)다. 아펜첼 사람들이 고집스러운 이유는 고전적 가치를 지키고 자연과 사람이 함께 어울려 살아가는 방법을 모색하려 하기 때문이다. 스위스의 자연과 전통, 관습이 그대로 남아 있는 마을, 아펜첼로 떠나 보자.

• 아펜첼로 이동하기 •

기차

취리히에서 아펜첼로 가려면, 취리히 중앙역에서 IC와 RE, S반 기차를 이용해 장크트 갈렌(St. Gallen) 또는 고사우(Gossau)에서 하차, 아펜첼러 반(Appenzeller Bahn)으로 갈아타고 아펜첼역에서 내린다. 장크트 갈렌을 경유할 때는 1시간 44분 소요되며 철로 폭이 좁은 아펜첼러 전용 플랫폼(11~14번)을 이용해야 한다. 기차역 외부에 있으니 환승 시간을 여유 있게 계획하자. 고사우역에서 갈아타면 1시간 51분 걸린다.

아펜첼역

자동차

취리히에서 1번 도로를 이용해 빈터투어/장크트 갈렌(Winterthur/St. Gallen) 방향으로 97km(1시간 20분 정도) 이동한다. 장크트 갈렌 부근에서 장크트 갈렌 노이도르프 82번 출구(Ausfahrt 82 St. Gallen-Neudorf)로 빠진 뒤 8번 국도를 따라 19km(30분 정도) 이동한다.

• 아펜첼의 시내 교통 •

시내에서 머문다면 마을 중심 관광지는 도보로 둘러볼 수 있다. 아펜첼 알프스로 이동하려면 아펜첼러 반과 버스를 이용해야 한다. 환승 구간 중 교통수단이 바로 연결되지 않는 곳도 있으니 이동 시간은 넉넉하게 계획하자. 일부 구간에선 자전거를 실을 수 있는 칸과 창문 없이 오픈된 차량도 있다.

아펜첼러 반

아펜첼 게스트 카드(Appenzeller Card) ·TIP·

아펜첼 정식 숙소에서 3일 이상 머물면 아펜첼 게스트 카드를 제공한다. 주변 지역을 연결하는 2등석 기차를 무료로 이용할 수 있고 아펜첼 박물관과 미술관, 민속 박물관 등 무료로 입장할 수 있다. 다양한 혜택은 홈페이지에서 확인할 수 있다.

홈페이지 www.appenzell.ch/en/accommodation/appenzeller-holiday-card.html

아펜첼 관광안내소

아펜첼 마을 인근에 펼쳐진 아펜첼 알프스를 즐기려면 관광안내소를 방문하길 권한다. 작은 마을을 연결하는 교통편은 상황에 따라 변동되고 하이킹 코스 들머리가 여럿이라 안내가 필요하다.

교통 기차역에서 도보 5분 **주소** Hauptgasse 38, 9050 **전화** +41 71 788 96 41 **시간** ❶ 5~10월 월~금 09:00~12:00, 13:30~18:00 / 토 10:00~17:00 / 일 11:00~17:00 ❷ 11~4월 월~금 09:00~12:00, 13:30~17:00 / 토·일 휴무 **홈페이지** www.appenzell.ch

Appenzell

아펜첼
추천 코스

딱 꼬집어 무얼 보라고 말할 수 없을 만큼 작고, 하나같이 예쁜 마을이다. 그중에서도 하우프트 거리를 지나 마을에서 가장 큰 란츠게마인데 광장까지 걸어 보길 권한다. 드레이 괴니게(Drei Könige) 카페에 들러 카푸치노와 아펜첼 특산품인 비버 진저브레드를 곁들여 먹어도 좋다. 하이킹을 계획했다면 맞은편 베타의 특산품 가게(Wetter's Spezialitaten-Welt)에서 발린 육포를 간식으로 사자.
아펜첼 알프스를 즐기려면 하루 이상 계획해야 한다. 아펜첼을 베이스캠프로 삼아 에벤알프와 작서 뤼크를 걸어 보자. 능선이 달라 각 1일씩 소요된다. 3일 동안 숙박해 아펜첼 게스트 카드 혜택을 받는 방법도 추천한다.

비버 진저브레드

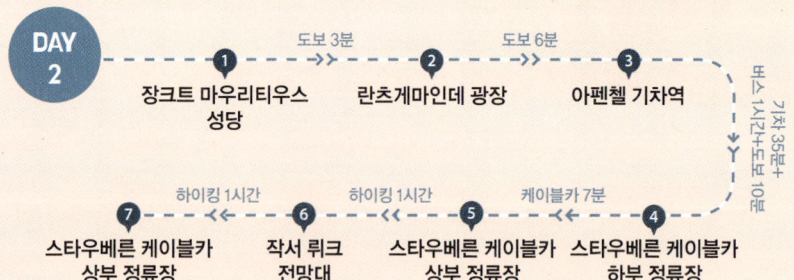

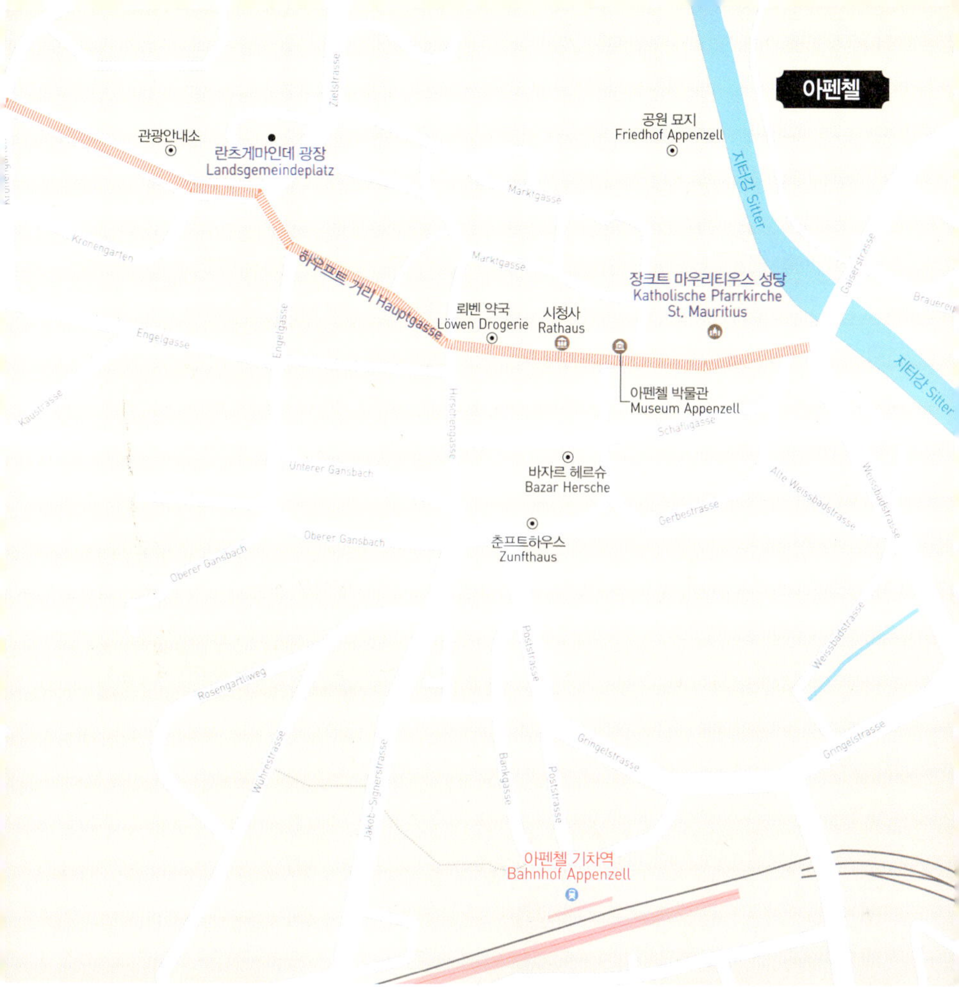
아펜첼
관광안내소
란츠게마인데 광장
Landsgemeindeplatz
공원 묘지
Friedhof Appenzell
지터강 Sitter
Marktgasse
Kronengarten
Marktgasse
하우프트 거리 Hauptgasse
뢰벤 약국
Löwen Drogerie
시청사
Rathaus
장크트 마우리티우스 성당
Katholische Pfarrkirche
St. Mauritius
Gaiserstrasse
Brauerei
Engelgasse
Engelgasse
지터강 Sitter
아펜첼 박물관
Museum Appenzell
Schäfligasse
Kaustrasse
Hirschengasse
Unterer Gansbach
바자르 헤르슈
Bazar Hersche
Alte Weissbadstrasse
Weissbadstrasse
Gerbestrasse
Oberer Gansbach
Oberer Gansbach
춘프트하우스
Zunfthaus
Poststrasse
Weissbadstrasse
Rosengartliweg
Gringelstrasse
Gringelstrasse
Wührestrasse
Jakob-Signerstrasse
Bankgasse
Poststrasse
아펜첼 기차역
Bahnhof Appenzell

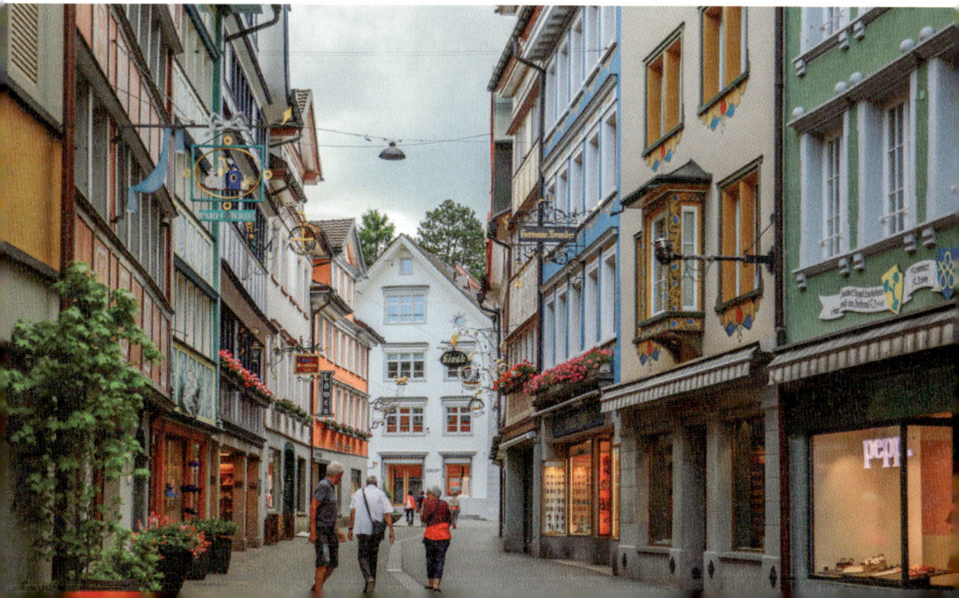

> 고전적인 파사드가 돋보이는 아펜첼 중심가

하우프트 거리 Hauptgasse

장크트 마우리티우스 성당에서 란츠게마인데 광장(Landsgemeindeplatz)으로 이어지는 보행자 전용 도로다. 350m로 짧은 거리지만 화려한 파사드(전면)와 곡선형 박공 구조, 전통 간판인 타핀(Tafeen)으로 꾸며진 건물들로 옛 마을 모습 그대로 남아 있다. 현재는 대부분 호텔이나 레스토랑, 카페, 상점으로 사용되고 있다. 아펜첼 박물관 옆 시청사에는 직접 민주주의, 란츠게마인데(주민 총회) 장면이 그려져 있다. 붉은 바탕에 약초 그림으로 장식한 뢰벤 약국(Löwen Drogerie)도 눈길을 끈다. 아이가 있다면 장난감 가게인 바자르 헤르슈(Bazar Hersche)도 놓치지 말자. 난쟁이 요정들이 반겨 주는 앞뜰은 사진 찍기에도 좋다. 골목 사이로 빠져 춘프트하우스(Zunfthaus) 아펜첼도 함께 둘러보자. 길드하우스로 화가나 목수, 자수 공예가, 플로리스트 등 예술과 공예 관련 사람들이 모여 전시하는 장소다.

바자르 헤르슈

춘프트하우스

교통 아펜첼역에서 포스트 거리(Poststrasse)를 따라 도보 5분

> 아펜첼 주민들의 생과 사를 함께 하는 성당

장크트 마우리티우스 성당 Katholische Pfarrkirche St. Mauritius

성당은 교구가 설립된 1068년에 지어졌으며 증축과 재건을 반복했다. 1597년 종교 갈등에도 가톨릭을 선택해 그대로 남아 있다. 바로크 양식의 성당 규모가 주변 건물보다 훨씬 커서 압도적이다. 특히 투박한 정사각형 종탑은 사암에 회반죽을 바르지 않아 거칠거칠한 면을 그대로 드러낸다. 동쪽 벽에는 제1차 세계대전 당시 현역 군인들을 위한 기념비가 있다. 단순한 형태의 건물 외관과 달리 로코코 장식으로 꾸민 실내는 매우 화려하고 웅장하다. 특히 천장 프레스코화가 아름답다. 외부에는 마을 사람들이 직접 가꾸는 공동묘지가 있다. 먼저 떠나보낸 가족이나 지인을 잊지 않으려는 마을 사람들이 드문드문 찾아와 묘 주변을 정리한다.

교통 아펜첼역에서 도보 5분
주소 Hauptgasse 2, 9050

직접 민주주의의 성지
란츠게마인데 광장 Landsgemeindeplatz

아펜첼 마을의 중심 광장이다. 평소에 주차장으로 활용되며 호텔과 레스토랑 건물이 둥글게 둘러싸고 있다. '유서 깊은 마을 광장'이란 뜻처럼 그리스도 부활을 기념하는 사육제나 마을 행사 때 사람들이 광장으로 모인다. 매년 4월 마지막 주 일요일 아침에는 직접 민주주의 방식의 주민 총회인 란츠게마인데(Landsgemeinde)가 열린다. 광장을 꽉 채운 사람들이 거수로 결정하는 만큼 장관을 이룬다. 광장 분수에 한 손을 들고 있는 동상은 란츠게마인데를 상징한다.

교통 아펜첼역에서 도보 7분

직접 민주주의의 성지

란츠게마인데는 쉽게 말하면 주민 총회다. 직접 민주주의에 의한 최고 의결 기구로 참정권을 가진 주민들이 모여 마을의 중요한 문제에 대해 결의하거나 주 정부의 각료를 선출한다. 지역 주민 누구나 참여할 수 있고 1년에 한 번 광장에 모여 손을 들고 투표해 결정한다. 스위스 연방 23개 주 중에서 아펜첼 이네로덴과 글라루스가 이 제도를 시행하고 있다.

1403년부터 시작된 주민 총회는 아펜첼 마을 광장 보리수 옆에서 주민 3,000여 명이 함께 한다. 원래는 남성들만 참가할 수 있었으나 1991년부터 여성도 참정권을 갖게 되었다. 서유럽 국가 대부분이 1900년대 초반에 여성 참정권이 주어진 데에 비하면 매우 늦은 셈이지만 이곳도 변화하고 있다. 4월 마지막 주 일요일에는 직접 민주주의를 눈으로 보기 위해 각국에서 많은 관광객이 이곳을 찾는다. 란츠게마인데를 통해 적극적으로 정치에 참여하고 직접 나서서 고쳐 나가는 직접 민주주의를 보고 사회의 주인이 누구이고 권리는 누구에게 있는지 다시금 생각하게 한다.

BBC에서 선정한 '죽기 전에 꼭 봐야 할 100대 명소'
에벤알프 Ebenalp

아펜첼 알프스는 장크트 갈렌(St. Gallen)부터 쿠어(Chur) 경계에 이르는 알프스 북쪽 산맥을 말한다. 알프슈타인(Alpstein) 대산괴로 시작해 추르프스텐(Churfürsten), 알비에(Alvier), 맷스톡(Mattstock) 그룹으로 구성된다. 주로 화강암으로 이루어진 중앙 알프스와 달리 석회암으로 구성되어 있어 침식으로 인한 개별 봉우리가 형성되어 있다. 융기한 암석이 침식되고 깎여 날카로워지고 호수와 동굴이 많이 생기는 특징이 있다.

그중에서 에벤알프는 알프슈타인 그룹에 속하는 봉우리다. 아펜첼 알프스 중 가장 높은 샌티스(Säntis, 2,502m) 봉우리를 감상하며 걸을 수 있다. 에벤알프와 제알프(Seealp), 메글리잘프(Meglisalp), 샌티스, 알트만(Altmann) 등 트레일은 여러 갈래가 있다. 가장 인기 있는 코스는 에벤알프에서 제알프제를 지나 바서라우엔으로 돌아오는 길이다.

• Hiking Course • 에벤알프~제알프제~바서라우엔

에벤알프 ▶하이킹 20분 빌트키르힐리 동굴 ▶하이킹 10분 애셔 산장 ▶하이킹 2시간(8번 트레일) 제알프제 ▶하이킹 호수 둘레 1시간 + 하산 1시간 30분 바서라우엔

눈이 녹는 5월부터 11월까지 하이킹을 즐길 수 있다. 하이킹 풀코스는 총 6.3km다. 애셔 산장에서 제알프제까지 내리막길이 가팔라 14세 이상만 추천한다. 스위스 트레일 안내에는 총 3시간으로 나오지만, 일반적인 체력이라면 5시간 이상 소요된다. 비가 오는 날이나 다음 날에는 하산길이 미끄러우니 주의해야 한다. 홈페이지에서 케이블카 운영 여부 및 라이브 캠으로 날씨를 확인하고 출발하자.
체력에 약하다면 에벤알프에서 발트키르힐리 동굴과 애셔 산장까지만 걷고 다시 케이블카 정류장으로 와서 바서라우엔으로 돌아간다.

에벤알프 케이블카
교통 아펜첼역에서 기차로 바서라우엔역 하차 후 (14분 소요), 맞은편 도보 2분(주차장 넓음) **주소** Schwendetalstrasse 82, 9057 Schwende **시간** 4월 말~5월 말, 9월 중~11월 초 07:30~17:15 / 5월 말~7월 초, 8월 말~9월 중 07:30~17:45 / 7월 초~8월 말 07:30~18:45(하강은 15분 뒤 종료) **요금** 편도 CHF24, 왕복 CHF36(스위스 패스 소지자 50% 할인) **홈페이지** ebenalp.ch

빌트키르힐리 동굴(Wildkirchlihöhlen)

케이블카에서 내려 평탄한 내리막길을 걷다 석회암 절벽 아래로 이동하면 동굴 입구가 나온다. 고산에서 목동들이 쉬는 자연 동굴이었는데 1658년 아펜첼 신부인 파울루스 울만(Paulus Ulmann, 1613~1680)이 동굴 암자를 짓고 수도했다. 이후 수도자들이 여럿 머물렀는데 1850년 한 수도사가 동굴에서 동물 뼈와 이빨을 발견하고 팔기로 했다. 1903년 이를 들은 장크트 갈렌 자연사 박물관장 에밀 배슐러(Emil Bächler)는 애셔 산장에 머물며 체계적인 발굴에 들어갔고 1년 뒤 네안데르탈인이 만든 돌을 발견했다. 3만여 년 전 알프스 북쪽 산기슭에 네안데르탈인이 살았다는 최초의 증거였다. 동굴에선 10만여 년 전 약 600~800마리의 곰 뼈가 발견되었고 사자, 표범, 하이에나 뼈도 있었다.

애셔 산장(Berggasthaus Aescher)

석회 동굴은 총 3곳으로 울만 신부가 만든 제단 동굴과 애셔 산장이 있다. 해발 1,454m에 있는 산장은 BBC에서 '죽기 전에 꼭 가 봐야 할 곳'으로 선정된 바 있다. 1846년, 동굴 수도사를 찾아온 순례자들이 머물 게스트하우스로 시작해 1860년에 지금의 형태를 갖추었다. 스위스에서 가장 오래된 산장으로 손꼽힌다. 절벽에 아슬하게 서 있는 애셔 게스트하우스에서 하룻밤 묵고 싶다면 예약을 서둘러야 한다. 매년 2월 접수가 시작되는데 금세 마감되기 때문이다. 숙박하지 못하더라도 아쉬워 말자. 식당에서 스위스 전통 음식을 맛볼 수 있고 가격도 비싸지 않다. 맥주와 뢰스티가 인기 메뉴다.

주소 Berggasthaus Äscher Pfefferbeere AG 9057 Weissbad **전화** +41 71 799 11 42 **시간** 5~10월 07:30~20:30, 11월 08:00~20:00(따뜻한 음식 11:00~) **홈페이지** aescher.ch

제알프제(Seealpsee)

애셔 산장에서 나오면 갈림길을 결정해야 한다. 케이블카를 타려면 온 방향으로 다시 올라가고, 에벤알프 쪽 골짜기를 따라 바서라우엔 기차역으로 내려가려면 봄멘(Bommen) 이정표를 따라가자. 제알프제로 이동하려면 코벨/제알프제(Chobel/Seealpsee) 이정표를 따라간다. 클로스/샤플러(Chlus/Schafler) 방향은 풍경이 좋으나 내리막길이 가팔라 추천하지 않는다.

골짜기를 채우던 빙하가 녹은 뒤 생긴 평원으로 겨우내 얼었던 눈이 녹으면서 호수 수위는 오른다. 5월부터 방목한 소와 염소가 한가로이 풀을 뜯고 오두막에는 목동이 산다. 신선한 우유(CHF2)와 밀크쉐이크(CHF4)를 팔고 있으니 현금을 지참하자. 한여름에는 호수 수영에 도전하는 사람들도 있지만, 워낙 수온이 낮아서 몸을 담그지 못하는 사람이 많다. 포렐르 산장(Gasthaus Forelle)이 있어 숙박이나 식사도 할 수 있다.

바서라우엔(Wasserauen)

호수를 둘러본 뒤 내리막길을 결정해야 한다. 걷는 데 피로감이 있다면 코벨(Chobel)로 돌아가 아스팔트 내리막길로 내려가자. 체력이 괜찮다면 에벤알프산 맞은편에 있는 마위스(Marwees) 산맥 아래로 걸어가자. 샌티스, 샤플러와 같은 고봉을 뒤로 두고, 지나온 애셔 산장과 에벤알프를 옆에서 보며 걸을 수 있다. 완만한 목장을 지나면 전나무 숲과 활엽수림이 펼쳐지니 볼거리도 다양해서 지루하지 않다.

톱날처럼 날카로운 능선 전망 하이킹
작서 뤼크 Saxer Lücke

아펜첼 알프스의 최고봉 샌티스(2,502m)와 어깨를 나란히 한 알트만Altmann(2,435m)에서 뻗어 나온 산줄기다. 능선을 따라 하강하다 보면 맥이 끊어지는 지점이 작서 뤼크다. 원래 붙어 있었으나 암석권 판이 충돌해 생기는 조산 운동으로 내려앉은 형태다. 작스 마을과 팔렌 호수 사이를 지나는 노새 길로 서로 교류할 수 있는 낮은 고개였다. 흔히 사진에서 보는 병풍바위는 크로이츠베르게(Kreuzberge,1,884~2,065m)다. 일반적으로 오를 수 없고 암벽 등반만 가능하다. 봉우리에 도착하기 전 작서 뤼크 전망대(Saxerlücke Hoher Kasten)에서 조망한다.

스타우베른(Staubern) 케이블카를 타고 산장에 도착해 능선을 따라 작서 뤼크 전망대까지 걸으면 약 3km로 2시간 30분 정도 걸리지만, 휴식 시간을 포함해 넉넉히 일정을 짜도록 하자. 5월 말부터 11월 초까지 하이킹 가능하며 6월부터 야생화가 피어 아름답다. 오르막길과 내리막길이 적절히 있어 가볍게 걸을 수 있다. 단, 팔렌 호수(Fahlensee)까지 이동할 때 경사가 가팔라 다시 오르기 어려우니 체력을 고려해 계획하자.

스타우베른 케이블카 가는 법
아펜첼 → (기차 9분) → 가이스(Gais)역 → (기차 23분) → 알트슈타텐(Altstätten)역 → (300번 버스 40분) → 하크 라인슈트라세(Haag Rheinstrasse) 정류장 → (411버스 19분) → 프륌젠, 슈타우번(Frümsen, Staubern) 정류장 하차 → (도보 10분) → 케이블카

스타우베른 케이블카
주소 Frümsnerbergstrasse 9467 Sennwald **전화** +41 81 757 24 24 **시간** 5·10월 08:00~22:00, 6~9월 07:00~22:00, 11~4월 09:00~22:00, 1~3월 휴무 **요금** 왕복 성인 CHF40, 어린이 CHF20(무인 매표기) **홈페이지** appenzell.ch

스타우베른 산장

SWITZERLAND

피어발트슈테터 호수 지역

Vierwaldstättersee

• Luzern

루체른

Luzern

6세기 무렵, 로마제국이 멸망하고 게르만의 일레만 부족이 이 지역에 자리 잡았다. 스위스 중심에 있으나 산과 호수에 둘러싸여 있으니 고립과 다르지 않았다. 1290년대 고타르 패스(Gotthardpass)가 개통되면서 유럽 남북을 연결하는 교통 요지로 발전했다. 당시 합스부르크 왕가의 루돌프 1세가 레오데가르 수도원과 영토를 지배했는데 3천여 명의 루체른 사람들은 이를 거부했다. 1332년, 우리(Uri), 슈비츠(Schwyz), 운터발덴(Unterwalden)과 동맹을 맺어 스위스 연방을 창설했고, 54년 뒤 젬파흐(Sempach) 전투에서 승리해 독립했다. 독일 시인이자 극작가인 프리드리히 실러는 사람들의 독립 의지를 희곡 《빌헬름 텔(Wilhelm Tell)》로 부활시켰다. 사통팔달 루체른은 여행자들을 불러 모았다. 1868년에는 대영제국 빅토리아 여왕이 샤토 게슈(Château Gütsch)에 머물기도 했다. 푸른 초목과 호수, 도시의 매력에 빠진 괴테와 바그너도 이곳을 찾아 찰방대는 마음을 부여잡고 작품을 써내려 가기도 했다. 오죽하면 천사가 이 세상에 알려 줬다는 찬사를 가졌을까? 지상에 내려온 작은 천국, 루체른을 여행해 보자.

• 루체른으로 이동하기 •

기차

스위스 중부에 있어 주요 도시에서 이동하기 쉽다. 특히 골든 패스 라인(Golden Pass Line) 3코스 중 젠트럴반(Zentralbahn) 구역에 해당하며 시작이자 종착역이다. 기차를 타고 가는 동안 크고 작은 호수와 브뤼니크(Brünig) 고개를 넘는 아름다운 풍경을 만날 수 있다. 기차역 바로 앞에 유람선 선착장과 버스 정류장이 있다.

역 내 0층은 승강장이다. (0층은 우리나라 1층에 해당한다.) 14번과 15번 플랫폼 사이에 무인 로커가 있어 근교를 다녀올 때 짐을 보관할 수 있다. 7시부터 24시까지 운영하며 6시간 기준 요금은 CHF6~15이다. 1층에 분실물 보관소, 자전거 대여소, SBB 매표소 등이 있다. 이곳에서 기차 승차권이나 스위스 패스를 살 수 있고 환전도 가능하며 무인 발권도 된다. 지하 1층에 유료 화장실과 샤워실 같은 편의 시설과 70여 개 상점이나 식당이 있다. 스위스 대표 마켓인 쿱(Coop)과 미그로스(Migros)가 있어 기차를 타고 오갈 때 장을 보기 좋다. 1년 내내 문을 열고 6시(일요일은 7시)부터 22시까지 운영한다. 일요일은 시내에 있는 슈퍼마켓이 문을 닫으니 역내 마켓을 고려하자.

주요 노선	이동 시간
취리히 - 루체른	약 50분
제네바 - 루체른	약 2시간 50분
인터라켄 - 루체른	약 1시간 55분
바젤 - 루체른	약 1시간

우리나라 옛 서울역과 닮은 루체른 중앙역

루체른 중앙역(Luzern Hauptbahnhof, Luzern HB)은 1856년에 스페인 건축가 산티아고 칼라트라바가 설계했다. 1971년 화재로 역사가 대부분 탔지만 역 정문이 살아남아 광장에 전시되어 있다. 우리나라 옛 서울역(경성역)과 닮았다. 실제로 1925년 남만주철도주식회사의 준공 도면을 보면 외관과 공간 구성, 전면부 디자인이 닮았다는 것을 알 수 있다.

자동차

스위스 중앙에 위치해 어느 도시에서 출발하든 오래 걸리지 않는다. 취리히에서 4번, 14번 도로를 타고 40분 정도 걸린다. 융프라우 지역에서는 8번 도로, 바젤과 루가노는 2번 도로로 연결된다. 제네바와 베른에선 1번과 2번 도로를 각각 이용한다. 구시가는 크지 않고 보행자만 이용하는 길이 많아 차보다 도보가 편리하다. 시내 주차는 공공 주차장을 이용하고, 숙소는 주차장이 없거나 유료인 경우가 많아서 미리 확인해야 한다.

홈페이지 공공 주차장 www.parking-luzern.ch

· 루체른의 시내 교통 ·

루체른 대중교통은 VBL(Verkehrsbetriebe Luzern)에서 운영한다. 트램과 버스, 근교를 잇는 S반(S-Bahn)과 SBB 열차, 포스트 버스는 물론 케이블카, 보트 등 관광 인프라도 포함된다. 루체른 카드나 스위스 트래블 패스 사용일에는 모든 대중교통이 무료다. 주요 관광지는 10구역(Zone 10) 내에 있으며 스위스 교통 박물관처럼 외곽에 있는 여행지는 버스나 트램을 이용하면 편하다. 자세한 노선 및 이용 시간은 홈페이지(vbl.ch)에서 확인할 수 있다.

교통 패스

승차권

6 정거장 이내에서 쓸 수 있는 단거리 티켓인 쿠어즈슈트레케(Kurzstrecke), 10구역(zone) 내에서 쓸 수 있는 싱글 티켓, 1일권이 있다.

(단위 : CHF)

1회권							1일권			
단거리 티켓 (6개역, 30분)				싱글 티켓 (10구역, 1시간)				01~03구역 (24시간)		
어른		6~16세		어른		6~16세		어른		6~16세	
1등석	2등석	1등석	2등석	1등석	2등석	1등석	2등석	1등석	2등석	1등석	2등석
-	3	-	2.6	8.2	4.8	5.8	3.4	13.4	7.8	7.4	4.3

게스트 카드

루체른에서 호텔과 호스텔, 캠핑장 등 정식 숙박 업체에 머문다면 숙소에서 지급하는 게스트 카드(Visitor Card Lucerne)를 꼭 요청하자. 숙소에 머무는 기간 내 대중교통을 무료로 이용할 수 있는 교통카드다. 숙소 예약 시 미리 이메일로 확인증을 받을 수 있어 숙소에 도착하지 않았더라도 숙박 당일부터 대중교통이 무료다. 검표원이 확인하면 이메일로 받은 QR코드나 호텔 예약 확인증을 보이면 인정된다. 인근 산악 지역 대중교통을 할인받을 수 있으니 근교를 여행할 때도 챙겨 가자.

텔 패스

텔(Tell) 패스는 피어발트슈테터 호수 주변을 이동할 때 모든 교통수단을 이용할 수 있다. 티틀리스와 필라투스, 리기 등 루체른 인근 명소의 케이블카와 곤돌라, 산악열차 요금이 무료다. 피어발트슈테터 호수 근처인 브리엔츠 로트호른에 갈 때도 사용할 수 있다. 텔 패스와 게스트 카드를 조합하면 루체른에서 무료로 다녀올 수 있다. 스위스 패스는 반값 할인된다. 일정에 따라 2일부터 5일까지 다양하며 10일 장기간 패스도 있다. 가격은 여름(4~10월)과 겨울(11~3월)로 나뉜다. 어른 1명이 텔 패스를 구매하면 6~16세 어린이 텔 패스는 CHF30으로 구매할 수 있다.

홈페이지 tellpass.ch

(단위 : CHF)

사용일		2일	3일	4일	5일	10일
가격	4~10월	190	230	250	270	340
	11~3월	120	160	180	200	260

택시

루체른 기차역 부근에 택시 정류장이 많으며 비교적 쉽게 택시를 잡을 수 있다. 기본 요금은 CHF6.6이고 1km당 CHF4씩 올라간다. 기차역에서 시내 관광지 중 가장 멀리 있는 스위스 교통 박물관까지의 택시 요금이 CHF20 내외다.

자전거

루체른 자전거 공유 시스템은 취리히나 베른과 달리 넥스트바이크(Nextbike)를 이용한다. 홈페이지(nextbike.ch) 또는 앱에 있는 지도를 보고 대여소를 찾을 수 있다. 앱에 자전거 번호를 입력하거나 QR코드를 스캔해서 나온 비밀번호로 자전거 자물쇠를 풀고 사용한다. 반납할 때는 자물쇠가 잘 잠겼는지 확인해야 하고 비밀번호도 불특정하게 바꿔야 한다. 시내에 있는 대여소에 반납할 수 있으며 반납 구역을 선택하고 리턴(Return)을 누르면 반납이 완료된다. 앱에 가입하면 4대까지 빌릴 수 있다. 요금은 1시간당 CHF2(일반 자전거), CHF4(전기 자전거)이며, 24시간은 CHF20(일반 자전거), CHF40(전기 자전거)이다.

루체른 관광안내소

주소 Zentralstrasse 5, 6002 Luzern **전화** +41 41 227 17 17 **시간** 월~금 08:30~17:30(5~10월 ~19:00), 토 09:00~16:00(5~10월 ~19:00), 일 09:00~13:00(4~10월 ~17:00) **홈페이지** www.luzern.com

Luzern

루체른 추천 코스

로이스강이 도시를 가로지르며 피어발트슈테터 호수로 흘러간다. 루체른에서 가장 유명한 카펠교는 강 하류에 있고 양옆으로 호텔과 식당, 예수회 성당이 있다. 강 북쪽에는 무제크 성벽과 빈사의 사자상, 장크트 레오드가르 호프 성당이 있고 강 남쪽에는 기차역과 선착장, 로젠가르텐 미술관 등이 있다. 대부분 걸어서 둘러볼 수 있으나 바그너 박물관이나 스위스 교통 박물관, 호수와 면한 공원과 수영장은 거리가 있어 대중교통을 이용하는 편이 낫다.

이틀 이상의 일정이라면, 시내 일정 외에도 피어발트슈테터 호수 주변에 있는 리기산, 티틀리스산, 필라투스산 등 근교에서의 하이킹이나 액티비티 일정을 고려해 보자.

루체른 중앙역 → 도보 4분 → ① 카펠교 → 도보 9분 → ② 장크트 레오드가르 호프 성당 → 도보 7분 → ③ 빈사의 사자상 → 도보 7분 → ④ 무제크 성벽 → 도보 4분 → ⑤ 구시가 → 도보 9분 → ⑥ 슈프로이어교 → 도보 7분 → ⑦ 예수회 성당 → 도보 4분 → ⑧ 로젠가르트 미술관 → 도보 5분 → ⑨ 피어발트슈테터 호수 유람선

유럽에서 가장 오래된 목조 다리
카펠교 Kapellbrücke

루체른의 상징인 카펠교는 다리 북쪽에 성 베드로 예배당이 있어 예배당(Kapelle) 다리로 불린다. 남북 구시가를 연결하는 이 다리는 도시를 방어하기 위한 목적으로 1333년에 건설됐다. 호수에서 침입하는 배가 강을 거슬러 오르지 못하도록 막아 마을을 보호하는 전략적 장치다. 카펠교는 초기 목적과 달리 루체른을 낭만적인 도시로 만들었다. 세월의 더께가 층층이 쌓인 지붕에서 고전적 가치를 느낄 수 있어서다. 심지어 세상에서 가장 오래된 트러스 다리다. 목재를 삼각형으로 단단히 지지하는 공법으로 긴 목재 사이에 보를 가볍게 쓸 수 있어 과거에 많이 사용되었다. 지금은 유지 보수가 어려워 사용하지 않으니 희귀하다. 설치 당시에는 285m로 세계에서 가장 길었으나 강둑을 매립하면서 200m쯤으로 줄어들었다.

박공지붕 내부에는 17세기에 만든 하인리히 베그만(Heinrich Wagmann)의 삼각형 판화 158점이 전시되었다. 도시의 수호성인인 성 레오데가르(St. Leodegar)와 성 마우리스(St. Maurice)의 이야기다. 하단에는 후원한 가문의 문장을 남겼다. 1993년 8월 18일 밤 대화재로 3분의 2가 불타고 원본 47점과 복원품 30점만 남았다.

34.5m 높이의 바서탑(Wasserturm)은 카펠교보다 30년 전에 도시를 방어하는 성벽의 일부로 만들어졌다. 돌로 지어 대화재 때 지붕만 타고 원형 그대로다. 예전에는 감옥, 고문실로 사용되다가 지방자치단체의 기록 보관실로 이용되었다. 지금은 대중에게 공개되지 않는다.

지붕 판화 바서탑

교통 중앙역에서 도보 5분 **주소** Kapellbrücke, 6002 Luzern **전화** +41 41 227 17 17 **시간** 24시간 **요금** 무료

주간 시장(Wochenmarkt)

로이스강 둑에서 매주 화요일과 토요일 7시부터 12시까지 시장이 열린다. 빵과 생선, 신선한 채소와 과일, 꽃을 팔고 있다. 보통 10시 이후에는 좋은 물건이 거의 다 빠지니 일찍 가서 장을 보자.

홈페이지 www.luzerner-wochenmarkt.ch

〈죽음의 춤〉 판화로 깨우치는 철학의 다리
슈프로이어교 Spreuerbrücke

카펠교 지척에 슈프로이어 다리도 있다. 강 중간에 있는 물레방앗간과 강둑에 있는 밀 창고를 연결하기 위해 지었다. 다리가 강 하류에 있어 밀기울(Spreu)을 버릴 수 있는 유일한 곳이라 '슈프로이'라 부르던 이름이 굳어졌다.

소형 댐

1408년에 만든 목조 다리는 대홍수로 무너져 다시 지었는데, 1859년 사용하지 않는 물레방아 대신 호수 수량을 조절하는 댐을 만들어 연결했다. 목침처럼 생긴 통나무(Niddle)를 직접 손으로 넣었다 빼면서 방류량을 통제하는 일종의 소형 댐이다. 수동형 나무 수문이 지금도 같은 방식으로 운영·관리되고 있다.

다리 내부에는 카펠교처럼 삼각형 판화가 있다. 카스파링 메글링거(Caspar Meglinger)의 연작 판화 〈죽음의 춤〉이다. 왕과 교황, 사람들(현실을 상징) 앞에서 해골과 뼈(죽음을 상징)가 춤추는 장면이 묘사되어 있다. 죽음은 어디에나 존재하고 현세에 가진 삶의 영광은 부질없음을 의미한다. 총 67점 중 일부는 소실되고 현재 45점이 남았다.

교통 중앙역에서 도보 3분 **주소** Spreuerbrücke, 6004 Luzern

지붕 판화 | 예배당

세상에서 가장 슬프고 감동적인 돌
빈사의 사자상 Löwendenkmal

구시가 한적한 주택가 공원으로 사람들이 모인다. 자연 암벽에 새긴 사자 부조를 보기 위해서다. 프랑스 혁명이 일어난 1792년, 프랑스 튈르리 궁전에서 루이 16세와 마리 앙투아네트를 목숨 걸고 지킨 스위스 용병 786명을 기리는 상징물이다.

프랑스 혁명 당시 루체른에서 휴가를 보내고 있어 화를 피했던 근위대 장교, 카를 파이퍼 폰 알티쇼펜(Karl Pfyffer von Altishofen)은 동고동락한 그들을 쉬이 보낼 수 없었다. 빈사의 사자상을 세우기 위해 1818년 모금을 시작했고 유럽 왕실이 지원했다. 3년 후 덴마크 조각가 베르텔 토르발드센(Bertel Thorvaldsen)이 설계하고 루카스 아호른(Lukas Ahorn)이 조각한 높이 6m, 길이 10m인 거대 조각상이 완성되었다. 왼쪽 허리에 부러진 창이 꽂힌 채 쉬고 있는 사자는 스위스 용병을 상징한다. 조각 상단에 적힌 라틴어 'Helvetiorum Fidei Ac Virtuti(스위스의 충성과 용기)'처럼 그들의 충성과 용맹은 빈사(瀕死)일지언정 절대 죽지 않는다. 한쪽 발로 프랑스 왕가를 상징하는 백합 방패를 보호하는 모습을 보면 알 수 있다. 하단에는 당시 스위스 장교들의 이름이 새겨져 있다.

이곳을 찾은 소설가 마크 트웨인은 1880년에 발표한 《방랑기(A Tramp Abroad)》에서 '세계에서 가장 슬프고 감동적인 돌'이라 했다. 고단한 생의 마지막을 보내고 있는 사자의 표정을 보면 누구든 동의할 작품이다.

교통 기차역 앞 1·19번 버스 타고 베젬린하인(Wesemlinrain) 정류장 하차, 진행 방향으로 2분 **주소** Denkmaistrasse 4, 6002 Luzern

부자 나라 스위스? 알고 보면 가난했던 나라!

자국도 아닌 프랑스 왕실을 지키던 용병을 위한 조각이라니 의아할 수도 있다. 대부분 산악 지대라 자원도 없었던 스위스는 끼니를 걱정해야 할 정도로 가난한 나라였다. 험난한 환경 덕에 체력이 뛰어난 스위스 사람들은 용병 산업을 시작했다. 그들은 라이슬로이퍼(Reisläufer), 전쟁에 나서는 자였다. 몸으로 벽을 쌓고 장창과 미늘창으로 공격과 수비하는 데 특화되어 있어 근위하기 좋은 전력을 가지고 있었다. 죽음까지 각오하고 전장에 뛰어들 수 있었던 건 후대에도 주변국에서 용병을 신청할 수 있도록 하기 위한 선대의 바람이었다. 각국 왕가에서 선호하는 군대가 되었으나 중립국 선언과 전쟁 무기 변화 등 이유로 지금은 바티칸을 제외한 다른 나라의 용병은 모두 철수한 상태다.

루체른 도시 중심에 남은 빙하 시대 흔적
빙하 공원 Gletschergarten

고산도 아닌 루체른이 얼음으로 덮여 있었다는 사실을 믿지 못하겠다면 빙하 공원으로 가 보자. 마지막 빙하기(11만~1만 8천년 전)에 형성된 거대한 돌개구멍이 빙하 지대였음을 떡하니 증명하고 있다. 돌개구멍은 빙하가 녹으며 생긴 급류가 바위를 침식하며 생기는데, 소용돌이 모양으로 깊이 만들어진 구멍이다. 일명 '거인의 냄비'라고 부르는 돌개구멍은 지름 약 8m, 깊이 9.5m로 가장 크다. 급류에 쓸려 소용돌이와 함께 돌던 바위가 남아 있다. 여기서 끝이 아니다. 2만 년 전에는 빙하 지대였던 이곳이 2천만 년 전에는 아열대 해변이었다. 지층에서 파도로 생긴 물결 무늬 화석과 조개, 야자수 화석이 발견되었다. '역사는 백만 년 된 바위 속에 책처럼 기록된다.'라는 말처럼 지구 역사를 한순간에 들여다볼 수 있는 장소다. 1872년 암라인(Amrein) 가문의 사람이 와인 저장고로 지으려다 발견했고, 국립 자연기념물로 지정되면서 빙하 공원과 박물관을 만들었다. 공원 내부에는 옛집을 개조해 스위스 가정 문화를 알리는 전시를 하고 있다. 스페인 알람브라 궁전에 영감을 받은 거울 미로는 뜬금없지만 재미있다. 1896년 제네바 박람회 일환으로 만들어진 미로는 아이들에게 인기다. 그 외 고산 지대를 옛 채석장에 이미지화한 알파인 파크, 사암 파빌리온이 있다.

교통 빈사의 사자상에서 도보 1분 **주소** Denkmalstrasse 4a, 6006 **전화** +41 41 410 4740 **시간** 4~10월 09:00~18:00 11~3월 10:00~17:00 월요일 휴무 **요금** 성인 CHF 22 어린이 CHF 12 (스위스트래블패스 무료) **홈페이지** gletschergarten.ch

중세 루체른을 지킨 방어 요새이자 마을 전망대
무제크 성벽 Museggmauer

1226년, 스위스 연방에 가입하지 않았던 루체른은 주변 칸톤(주)의 공격을 막기 위해 요새화했다. 마을 외곽을 따라 짓던 성벽이 점점 커져 15세기가 되어서야 완공되었는데, 전쟁 위험이 사라진 19세기에 도시 교통량이 늘어나자 일부 성벽을 철거했다. 손상된 성벽까지 철거하니 지금은 870여m 성벽과 9개 탑만 남았다. 그중 쉬르메르탑(Schirmerturm)과 지트탑(Zytturm), 화약탑이었던 바흐탑(Wachturm), 맨리탑(Männliturm)은 개방한다. 쉬르메르탑에 올라 지트탑을 지나 바흐탑까지 성벽을 따라 걸을 수 있다. 지트탑은 루체른에서 가장 오래된 시계탑으로 호수에서 일하는 사람이 볼 수 있을 정도로 크게 만들었다. 육지 속 등대처럼 이정표가 되어 주는 탑은 다른 시계보다 1분 먼저 울리는 특권을 가진다. 맨리탑은 33m 높이로 성벽 중 세 번째로 높은데, 로이스강과 가장 가까이 있어 전망이 좋은 편이다.

교통 ❶ 중앙역에서 도보 11분 ❷ 트램 11·13번 타고 렌베크(Rennweg) 정류장 하차 후 도보 6분 **주소** Sankt Peter Hofstatt, 8001 Zurich **전화** +41 44 211 60 57 **시간** 4~10월 08:00~19:00 **요금** 무료 **홈페이지** www.museggmauer.ch

피어발트슈테터 호수에 안긴 르네상스 성당
장크트 레오드가르 호프 성당 Hofkirche St. Leodegar

16세기 스위스 전역에서 종교개혁이 일어났으나 루체른은 반(反) 종교개혁 도시로 남았다. 730년대 베네딕트회 수도원이 생기고 '루시아리아'라는 이름으로 도시가 발달하며 굳건한 신앙으로 이어져 왔다. 1873년에는 교황 대사가 머물러 가톨릭 도시로 자리매김했다.

장크트 레오데가르 호프 성당은 베네딕트회 수도원의 일부로 735년에 게르만의 일레만 귀족들이 고딕 양식으로 지어 마우리티우스 성인에게 헌정했는데, 1135년 베네딕트회의 무르바하(Murbach) 수도원으로 바뀌면서 레오데가르 성인을 모시게 되었다. 1291년 수도원 운영이 어려워 합스부르크 가문에 팔렸다가 1433년 루체른시 품으로 돌아왔다. 악재는 이어졌다. 1633년 부활절 저녁 총격으로 불이 나 첨탑 2개를 제외하고 모두 무너졌다. 루체른 대성당인 만큼 5년 만에 재건되어 부활절 미사를 드렸다.

레오데가르와 마우리티우스 성인이 사이좋게 지키고 선 성당 문을 열면 높은 제단과 마주한다. 검은 대리석으로 제단을 만들어 바로크 특징인 빛과 어둠이 명확히 잘 나타난다. 오른쪽 제단은 성모 마리아, 왼쪽은 '영혼의 제단'이 16세기 모습 그대로 있다. 1640년, 10.7m에 383kg으로 만들어져 당시 가장 컸던 파이프 오르간도 유명하다.

교통 중앙역에서 제 다리(Seebrücke) 건너 도보 12분 **주소** St. Leodegarstrasse 6, 6006 Luzern **전화** +41 41 229 95 00 **시간** 10:00~12:00, 14:00~17:00 / 금요일 휴무 **홈페이지** www.hofkirche.ch

종교개혁을 향해 본보기를 보여 준 가톨릭 성당
예수회 성당 Jesuitenkirche

예수회 성당은 1666년에 지어졌다. 한창 종교개혁으로 떠들썩한 스위스에 가톨릭 도시인 루체른이 본때를 보여 준 상징이다. 예수회는 교황이 공식 인가한 교단으로 가톨릭 교단 중에서도 완강한 보수파다. 군대처럼 규율과 복종이 의무이고 이단에 대해 전쟁도 불사한다. 이러한 예수회의 크리스토프 보글러(Christoph Vogler) 신부는 개신교가 화려한 성당을 나무라자 오히려 호화롭기로 유명한 로코코 장식으로 내부를 꾸며 1년 만에 선보였다. 흰색 회반죽과 분홍빛 벽토로 치장하고 금장과 대리석으로 장식된 제단, 샹들리에까지 눈부시다. 예배당에는 유명한 스위스 수호성인 클라우스(Klaus)의 원본 제의(사제가 미사 때 입는 특정 복장)들이 보관되어 있다. 외려 외관은 평범하게 지었는데 양파처럼 생긴 돔 지붕 2개는 1893년에 완성되었다.

교통 중앙역에서 로이스강을 오른쪽에 두고 강변을 따라 도보 5분 **주소** Bahnhofstrasse 11a, 6003 **전화** +41 41 240 31 33 **시간** 09:30~18:30 / 월·목 휴무 **홈페이지** jesuitenkirche-luzern.ch **비고** 10~2월 화요일 18:15~18:45에 오르간 저녁 기도가 진행되니 일정에 참고하자.

스위스에서 가장 뛰어난 20세기 미술 컬렉션
로젠가르트 미술관 Museum Sammlung Rosengart

"전 이브닝드레스는 필요 없어요. 파울 클레(Paul Klee)의 작품 〈ein Tier geht spazieren〉을 선물로 주세요."
로젠가르트 미술관 창립자 안젤라 로젠가르트(Angela Rosengart)가 17살 생일에 아버지에게 했던 말이다. 그녀는 스위스 미술거래상인 아버지 지그프리드(Siegfried)의 영향을 받아 뛰어난 안목으로 개성 있는 작품을 수집했다. 16살 된 해인 1948년부터 아버지 회사 견습생으로 들어가 1992년 아버

로젠가르트 미술관의 대표 작품

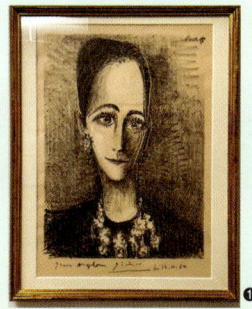
❶

❷

❸

❶ 파블로 피카소 〈안젤라 로젠가르트의 초상화〉
"피카소의 시선을 견디는 것은 놀라운 경험이었습니다. 그는 눈으로 나를 꿰뚫어 삼키려고 하는 것 같았어요." 피카소는 1954년부터 1966년까지 안젤라 로젠가르트의 초상화 5점을 그렸다. 크고 빛나는 눈빛이 고스란히 담긴 얼굴은 지금의 모습과 다를 바 없이 사랑스럽다.

❷ 파울 클레 〈작은 X〉
두 개의 곡선 X로 작은 소녀의 머리와 몸과 눈을 표현한 드로잉 작품이다. 안젤라가 16살 되던 해에 이 작품을 보고 사랑에 빠지고 말았다. 곧장 아버지에게 열정적으로 설명했고 한 달 뒤 지그프리트는 미술거래상에게 딸을 데려갔다. 그는 안젤라에게 이 그림을 위해 그동안 얼마를 벌었는지 물었고 안젤라는 50프랑이라 답했다. 그녀는 자신의 첫 컬렉션을 50프랑에 구입했다. 작품은 스위스 은행 금고가 있던 지하 1층에서 볼 수 있다.

❸ 앙리 마티스 〈하얀 터번을 쓴 로레트〉
안젤라 로젠가르트의 안목이 빛을 발하는 작품이다. 마티스는 1912년과 이듬해에 떠난 모로코 여행에서 이국적인 풍경을 담은 드로잉을 많이 남겼으나 인물화가 많지 않아 희소성이 있다. 그림 속 로레트는 1915년부터 2년 동안 마티스의 뮤즈였던 이탈리아인 모델이다.

지와 함께 로젠가르트 재단을 설립하고 2002년 옛 스위스 국립은행 건물을 사서 미술관 문을 열었다.
파블로 피카소(Pablo Picasso)는 로젠가르트 부녀와 친분이 있었다. 1978년 지그프리트와 안젤라는 루체른시 창립 800주년을 기념해 피카소 걸작 8점을 선보였고, 이를 계기로 지금의 미술관으로 발전했다. 안젤라는 1층에 피카소만의 공간을 만들었는데 드로잉 룸, 피카소의 연인 룸 등 주제를 가지고 전시를 한 그녀의 능력이 빛을 발한다. 특히 피카소 사진을 전담하고 있던 사진작가 데이비드 더글러스 던컨(David Douglas Duncan)의 판권을 재단이 소유하고 있어 피카소의 친밀한 사생활을 만날 수 있다. 피카소 작품 80여 점 외에도 근대 인상파인 세잔, 클레, 칸딘스키, 미로, 마티스, 모네의 회화와 스케치를 볼 수 있으며 베른 출신 추상화가 파울 클레 작품도 125점 보유하고 있다. 당시 부자들이 모이던 2층 회의실은 미술관 역사와 작품을 미디어로 보여 주어서 쉬어 가기 좋다.

교통 중앙역에서 도보 3분 **주소** Pilatusstrasse 10, 6003 **전화** +41 41 220 16 60 **시간** 4~10월 10:00~18:00, 11~3월 11:00~17:00 **요금** 어른 CHF20, 학생 CHF10(스위스 트래블 패스 무료) **홈페이지** www.rosengart.ch

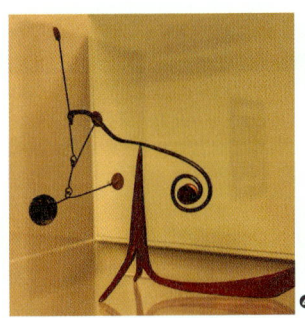

❹ 알렉산더 칼더 <모빌 1953>
예술이 정적일 필요는 없다고 믿어 온 칼더는 추상적인 작품에 움직임을 더한 '모빌(Mobile)' 창시자다. 호안 미로와 파블로 피카소 등 추상화가와 교류를 쌓으며 서로 영감을 주고받았는데 호안 미로의 작품에서 영감을 받은 작품이 <모빌 1953>이다. 바로 옆에 호안 미로의 작품 <댄세!>가 나란히 있다.

❺ 파블로 피카소 <황소>
피카소는 프랑수와즈 질로와 헤어지며 곤욕을 치렀다. 연인이 그의 사생활을 폭로하고 사회주의자로 공격해서다. 심신이 피폐해진 그는 도예를 하며 마음을 다스렸다. 1946년 휴가로 간 프랑스 발로리스(Vallauris)의 마두라 도자기 공방에 드나들며 공방 보조 판매원으로 일하던 자클린과 만나게 된 계기도 생겼다. 그는 올빼미와 같은 새와 사람 얼굴을 결합하는 등 도예 과정을 거쳐 다양한 작품을 만들어 냈다. 특히 투우에 빠져들면서 시리즈를 만들었다.

❻ 데이브드 더글러스 던컨 <피카소와 자클린>
미국 사진 잡지 <라이프>의 사진가인 데이브드 더글러스 던컨은 칸느에서 만난 인연으로 피카소와 함께 다니며 그의 일상을 찍었다. 기획 전시된 그의 사진 중에서 피카소의 마지막 연인인 자클린과 보낸 시간을 담은 사진이 인상적이다. 46살 나이 차이가 무색하게 어울리는 둘의 모습은 자클린이 결혼식 때 한 말과 상통한다. "나는 이 세상에서 가장 아름다운 청년과 결혼했습니다. 오히려 늙은 사람은 나예요."

스위스 교통의 모든 것
스위스 교통 박물관 Swiss Museum of Transport

스위스 모든 교통의 과거와 현재, 미래를 만날 수 있는 박물관이다. 1959년에 개관했으나 전시가 하나둘 늘어가면서 20,000㎡ 공간에 3,000개 이상 품목의 컬렉션이 전시 중이다. 오래전 알프스를 정복한 스위스 교통 역사부터 값비싼 올드카와 드림카를 한눈에 볼 수 있어 세미나 또는 교육을 목적으로 찾는 이가 많다. 스위스에서 가장 인기 있는 박물관으로 꼽히는 이유는 어린이들의 필수 코스여서다. 전시 절반 이상이 체험이다. 비행 코너에선 비행기 조정석 관람 및 탈출 미끄럼틀과 패러글라이딩 간접 체험, 헬리콥터를 조종하는 시뮬레이션 체험을 할 수 있다. 석탄으로 달리는 증기기관차나 카트를 탈 수 있고 물 위에서 보트도 탈 수 있다. 굴착기로 도로 공사에 참여할 수도 있다. AR이나 미디어, 아이맥스 영화관, 우주를 감상하는 플라네타리움까지 다양한 전시 형태를 갖췄으며 테마파크도 있다. 하루 내내 있어도 다 볼 수 없는 전시 규모다. 레스토랑과 카페가 있으니 마음먹고 종일 즐겨 보자.

교통 ❶ 중앙역에서 6·8·24번 버스 타고 버케스하우스(Verkehrshaus) 정류장 하차 ❷ 기차역 앞 선착장에서 배 타고 버케스하우스–리도(Lido) 하선 **주소** Lidostrasse 5, 6006 Luzern **전화** +41 41 370 44 44 **시간** 4~10월 10:00~18:00, 11~3월 10:00~17:00 **요금** 1일 패스–어른 CHF62, 학생 CHF46, 6~16세 CHF29(스위스 트래블 패스 50% 할인) **홈페이지** verkehrshaus.ch

독일 작곡가 리하르트 바그너의 안식처
바그너 박물관 Richard Wagner Museum

오페라 〈로엔그린〉 중 '혼례의 합창', 즉 결혼식 신부 입장곡으로 유명한 독일 작곡가 리하르트 바그너(1813~1883)의 박물관이다. 교향시 창시자이자 친구인 프란츠 리스트의 딸 코지마(Cosima)에게 반해 함께 살았던 저택이다. 원래는 루체른 명문 가문인 발터 암라인의 집으로 바그너가 1866년부터 6년간 세 살았는데 1931년 시에서 매입해 박물관으로 만들었다. 내부는 당시 모습을 재현하기 위해 내부 벽지와 천장을 뜯고 천으로 다시 재단장했다. 1층 응접실과 거실에는 바그너가 사용한 그랜드 피아노와 악보, 소파와 소품들이 함께 전시되어 있다. 다사다난했던 바그너와 코지마의 가족사진에는 장녀 이졸데와 이 집에서 태어난 에이퍼, 외아들 지그프리트가 함께 있다. 2층 창문에서 호수를 바라보며 바그너의 '지그프리트 목가'를 들어 보자. 1869년에 태어난 막내아들 이름을 딴 곡이다. 1870년 우여곡절 끝에 결혼해 아내의 생일날 아침에 선물로 연주한 곡이다.

박물관은 피어발트슈테터 호숫가 트립센(Tribschen)을 면한 언덕에 있다. 여름이면 잔디밭에 일광욕하는 사람과 물놀이하는 사람들로 북적인다. 박물관 앞뜰은 야외 카페다. 싱그러운 한낮을 즐기기에 더없이 좋은 장소다.

교통 중앙역에서 6·7·8·번 버스 타고 바르테그(Wartegg) 정류장 하차 후 도보 5분 **주소** Richard Wagner Weg 27, 6005 **전화** +41 360 23 70 **시간** 11:00~17:00 / 월요일 휴무 **요금** 어른 CHF12, 학생 CHF5(스위스 트래블 패스 무료) **홈페이지** www.richard-wagner-museum.ch

루체른 현대 문화 예술의 심장부
루체른 문화 컨벤션 센터 KKL Luzern

건축계 노벨상인 프리츠커 상을 받은 프랑스 건축가, 장 누벨(Jean Nouvel)이 지은 복합 문화 공간이다. 우리나라의 리움 미술관 M2를 디자인해 우리에게도 친숙한 건축가다. 루체른 문화 컨벤션 센터는 1998년에 문을 연 건축물로 피어발트슈테터 호수와 교류하는 형태가 특징이다. 호수를 센터 앞으로 가져온다거나 건축물 지붕이 호수 위로 뻗어나가는 식이다. 내부는 더욱 독특하다. 노아의 방주를 모티브로 한 콘서트홀은 마치 배 하부에 앉아 있는 기시감과 몰입감을 준다. 매년 여름 세계적으로 유명한 음악 축제인 루체른 페스티벌이 개최되니 이때 루체른을 여행한다면 꼭 참여해 보자. 내부 관람은 물론 정상급 오케스트라 스타들을 한자리에서 볼 수 있는 기회다.

4층에 있는 현대 미술관(Kunstmuseum)도 놓치지 말자. 루체른 미술관은 건물이 생기기 전인 1932년부터 있었고 KKL이 완공되자 2001년부터 합류했다. 루체른 미술 협회에서 운영하며, 영구 전시 없이 매년 새로운 현대 미술 작품을 전시하고 있어 매번 영감을 받을 수 있다. 미술관과 함께 있는 카페는 통유리로 되어 있어 루체른을 감상할 수 있으며 작품도 함께 전시해 여유롭게 즐기며 쉴 수 있다.

위치 중앙역 바로 옆 **주소** Europaplatz 1, 6002 Luzern **전화** +41 41 226 78 00 **시간** 미술관-화·목-일요일 11:00~18:00, 수요일 11:00~20:00 / 월요일 휴무 **요금** 미술관-어른 CHF15, 학생 CHF6 (매달 첫 번째 일요일 무료 입장) / 콘서트홀은 행사에 따라 상이 **홈페이지** 미술관 www.kunstmuseumluzern.ch, 콘서트 예약 www.kkl-luzern.ch

건국 무대에서 루체르너의 일상으로
피어발트슈테터 호수 Vierwaldstättersee

스위스 건국 무대가 된 루체른과 우리(Uri), 슈비츠(Schwyz)와 운터발렌(Unterwalden) 4개 칸톤(주)의 호수라는 뜻이다. 흔히 '루체른 호수'라고 부르기도 한다. 스위스에서 다섯 번째로 큰 호수지만, 역사적 가치가 높고 지리적 중심에 자리하고 있어 '스위스의 심장'이라 부른다. 마지막 빙하기인 12,000여 년 전 로이스(Reuss) 빙하 침식으로 만들어진 호수는 주변 알프스산맥이 감싸고 있어 온화한 기후를 띤다.

알프스 만년설이 녹아 더해진 호수는 맑고 차가우며 푸르다. 한낮에는 윤슬이 빛나고 봄가을에는 안개가 짙다. 무더운 여름에는 호수 목욕을 뜻하는 제바드(Seebad)를 즐기는데 낮에는 수영을, 밤에는 호숫가 바(Bar)를 열어 술을 마신다. 요즘에는 DJ 파티나 행사가 열려 시끌벅적 활기차다. 호수 연안을 따라 이동하는 유람선은 여백을 줄 수 있어 좋다. 여러모로 현지인과 여행자에게 휴식을 제공하는 장소다.

피어발트슈테터 호수에서 즐기는 액티비티

• 유람선

피어발트슈테터 호수는 나무가 가지를 뻗은 듯 여러 갈래로 나뉜다. 유람선을 타고 굴곡진 연안을 따라 나서면 물길이 나타났다 사라지길 여러 번이라 풍경이 다채롭다. 고요한 호수 위를 가르며 나아가다 보면 리기산을 오를 수 있는 비츠나우(Vitznau)와 베기스(Weggis), 필라투스산을 오를 수 있는 알프나흐슈타트(Alpnachstad), 스위스 건국 무대가 된 뤼틀리(Rütli), 빌헬름 텔 이야기와 관련된 퀴스나흐트(Küssnacht) 등 다양한 지역에 도착할 수 있다. 19세기 미국의 유명 작가 마크 트웨인이 반한 베기스 마을에서 헤르텐슈타인(Hertenstein)까지 운행하는 크루즈나 클래식 유람선 운터발덴 크루즈, 알프스 만년설이 붉게 물드는 스위스표 노을의 선셋 크루즈가 인기다. 유람선은 루체른 선착장(Luzern Bahnhofquai)에서 출발하며 자세한 시간표는 홈페이지(lakelucerne.ch)에서 확인할 수 있다.

• 보트

피어발트슈테터 호수를 즐기는 방법으로 페달보트나 스탠드업 패들도 있다. 페달보트는 4인용으로 앞자리는 페달을 밟고 뒷자리는 착석만 할 수 있다. 타기 전에 미리 백조에게 줄 간식을 준비해 먹이를 주는 건 어떨까? 보트를 대여할 때는 보증금을 내고 영수증을 꼭 받자. 환급받을 때 필요하다. 타기 전 로이스강을 포함한 제한구역에 대해 안내하며 제한구역을 가면 보증금을 받지 못할 수도 있다. 친절하지 않은 스태프도 있으니 참고하자.

스탠드업 패들은 3~4m 길이 보드에 서서 노를 젓는 해양스포츠로 배우기 어렵지 않아 쉽게 도전해 볼 수 있다. 리도 공원 너머의 대여점에서 빌릴 수 있다. 간단한 안내와 방법을 알려 주고 직원이 친절해 사진도 찍어 준다. 대여 시 여권이 필요할 수 있으니 챙겨 가자.

패달보트 대여 - SNG Bootsverleih Luzern
교통 제 다리(Seebrücke) 북쪽 끝 주소 Schwanenpl., 6003 전화 +41 41 368 08 08 시간 10:00~18:00 요금 30분 CHF20(보증금 CHF20) 홈페이지 sng.ch

스탠드업 패들 대여 - 서프코너 Sufcorner
교통 리도 수영장 내 주소 Lidostrasse 6a, 6006 전화 +41 44 451 90 90 시간 5·9월 10:00~19:00 / 6~8월 일~목 09:00~20:00, 금~토 09:00~21:00 요금 1시간 CHF25, 2시간 CHF35 홈페이지 www.surfcorner.ch

• 수영장

날씨가 더워지기 시작하는 5월 중순부터 9월 중순까지 호수 수영장이 개장한다. 수심이 얕은 구역이 좁은 편이고 로이스강의 유속이 빠르기 때문에, 루체르너는 정해진 장소에서만 수영을 즐긴다. 현지인이 찾는 숨은 수영장부터 시내에서 가까운 수영장까지 소개하니 골라서 즐겨 보자. 호수 수영장은 바닥이 자갈이나 모래로 되어 있어 아쿠아 슈즈나 뒤꿈치에 끈이 달린 슬리퍼를 신으면 좋다. 시외로 나갈 수 있다면 슬라이드가 있는 엠멘 지역의 무쉬슬리(Mooshüsli) 수영장이나 크리엔스 파크 수영장(Parkbad Kriens)도 괜찮다. 수영장 레일이 갖춰진 테마파크 수영장이다.

❶ 루체른 리도 Luzern Lido

1929년에 개장해 루체른에서 가장 크고 오래된 호수 수영장이다. 300m 길이의 모래 해변 앞 호수를 마음껏 즐길 수 있다. 해변과 접한 잔디밭에선 일광욕을 즐기기 좋다. 비치발리볼 경기장과 어린이 놀이터도 갖추고 있다. 차가운 호수 수온이 걱정이라면 25m 온수 수영장에서 놀자. 화장실과 샤워실, 탈의실이 갖춰져 있고 식당도 있어 한나절 놀기에 좋다. 호수 수영만 하고 싶다면 바로 옆 리도 공원에서 일광욕과 수영을 무료로 즐길 수 있다. 호숫가가 모래로 되어 있어 쉽게 호수로 들어갈 수 있다.

교통 스위스 교통 박물관 바로 앞 주소 Lidostrasse 6A, 6006 전화 +41 41 370 38 06 시간 5·9월 10:00~19:00 / 6~8월 일~목 09:00~20:00, 금~토 09:00~21:00 요금 월~금 어른 CHF8, 어린이 CHF5 / 토~일 어른 CHF10, 어린이 CHF5 홈페이지 lido-luzern.ch

❷ 로트제 바디 Rotsee-Badi

로트제는 로이스강 옆 실개천이 모여 만들어진 호수다. 유속이 거의 없어 물놀이하기 좋다. 1962년부터 조정 경기장으로 사용되나 여름에는 늘 동네 주민 차지다. 호숫가에 얕은 풀장을 만들고 유아가 놀 수 있는 작은 풀장은 잔디밭 위에 따로 있다. 다이빙대 두 개에는 아이 어른 할 것 없이 지칠 줄 모르고 뛰어내린다. 샤워실과 탈의실, 화장실이 잘 되어 있고 피자와 간단한 음식을 파는 식당이 있다.

교통 중앙역에서 1번 버스 타고 에비콘, 팔켄(Ebikon, Falken) 정류장 하차, 길 건너 도보 3분 주소 Rotseeweg 21, 6030 Ebikon 전화 +41 41 420 14 34 시간 5~9월 09:30~20:00 요금 어른 CHF5, 어린이 CHF2 홈페이지 rotsee-badi.ch

❸ 우프쇼티 공원 Ufschötti Strand

루체른 중앙역에서 멀지 않은 곳에 있는 무료 호수 수영장이다. 편의 시설은 화장실밖에 없지만, 얕은 호숫가에 모래사장이 펼쳐지고 나무 그늘과 잔디밭이 있어 일광욕을 즐기기도 좋다. 공원에서 바비큐를 즐길 수 있고 간단한 스낵과 음료를 파는 매점도 있다. 좀 더 한적하고 현지인이 즐기는 호수 수영장을 찾는다면 바그너 박물관 앞 공원(Spielplatz Richard Wagner Museum Strand)도 추천한다. 아이들이 놀 수 있는 놀이터도 있다.

교통 중앙역에서 도보 15분 주소 Strandbad Aufschütte 'Ufschötti' Alpenquai 6005

Plus Area ❶
리기산 Rigi

리기산은 '산들의 여왕'이다. 옛 현지어로 수평 단층을 뜻하는 리기라 불렀는데 15세기 라틴어로 '산의 여왕'이라는 뜻의 레기나 몬키움(Regina Montium)으로 기록해 별칭이 붙었다. 루체른 근교에 있는 산 중에서 해발 1,797m로 낮은 편이지만, 피어발트슈테터 호수와 추그(Zug) 호수, 라우어츠(Lauerz) 호수를 두르고 있어 아름다운 풍광을 자랑한다. 특별히 모난 구석 없이 서글서글한 능선은 18세기 유럽 전역에서 여행자들을 불러 모았다. 그중 빅토리아 여왕은 가마에 앉아 편안히 정상에 오르기도 했다. 19세기, 리기산 정상인 리기 쿨름(Rigi Kulm)과 칼트바트(Kaltbad), 샤이덱(Scheidegg)에 호텔이 지어졌고, 1871년 유럽 최초의 산악철도 비츠나우와 리기 철도가 생겼다. 소 떼가 풀을 먹으며 덩그렁 종소리를 내고 운해가 낀 호수 위에서 잠을 깬다면 천국이 아니었을까? 게다가 강을 거꾸로 거슬러 오르는 힘찬 연어처럼 산악열차가 산속 천국 문 앞에 데려다주니, 알프스 관광 시대가 도래했다. 미국 소설가 마크 트웨인은 "가장 매력적이고 편안하며 평화로운 휴식처다."라고 말해 리기가 유명해지는 데에 힘을 보탰다.

리기산 관광안내소
주소 Gäste-Service Rigi Dienstleistungszentrum 6356 Rigi Kaltbad 전화 +41 41 399 87 87 시간 09:30~12:40, 13:10~16:25(악천후 시 ~15:00) 홈페이지 www.rigi.ch

· 리기산으로 이동하기 ·

루체른에서 리기산 정상인 리기 쿨름역까지 가는 방법은 3가지다. 주변 마을인 ① 비츠나우, ② 베기스, ③ 아르트 골다우를 통해 오를 수 있다. ① 비츠나우로 올라 ② 베기스로 내려오는 방법을 추천한다. 베기스 유람선 선착장에서 케이블카 승강장까지 오르막길이라 걷기 힘들기 때문이다. 스위스 트래블 패스나 세이버 데이 패스가 있다면 3가지 경로 모두 무료로 이용할 수 있다.

리기 쿨름역에서 정상까지는 걸어서 5분 정도 걸린다. 오르막길은 2가지다. 한쪽은 노인이, 반대쪽은 젊은이가 방향을 가리키고 있다. 모두 정상으로 향하는 길인데 상대적으로 완만한 노인 길로 올라 젊은이 길로 내려오는 편이 낫다.

❶ 비츠나우 경유
루체른 ▶유람선 1시간 비츠나우(Vitznau) ▶빨간색·금색 산악열차 30분 리기 쿨름

❷ 베기스 경유
루체른 ▶유람선 약 40분 베기스(Weggis) ▶도보 12분 또는 502/509번 버스 이용 7분 베기스 케이블카 승강장 ▶케이블카 10분 리기 칼트바트 ▶산악열차 12분 리기 쿨름
(※ 베기스와 리기 칼트바트를 연결하는 케이블카는 정기 점검 기간이 있으니 SBB 앱을 참고해 일정을 정해야 한다.)

❸ 아르트 골다우 경유
루체른 ▶SBB 기차 30분 아르트 골다우(Arth Goldau) 상층 역 ▶파란색 산악열차 37분 리기 쿨름
(※ 돌아올 때는 역방향으로 내려온다.)

유람선 시간표 www.lakelucerne.ch 　산악열차 및 곤돌라 시간표 www.rigi.ch

리기 쿨름 Rigi Kulm

1871년, 궁핍한 생활사에 도움이 되지 않는 알프스산맥에 사람들은 도전 의식을 불태웠다. 코그휠(Cogwheel)을 단 기차로 산을 오르는 계획이다. 기차 선로는 산 정상까지 놓였고 매년 35조 원 수익을 내는 산악 관광의 시발점이 됐다. 눈 덮인 알프스와 13개 호수가 중첩된 파노라마는 산악열차로 누구나 평등하게 누릴 수 있게 됐다. 철컹, 톱니바퀴가 맞물리며 정상 역에 도착하면 우수수 내리는 방문객들이 감탄사를 내뱉는다. 높이 96m 안테나를 향해 10분 정도를 오르면 비로소 정상이다. 찬찬히 걷는 동안 리기산 주변을 360도로 감상할 수 있다. 여유가 있다면 다음 역인 리기 슈타펠까지 걸어 보자. 20분 정도 걸리는 트레일은 리기산에서 가장 유명한 하이킹 코스인 리기 클래식의 시작점이다. 완만한 언덕 내리막길이라 걷기 쉽다.

리기를 절대 영국 밖으로 뺏기지 마라

영국의 인상주의 화가, 윌리엄 터너(William Turner)는 알프스를 여섯 번이나 방문했으며 그때마다 루체른을 찾았다. 시간에 따라 달라지는 리기산을 시리즈로 그렸는데 〈푸른 리기: 일출 속의 루체른 호수(1842)〉가 대표적이다. 유화인데도 수채화처럼 번지는 기법으로 신비로운 분위기를 자아낸다. 2006년 경매 시장에서 당시 경매 최고가인 6백만 파운드에 낙찰되며 수출될 뻔했으나 영국인들이 단 5주 만에 기금을 모아 영국 정부가 소유하게 됐다. 현재 런던 테이트모던 미술관에서 만날 수 있다.

• Hiking Course • 리기 쿨름~칼트바트

리기 쿨름 ▶도보 40분 리기 슈타펠 ▶도보 20분 리기 슈타펠회에 ▶도보 20분 리기 칼트바트

리기산에는 100km가 넘는 하이킹 트레일이 조성되어 있다. 루체른 사람들에겐 동네 뒷산에 나들이로 올 만큼 걷기 쉽다. 그중 리기 쿨름에서 리기 칼트바트까지 이어진 편도 4km 트레일이 가장 인기다. 리기산 주민도 타는 산악열차가 기착하는 역이 7곳이며 1시간에 1대씩 있어 힘들면 수시로 타고 내릴 수 있다. 리기 슈타펠을 지나 작은 언덕, 로트슈톡을 둘러 걷는 우회 코스는 체력이나 시간이 가능하다면 걸어 보자. 약 1시간 정도 더 걸리며 겨울에는 눈이 쌓여 걷기 어렵다.

리기 슈타펠(Rigi Staffel) 정상에서 북서쪽 절벽을 따라 내려오는 길이다. 루체른 방향 호수와 알프스를 전망할 수 있지만, 경사가 가파르지 않아 위험하지 않다. 정상역 다음 하행역인 리기 슈타펠은 레스토랑을 갖추고 있어 쉬어 가기 좋다. 역 앞에는 넓은 구릉이 펼쳐지는데 우리나라 전통 씨름과 닮은 스위스 전통 격투기, 슈빙겐(Schwingen) 시합이 열린다.

리기 로트슈톡(Rigi Rotstock) 대부분 내리막길인 코스를 뒤로하고 오르막길을 올라야 하지만 리기 정상과 주변 풍경을 한눈에 볼 수 있으니 여유가 되면 걸어 보자. 리기 슈타펠에서 표지판을 보고 왼쪽 우회 흙길로 올라간다. 지금까지 내려오던 진행 방향과 반대쪽 풍경이 펼쳐져 색다르다. 지붕이 있는 정상 쉼터에서 도시락을 먹으며 쉬어도 좋다.

리기 슈타펠회에(Rigi Staffelhohe) 트레일 중 단 한 곳을 골라야 한다면 여기다. 1868년 영국 빅토리아 여왕도 극찬한 풍경 맛집이다. 로트슈톡에선 진행로 반시계 120도 방향 산길로 내려오다 갈림길에서 에델바이스 호텔이 보이면 오른쪽 길이다. 켄첼리(Kanzeli) 전망 포인트도 놓치지 말자.

리기 칼트바트(Rigi Kaltbad) 칼트바트는 '차가운 샘'을 뜻한다. 중세에 영주의 폭정을 피해 달아난 사람들이 1,433m 고산에서 서로 도우며 살고 있었는데 마을에 샘이 솟았다. 1545년, 사람들은 솟아난 샘을 신성하게 여겨 예배당을 지었고 순례가 이어지고 있다. 스위스 건축가 마리오 보타가 지은 호텔 칼트바트에서 데운 샘물로 온천욕을 할 수 있다. 테라스에서 음료를 즐기며 여유를 부려도 좋다.

Plus Area ❷
필라투스산 Pilatus

필라투스는 라틴어로 '구름에 싸였다'라는 뜻이다. 맑은 날에도 산 정상에 구름이 끼는 날이 많아서 붙은 이름이다. 중세에는 치유력을 가진 용이 산다고 믿었는데, 1619년에 기록된 연대기에 "밝은 용이 날개를 펄럭이며 호수 건너편 플루(Flue) 동굴로 날아가는 것을 보았다."라고 떡하니 적혀 있다. 뉴욕 팝스 오케스트라 지휘자인 스티븐 라이네케(Steven Reineke)는 대중 관악의 정석으로 알려진 〈필라투스: 용의 산〉을 작곡했다. 16세기에는 예수에게 십자가형을 내린 본디오 빌라도가 필라투스 호수에 묻혔다는 전설에 힘이 실렸다. 매주 금요일에 망령이 일어나 돌아다닌다는 소문까지 돌자 루체른 시의회는 등산을 금지했다. 산 모양이 빌라도의 얼굴 옆모습과 닮았다며 '악마의 산'이라 부르기도 했다. 사악하다 할 정도로 산세가 험준해 생긴 이야기들이다. 1889년 정상 근처까지 오르는 산악열차가 개통되고, 영국 빅토리아 여왕과 미국 시어도어 루즈벨트 대통령 등 유명 인사들이 이곳을 찾으며 인기를 얻었다. 트레일이 잘 조성되어 있어 걷기 여행자들이 즐겨 찾는다.

• 필라투스산으로 이동하기 •

루체른에서 필라투스로 가는 방법은 2가지다. 주변 마을인 알프나흐 슈타트나 크리엔스를 통해 오를 수 있다. 5월부터 10월까지 필라투스를 방문한다면 골든 라운드 트립을 이용하자. 루체른에서 필라투스로 가는 모든 교통수단을 포함한 패키지다. 스위스 트래블 패스가 있다면 골든 라운드 트립 패키지를 살 필요는 없다. 버스와 기차, 유람선이 무료이고 산악열차와 케이블카, 곤돌라를 50% 할인된 가격으로 산다. 알프나흐슈타트에서 크리엔스로 편도 이동하면 반값이다. 따로 구매하더라도 골든 라운드 트립 경로로 이동하길 추천한다.

루체른에서 배를 타고 알프나흐슈타트에 도착해 산악열차를 타면 정상 인근인 필라투스 쿨름에 도착한다. 내려올 때는 케이블카를 타고 프레크뮌테그에 도착해 곤돌라로 갈아탄 뒤 크리엔스에서 내린다. 루체른까지 1번 버스를 타고 이동한다.

산악열차 승강장이 있는 알프나흐슈타트는 루체른에서 크리엔스보다 멀고 시간이 지날수록 산악열차 이용자가 늘어 대기 시간이 길어진다. 크리엔스로 내려올 때 기착지인 프레크뮌테그에는 터보건을 비롯한 액티비티가 많아 필라투스 쿨름을 둘러보고 내려와 여유롭게 즐기기에 좋다.

❶ 알프나흐슈타트 경유

루체른 ▶기차 20분/유람선 50~90분 알프나흐슈타트(Alpnachstad) ▶산악열차 30분/기착지 엥지겐(Ämsigen) 필라투스 쿨름(Pilatus Kulm)

1889년 개통된 산악열차는 세계 최대 경사도인 48%(1km 거리를 갈 때 높이가 480m)를 자랑한다. 고도가 올라갈수록 경사가 심해지니 상행을 이용하길 권한다. 산악열차는 5월부터 11월까지(08:10~17:30) 운행되는데 매해 정확한 운행 기간을 홈페이지에 공지하고 있다. 성수기에는 이용자가 많아 홈페이지에서 예약하는 편이 좋다. 예약비는 CHF5다.

❷ 크리엔스 경유

루체른 ▶1번 버스 15분 크리엔스(Kriens) ▶곤돌라 30분/기착지 크리엔즈레크(Krienseregg) 프레크뮌테그(Fräkmüntegg) 케이블카 승강장 ▶케이블카 4분 필라투스 쿨름(Pilatus Kulm)

필라투스 쿨름에서 프레크뮌테그까지 연결된 드래고라이드는 55명이 탈 수 있는 케이블카 2대다. 프레크뮌테그에서 크리엔스까지 연결하는 곤돌라는 4인용 파노라마 캐빈이다. 겨울(11~4월)에는 크리엔스에서 프레크뮌테그를 거쳐 크리엔즈레크까지 45분간 타는 풍뒤 곤돌라를 운행한다. 케이블카와 곤돌라는 08:30~17:00(11~3월 ~16:00)까지 운행한다. 10~11월 사이의 정기 점검 기간에는 운행하지 않는다. 매해 점검 기간을 홈페이지에 공지하고 있다.

시간표 및 산악열차 예약 pilatus.ch

필라투스산 관광안내소

주소 Bahnhofpl. 6, 6053 Alpnach 전화 +41 41 329 11 11 시간 월~금 08:00~12:00, 13:30~17:30 / 토~일 08:00~14:00 홈페이지 pilatus.ch

필라투스 쿨름 Pilatus Klum

1889년 운행을 시작한 산악열차를 타고 가파른 암벽 철길을 따라 오르면 해발 2,067m 산 정상에 도착한다. 필라투스는 최고봉인 톰리스호른(Tomlishorn, 2,132m)과 함께 7개 봉우리로 구성되어 있다. 정상의 야외 전망대에 맑은 날 오르면 푸른 피어발트슈테터 호수와 새하얀 만년설로 덮인 알프스 정상 73개가 한눈에 보인다. 단, 겨울에는 눈이 쌓여 전망대 문을 닫는다.

열차 운행 이듬해인 1890년 필라투스 정상에는 웅장한 바위산을 두른 호텔 필라투스 쿨름(Hotel Pilatus Kulm)이 지어졌다. 고풍스러운 호텔은 2010년 재단장해 불편함 없이 이용할 수 있으며 레스토랑과 테라스 카페가 있어 숙박하지 않더라도 여유롭다. 아이벡스와 염소를 만나는 사파리나 망원경으로 별을 관찰하는 천문학의 밤과 같은 이벤트도 열린다. 파노라마 복도를 따라 연결된 원형 호텔 벨뷰(Hotel Bellevue)는 1960년에 지어졌다. 복도는 산악열차 상부 정류장과 케이블카 승강장이 연결되어 있으며 카페가 있어 궂은 날씨에는 쉬어 가기 좋다.

인조이 액티비티 – 프레크뮌테그 *TIP.

필라투스 쿨름에서 케이블카로 연결된 프레크뮌테그(Fräkmüntegg)는 터보건과 로프 파크를 즐길 수 있다. 루체른 시내와도 가까워 현지인이 즐겨 찾으며 학교에서 단체로 오기도 한다. 로프 파크(Rope Park)는 안전장치를 매고 공중 사다리와 집라인을 타고 돌아다니는 어드벤처 공원이다. 8세 이상 120cm 이상인 사람만 참여할 수 있다. 터보건(Toboggan)은 스위스에서 가장 긴 1,350m 레일을 따라 썰매를 타고 내려온다. 8세 이상이면 혼자 탈 수 있고, 3~7세 어린이는 어른과 함께 타야 한다. 겨울에는 5km에 달하는 눈썰매 슬로프가 열린다. 아이가 어리다면 크리엔즈레크에 있는 필루랜드 모험 놀이터를 찾아도 좋다.

로프 파크
주소 Fräkmüntegg, 6010 Hergiswil 시간 5~10월 10:00~17:00(날짜 변동) 요금 어른 CHF28, 8~16세 CHF21

터보건
주소 6052 Hergiswil 시간 4~10월 10:00~17:30 요금 어른 CHF9, 8~16세 CHF7 홈페이지 www.rodelbahn.ch

Hiking Course · 드래곤 트레일(Dragon Trail)

필라투스 쿨름에는 용의 길과 전망대, 봉우리 3곳으로 가는 5개 트레일이 있다. 최고봉인 톰리스호른을 제외하면 등산화를 신을 필요가 없을 만큼 길이 잘 정비되어 있다. 모두 짧은 코스지만, 1층 화장실을 이용한 뒤 출발하자. 화장실 앞에는 짐을 보관할 수 있는 로커가 있다.

용의 길 (10분 소요) 야외 테라스로 올라가기 전 동굴 전망대가 연결된다. 석회 암벽에 난 동굴을 걷는 길이며 숨구멍처럼 창이 뚫려 있다. 창밖으로 아찔한 에젤(Esel) 봉우리 절벽과 피어발트슈테터 호수, 언덕 위 아슬아슬하게 지어진 작은 예배당이 차례로 펼쳐진다.

오버하웁트(Oberhaupt) (10분 소요) 필라투스 산 최고 높이는 아니지만, 정수리·정상을 뜻하는 오버하웁트(2,106m) 봉우리에 올라가는 길이다. 가파른 경사를 지그재그로 5~10분 정도 오르면 장엄한 필라투스 산 전체를 360도로 전망할 수 있어 반드시 들러야 할 코스다.

크리지로흐(Chriesiloch) (30분 소요) 용의 길에서 좁은 흙길과 계단을 따라 올라가면 크리지로흐 전망대에 다다른다. 수직으로 연결된 석회암 동굴을 올라와야 한다. 오버하웁트를 내려오는 길에 크리지로흐 전망대를 들렀다가 용의 길을 거슬러 가면 편하다.

에젤(Esel) (왕복 20분 소요) 원형 호텔 벨뷰 뒤로 필라투스 두 번째 봉우리, 에젤(2,118m)로 올라가는 계단이 있다. 필라투스는 주변 호수와 하천으로 공기 중 수분 함량의 영향을 많이 받아 구름이 자주 낀다. 필라투스가 모자를 쓰면 날씨가 좋고, 기둥이 생기면 비가 내린다고 할 정도로 영향을 많이 주는 탓에 에젤 봉우리에 기상관측소를 설치했다.

톰리스호른(Tomlishorn) (왕복 1시간 30분 소요) 필라투스에서 가장 높은 봉우리인 톰리스호른(2,132m) 정상으로 가는 길이다. 왕복 2.8km 거리이며 1시간 30분 소요된다. 외길로 자갈이 많아 미끄러움에 조심해야 한다. 일부는 로프가 설치될 만큼 가파른 구간도 있다. 트레일은 6~10월에만 열리는데 정상에 있는 눈으로 바위 폭포가 생길 수 있어 오픈 날짜가 유연하다. 초롱꽃(Bellflower)와 꽃다지(Whitlow grass), 담자리꽃(Mountain avens), 디기탈리스(Fairy foxglove)와 같은 야생화를 볼 수 있어 '꽃길'이라 부른다.

Plus Area ❸
티틀리스산 Titlis

중부에서 가장 높은 봉우리, 티틀리스(Titlis, 3,238m)는 옵발덴(Obwalden)주와 베른주 경계에 있는 우르너(Urner) 알프스에 속한 산이다. 만년설로 덮인 알프스 영봉들이 펼쳐지고 스위스 중부에서 유일하게 빙하를 만날 수 있어 '작은 융프라우'라고 불린다.

루체른 주변 중부 알프스는 2,000m대 봉우리로 일찍부터 사람들이 오르내렸다. 수렵이나 낙농업, 채광이나 무역 통로, 신앙 등이 목적이 아니라면 산은 정복 대상이 아니었다. 티틀리스는 그런 면에서 삶에 도움이 되지 않았다. 정상 부근은 강설량과 용해량이 일치하는 설선에 자리하고 있어 1년 내내 눈이 쌓여 있다. 1739년 엥겔베르크에서 온 두 사람, 이그나즈 헤스(Ignaz Hess)와 J. E. 바서(J. E. Waser)가 티틀리스 초기 등반에 성공했다. 등산 자체로 기쁨과 즐거움을 찾는 알피니즘이 1786년에 나왔으니 그보다 훨씬 전이다. 이후 티틀리스는 처음이라는 타이틀을 자주 달았다. 1904년 스키 등반이 이뤄졌고 스위스에서 처음으로 빙하 동굴을 지어 공개했다. 유럽에서 가장 높은 곳(3,041m)에 현수교를 설치했고 세계 최초의 회전 곤돌라 로테어가 설치되었다.

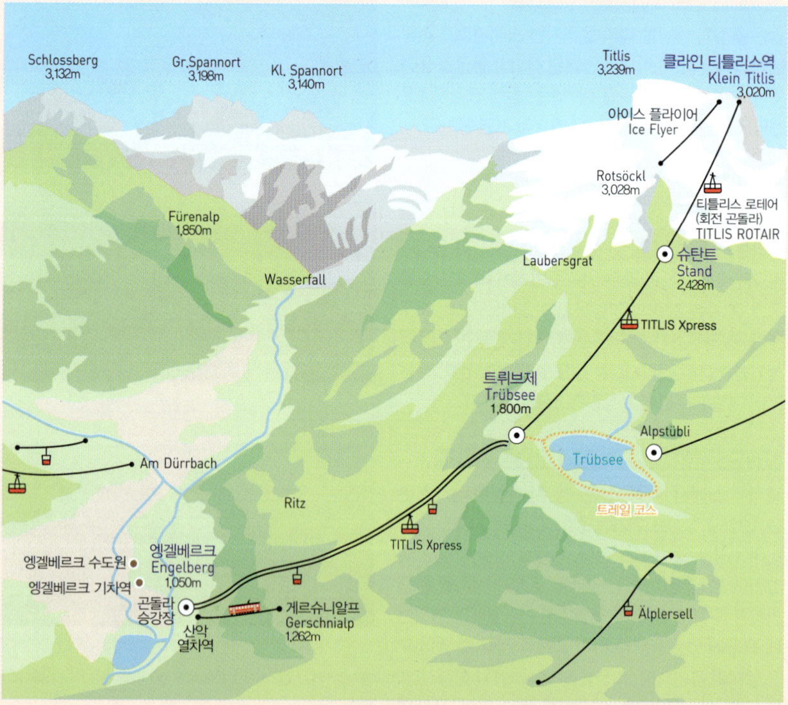

· 티틀리스산으로 이동하기 ·

루체른 ▶기차 45분 엥겔베르크(Engelberg) ▶도보 10분 엥겔베르크 곤돌라 승강장 ▶티틀리스 익스프레스 곤돌라 15분 슈탄트(Stand) ▶로테어 회전 곤돌라 5분 클라인 티틀리스(Klein Titlis)

❶ 루체른 ▶ 엥겔베르크
루체른 중앙역 13번 플랫폼에서 매시 10분 IR 열차가 출발하며 엥겔베르크역까지 43분 걸린다. 엥겔베르크역에서 곤돌라 승차장까지 도보로 15분쯤 걸린다. 기차역을 나와 오른쪽 반호프 거리를 걸으면 작은 엥겔베르크 강을 만나고 다리를 건너자마자 오른쪽 로흐르 거리(Rohrstrasse)를 걸어 도착한다. 기차역에서 303·301·307번 버스를 이용하면 5분 정도 걸리는데 기차 도착 시간과 맞지 않으면 걷는 편이 빠르다.

❷ 엥겔베르크 곤돌라 승차장 ▶ 트뤼브제 ▶ 슈탄트
티틀리스 익스프레스 곤돌라는 8인승이다. 엥겔베르크에서 곤돌라를 타면 기착지인 트뤼브제에 도착하는데 내리지 않으면 그대로 탄 채 슈탄트에 도착한다. 정상까지 가는 곤돌라, 로테어(Rotair)의 대기 시간이 길어질 수 있어서다. 하강할 때 트뤼브제에 들르는 일정을 추천한다. 티틀리스 익스프레스는 8시 30분부터 17시까지 운행하며 상행은 16시까지 운행한다.

❸ 슈탄트 ▶ 클라인 티틀리스
세계 최초의 회전 곤돌라인 로테어(Rotair)는 바닥과 몸체가 분리되어 돌아가서 한자리에 있어도 360도 파노라마를 전망할 수 있다. 11월 티틀리스를 방문한다면 홈페이지를 확인해 보자. 정기 점검이 있어 10일 정도 운행하지 않으며 매해 날짜가 유동적이다.
인도 국민 영화 〈용감한 자가 신부를 데려가리(Dilwale Dulhania Le Jayenge)〉 촬영지라 10시부터 로테어를 타려는 대기 줄이 길어지니 참고하자.

세계 최초의 회전 곤돌라 로테어

(※스위스 트래블 패스 소지자는 엥겔베르크까지 기차가 무료, 티틀리스 익스프레스와 로테어 회전 곤돌라 승차권이 50% 할인된다.)

티틀리스산 관광안내소
주소 Hinterdorfstrasse 1, 6390 Engelberg **전화** 416-397-777 **시간** 08:00~12:00, 13:00~17:00 **홈페이지** titlis.ch

클라인 티틀리스 Klein Titlis

산 정상에 있는 클라인 티틀리스는 여름에도 눈이 쌓여 만년설을 즐길 수 있다. 약 5,000년 전에 만들어진 빙하 동굴과 빙하 위를 둥실 날아가는 아이스 플라이어 리프트, 유럽에서 가장 높이 있는 현수교인 티틀리스 클리프 워크가 있다. 건물 내에 레스토랑과 오펜 바(Ofen bar)가 있고 기념품점과 민속의상을 입고 찍는 사진관이 있어 추억을 쌓기 좋다. 1층은 빙하 동굴과 클리프 워크로 가는 길이 연결되고 5층은 전망대와 아이스 플라이어 리프트로 연결된다.

티틀리스 정상에서 즐기는 액티비티 *TIP*

❶ 빙하 동굴 Gletschergrotte

역 건물 1층과 연결된 빙하 동굴은 150m 정도 빙하로 이어져 있어 걸을 수 있다. 빙하 내부는 여름에도 영하 1.5°C를 유지하므로 경량 패딩이나 조끼 등으로 따뜻하게 입어야 한다. 빙하 사이에 낀 바위와 자갈, 압축된 빙하 결을 그대로 볼 수 있으며 얼음 의자에 앉아 기념사진도 찍을 수 있다. 바닥이 미끄러우니 천천히 이동하자.

❷ 아이스 플라이어 리프트 Ice Flyer Chairlift

별도 요금을 내면 6인승 리프트로 빙하와 10m가 넘는 아찔한 크레바스 위를 지나간다. 여름에는 정상에서 빙하 공원까지, 겨울에는 정상에서 스키 슬로프까지 연결된다. 리프트에서 내리면 신의 손바닥처럼 생긴 봉우리, 로트슈퇴클리(Rotstöckli)가 보이고 눈썰매장이 있다. 스키와 튜브 썰매, 봅슬레이를 할 수 있으며 지구 온난화로 여름에는 운영하지 않는다.

❸ 티틀리스 클리프 워크 Titlis Cliff Walk

영하의 날씨에도 발에 땀이 송골송골 나는 클리프 워크에 도전하자. 유럽에서 가장 높이 있는 현수교다. 3,041m 고도에 있는 빙하 절벽으로부터 500m 위에 길이 100m, 폭 1m인 현수교를 놓았다. 강철 케이블로 만들어져 튼튼한 건 알지만 바람이 불 때마다 흔들리는 다리를 부여잡는 건 남녀노소 가리지 않는다. 악천후에는 건널 수 없다.

트뤼브제 Trübsee

현지인이 꼽는 티틀리스의 백미는 트뤼브제(Trübsee, 1,800m)다. 신록이 짙어지는 여름이면 트뤼브 호수 한 바퀴를 도는 하이킹이 인기다. 힘들면 곳곳에 설치된 해먹과 벤치에서 쉬어 갈 수 있다. 1시간 정도 걸리는 코스는 대부분 평탄해 아이들은 물론, 유모차도 갈 수 있다. 아이와 함께라면 노새 슈무글리가 호수 놀이터에 숨겨 놓은 보물찾기도 할 수 있다. 장사꾼 엥겔베르크가 노새 슈무글리와 함께 요흐 고개(Jochpass)를 넘어 모험을 떠나는 이야기를 담았다. 미리 엥겔베르크 관광안내소에서 안내지를 받을 수 있다. 어른들을 위한 어드벤처 파크도 빼놓을 수 없다. 트뤼브제 승강장 아래 있는 어드벤처 파크부터 트뤼브제 호텔까지 호수를 가로지르며 타는 집라인을 탈 수 있다. 가장 유명한 액티비티는 바로 번지점프. 로프 없이 대형 에어백이 있는 바닥으로 점프한다.

호젓한 호숫가에서 물에 비친 티틀리스산을 감상할 수도 있다. 6월부터 11월까지 나룻배 5척(정원 4명)을 자유롭게 이용할 수 있다. 무료로 이용할 수 있지만, 유지를 위해 CHF10을 기부금으로 넣어 달라는 안내가 있다. 숲속 바비큐는 어떨까? 호수 주변을 걷는 트레일 곳곳에 돌을 쌓아 만든 바비큐장이 있다. 장작은 준비되어 있으니 불 피울 점화 기구와 포일, 음식을 준비하면 가능하다.

엥겔베르크 Engelberg

'천사의 언덕'이란 뜻인 엥겔베르크는 한 수도사가 하나님에게 헌신할 수도원을 세우라는 명을 받고 1120년에 베네딕토회 수도원을 세운 데서 시작되었다. 마을 곳곳에 천사 석상과 모형이 눈에 띈다. 18세기 화재로 다시 세운 수도원에는 9,097개 파이프로 된 오르간이 있다. 스위스에서 가장 큰 파이프 오르간이다. 수도사들은 소와 염소를 키우고 치즈를 만들어 생활한다. 수도원 치즈 공방은 가게와 함께 있어 만드는 과정을 보거나 치즈를 맛보고 살 수 있다. 엥겔베르크 일정이 여유롭다면, 트로티 바이크에 도전해 보자. 티틀리스 익스프레스 승강장 옆에 게르슈니알프(Gerschnialp)로 가는 산악열차가 있다. 게르슈니알프역에서 트로티 바이크를 대여해

타고 내려오는 코스다. 5~10월 9시부터 5시까지 운행하며 대여료는 CHF8이다. 악천후에는 미끄러질 위험이 있어 문을 닫는다.

엥겔베르크 수도원(Engelberg Abbey)
주소 Klosterhof 6390 Engelberg **전화** +41 41 639 61 61 **시간** 가이드투어 화·목·토 16:00(1시간) **요금** 무료 **홈페이지** www.kloster-engelberg.ch

Plus Area ❹ 슈탄저호른산 Stanserhorn

슈탄저호른이 추구하는 방향은 느긋한 산(Lazy mountain)이다. 늘어지게 누워 시간을 보내거나 1,898m 정상까지 여유롭게 걸어 보는 일정이 최선이다. 케이블카를 타고 승강장에 도착하면 회전 레스토랑 론도라마(Rondorama)와 전망대가 맞이한다. 공중에 떠 있는 듯한 테라스에서는 파노라마로 펼쳐진 베르너 오버란트의 설산을 한눈에 볼 수 있다. 정상까지 느긋하게 걸으면 30분 정도다. 하이디가 살았을 것 같은 목조 가옥 옆으로 마멋 사육장이 있다. 알프스를 상징하는 동물로 1912년부터 슈탄저호른 사육장에서 보호하고 있다. 누울 수 있는 벤치나 의자가 있어 쉬엄쉬엄 걸어 오르면 피어발트슈테터 호수가 잡힐 듯 펼쳐진다.

슈탄저호른 관광안내소
주소 Stansstaderstrasse 19, 6370 Stans **전화** +41 41 618 80 40 **시간** 08:00~12:00, 13:30~17:30 **홈페이지** stanserhorn.ch

• 슈탄저호른산으로 이동하기 •

루체른 근교 여행지 중에서 가장 가까이 있어 한나절 동안 다녀올 수 있다. 덕분에 슈탄저호른에서 일출이나 일몰을 볼 수 있도록 산악열차나 케이블카 운행 시간이 길다. 루체른 기차역 12번 또는 14번 플랫폼에서 매시 2회 IR 열차 또는 S4 반(Bahn)이 출발한다. IR열차는 44분, S4 반은 57분 걸린다. 슈탄저호른 기차역 지척에 빈티지 산악열차역이 있다. 산 중턱에 오르면 루프톱 케이블카, 카브리오로 갈아탄다.

• 이동 경로
루체른 ▶기차 13~21분 슈탄스(Stans) ▶도보 5분 슈탄저호른 반(Stanserhorn-Bahn) ▶산악열차 9분 소요 켈티(Kalti) ▶오픈 케이블카 카브리오 7분 슈탄저호른(Stanserhorn)

120년 시간을 거스르는 여행, 빈티지 산악열차와 카브리오(Cabrio)

1893년 슈탄저호른 전망대가 생길 때 나무로 된 산악열차도 만들어졌다. 정상까지 오르던 산악열차는 선로와 호텔에 번갯불이 나면서 폐쇄돼 일부 구간만 운행하게 됐다. 모자를 눌러쓴 차장이 종을 울리고 레버를 당기면 객차는 덜컹대며 움직인다. 세계 최초로 전기로 움직이는 산악열차다. 1974년 켈티역과 정상을 연결하는 케이블카가 있었으나 2012년 세계 최초의 오픈 케이블카, 카브리오를 설치했다. 1층은 일반 객실이지만, 계단으로 올라가면 루프톱이 있다. 당시에 오픈형 케이블카는 실로 놀라운 아이디어였다. 해발 710m에서 1,849m 정상까지 초속 8m로 움직여 손에 땀을 쥐게 한다. 루프톱에는 가이드가 있어 이동하는 7분 동안 카브리오의 신기술과 슈탄저호른을 소개한다.

주소 Stansstaderstrasse 19, 6370 Stans **전화** +41 41 618 80 40 **시간** 4~11월 08:15~16:30 / 5~11월 토요일 및 6~10월 목~토 08:15~22:00(30분 간격, 성수기는 10분 간격) **요금** 왕복 CHF82, 굿모닝 티켓(~09:30) CHF74, 스위스 트래블 패스·텔 패스 무료 **홈페이지** www.stanserhorn.ch (웹캠으로 날씨 확인 가능)

추천 식당

라트하우스 브루어라이
Rathaus Brauerei

라트하우스는 독일어로 시청사를 말하는데 바로 옆에 있어서 지은 이름이다. 1601년 지어진 건물에 1998년 레스토랑을 열었다. 필라투스산에서 나는 샘물을 써서 맥주를 빚는 양조장도 겸하는데 물이 좋아서 그런지 맛도 좋다. 계절마다 맥주 4종류 이상 만드는데 블론드 라거가 가장 인기다. 여기에 로티세리 라트하우스 치킨(Rotisserie Rathaus Chicken)을 시키면 곧바로 치맥이 된다. 맥주와 함께 먹기에는 뢰스티도 좋다. 시내 중심, 카펠교 인근에 있어 찾기 쉽다. 이왕이면 테라스 좌석에 앉아 카펠교와 로이스강을 감상하며 먹어 보자.

주소 Unter der Egg 2, 6004 **전화** +41 41 410 61 11 **시간** 일·월·수~금 09:00~21:30, 화·토 08:00~23:30 **요금** 맥주 CHF8.5~ **홈페이지** rathausbrauerei.ch

춘프트하우스 피슈테른
Zunfthaus Pfistern

제분 조합에서 만든 레스토랑으로 주인이 여러 번 바뀌었으나 스위스 중부 전통 음식을 이어 오고 있다. 치즈 퐁뒤나 라클렛 같은 치즈 요리가 대표적이다. 라클렛은 보통 녹인 치즈를 접시에 부어 주는데 치즈를 녹여 먹을 수 있는 기기를 줘서 먹는 동안 따뜻하게 즐길 수 있다. 스위스 치즈는 먹고 싶은데 맛이 걱정된다면 코르동블루(Poulet Cordon bleu)를 추천한다. 치즈가 든 돈가스다. 라트하우스만큼은 아니지만, 로이스강 변에 있어 전망이 좋다. 1층 테라스에서 로이스강을, 2층 테라스에서 카펠교를 볼 수 있다.

주소 Kornmarkt 4, 6004 **전화** +41 41 410 36 50 **시간** 09:00~24:00(토 08:00~, 일 ~23:00) **요금** 치즈 퐁뒤·코르동블루 각 CHF35.5 **홈페이지** restaurant-pfistern.ch

피제리아 바이세스 크로이츠
Ristorante Pizzeria Weisses Kreuz

어린이 입맛이라 스위스에서 밥 먹기 힘든 사람이나 시내에서 멀리 움직이기 싫은 사람에게 추천한다. 루체른 중심가에 피자와 파스타를 제법 하는 식당이다. 식당 내에 화덕을 두고 피자를 굽는다. 파스타 중 오일 파스타가 무난하며 치즈가 맛있는 집이니 좋아한다면 크림 파스타 또는 카르보나라를 시켜 로컬 맥주인 아이히호프(Eichhof)와 함께 먹어 보자. 양도 많고 주인도 친절한 편이다. 홈페이지에서 온라인 예약도 가능하다.

주소 Furrengasse 19, 6004 **전화** +41 41 418 82 20 **시간** 11:00~23:00 **요금** 피자 CHF27~ **홈페이지** altstadthotelluzern.ch

프리치
Fritschi

구시가 골목에 깊숙이 있지만 벽화가 화려해 눈에 띄어 찾기 쉽다. 18세기에는 건물에 그림을 그려 부를 과시했는데 그 모습을 현대에 들어 재현했다. 내부도 고풍스러운 분위기가 물씬 풍긴다. 스위스 전통 요리를 전문으로 하고 퐁뒤를 맛볼 수 있다. 2인 이상 주문이 가능하다. 치즈에 거부감이 있다면 끓인 기름에 고기를 넣어 익혀 먹는 부르고뉴 퐁뒤도 있다.

주소 Sternenpl. 5, 6004 전화 +41 41 410 16 15 시간 월~금 10:00~22:30 (토 ~23:00, 일 ~22:00) 요금 퐁뒤 CHF35.9~ 홈페이지 lunchgate.ch

루츠 제비스트로
Luz Seebistro

로이스강과 피어발트슈테터 호수가 만나는 지점에 있다. 유람선 선착장과도 가까워 배 시간을 기다리며 음료를 마시거나 간단하게 음식을 먹기 좋다. 테라스에 앉으면 호수 건너편 장크트 레오드가르 호프 성당 전망이 보인다. 이른 시간에 문을 열어 아침이나 브런치를 즐기려 찾는 사람이 많지만, 지는 해에 물드는 호수를 보며 시간을 보내기도 좋다. 식전주로 시작해 간단한 저녁도 고려해 보자.

주소 Landungsbrücke 1, 6002 전화 +41 79 840 94 28 시간 09:00~22:00(금~토 ~24:30, 일 ~20:00) 요금 샌드위치 CHF9.5 홈페이지 Luzseebistro.ch

소울 치킨
Soul Chicken

슈프로이어교와 무제크 성벽 근처에 있는 구시가에 자리한다. 실내는 스위스 가정식 식당처럼 소담하고 포근하다. 우리나라로 치면 프라이드치킨을 파는 식당이다. 치킨은 파프리카를 갈아 만든 매콤한 특제 소스와 나오니 함께 먹어 보자. 식전 빵도 맛이 좋은 편이다. 음식은 전체적으로 조금 짠 편이니 맥주와 함께 먹으면 좋다. 우리 입맛에 맞아서 그런지 아시아인이 많이 찾는다. 직원들이 유쾌하고 친절하다.

주소 Löwengraben 31, 6004 전화 +41 79 537 24 82 시간 화~금 11:30~14:30, 17:30~22:00 / 토~일 11:30~14:30, 17:00~22:00 / 월요일 휴무 요금 치킨 윙 CHF23 홈페이지 Soulchicken.ch

비르츠하우스 갈리커
Wirtshaus Galliker

1865년 갈리커(Galliker) 가문에서 시작해 4대째 운영되고 있는 스위스 전통 음식점이다. 오래된 조리법을 그대로 이어 내려오고 있다. 공처럼 생긴 빵 속에 송아지고기와 버섯, 건포도를 넣은 스튜 요리가 들어가는 루체르너 추겔리파슈테틀리(Lucerner Chügelipastetli)가 유명하다. 매주 화요일과 목요일, 토요일은 소고기와 채소를 끓여 만든 프랑스 요리, 포토푀(Pot-au-feu)가 준비된다. 주로 겨울에 먹는 프랑스 전통 음식이다. 금요일은 후추를 곁들인 로스트비프를 먹는 날이다.

주소 Schützenstrasse 1, 6003 **전화** +41 41 240 10 02 **시간** 11:15~14:30, 18:00~24:30 **일** 월요일 휴무 **요금 홈페이지** wirtshaus-galliker.ch

카페 알피네움
Alpineum Kaffeehaus°Bar

카페 알피네움은 빈사의 사자상 바로 앞, 1885년에 지어진 고전적인 건물에 있다. 원래 알피니즘 작품을 전시하는 박물관이었으나 지금은 문을 닫았고 건물 일부를 카페로 사용하고 있다. 내부는 좁은 편이지만, 날씨가 좋으면 테라스가 넓게 자리해 자리는 충분하다. 커피나 홈메이드 레모네이드가 인기다. 스페셜 티도 있는데 일반적인 레모네이드를 권한다. 맥주와 와인, 카바, 칵테일과 스플리츠 등 간단하게 먹을 수 있는 술도 있다. 포카치아 빵은 그날그날 종류가 다르다.

주소 Denkmalstrasse 11, 6006 **전화** +41 77 424 90 98 **시간** 화~목 09:00~12:30, 금~토 09:00~14:00, 일 11:00~18:00 **요금** 커피 CHF4.9, 레모네이드 CHF5.5 **홈페이지** www.alpineum.lu

프릭 타이
Prik Thai

오랜만에 밥이나 매운맛이 그립다면 프릭 타이로 가자. 루체른 중앙역에서 가까운 태국 음식점이다. 내부는 밝고 활기차며 조금 산만하다. 직원들은 친절한 편. 똠양꿍과 쏨땀, 팟타이, 레드 타이 커리 등 태국에서 먹는 그 맛이라 아시아인과 현지인이 즐겨 찾는다. 가격에 비해 양이 많은 편이다. 포장을 할 수 있어 숙소로 가져와 편히 먹거나 날이 좋으면 바로 앞 인젤리(Inseli) 공원에서 먹어도 좋다.

주소 Inseliquai 8 **전화** +41 41 410 00 02 **시간** 월~토 11:00~22:00 **일요일 휴무 요금** 메인 CHF14~ **홈페이지** prikthai.ch

추천 숙소

호텔 데 잘프스
Hotel des Alpes

루체른에서 가장 좋은 호텔 위치를 고르라면 카펠교 북측 방향이다. 피어발트슈테터 호수로 흐르는 로이스강과 카펠교 뒤로 필라투스산까지 한눈에 보인다. 3층 대형 테라스가 있는 발코니는 비싼 편이다. 시내 전망은 좋지만, 필라투스산까지 시야가 넓지 않아 가성비를 고려한다면 테라스가 없는 별관 상층을 권한다. 객실은 작은 편이다.

주소 Rathausquai 5, 6004 전화 +41 41 417 20 60 요금 CHF 180~ 홈페이지 desalpes-luzern.ch

백패커스 루체른
Backpackers Luzern

루체른에서 유일한 호스텔이다. 중앙역에서 호수를 따라 걸으면 20분 정도 걸린다. 중앙역 바로 앞 버스정류장에서 6, 7, 8번 버스를 타고 이동하자. (도보 6분) 정류장 앞에 미그로스와 동네 빵집 마치(Macchi)가 있어 음식을 구매해 가기 좋다. 호스텔 내에 취사 공간이 있다. 보안도 철저한 편. 숙소는 학교와 인접해 청춘 분위기가 물씬 풍긴다. 바로 앞에 우프쇼티(Ufschötti) 공원이 있어 여름이면 물놀이하기 좋다.

주소 Alpenquai 42, 6005 전화 +41 41 511 82 41 요금 CHF 40~ 홈페이지 backpackerslucerne.ch

호텔 코비 부티크 스튜디오
KoBi Boutique Studios Hirschenplatz

신축 건물에 단독 아파트다. 객실은 깔끔하고 넓다. 최신 가전제품과 인덕션, 오븐 전자레인지, 토스트기, 커피포트, 커피머신, 냉장고, 식기, 냄비 등 취사할 수 있는 대부분이 준비되어 있다. 직원이 친절하며 왓츠앱으로 문자나 전화로 문의나 불편 사항을 말하면 신속 처리된다. 구시가 내에 있어 이동이 쉽고 쇼핑가와 식당이 근처에 있어 생활하기 좋다. 단, 엘리베이터가 없다.

주소 Hirschenpl. 4, 6004 전화 +41 79 235 66 88 요금 CHF 69~ 홈페이지 hotelinswiss.com/kobi-boutique-studios-hirschenplatz

샤토 게슈
Château Gütsch

1888년 건축가 에밀보그가 독일의 노이슈반슈타인 성을 모티브로 만든 벨에포크 궁전으로 개인을 위해 만들었다. 루체른 구시가지와 알프스산맥을 바라볼 수 있는 낮은 언덕에 위치해 조망하는 것만으로도 성주가 된 듯한 기분이다. 시내와 언덕을 이어주는 산악열차를 이용하면 쉽게 이동할 수 있다.

주소 Kanonenstrasse, 6003 전화 +41 41 289 14 14 요금 CHF 212~ 홈페이지 www.chateau-guetsch.ch

샤토 게슈

SWITZERLAND

베른 지역
Bern Region

베른

Bern

독일 대문호 괴테는 "수많은 도시를 보았지만, 베른처럼 아름다운 도시를 본 적이 없습니다."라는 말을 남겼고, 그 한마디로 베른은 수많은 여행자의 목적지가 되었다. 베른은 우리나라 하회마을처럼 물돌이 마을이다. 아레(Aare)강이 마을을 ⊃자 형태로 감싸고 흐르고 마을은 언덕 위에 있으니 난공불락이다. 군사적 이점이 있는 이 땅에 발을 들인 건 독일 체링겐(Zähringen) 가문의 베르톨트 5세(Bertold V)다. 그는 1191년 베른을 건설하고 이곳을 거점으로 삼아 스위스 북서부를 장악하여 27년간 통치했으나 후계 없이 사망했고, 베른은 신성로마제국 지배에 있다가 자유 도시가 되었다. 1353년 스위스 연방에 가입하고 순조롭게 발전하던 베른에 1405년 큰불이 나서 다닥다닥 붙어 있던 목조 건물이 불타 도시 대부분이 소실되었다. 베른 시민들은 폐허를 복구하는 과정에서 화재에 대비해 석조 건물로 계획 도시를 세우게 되었고, 지금까지 잘 보존해 1983년 구시가 전체가 유네스코 세계문화유산으로 지정됐다. 오늘날 베른은 스위스의 수도이자 다섯 번째로 인구가 많은 도시이며 독일어 사용 지역이다.

• 베른으로 이동하기 •

항공

베른 외곽에 벨프(Belp) 국제공항이 있다. 유럽 중심인 스위스의 가운데에 있어 다른 유럽 국가에서 올 때 비행 시간이 짧지만, 취리히나 제네바에 비해 공항이 활성화되어 있지 않아 연결 노선을 찾기 어렵다.

홈페이지 www.bernairport.ch

■ **공항에서 시내로 이동하기**

공항에서 베른 시내까지 약 9km로 가깝지만 한 번에 가는 대중교통은 없다. 공항에서 160번 버스(05:48~22:48)를 타고 벨프(Belp) 기차역에 하차 후 베른 중앙역에 가는 기차로 갈아타야 한다. 35분 정도 걸린다. 베른의 정식 숙박 업체에 머문다면 예약 확인서를 보여 주고 무료로 탈 수 있다. 택시를 이용하면 공항에서 베른 중앙역까지 15분 정도 걸리며 택시비는 약 CHF50 발생한다.

기차

베른은 스위스 중심에 있어 교통의 요지다. 베른 중앙역에는 유럽 고속열차가 정차하고 스위스 주요 도시와 직행열차로 연결되며 운행 편수도 많다. 역 내에 위치한 SBB 티켓 사무실에서 스위스 트래블 패스와 티켓 구매, 환전도 가능하다. 역 내에는 약 80개 상점과 식당, 슈퍼마켓이 있다. 베른 시내에 있는 상점은 평일 10시부터 18시, 토요일 17시까지 운영하며 일요일은 문을 닫는다. 기차역 내의 쿱(Coop)은 시내보다 늦게까지 문을 여는데, 월요일부터 토요일까지는 6시부터 23시, 일요일은 7시부터 23시까지 운영한다. 유료 화장실은 지하 1층에, 코인 로커(현금/카드)는 0층과 지하 1층에 있다. (0층은 우리나라 1층에 해당한다.) 4시부터 다음날 2시 15분까지 운영하며 가장 큰 규모는 52.5×94.5×85.5cm(CHF 12)다. 구시가에 있는 6km 석조 아케이드처럼 중앙역에서 베른 구시가 근처까지 연결한 투명 아케이드는 궂은 날씨에 베른 여행을 돕는다.

주요 노선	이동 시간
취리히 – 베른	약 1시간
루체른 – 베른	약 1시간
제네바 – 베른	약 1시간 40분
바젤 – 베른	약 1시간
인터라켄 – 베른	약 1시간
파리 – 베른	약 4시간

버스

유럽 주요 도시에서 고속버스를 이용해 도착할 수 있다. 기차보다 오래 걸리고 터미널이 베른 시내와 멀어 권하진 않는다. 유로라인(Eurolines)이 그나마 시내와 가까운 곳에 정차한다.

주소 유로라인 정류소 Bern Schützenmatte, 3012 Bern

자동차

제네바나 취리히, 바젤은 1번, 발레나 베르너 오버란트는 6번 도로를 이용해 베른에 도착한다. 베른 도심은 도로가 복잡하고 일방통행이 많아 도보나 대중교통을 이용해 관광하는 것을 추천한다.

홈페이지 공공주차장 parking-bern.ch

• 베른의 시내 교통 •

트램

마르칠리 푸니쿨라

관광 명소는 대부분 베른 구시가에 있어 도보로 둘러볼 수 있다. 베른 중앙역에서 가장 먼 곰 공원까지 25분 정도 걸린다. 여유롭지 않다면 버스나 트램을 타고 곰 공원까지 한 번에 이동해 중앙역으로 걸어오며 둘러보자. 언덕 위에 있는 구시가에서 아레강으로 내려가려면 대성당 뒤, 마르칠리(Marzili) 푸니쿨라를 이용하면 쉽게 오르내릴 수 있다. 강변에 있는 베른 유스호스텔에서 묵는다면 필수로 알아 두자.

베른 공항이나 파울 클레 센터처럼 외곽에 갈 때는 버스와 트램을 이용해야 한다. 리베로(Libero)에서 운영하는 베른 교통 시스템이 잘 되어 있어 버스와 트램 배차 간격이 짧다. 베른을 한눈에 볼 수 있는 구르텐(Gurten)과 마르칠리의 푸니쿨라도 리베로에서 운영한다.

버스 및 트램 노선 www.bernmobil.ch

교통 패스

승차권

승차권은 리베로(Libero)의 모든 교통을 이용할 수 있다. 구역(Zone)에 따라 요금이 달라지며 베른 시내 중심은 100/101구역, 공항과 구르텐(Gurten)은 115구역에 해당한다. 하루 2회 이상 이용한다면 1일권이 낫다. 각 정류장 매표소 또는 티켓 자동판매기에서 살 수 있다.

(단위 : CHF)

1회권							1일권		
단거리 티켓 (5개역, 30분)			싱글 티켓 (100/101구역, 1시간)				(24시간)		
어른		6~16세		어른		6~16세		어른	6~16세
1등석	2등석	1등석	2등석	1등석	2등석	1등석	2등석	1등석	2등석
-	3.0	-	2.0	9.0	5.2	5.1	3.0	18.0	10.4	10.2	6.0

베른 티켓

베른에서 정식 숙박 업체에 머문다면 100/101구역의 시내 교통을 무료로 이용할 수 있는 베른 티켓(Bern Ticket)이 제공된다. 자세한 노선 및 이용 시간 확인 및 구매는 홈페이지(mylibero.ch)에서 할 수 있으며 무료 앱도 있다.

택시

구시가를 여행할 때 택시를 탈 일이 거의 없다. 베른 공항이나 파울 클레 센터처럼 외곽으로 갈 때나 아레강 변에서 중앙역으로 이동할 때 짐이 많거나 이동이 어렵다면 이용해 보자. 전화로 예약할 수 있으며 중앙역 인근에는 택시 정류장이 있고 지나가는 택시는 손을 흔들어 정차하면 이용할 수 있다. 기본요금은 CHF6.8이고 1km당 CHF4.5씩 늘어난다. 수화물에 대한 추가 요금은 없으며 저녁 20시부터 다음 날 6시까지 1km당 CHF5로 늘어난다.

배런(Bären) 택시 +41 31 371 11 11 노바(Nova) 택시 +41 31 331 33 13

자전거

스위스 자전거 공유 시스템인 퍼블리바이크(Publi Bike)가 가능한 도시다. 베른 외에 로잔과 모르주, 취리히 등 8개 도시에서 운영되고 있다. 일반 자전거는 처음 30분은 CHF3, 추가 10분마다 CHF1씩 비용이 발생하며 24시간 대여는 CHF24이다. 전기 자전거는 처음 30분은 CHF5, 추가 10분마다 CHF2씩 발생하며 24시간 대여는 CHF48이다. 자전거 대여소 위치와 오픈 시간은 홈페이지(www.publibike.ch)에서 확인할 수 있다. 퍼블리바이크 앱을 설치하면 자전거를 빌릴 수 있는 대여소 위치와 가능 대수 확인은 물론, 결재까지 할 수 있어 편리하다. 현재 구글 맵스와 연동되어 쉽게 찾을 수 있다.

베른 관광안내소

베른 중앙역에 있다. 시내 지도와 명소, 식사와 숙박 정보 공유는 물론, 관광청에서 운영하는 가이드투어를 신청할 수 있다. 구시가 투어(90분), 시계탑 내부 투어(60분), 베른 맥주 투어가 있다.

주소 Bahnhofplatz 10a, 3011 Bern **전화** +41 31 328 12 12 **시간** 월~토 09:00~19:00, 일·공휴일 09:00~18:00 **홈페이지** www.bern.com

Bern

베른
추천 코스

베른 역사가 살아 있는 구시가는 유네스코 세계문화유산으로 지정될 만큼 잘 보존되어 있다. 구시가를 관람한 뒤 장미 공원에 올라 베른 시내를 전망해 보자. 계획 도시로서의 특징이 한눈에 보인다. 여름이라면 아레강에서 물놀이도 좋다. 관광안내소에서 판매하는 방수 가방을 사서 소지품을 넣고 강 위에 띄워 타고 내려간다. 단, 유속이 빨라 수영이 가능한 장소가 정해져 있으니 관광안내소에 문의하자. 마르질리 야외 수영장(Freibad Marzili)은 가능하다.

베른 중앙역 — 도보 5분 → ① 감옥탑 — 도보 3분 → ② 연방 의사당 — 도보 7분 → ③ 시계탑 — 도보 2분 → ④ 아인슈타인 하우스 — 도보 2분 → ⑤ 베른 대성당 — 도보 9분 → ⑥ 곰 공원 — 도보 8분 → ⑦ 장미 공원 — 도보 20분 또는 10번 버스 이용 후 도보 7분 → ⑧ 베른 역사 박물관 & 아인슈타인 박물관

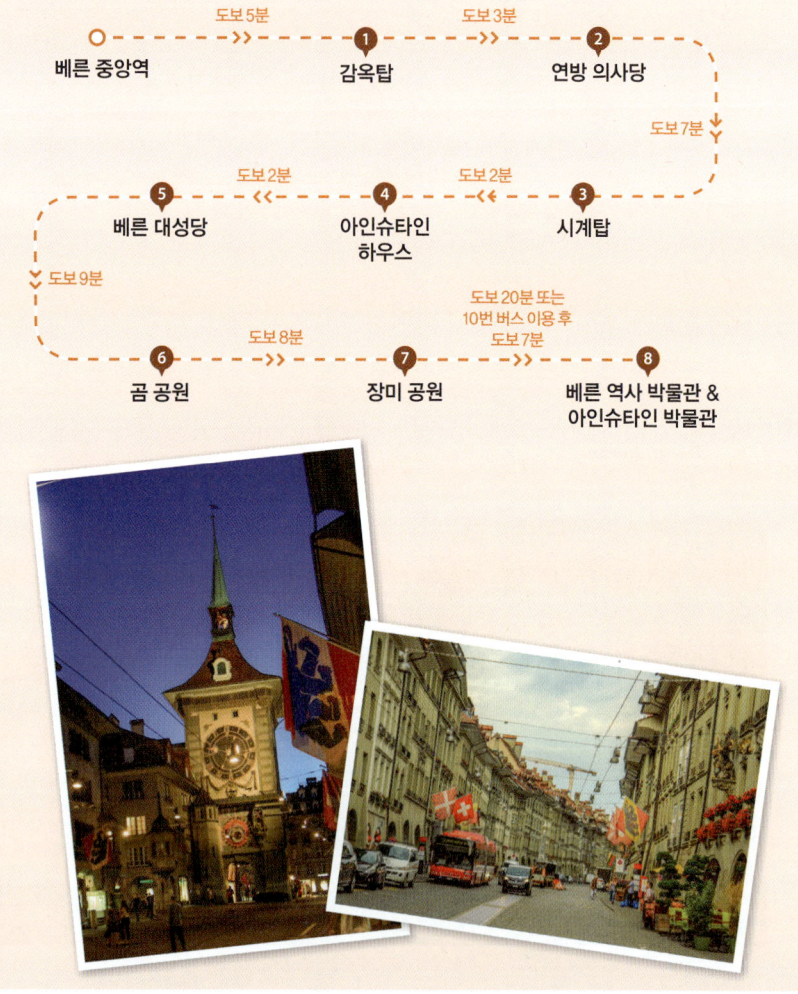

유네스코 세계문화유산으로 지정된 중세 계획 도시
구시가 Altstadt

아케이드

2세기 무렵부터 반도 형태의 언덕에 정착민이 늘어났고, 1191년 베르톨트 체링겐(Berthold of Zähringen) 공작이 성채를 지으면서 도시화가 시작되었다. 전설에 의하면 공작이 사냥에서 처음 잡은 동물로 도시 이름을 정하기로 했는데 그때 잡은 동물이 곰이라서, 독일어로 곰을 뜻하는 '베아(Bär)'에서 유래된 베른이 되었다고 한다. 하지만 1984년 발견된 동판 기록에 따르면, 정착민인 켈트 부족 브레노도르(Brenodor)가 틈새를 뜻하는 켈트어 '베르나(Berna)'라고 불렀던 것이 세월이 지나 변형되었다는 것이 정설이다. 그러나 기록이 발견되기 전부터 오랜 시간 전설을 믿어 온 베른 사람들은 도시 상징으로 곰을 선택했다.

중세에는 아레강을 이용한 운송업이 발달한 덕에 부유한 상인이 많았다. 구시가를 가로지르는 마르크트 거리(Marktgasse)와 크람 거리(Kramgasse)는 부촌이자 상업 중심지였다. 이 거리에는 6km나 되는 석조 아케이드 '라우벤(Lauben)'이 있다. 베른이 계획 도시임이 확인되는 부분이다. 1405년 베른 대화재로 목조 건물 대부분이 불에 탔다. 때마침 이민자 수가 늘어나 인구 증가로 이어졌고 도시는 이를 받아들이기 위해 공간이 필요했다. 건물을 크게 지으면 도로가 좁아져 난감했다. 고민 끝에 1층을 제외한 나머지 부분을 확장하고 1층은 도보 공간으로 활용해 아케이드를 만들었다. 천장을 궁륭 형식으로 만들어 소음을 줄인 점도 놀랍다. 공간 활용은 또 있다. 도로에 창고처럼 비스듬히 난 문은 지하 공간으로 연결된다. 오늘날 상점과 카페, 식당으로 활용하고 있다. 구시가는 느리게 걸어 중세 생활상과 건축 양식을 찬찬히 살펴보자.

교통 중앙역에서 나와서 바로

시계탑 Zytglogge

1218~1220년경 베른 서쪽을 지키는 높이 16m의 성문 탑으로 지어졌다. 1256년 도시 영역이 넓어지자 감옥탑에 관문을 내주고 더 높게 증축되었으며 여성 감옥으로 사용되기도 했다. 1530년에는 천문 시계 '아스트롤라븀(Astrolabium)'을 달아 시민에게 시간을 알렸다. 스위스에서 가장 오래된 이 시계는 베른 표준 시계로 해와 달 위치뿐만 아니라 계절, 요일, 절기 등을 알려준다. 매시 4분 전에 쇼가 시작되는데 베른을 상징하는 곰과 광대, 동물 인형들이 종소리에 맞춰 움직이며, 꼭대기에 있는 금색 인형이 망치로 종을 울려 시간을 알린다. 시계 위 벽화는 요일을 상징하는 고대신 5명이다. 맞은편 벽화는 1929년 그린 프레스코화 〈시간의 시작〉이다. 시간의 신인 크로노스가 망토를 휘날리고 에덴에서 쫓겨나는 아담과 하와가 그려져 있다.

시계탑 내부는 가이드투어로만 볼 수 있다. 130여 개 나선형 계단을 올라가면 시가지를 볼 수 있는 전망대와 천문시계 작동원리를 볼 수 있다. 신청은 관광안내소에서 직접 하거나 베른 관광 안내 또는 시계탑 홈페이지에서 예약할 수 있다. 신청자가 많을 경우, 투어가 추가될 수 있으며 홈페이지에 안내한다.

교통 중앙역에서 도보 10분 **주소** Bim Zytglogge 3, 3011 Bern **전화** +41 31 328 12 12 **시간** 24시간 **요금** 무료 **홈페이지** www.zeitglockenturm.ch

가이드투어
교통 시계탑 회색문 앞 **시간** 4·5·9~10월 월·수·금~일, 6~8월 매일 운영 / 월·금·토 14:15, 화·수·목·일 15:15 / 11~3월 휴무 **요금** 어른 CHF 20, 학생 CHF 15, 6~16세 CHF 10 **홈페이지** bern.com/de/detail/zytglogge-zeitglockenturm

감옥탑 Käfigturm

1256년 영토가 넓어지면서 성벽도 시계탑 바깥쪽으로 확장되었다. 이때 시계탑의 뒤를 이어 두 번째 서문이 된 것이 감옥탑이다. 그 후로도 도시 개척은 계속되어 89년 후 세 번째 서문에 역할을 넘겨주었는데, 세 번째 서문은 지금은 허물어져 공원이 되었다. 화려한 시계탑에 비해 간결한 정사각형 탑이 밋밋해 보일 수 있다. 베른 대화재 이후 250여 년을 감옥으로 사용되어 용도에 맞게 견고하기만 하다. 1999년부터 정부 포럼이나 이벤트가 열리는 공간으로 바뀌었고, 내부는 행사가 있을 때만 입장 가능하다.

교통 중앙역에서 도보 5분 **주소** Markgasse 67, 3003 Bern **전화** +41 58 462 75 00 **시간** 월~금 08:00~18:00, 토 10:00~16:00 / 일요일 휴무 **요금** 무료 **홈페이지** Kaefigturm.ch

구시가지 분수 Brunnen

베른 공공 상수도는 중세부터 시작되었다. 13세기에 수차와 압력을 이용해 우물물과 지하수를 끌어다 사용했으며, 저수탑에 보관하거나 마을 곳곳에 있는 분수와 연결했다. 분수대는 사람들이 와서 시원한 물을 마시거나 이야기를 나누고 토론하는 포럼이 되었고 물을 배달하는 직업도 생겨났다. 마을을 흐르는 개울은 하수도로 사용하고 화재가 생기면 불을 끄는 데 사용했다. 도시 전체에 100개가 넘는 분수가 있었는데 구시가에만 11개가 남아 있다. 1150년 무렵 나무로 된 분수를 석조로 바꾸며 영웅이나 역사적 사건, 사회적 이상을 담은 조각으로 꾸몄다. 당시 활동한 프라이부르크 출신 조각가 한스 기앵(Hans Gieng)이 11개 중 8개를 만들었다. (참고로, 분수의 물은 그냥 마셔도 된다. 마실 수 없는 물은 독일어로 'Kein trinkwasser', 프랑스어 'Eau non potable', 이탈리아어는 'Acqua non potabile'로 표시되어 있다.)

❶ 안나 자일러 분수 Anna-Seiler-Brunnen

1354년 베른 최초의 병원 설립자를 기리는 분수다. 안나 자일러는 전 재산으로 병상 13개를 마련하고 직원 2명을 채용해 병원을 시작했다. 현재 직원만 6천여 명, 매해 환자 22만 명을 치료하는 베른 대학 병원(Inselspital)이 되었다.

❷ 사격수 분수 Schützenbrunnen

갑옷 입은 남자 다리 사이에 베른을 상징하는 곰이 총을 겨누고 있다. 분수를 기부한 옛 소총병 협회 방향이다. 남자는 왼손에 검을 들고 오른손에 깃발을 들고 있는데 지금은 없어진 협회 상징이다.

❸ 식인귀 분수 Kindlifresserbrunnen

눈살을 찌푸리게 만드는 분수는 그리스 신화 속 크로노스(Cronos)다. 자신의 아들에게 지위를 뺏긴다는 예언 때문에 자식들이 태어나자마자 먹었다. 또는 알프스 전설에 나오는 괴물 크람푸스(Krampus)라는 설도 있다. 크리스마스에 나타나 못된 아이들에게 벌을 주는 악마다. 괴물이 쓴 뾰족한 모자를 보면 유대인이라는 설도 있다. 당시 유대인이 아이들을 납치해 제사에 피를 바친다는 소문이 있었다. 혹은 근처에 있던 곰 구덩이에 빠지지 않도록 아이들에게 경고하기 위한 표지판 역할을 했다고도 한다.

❹ 체링겐 분수 Zähringerbrunnen

갑옷과 투구를 착용한 곰 병사는 베른을 만든 체링겐 가문 베르톨트 5세다. 허리에는 검을 차고 체링겐 가문 문장이 새겨진 방패와 깃발을 들고 있다. 다리 사이에서 포도를 먹고 있는 곰은 풍요를 상징한다.

❺ 삼손 분수 Simsonbrunnen

구약성서에 나오는 인물로 사자와 맨손으로 결투하고 있다. 힘의 상징인 만큼 전쟁에서 용감히 싸운 강인한 군인을 상징한다. 허리에는 무기와 푸주한 도구가 달려 있는데 정육점 조합이 기증한 것으로 추정된다.

❻ 정의의 여신 분수 Gerechtigkeitsbrunnen

여신은 오른손에 정의의 검을, 왼손에는 저울을 들고 가리개로 눈을 가렸다. 검과 저울만 사용하던 정의의 여신상에 눈 가리개를 처음 사용한 조각이다. 법 앞에 평등을 의미하며 이후 여신상에는 꼭 사용되었다. 4개의 흉상을 한 발로 밟고 선 조각은 기원전 6세기 그리스 조각가 폴리크레이토스가 고안한 이상적인 자세, 콘트라포스토(contrapposto)를 하고 있다. 발치의 흉상들은 중세 시대, 신 중심에서 인본주의로 바뀌면서 생겨난 정부 형태를 보여 준다. 각각 신정(교황)과 군주제(황제), 독재(이슬람 술탄), 공화정(주지사)이다.

스위스 연방의 정치 중심이자 시민 광장
연방 의사당 Bundeshaus

베른은 1353년 스위스 연방에 가입하고 494년 뒤에 수도가 되었다. 연방 의사당은 50년에 걸쳐 르네상스 양식으로 지어졌으며 정면에 국명인 헬베티카 연합(Confoederationis Helveticae)이 적혀 있다. 내부는 연방정부와 의회가 사용하며 회의가 열리지 않으면 가이드투어로 입장할 수 있다. 스위스 예술가 38명이 장식을 맡아 예술 작품을 보는 듯하다. 무료 투어로 예약은 필수이며 신분증도 꼭 챙겨야 한다.

연방 의사당 광장은 주차장이었으나 시민 휴식 장소로 바뀌었다. 26개 칸톤(주)을 상징하는 분수가 유명하고 겨울에는 아이스링크가 열린다. 매주 화요일과 토요일에는 전통 시장이 열리는데 베른 또는 베른 주변에서 자란 식자재를 살 수 있다. 베른 축제인 양파 시장도 이곳에서 한다.

교통 감옥탑에서 도보 3분 **주소** Bundesplatz 3, 3005 Bern **전화** +41 31 322 87 90 **시간** 가이드투어~토 16:00(영어, 60분 소요, 최소 20분 전에 연방 의사당 입구 도착) **요금** 무료 **홈페이지** www.parlament.ch/de/services/besuch-im-bundeshaus(가이드투어는 3일 전부터 예약 가능)

아인슈타인 가족의 보금자리
아인슈타인 하우스 Einstein Haus

이론 물리학자 아인슈타인은 취리히 공과대학 물리학과를 졸업하고 교수가 되고자 했으나 자리를 얻지 못해 베른 특허국에 일자리를 구했다. 1903년 가족과 베른에 내려와 약 3년 동안 살던 집이 아인슈타인 하우스다. 그는 이곳에서 상대성 이론 논문을 발표해 노벨 물리학상을 받았다. 1층은 카페이고, 2층은 취리히 대학 동창이자 아내인 밀레바 마리치, 아들 한스 알베르트와 살던 집을 재현했다. 생애 중요한 순간들을 담은 사진이 눈에 띈다. 3층은 아인슈타인 가족의 삶과 업적을 영상과 전시로 만날 수 있다.

교통 시계탑에서 곰 공원 방향으로 도보 2분 **주소** Kramgasse 49, 3000 Bern **전화** +41 31 312 00 91 **시간** 2~12월 말 10:00~17:00 **요금** 어른 CHF7, 학생 CHF5, 8~15세 CHF4 **홈페이지** einstein-bern.ch

---

아인슈타인의 상대성 이론 논문 탄생지

아인슈타인이 베른 특허청에서 일할 때였다. 표준 시간이 없어 도시마다 시간이 모두 달랐고 기차 시간을 맞출 수 없어 어려움을 겪었다. 당시 그는 도시별로 전파를 쏘아 돌아오는 시간을 계산해 시간을 맞추는 기계의 특허를 확인하고 있었다. 1905년 5월 시계탑 종소리를 들던 아인슈타인은 번뜩 이론에 대한 실마리를 찾았다. 시계탑을 지나던 전차가 빛의 속도로 탑과 멀어지면 어떻게 될까? 만약 전차에 타고 있던 아인슈타인의 시간과 시계탑의 시간은 상대적으로 다르게 흘러간다. 즉, 움직이는 물체에서는 시간이 천천히 흐르고 움직이는 물체는 짧아 보인다는 이론이다. 6주 후 그는 특수 상대성 이론을 설명하는 논문을 완성한다.

스위스에서 가장 큰 성당
베른 대성당 Münster

베른 대성당은 스위스에서 가장 큰 교회 건축물이다. 1421년 고딕 양식으로 시작해 472년 뒤 완공되었다. 마지막에 올린 첨탑은 101m로 스위스에서 가장 높다. 1611년 주조된 종탑 종도 약 10톤으로 스위스에서 가장 무겁다. 큼직큼직하게 지은 성당 규모와 달리 내부는 휑하다. 1528년 종교개혁으로 장식이 파괴되었고 일부 조각품은 대성당 테라스 보수 공사에 사용되기도 했다. 다행히 성당 정면에 있는 에르하르트 킹(Erhart Küng)의 부조 〈최후의 심판〉은 남았다. 칼을 뽑아 든 대천사 미카엘을 중심으로 오른쪽은 지옥, 왼쪽은 천국이다. 재미있는 건 베른 시장(Mayor)은 천국에, 취리히 시장은 지옥에 있다. 베른은 1436년부터 14년 동안 취리히와 전쟁을 했는데 당시 관계를 엿볼 수 있다. 안쪽 삼각 아치에는 수난절에 악기를 든 다섯 천사, 두 번째 줄은 구약에 나오는 선지자 8명, 세 번째 줄은 예수와 마리아, 가룟 유다, 열두 제자다. 문 가운데 정의의 여신과 두 천사가 있고 왼쪽에는 슬기로운 다섯 처녀, 오른쪽은 시바 여왕과 솔로몬 왕을 포함해 어리석은 다섯 인물을 표현했다. 내부 스테인드글라스도 살펴보자. 오른쪽 통로 앞에 있는 마터 예배당(Matter)에는 '죽음은 누구에게나 공평하다'라는 내용인 〈죽음의 춤〉이 있다. 첨탑 꼭대기에선 베른 전체 풍경이 거침없이 펼쳐진다. 성당 광장에 있는 모세 분수(Mosesbrunnen)는 십계명을 들고 있으며 머리 위에 두 개의 발광체가 있다. 시간이 된다면 대성당 뒤뜰로 가 보자. 아래강 전망이 보이는 정원과 카페가 있어 쉬어 가기 좋다.

교통 중앙역에서 도보 5분 소요 **주소** Münsterplatz 1, 3000 Bern **전화** +41 31 312 04 62 **시간** 4월 초~10월 중순 월~토 10:00~17:00, 일 11:30~17:00 / 10월 말~4월 중순 월~금 12:00~16:00, 토 10:00~17:00, 일 11:30~16:00 / 종탑은 30분 일찍 입장 마감 **요금** 성당-무료 / 종탑-어른 CHF5, 7~16세 CHF2 **홈페이지** Bernermuenster.ch

최후의 심판 | 모세 분수 | 뒤뜰

베른을 상징하는 곰을 만날 수 있는 곳
곰 공원 Bärenpark

구시가를 지나 강둑의 6,000㎡ 공원에 곰 세 마리가 살고 있다. 아빠 곰 핀(Finn)과 엄마 곰 비요크(Björk), 딸 우르시나(Ursina)다. 피레네 산맥에 사는 갈색곰으로 북유럽에서 입양되었다. 겨울에는 동면하는 종이라서 야외에선 볼 수 없고 홈페이지에서 웹캠으로 볼 수 있다. 넓은 잔디밭에 작지만 울창한 숲과 아레강 수영장이 있다. 구시가와 곰 공원을 연결하는 니데크(Nydegg) 다리 위에서 볼 수 있으며 강변으로 내려가는 엘리베이터를 이용하면 공원 아래에서도 볼 수 있다.

베른을 상징하는 곰은 1513년부터 길렀다. 구시가 감옥탑 앞에 좁은 구덩이를 파서 곰 사육장으로 썼다. 2009년 지금 자리로 옮겼지만, 감옥탑 앞은 여전히 곰 광장(Bärenplatz)으로 불린다.

교통 중앙역에서 12번 버스 타고 베렌그라벤(Bärengraben) 정류장 하차 **주소** Grosser Muristalden 6, 3006 Bern **시간** 24시간 **요금** 무료 **홈페이지** www.tierpark-bern.ch

베른에서 가장 로맨틱한 장소
장미 공원 Rosengarten

베른에서 가야 할 단 한 곳을 꼽으라면 장미 공원이다. 언덕 위 전망대에는 유네스코 세계문화유산으로 등재된 도시를 바라보는 사람들로 북적인다. 도시가 가진 지리적 이점과 치밀한 계획으로 세워진 중세 건물들, 에메랄드빛으로 흐르는 아레강까지 한눈에 볼 수 있다. 오전에는 해가 도심을 비추지만, 오후에는 역광이라 아쉽다. 인스타그램 느낌의 사진을 원한다면 오전에 방문하기를 권한다. 특히 좋은 시기는 봄으로, 아름답게 벚꽃이 피고 꽃잎이 베른 구시가 위로 흩날릴 때쯤 250여 종의 장미가 핀다. 아이리스와 철쭉이 덩달아 피어 향기를 전한다. 여름에는 연못에 수련이 피고 가을에는 주황색 지붕처럼 단풍이 깊게 든다. 겨울에는 공원 내 레스토랑에서 파는 퐁뒤로 온기를 채워 보자.

교통 중앙역에서 10번 버스 타고 로젠가르텐(Rosengarten) 정류장 하차 **주소** Alter Aargauerstalden 31B, 3006 Bern **전화** +41 31 331 32 06 **시간** 24시간(레스토랑 09:00~23:30) **요금** 무료

베른의 역사와 문화 명소
베른 역사 박물관 & 아인슈타인 박물관 Bernisches Historisches Museum & Einstein Museum

아레강 건너, 헬베티아 광장에 성처럼 웅장하게 서 있는 건물이다. 석기시대부터 현재까지 50만여 개의 방대한 역사 유물을 보관·전시하고 있다. 가장 흥미로운 시기인 중세는 구시가에서 보았던 분수 위 동상이나 대성당 〈최후의 심판〉 진품을 만날 수 있다. 장식품을 따로 전시하고 있어 크기와 질감, 세밀한 묘사까지 자세히 볼 수 있다. 스위스 외에도 아시아와 아메리카, 오세아니아 등 다른 대륙에서 온 유물도 함께 전시하고 있어 흥미롭다.

공간 일부는 아인슈타인 박물관으로 사용된다. 그의 업적과 삶을 나누어 자세히 전시하고 있다. 미디어 전시와 상대성 이론을 설명하는 기록물 등은 물리학자로서의 삶을 보여 준다. 한편에는 밀레바 마리치와의 연애와 결혼, 이혼과 재혼 등 그의 사적인 부분까지 살펴볼 수 있다. 건물 꼭대기인 성탑에서 조망하는 전망도 놓치지 말자.

교통 중앙역에서 6·7·8·19번 버스 타고 헬베티아(Helvetiaplatz) 정류장 하차 **주소** Helvetiaplatz 5, 3005 Bern **전화** +41 31 350 77 11 **시간** 10:00~17:00 / 월요일 휴무 **요금** 상설 전시-어른 CHF16, 6~16세 CHF8 / 상설 전시+아인슈타인 박물관-어른 CHF18, 6~16세 CHF9 **홈페이지** bhm.ch

현대 미술의 선구자, 파울 클레의 작품을 가장 많이 볼 수 있는 곳
파울 클레 센터 Zentrum Paul Klee

베른에서 태어나 어린 시절을 보낸 추상화가 파울 클레의 미술관이다. 그는 판화와 유화, 수채화, 드로잉까지 다양한 작품을 남겼는데 살아 있는 동안 10,000점 이상 남길 정도로 부지런한 화가였다. 1997년 파울 클레의 손자인 알렉산더 클레가 개인 소장품 850점을 베른시에 영구 대여하자 베른시는 외곽 쇼스할덴(Schosshalde)에 파울 클레 센터를 만들었다. 파울 클레의 작품 4,000여 점이 보관·전시되어 있어 파울 클레 전시관 중에서 최대 규모다. 넓은 부지는 파울 클레의 팬인 모리스 뮐러가 6,000만 스위스 프랑과 함께 기증했다. 단, 이탈리아 스타 건축가 렌조 피아노(Renzo Piano)가 설계를 맡는다는 조건이 붙었다. 건축과 도시, 환경의 공존을 추구하는 건축가답게 주변 풍경에 거스르지 않는 건축물을 만들었다. 매끄러운 곡선을 띤 둔덕을 따라 물결치듯 자리한 건물은 빛의 건축가답게 철재와

유리로 지어 현대적이면서 채광이 좋다. 자연광에 약한 수채화나 드로잉 작품은 지하 상설 전시 공간에 두고 1층은 기획 전시를 주로 한다. 지역을 위한 종합 예술 센터 역할을 하기 위해 콘서트홀도 만들었다. 음악에 조예가 깊었던 파울 클레가 기뻐할 일이다. 센터에는 멋진 카페와 레스토랑이 있으니 잠시 쉬어 가자.

교통 중앙역에서 12번 버스 타고 젠트룸 파울 클레(Zentrum Paul Klee) 정류장 하차 **주소** Monument im Fruchtland 3, 3006 Bern **전화** +41 31 359 01 01 **시간** 10:00~17:00 / 월요일 휴무 **요금** 어른 CHF20, 학생 CHF10, 6~16세 CHF7 **홈페이지** zpk.org

여름 낭만 저사량인 야외 수영장
마르칠리 수영장 Freibad Marzili

베른에 여름이 찾아오면 가장 인기 있는 장소다. 1782년 문을 연 야외 풀장이다. 연방 의사당이 보이는 수영장은 유아 물놀이장과 50m 레인 8개가 있는 스포츠 풀, 물놀이 전용 풀, 1m와 3m 다이빙대가 있는 다이빙 풀이 있다. 수영하다가 지치면 1만㎡의 넓은 잔디밭에서 쉴 수 있다. 큰 수건이나 돗자리, 간단한 음식과 음료를 준비하면 좋다. 수영장 바로 앞에 있는 베르나 젤라또(Gelateria di Berna)라는 아이스크림 가게도 인기 있다. 마르칠리 수영장이 특별한 이유는 아레강에 뛰어들 수 있어서다. 강을 따라 계단과 난간이 설치된 곳에서 들어가면 된다. 강물은 유속이 빨라

재미있지만 방심하지 말도록 하자. 관광안내소에서 판매하는 방수 가방이나 구명조끼, 튜브 등이 있으면 좋다. 강물을 타고 가다 강변에 있는 사다리를 잡아야 하는데 못 잡고 계속 떠내려갈 수도 있다. 혹시 손 내미는 사람이 있다면 꼭 잡아 주자. 너무 멀리 내려가면 돌아오는 길이 고달파진다.

교통 연방 의사당에서 마르칠리반을 타고 아레강 변으로 내려가 도보 1분 **주소** Marzilistrasse 29, 3005 Bern **전화** +41 31 311 00 46 **시간** 5월 중순~말 9월 초~중순 08:30~19:00 / 6~8월 중순 평일 07:00~21:00, 주말 08:30~21:00 / 8월 중순~말 평일 07:00~20:00, 주말 08:30~20:00 **요금** 무료(보관함 CHF5/1일, 탈의실 CHF7.5/1일) **홈페이지** sportamt-bern.ch/sportanlage/marzil

현지인의 주말 나들이 장소
구르텐 Gurten

시간 여유가 많은 일정이라면 뒷산 구르텐 언덕으로 가 보자. 연이은 구릉이 주는 편안함에 제대로 휴식이 된다. 22m 높이의 목조 전망대에 오르면 베른 시내와 평지대인 베르너 미텔란트, 멀리 만년설로 덮인 고지대 베르너 오버란트의 알프스 고봉들이 파노라마처럼 펼쳐진다. 구르텐 쿨름(Gurten Kulm) 스파 호텔이 있어 레스토랑을 이용하거나 하루 묵어 가기에도 좋다. 아이들과 함께라면 펀파크(Fun park)를 이용하자. 미니어처 철도와 미니 자동차, 터보건이 있고 수영장과 트레일을 탐험할 수

도 있다. 겨울에는 아이들을 위한 완만한 스키장도 열려 베른 시민들이 나들이 장소로 많이 찾는 곳이다. 베른 중앙역에서 15분이면 산악열차 정류장에 닿을 수 있으며, 여기서 산악열차를 타고 5분 정도 비탈을 올라가면 만날 수 있다. 산악열차는 15분 간격으로 배차되어 있다.

교통 베른 중앙역에서 트램 또는 버스 타고 바베른(Wabern)역 하차 후 도보 2분, 구르텐 산악열차 이용 **주소** Mani-Matter-Platz 1, 3084, 3084 Köniz **전화** +41 31 961 23 23 **시간** 월~토 07:00~23:30, 일 07:00~20:00(15분 뒤 마지막 하강) **요금** 산악열차 왕복-어른 CHF12.6, 6~16세 CHF7 **홈페이지** gurtenpark.ch

추천 식당

윌리엄스 부처스 테이블
Williams Butchers Table - Bern

돼지고기와 소고기 스테이크를 전문으로 하는 식당이다. 저장고 쇼케이스에서 고기를 골라 정량을 주문하면 스테이크로 구워서 주는 방식이다. 직원이 친절해 영어를 잘 못해도 걱정 없다. 돼지고기는 스위스산, 소고기는 스위스산 루마(Luma)를 권한다. 그날의 신선도와 상태에 따라 직원의 추천에 맡겨도 된다. 샐러드나 디저트도 주문할 수 있다. 맛만큼 가격이 비싼 편이다.

주소 Gurtengasse 4, 3011 **전화** +41 31 320 75 20 **시간** 월~금 11:30~14:00, 17:30~24:00 / 토 11:30~24:00 / 일요일 휴무 **요금** 스위스산 루마(Luma) 안심 100g CHF39 **홈페이지** williamsbutcherstable.ch

카페 데 피레네
Café des Pyrénées

배가 고프지 않거나 가볍게 브런치를 하고 싶을 때 가면 좋은 카페 겸 바(bar)다. 수프나 샐러드, 생햄과 루콜라를 올린 타르트(tarte)를 맛볼 수 있다. 합리적인 가격으로 가성비도 좋나. 낮에는 테라스에 앉아 베르너들의 일상을 지켜보고, 늦은 시간에는 와인과 치즈 플래터로 즐겨 보자. 밝고 깔끔한 분위기의 내부와 친절한 직원으로 여행에 생기를 더해준다.

주소 Kornhauspl. 17, 3011 **전화** +41 31 311 30 63 **시간** 월~토 08:00~24:30, 일 12:00~23:00 **요금** 타르트 CHF10.5~ **홈페이지** cafedespyrenees.ch

알테스 트람데포트
Altes Tramdepot

곰 공원 바로 옆에 있어 이동이 쉽고 전망이 좋은 레스토랑 겸 펍이다. 현지인에겐 식전 아페리티프를 즐기기 좋은 펍으로 유명하며 우리나라 여행객에게도 인기가 많다. 직접 양조한 맛있는 트램 비어(Tram Beer)와 뢰스티, 소시지 등 스위스 요리와 함께 즐기면 잘 어울린다. 날씨가 좋으면 테라스석에 앉아 즐겨 보자. 인기가 많으니 예약을 권한다.

주소 Grosser Muristalden 6, 3006 **전화** +41 31 368 14 15 **시간** 11:00~24:30 **요금** 트램 비어 2dl CHF4.0~ **홈페이지** altestramdepot.ch

슈벨렌매텔리
Schwellenmätteli

일명 '캔디바' 색감인 아레강은 보면 볼수록 아름답다. 슈벨렌매텔리는 강 위로 테라스가 확장되어 있어 강물이 발에 닿을 듯 가까이 흐른다. 시원하게 쏟아지는 물줄기에 속이 다 시원하다. 세련된 외관과 달리 원목 인테리어가 온기를 전한다. 겨울에는 퐁뒤 오두막이 열린다. 가격이 비싼 편이라 가볍게 먹고 전망을 즐기길 권한다.

주소 Dalmaziquai 11, 3005 **전화** +41 31 350 50 01 **시간** 월~토 09:00~23:30, 일 10:00~23:30 **요금** 메인 CHF33.5~ **홈페이지** www.schwellenmaetteli.ch

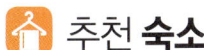 추천 **숙소**

스테이 쿡 베른 시티
Stay Kooook Bern City

스테이 쿡은 여러 도시에 있는 체인으로 베른에만 2곳 있다. 두 곳 모두 시설이 좋으나 베른 시티(Bern city)가 반크도르프(Wankdorf)역 앞 스테이 쿡보다 구시가에 가깝다. 시설이 깔끔하고 공용 취사 공간이 있으며 플레이존에 게임, 커피가 있어 시간 보내기에 좋다. 루프톱 테라스 전망도 훌륭한 편. QR코드로 체크인하고 스마트폰으로 출입문과 객실을 열 수 있어 처음에는 어려울 수 있다.

주소 Zeughausgasse 26, 3011 전화 +41 800 566 665 요금 CHF155~ 홈페이지 www.staykooook.com/bern-city

크로이츠 베른 모던 시티 호텔
Kreuz Bern Modern City Hotel

베른 중앙역 방향 구시가 초입에 있다. 식당이나 마트 등의 주변 인프라가 좋고 이동이 편하다. 현대적으로 새롭게 개조해 객실과 내부가 깨끗하고 엘리베이터가 있다. 객실 종류가 다양하고 싱글룸도 있어 선택 폭이 넓다. 4층 공용 공간에서 커피포트를 사용할 수 있고 티 종류도 있다. 피트니스룸도 갖추고 있으나 기구 종류가 많지 않다.

주소 Zeughausgasse 41, 3011 전화 +41 31 329 95 95 요금 CHF150~ 홈페이지 www.kreuzbern.ch

유스호스텔 베른
Jugendherberge Bern

연방 의사당 아래 아레강 가에 자리한다. 여름이면 잔디에서 피크닉을 하고 강에서 수영하는 시간을 가지기 좋다. 싱글룸이나 개별 화장실이 포함된 방 등 다양한 룸 타입이 있어 선택하기 좋다. 구시가에서 숙소로 이동할 때 꼭 마르칠리(Marzili) 푸니쿨라를 이용해야 하며 교통권을 줘서 무료로 탈 수 있다. 저렴하고 직원이 친절해 좋으나, 공용 주방에 전자레인지만 있고 중앙 냉난방이라 온도 조절이 어렵다.

주소 Weihergasse 4, 3005 전화 +41 31 326 11 11 요금 CHF45~ 홈페이지 www.youthhostel.ch/de/hostels/bern

호텔 슈바이처호프 베른
Hotel Schweizerhof Bern

오래된 역사가 숨 쉬는 도시에서 머무는 일은 설렌다. 슈바이처호프 베른은 150년 전통으로 고풍스러운 외관에 우아하고 편안한 실내로 특급 호텔답다. 루체른과 취리히, 체르마트 등 스위스 주요 관광지에 이 호텔을 볼 수 있는데 그중 가성비가 좋은 편이다. 스파 시설은 좁지만 깨끗하게 운영되고 있다. 여러 도시에 있는 슈바이처호프 호텔 중 한 곳을 정한다면 베른을 권한다.

주소 Bahnhofpl. 11, 3001 전화 +41 31 326 80 80 요금 CHF330~ 홈페이지 schweizerhofbern.com

호텔 슈바이처호프 베른

SWITZERLAND

베르너 오버란트 지역
Berner Oberland

Meiringen
Interlaken
Lauterbrunnen • Grindelwald
Jungfraujoch
Kandersteg

베르너 오버란트 - 융프라우 지역
Berner Oberland - Jungfrau Region

베르너 오버란트는 스위스 중심에 있는 베른주의 알프스 고산 지대를 통틀어 말한다. 야생화가 만발한 초원에는 소가 풀을 뜯느라 워낭 소리를 내고 울울창창한 침엽수림은 다글다글 솔방울을 달고 있다. 수목 한계선을 넘으면 만년설이 덮인 산봉우리가 솟아 있고 산장지기는 오늘 나간 탐험가의 귀환을 기다린다. 우리가 알고 있는 스위스의 모든 풍경을 볼 수 있는 곳이 바로 베르너 오버란트다.

이곳을 여행하고자 하는 사람은 인터라켄으로 모인다. 신석기부터 사람이 산 흔적이 있지만, 1133년 신성 로마 제국 때에야 본격적으로 마을이 형성되었고 아우구스티누스 수도원이 세워졌으며 사람들이 모였다. 남북으로 큰 산, 동서로 호수 둘이 있는 길목이라 통행세를 받으며 전성기를 맞이했다. 강에 물레방아를 세우며 산업도 발달했다. 그린델발트와 라우터브루넨 협곡까지 영지를 확장했으나 내부 분열과 종교 개혁으로 1528년 황금시대는 문을 닫았다.

베르너 오버란트가 다시 주목을 받게 된 것은 오랜 세월이 지난 후다. 1760년대 알피니즘(Alpinism)이 기원하였고 1811년 마이어 형제가 융프라우를 정복하면서 도전의 역사를 써내려 가기 시작했다. 인간 한계에 대한 도전과 꿈을 가진 이들이 이곳으로 모여들었다. 1896년 스위스 철도왕 아돌프 구에르 첼러(Adolf Guyer Zeller)가 아이거와 묀히 암벽을 통과하는 터널을 뚫어 도전 역사에 획을 그었다. 융프라우 요흐(4,158m)까지 톱니바퀴 철도를 짓기 시작해 1912년 완공되면서 알프스 산악 관광의 메카가 됐다.

• 융프라우 지역 추천 코스 •

베르너 오버란트의 하이라이트인 융프라우 지역은 산 정상을 이루는 융프라우와 아이거, 묀히 봉우리를 중심으로 피르스트와 벵엔, 뮈렌 같은 고산 마을이 이어진다. 마을은 다시 그린델발트, 라우터브루넨과 같은 산악 마을로 연결되며 핏줄처럼 케이블카와 산악열차, 하이킹 트레일로 이어진다. 하나의 알프스 테마파크 같은 융프라우 지역은 아랫마을 인터라켄에서 시작한다. 이곳을 여행하는 관문인 셈이다. 면적과 고도 면에서 모두 방대한 융프라우 지역을 여행하려면 체계적이고 취향에 맞는 계획이 필요하다. 산악 날씨는 산맥마다 다를 수 있어 홈페이지에 있는 웹캠으로 실시간 확인해야 한다. 아침 일찍 일어나 융프라우요흐 웹캠을 확인하고 날씨가 맑으면 얼른 채비해서 첫 열차를 타고 이동하길 추천한다. 케이블카와 산악열차 운영 기간도 고려해야 한다. 추천 코스는 산악 마을인 그린델발트와 라우터브루넨, 인터라켄을 베이스캠프로 한 일정이다.

융프라우요흐 웹캠 홈페이지 www.jungfrau.ch/en-gb/live/webcams

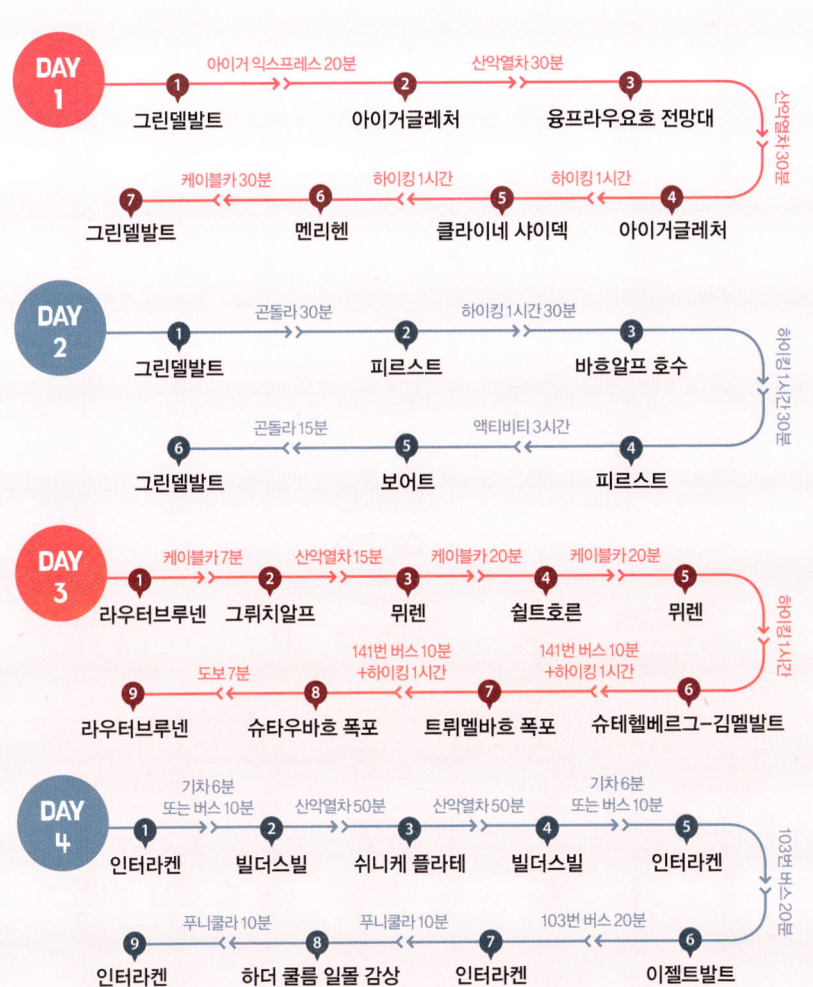

• 융프라우 지역의 교통 •

융프라우 VIP 패스

해발 3,454m에 기차역이 있으리라 누가 상상했을까. 융프라우 철도 회사(Jungfrau Railway)는 클라이네 샤이덱에서 융프라우요흐까지 9.3km 철길을 놓고 유럽에서 가장 높은 곳까지 열차를 보냈다. 인터라켄에서 융프라우요흐까지 이용하는 철도(융프라우·뮈렌·벵에른알프·베르너 오버란트) 승차권은 운행 편의상 함께 발행하며 혜택을 포함한 공통 승차권이 융프라우 VIP 패스다. 지금은 해당 구간 내 케이블카와 곤돌라, 유람선, 버스도 무료 또는 할인받을 수 있다(아래 혜택 참조). 우리나라는 융프라우 철도 한국 총판인 동신항운에서 할인권을 제공해 더욱 저렴하게 구입할 수 있다. 융프라우 VIP 패스는 스위스 트래블 패스와 달리 한국에서 사전 구매할 수 없다. 인터라켄 서역(Interlaken West)을 제외한 융프라우 지역 기차역에서 동신항운 할인 쿠폰과 여권을 제시해 구매한다. 열차나 케이블카 이용 횟수와 일정을 확인하고 구매 여부를 결정해야 한다. 만약 융프라우 지역에서 3일 이상 여행하며 융프라우요흐를 포함하여 전망대 2곳 이상 방문하는 여행자는 패스 이용을 권한다.

■ 융프라우 VIP 패스 요금

사용 기간 (연속)	동신항운 할인 쿠폰 적용 가격	스위스 트래블 패스 스위스 하프 페어 카드 중복 할인 가격	유스 요금 (만16~25세)	어린이 요금 (만6~15세)
1일	CHF190	CHF175	CHF170	CHF30 (만5세까지 무료)
2일	CHF215	CHF200	CHF190	
3일	CHF240	CHF215	CHF205	
4일	CHF265	CHF235	CHF220	
5일	CHF290	CHF260	CHF235	
6일	CHF315	CHF275	CHF250	

■ 융프라우 VIP 패스 혜택 구간 (산악열차·케이블카·곤돌라·유람선·기차·버스)

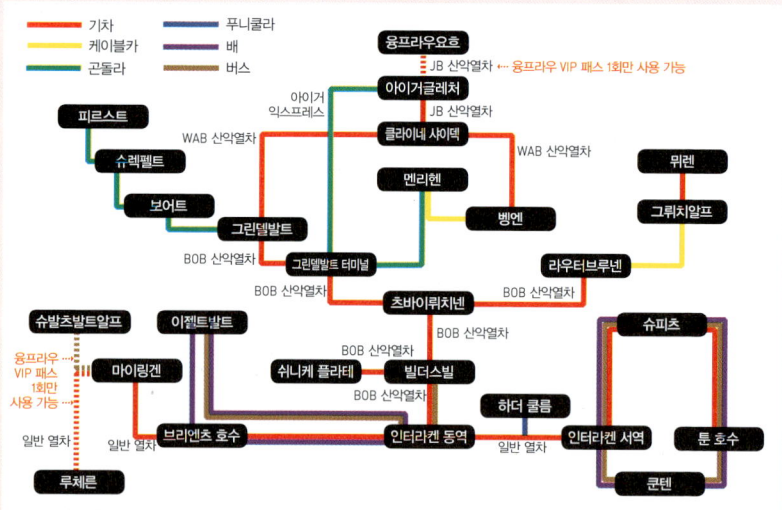

※ BOB(Bernese Oberland Bahn)는 인터라켄과 그린델발트·라우터부르넨을 연결하는 산악열차다. WAB(Wengen Alp Bahn)는 산악 마을에서 클라이네 샤이덱을 연결하는 산악열차다. JB(Jungfrau Bahn)는 클라이네 샤이덱에서 융프라우요흐까지 9.34km 길이를 오르는 산악열차다.
※ 뮈렌-비르크-쉴트호른 구간은 융프라우 VIP 패스를 이용할 수 없다.

혜택	내용	가격	사용 장소
CHF6 바우처 ①~④ 중 택1	① 컵라면	CHF9.2 → 무료	융프라우요흐, 클라이네 샤이덱, 피르스트, 하더 쿨룸 중 택1
	② 눈썰매	CHF20 → 무료 (여름 시즌만)	융프라우요흐 스노우펀 눈썰매 무료
	③ 기념품숍	CHF6 할인	융프라우요흐, 클라이네 샤이덱, 인터라켄, 그린델발트 터미널
	④ 식당	CHF6 할인	융프라우요흐
융프라우요흐 액티비티	눈썰매, 스노우 펀 집라인, 스키	40% 할인 (여름 시즌만)	융프라우요흐
피르스트 액티비티	피르스트 플라이어, 글라이더	무료 (겨울 시즌만)	피르스트
	피르스트 플라이어, 글라이더	30% 할인 (여름 시즌만)	피르스트
	마운틴 카트, 트로티바이크	30% 할인 (여름 시즌만)	피르스트
철도 예약	아이거글레처, 클라이네 샤이덱-융프라우요흐 구간 예약비	CHF10 → 무료	-
스키, 보드, 눈썰매 대여	스키 리프트권 1~6일	무료 (겨울 시즌만)	-
	인터스포츠(Intersport), 스키, 보드, 눈썰매 대여	15% 할인 (겨울 시즌만)	-
	Wyss Sport(클라이네 샤이덱) 스키, 보드 대여	15% 할인 (겨울 시즌만)	클라이네 샤이덱
액티비티	벵엔 야외 수영장 입장	무료 (6월~9월 초)	벵엔

※ 융프라우 철도 한국 총판인 동신항운 홈페이지에서 할인 쿠폰을 받아야만 적용받을 수 있다.

또 하나의 패스, 인터라켄 게스트 카드(Interlaken Guest Card)

인터라켄의 정식 등록된 숙소에 머문다면 게스트 카드가 발급된다. 게스트 카드로 그린델발트와 라우터브루넨을 포함한 고산 지대를 오갈 수는 없으나 인터라켄 주변은 가능하다. 드라마 <사랑의 불시착>으로 유명한 이젤트발트(103번 버스)와 성 베아투스 동굴(21번 버스)을 갈 때 무료로 이용할 수 있다. 노이하우스(21번 버스)는 tvN 예능 <텐트 밖은 유럽>에 나온 장소로 수영과 소풍을 즐기기 좋다. 한적한 브리엔츠 호수 마을 뵈니겐(103번 버스)과 성이 예쁜 링겐베르크(102번 버스), 빌더스빌(105번 버스, 기차)도 갈 수 있다.

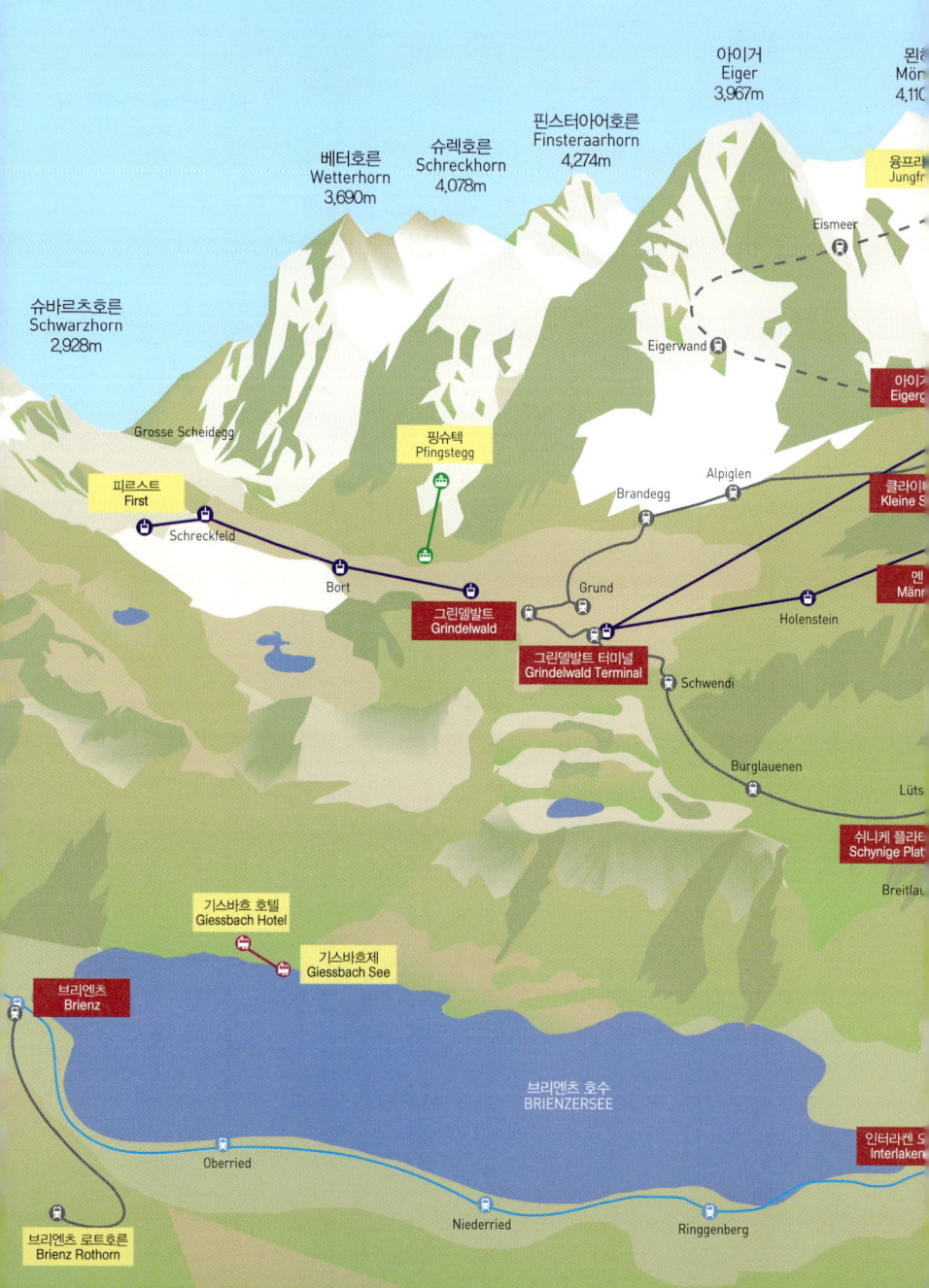

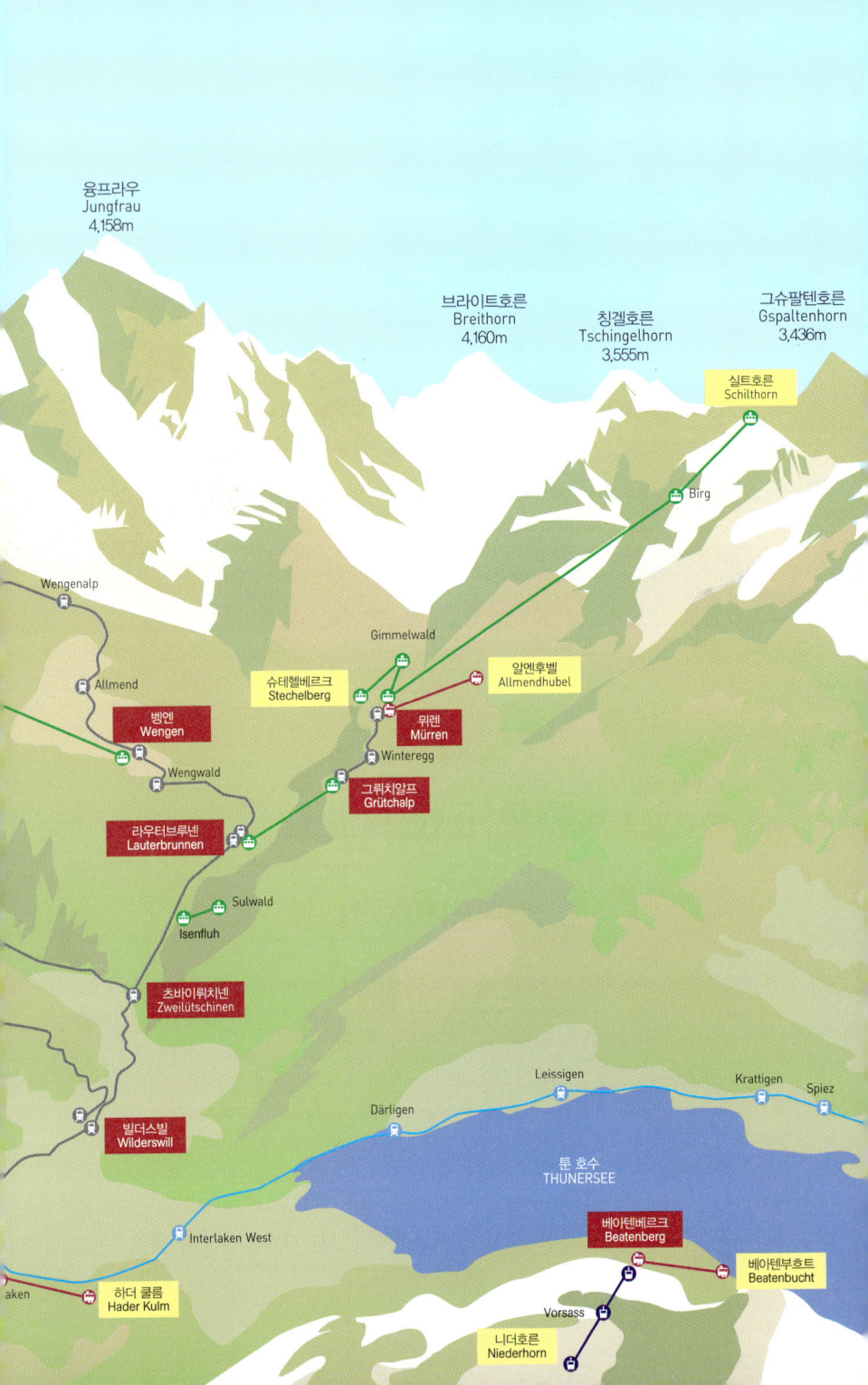

인터라켄
Interlaken

인터라켄은 호수(Laken) 사이(Inter)에 있다는 뜻이다. 서쪽으로 툰 호수(Thunersee), 동쪽에는 브리엔츠 호수(Brienzersee)를 두고 가운데 마을이 형성되어 있다. 북으로는 융프라우 고산 지대가, 남쪽은 하더 쿨름이 있어 중부 알프스 지형을 다양하게 즐길 수 있는 베이스캠프다.

스위스의 다른 도시와 연결하는 열차는 인터라켄 오스트(Ost)와 베스트(West) 기차역으로 들어온다. 마을 중앙을 흐르는 아레(Aare)강을 따라 회에 거리(Höheweg)가 이어지고 길 주변이 시내다. 호텔과 카지노, 레스토랑과 상점 등 관광 인프라가 형성되어 있다. 중앙 잔디밭인 회에마테(Höhematte)는 아우구스티누스 수도원 소유로 가축을 길렀던 장소인데, 1860년 주변 호텔 소유자를 중심으로 공동 구매해 공원으로 만들었다. 지금은 패러글라이딩 착륙장이자 휴식처로 사용되며, 잔디에 누워서 융프라우 산군을 볼 수 있는 명소다. 회에마테 맞은편에는 1859년 문을 연 쿠르잘(Kursaal) 카지노가 있다. 꽃시계와 분수가 있는 정원만 둘러봐도 좋다.

• 인터라켄으로 이동하기 •

기차

베르너 오버란트를 여행하기 위해서는 기차로 인터라켄에 도착해야 한다. 툰 호수 방향에 있는 베스트(West)역과 브리엔츠 호수 방향에 있는 오스트(Ost)역이 있다. 인터라켄에 들어오는 기차는 두 역 모두 정차하니 목적지에 따라 도착역을 정한다. 베스트역은 호텔이나 레스토랑이 많아 번화하고 오스트역은 그린델발트와 라우터브루넨으로 가는 산악열차가 출발한다.
루체른~인터라켄~몽트뢰 구간을 이동한다면 골든패스 익스프레스를 이용해 보자. 커다란 통창이 달린 기차에서 푸른 초원과 호수를 온전히 감상할 수 있다.

주요 노선	이동 시간
베른 – 인터라켄	약 52분
루체른 – 인터라켄	약 1시간 54분 (젠트랄반(Zentralbahn)은 인터라켄 오스트역 직행)
취리히 – 인터라켄	약 2시간
제네바 – 인터라켄	약 3시간
바젤 – 인터라켄	약 2시간

인터라켄 오스트역

인터라켄 베스트역

자동차

취리히나 루체른에서 올 때는 8번 도로를 따라 브리엔츠 호수 옆으로 도착한다. 제네바나 몽트뢰에서 올 때는 1번·12번 도로를 따라 베른까지 와서 6번 도로를 타고 툰 호수를 따라 인터라켄에 도착한다. 베르너 오버란트는 그림젤패스(Grimselpass)와 푸르카패스(Furkapss), 고타르패스(Gottardpass)처럼 유명한 고갯길이 많아 차를 빌려 여행해도 좋다. 주차는 인터라켄 오스트역 주차장이 24시간 이용할 수 있고 가격이 저렴한 편이다.

배

인터라켄에선 호수 유람선을 빼놓을 수 없다. 호수가 얼지 않는 5~10월에는 두 호수를 통해 배를 타고 들어올 수 있다. 툰 호수에선 슈피츠(Spiez)와 베아텐부흐트(Beatenbucht), 브리엔츠(Brienz) 호수에선 이젤트발트(Iseltwad)와 브리엔츠 등 여행지에 하선해 여정을 보낼 수 있다. 툰에서 인터라켄까지 약 2시간 10분, 브리엔츠에서 인터라켄까지 약 1시간 10분 걸린다. 스위스 교통 앱 SBB에서 목적지 뒤에 'See(호수·선착장)'을 붙여 검색하면 BAT로 된 배 시간과 요금이 나온다.

유람선 시간표 www.bls-schiff.ch

• 인터라켄의 시내 교통 •

인터라켄 여행 시 베스트역과 오스트역을 오가는 경우가 많다. 두 역 사이는 기차로 5분, 포스트 버스로 8분, 걸어서 20분 정도 걸린다. 버스는 102·103·104·21번을 이용한다. 103번은 브리엔츠 호수의 이젤트발트, 21번은 툰 호수의 베아텐부흐트가 종점이다.

인터라켄 또는 주변 마을의 인증 숙박 시설에서 1박 이상 묵으면 게스트 카드(Visitor's card)를 제공하며 인터라켄에서 출발하는 버스를 무료로 탈 수 있다.

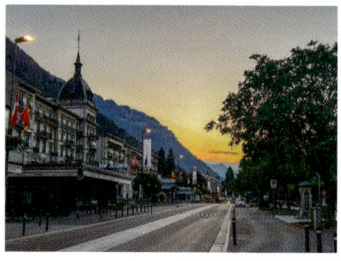

인터라켄 관광안내소

주소 Postfach, Marktgasse 1, 3800 **전화** +41 33 826 53 00 **시간** 월~금 08:00~12:00, 13:30~18:00 / 토 10:00~14:00 / 일요일 휴무 **홈페이지** www.interlaken.ch

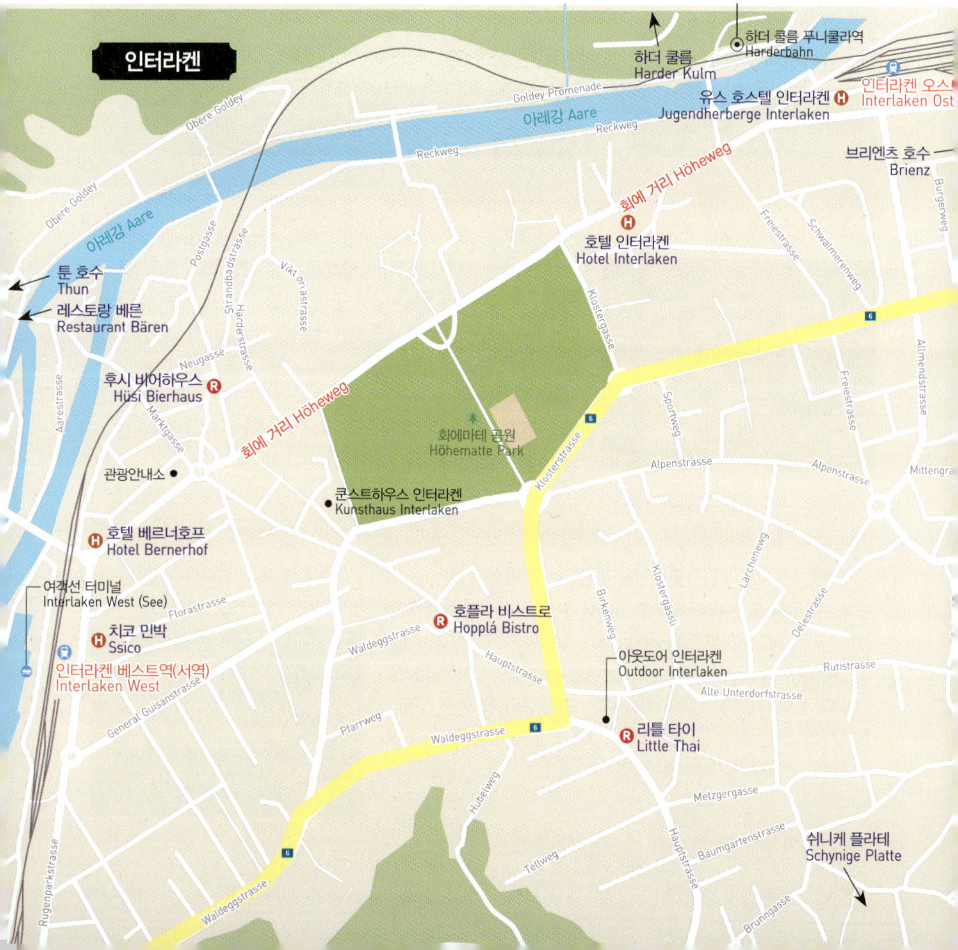

인터라켄
하더 쿨름
Harder Kulm
하더 쿨름 푸니쿨라역
Harderbahn
인터라켄 오스
Interlaken Ost
유스 호스텔 인터라켄
Jugendherberge Interlaken
Goldey Promenade
아레강 Aare
Reckweg
Obere Goldey
브리엔츠 호수
Brienz
Burgerweg
회에 거리 Höheweg
호텔 인터라켄
Hotel Interlaken
Freiestrasse
Schwalmerenweg
툰 호수
Thun
레스토랑 베른
Restaurant Bären
Postgasse
Strandbadstrasse
Harderstrasse
Viktoriastrasse
Neugasse
Klostergasse
후시 비어하우스
Hüsi Bierhaus
Marktgasse
Aarestrasse
회에마테 공원
Höhematte Park
Sportweg
Allmendstrasse
Alpenstrasse
Mittengra
관광안내소
쿤스트하우스 인터라켄
Kunsthaus Interlaken
호텔 베르너호프
Hotel Bernerhof
Lärchenweg
Delestrasse
여객선 터미널
Interlaken West (See)
Florastrasse
호플라 비스트로
Hopplá Bistro
Birkenweg
Klostergässli
치코 민박
Ssico
Waldeggstrasse
Hauptstrasse
아웃도어 인터라켄
Outdoor Interlaken
Rütistrasse
인터라켄 베스트역(서역)
Interlaken West
General Guisanstrasse
Alte Unterdorfstrasse
Pfarrweg
리틀 타이
Little Thai
Hubelweg
Metzgergasse
Baumgartenstrasse
쉬니케 플라테
Schynige Platte
Rugenparkstrasse
Tellweg
Brunngasse

푸니쿨라 10분이면 융프라우를 볼 수 있는 전망대
하더 쿨름 Harder Kulm

융프라우 3대 봉우리와 알프스 명산들을 이렇게 쉽게 봐도 되나 싶을 정도로 여정이 편하다. 해발 1,322m 에 있는 하더 쿨름은 인터라켄 시내에서 푸니쿨라를 타면 10분 만에 도착한다. 1908년 개설된 푸니쿨라 는 1,447m로 길고 최대 경사 64%로 가파르다. 푸니쿨라에서 5분만 걸으면 두 호수 다리(Zwei-Seen-Steg) 레스토랑에 도착한다. 스위스 전통 음식을 전문으로 하고 스테이크와 생선 요리도 있다. 맛보다 전망 값이라고 할 정도로 풍경이 압도적이다. 자세히 보려면 강철 프레임으로 된 전망대로 이동하자. 바로 옆에 있다. 전망대 꼭짓점에 서면 왼쪽부터 브리엔츠 호수와 인터라켄, 툰 호수가 발아래 펼쳐진다.
이동 시간이 짧고 늦은 시간까지 푸니쿨라를 운행하기 때문에, 낮에 융프라우요흐를 다녀오거나 다른 일정 을 소화한 후 저녁에 이곳에서 일몰을 감상하는 것도 좋다. 단, 모두 같은 마음이라 30분 이상 기다려야 할 수도 있다.

교통 오스트역 근처 푸니쿨라 승차장에서 10분 **주소** Interlaken Harderbahn, 3800 **전화** +41 33 828 72 33 **시간** 3월 말~4월 중 09:10~18:10, 4월 중~10월 09:10~20:40, 11월 09:10~18:25(하행 18:40) **요금** 왕복 CHF 38

알프스의 천상 화원
쉬니케 플라테 Schynige Platte

해발 1,967m인 쉬니케 플라테는 '알프스의 천상 화원'이라 부른다. 꽃 한 송이 피우기 쉽지 않은 고산 지대에서 650여 종의 야생화가 흐드러지게 피어서다. 고원을 걸으며 즐겨도 좋고, 온갖 화초를 모아 둔 알핀 가르텐에서 보아도 좋다. 눈이 늦게 녹는 편이라 6월부터 꽃이 피기 시작해 이후에 방문하는 것이 좋다. 융프라우와 묀히, 아이거 3대 봉우리를 마주하고 있어 고원 뒤로 만년설이 그림같이 펼쳐진다.
알프스 정원에 오르려면 빌더스빌에서 '꼬마 기차'를 타야 한다. 1893년부터 운행된 톱니바퀴(Cog) 열차다. 능선을 따라 50분 정도 오르는데, 멀어서라기보다 시속 10km 정도로 느려서다. 날이 좋다면 오래된 창문을 열고 산들바람을 맞아 보자. 위로 올라갈수록 객차 오른쪽 풍경이 좋다. 정상의 역 인근에 있는 바비큐장에서 피크닉을 하거나 쉬니케 플라테 레스토랑 테라스에서 시간을 보내도 좋다.

교통 인터라켄 오스트역에서 기차 또는 인터라켄 베스트역에서 105번 버스를 타고 빌더스빌(Wilderswill)로 이동 후 쉬니케 플라테행 산악열차 53분 이용 **주소** 3812 Gündlischwand **시간** 6월 중~ 10월 중 07:25~16:45 **요금** 왕복 CHF32~

빌더스빌 기차역

• Hiking Course • 루허호른(Loucherhorn)

- **코스** : 쉬니케 플라테 기차역 ▶도보 10분 알핀가르텐 ▶도보 30분 오버베르그호른 ▶도보 40분 루허호른 ▶도보 1시간 쉬니케 플라테 기차역
- **시간** : 7.2km / 2시간 30분 소요 / 61번 트레일

만년설로 덮인 알프스 3봉을 파노라마로 즐기며 산이 키운 수백 종의 들꽃이 핀 고원을 걷는다. 기암괴석으로 이루어진 구미호른(Gumihorn)과 오버베르그호른(Oberberghorn), 루허호른(Loucherhorn)까지 둘러보자. 길은 파울호른(Faulhorn)과 피르스트로 이어지는데 오르막길이라 역방향으로 걷는 편이 낫다.

알핀가르텐(Alpengarten) 해발 1,967m에 있는 기차역을 바라보고 오른쪽으로 가면 알핀가르텐이 나온다. 1927년 알프스에서 처음 문을 연 야생화 식물원이다. 고산에서 피는 야생화와 친절한 안내문이 설치되어 있다. 액자가 있는 전망대에 서면 오버베르그호른과 루허호른이 한눈에 보인다.

오버베르그호른(Oberberghorn) 호텔 쉬니케 플라테가 있는 구미호른은 오를 수 없다. 대신 다우베(Daube) 전망대에서 조망할 수 있다. 다우베에서 오버베르그호른까지 이어진 길은 왼쪽에 수직 절벽을 두고 능선을 따라 걷는 릿지하이킹 길이다. 날등성이 위험해 보이지만, 길이 잘 다져져 있어 비교적 걷기 편하며 절벽 아래로 인터라켄과 두 호수 경관이 아름답다. 알핀가르텐 바로 윗길은 안전하다. 체력을 고려해 여기서 원점 회귀를 결정하자. (왕복 1시간 30분)

루허호른(Loucherhorn) 능선을 따라 걷다 보면 작은 돌산 그라틀리(Gratli)를 만난다. 드넓은 초지에 방목한 소를 만날 수 있다. 카우벨 소리를 들으며 걷다 보면 암석 구릉 지대를 만나는데 바로 루허호른이다. 원점으로 돌아올 때는 그라틀리에서 구릉을 가로지르는 오솔길을 이용하면 편하다.

비취빛 신비로운 호수
브리엔츠 호수 Brienz

융프라우 일대 빙하가 녹은 물이 모여 비취색이다. 브리엔츠 호숫물이 인터라켄 시내를 가로질러 툰 호수로 흘러간다. 순수에 더 가까운 브리엔츠 호수의 색이 더 뚜렷하고 차갑다. 영양분도 부족한 탓에 어종이 많지 않아 어업은 발달하지 못했다. 대신 숲에서 나무를 베어 목공예품을 만들고 집에서 레이스를 떴다. 18세기에는 교통의 요지인 루체른까지 물길과 철도로 연결되어 운송업이 발달했다. 1839년 증기선이 처음 들어오고 1888년 루체른 남쪽 호수 마을인 알프나흐슈타트(Alpnachstad)까지 철도가 개통되었다. 1914년 건조된 외륜 증기선 3척 중 하나인 뢰치베르크(Lötschberg)는 100년이 지난 지금도 브리엔츠 호수 물살을 가르고 있다.

여름에는 호숫가 둘레길을 걷거나 수영을 즐긴다. 차가운 빙하수이고 갑자기 수심이 깊어지니, 안전하고 시설 좋은 유료 호수 수영장을 추천한다. 스트란트바드 브리엔츠(Strandbad Brienz)는 수심이 얕은 호숫가에 위치하며 수영장과 미끄럼틀, 다이빙대를 구비하고 있다. 잔디밭이 있어 피크닉을 즐기기 좋고 레스토랑과 카페도 있다. 인터라켄과 가까운 니더리드 호수 수영장(Badeplatz Niederried)은 작지만 한적하다. 겨울에는 핫 터그(Hot Tug)로 색다른 스위스 문화를 즐겨 보자. 차가운 빙하 호수에 38℃ 물을 담은 전기 모터보트를 띄워 반신욕을 즐긴다. 장작 난로를 피워 내내 따뜻하다.

민속 박물관 발렌베르그(Freilichtmuseum Ballenberg)에선 전통 문화를 배울 수도 있다. 스위스 곳곳에 남은 중세 건물을 옮겨 와 테마파크로 만들었다. 실제 거주하진 않지만, 당시 생활상을 재현하고 있으며 가축까지 키워 실감 난다. 박물관 서문에서 동문까지 길이 약 2km로 매우 넓다. 여유가 없다면 볼거리가 많은 서문으로 입장하길 권한다.

교통 ❶ 인터라켄 오스트역에서 기차로 20분 소요 ❷ 인터라켄 오스트 선착장에서 1시간 13분 소요 ❸ 인터라켄에서 차로 25분(23km) 소요. **주소** Hauptstrasse 149, 3855 **전화** +41 33 952 22 22 **홈페이지** www.brienz-tourismus.ch

스트란트바드 브리엔츠(Strandbad Brienz)
교통 브리엔츠역에서 인터라켄 반대 방향으로 도보 10분 **주소** Strandweg 6, 3855 **전화** +41 33 951 05 40 **시간** 5월 11:00~22:00 / 6~8월 09:00~22:30 / 9월 11:00~11:00 **요금** 성인 CHF 5, 패들보드 대여 CHF 35(2시간) **홈페이지** strandbadbrienz.ch

브리엔츠 핫 터그 업체(Pirate Bay Nautical Center)
교통 브리엔츠 기차역 앞 **주소** Hauptstrasse 143 **전화** +41 76 518 88 77 **시간** 10:00~18:30 / 월~화 휴무 **요금** 핫 터그 CHF255(1시간 30분/3명) **홈페이지** pirate-bay.ch

민속 박물관 발렌베르그(Freilichtmuseum Ballenberg)
교통 브리엔츠 기차역 앞 버스 정류장에서 151번 포스트 버스 타고 서쪽 입구(ballenberg west) 정류장 하차 시 10분 소요. 동쪽 입구(Ballenberg Ost) 하차 시 20분 소요. **주소** Museumstrasse 100, 3858 **전화** +41 33 952 10 30 **시간** 4월 중~10월 말 10:00~17:00 **요금** 성인 CHF32, 6~16세 CHF16 **홈페이지** ballenberg.ch

기스바흐 폭포 Giessbachfälle

기스(Giess)는 '물을 붓다', 바흐는 '개천'을 말한다. 파울호른(Faulhorn) 계곡에서 시작된 물줄기는 14단을 거쳐 브리엔츠 호수로 낙하한다. 눈이 녹는 봄이나 비가 내린 후에는 수량이 늘어 더욱 인상적인 풍경을 볼 수 있다. 수량이 풍부해 귀가 먹먹할 정도로 우렁차게 내리는데 물보라로 옷이 젖을 정도로 가까이에서 만날 수 있다. 폭포를 지그재그로 오가며 즐기는 트레일이 있어서다. 오솔길을 따라 걷다 폭포를 만나면 다리와 동굴로 걸어야 한다. 동굴은 폭포 물줄기 뒤로 걸을 수 있는데, 이곳에서 보는 그랜드 호텔과 브리엔츠 호수 풍경이 멋있다. 하산길을 따라 이젤트발트까지 5.3km(약 2시간/역방향 비추천) 하이킹을 즐겨도 좋다.

기스바흐제(Giessbach See) 선착장에 내리면 바로 푸니쿨라 승차장이 있다. 1879년에 개설되어 스위스에서 가장 오래된 푸니쿨라를 타고 5분 정도 오르면 1874년에 지어 100년 이상 된 그랜드 호텔 앞에 당도한다. 배를 이용하지 않아도 브리엔츠 기차역에서 155번 버스를 10분 정도 타고 기스바흐 정류장에 하차해 10분 정도 걸어 도착할 수 있다.

주소 Giessbach, 3855 **전화** +41 33 952 25 05 **시간** 4월 중~5월 초·9월 중~10월 중 11:00~12:00, 13:00~17:20, 5월 초~9월 중 10:00~17:40(20분 간격 운행) *6월~8월 중 토요일 20:00, 20:40 추가 운행 **요금** 편도 CHF 7, 왕복 CHF 12

이젤트발트 Iseltwald

인터라켄 동쪽으로 14km 떨어진 호반 마을이다. tvN 드라마 <사랑의 불시착> 촬영지로 유명해졌다. 청록색 호수와 구릉 위의 목조 가옥 샬레, 스위스 깃발을 단 여객선, 피아노를 치는 남자 주인공까지 더해져 명장면을 만들었고 시청자의 마음을 온전히 빼앗았다. 드라마 배경이 된 선착장은 유람선이 아닌 요트 선착장으로 지금은 원래 목적을 잃고 여행객의 인증 사진 명소가 되었다.

촬영지 반대편으로 호반 길을 걸어 보자. 하더 쿨룸부터 브리엔츠 로트호른으로 이어진 능선 아래에는 중세 매튼 영주가 지은 제부르크 성(Schloss Seeburg)이 반도 위에 서 있다. 한동안 재활 센터로 사용되다 개인 소유가 되어 내부를 볼 수 없지만 기막힌 호수 풍경을 만든다. 쇼렌(Schorren) 길 끝에 캠핑장을 겸한 호수 수영장이 있는데 수심이 깊으니 수영보다 패들보드를 권한다.

교통 ❶ 인터라켄 오스트 선착장에서 승선해 이젤트발트 선착장 하선(약 1시간 소요) ❷ 인터라켄에서 103번 버스를 타고 종점에서 하차(25분 소요) **주소** Schönbühl 30C, 3807 **전화** +41 33 845 11 06 **시간** 24시간 **요금** 사랑의 불시착 선착장 입장료 CHF 5 **홈페이지** iseltwald.ch

브리엔츠 로트호른 Brienzer Rothorn

브리엔츠 마을에서 증기 기관차를 타고 올라 해발 2,350m 정상부터 이어지는 공룡 능선과 푸른 호수를 전망한다. 브리엔츠 로트호른은 융프라우 지역에서 벗어난 에멘탈 알프스 정상이다. 루체른과 베른주 경계 능선을 따라 서쪽으로 십자가 전망대(Das Kreuz), 동쪽으로 쇠렌베르크(Sörenberg) 전망대가 있다. 십자가 전망대는 공룡의 등처럼 울퉁불퉁한 트뷔레네그(Twärenegg)부터 완만한 고원 지대, 플란알프(Planalp)로 이어진 트레일을 볼 수 있다. CG처럼 배경이 되는 브리엔츠 호수는 청량감을 더한다. 쇠렌베르크 전망대를 지나 브리엔츠 로트호른 정상에 오르면 트뷔레네그 능선이 정면에 보인다. 정상은 베른과 루체른, 옵발덴주 경계선의 꼭짓점이다. 이곳에서 3개 주를 한 번에 볼 수 있다. 옵발덴 방향 고산 호수인 에이제(Eisee)는 리프트가 있어 쉽게 다녀올 수 있다. 로트호른의 또 다른 매력은 스위스에서 가장 오래된 증기 기관차다. 1892년 운행을 시작해 오늘날까지 증기를 뿜으며 달린다. 궂은날을 빼곤 객차 창문을 열고 달린다. 왼편에 앉으면 변화무쌍한 능선과 신비로운 호수 물빛을 함께 담을 수 있다. 1시간 정도 느긋하게 오르면 정상 역에 레스토랑이 있어 쉬어 가기 좋다. 열차는 인기가 많아 성수기에는 좌석 예약(CHF8)을 권한다.

주소 Hauptstrasse 149, 3855   **전화** +41 33 952 22 22   **시간** 6월 초~10월 중 08:36~16:36(7~9월 토~일 07:36 추가 운행)   **요금** 왕복 CHF96, 하이킹 티켓 CHF81

• Hiking Course • 로트호른~플란알프

- **코스** : 브리엔츠 로트호른(Brienzer Rothorn, 2,260m) ▶ 플란알프(Planalp, 1,352m)
- **시간** : 편도 5.6km / 3시간(브리엔츠 마을까지 9.3km)

브리엔츠 로트호른 정상까지 증기 기관차를 타고 올라와 로트호른 쿨름 호텔 아랫길로 들머리를 잡자. 트뷔레네그 능선을 따라 걷는다. 일부 가파른 구간이 있지만, 흙길이라 어렵지 않다. 들판과 초원을 가로질러 걷다가 수목 한계선 아래 골짜기로 들어서면 곧 뮐레바흐(Mühlebach) 폭포가 나온다. 계곡을 따라 걸으면 중간 역인 플란알프에 도착한다. 이곳에서 열차를 타고 가거나 브리엔츠 마을까지 4km쯤 더 걸을 수 있다.

중세 호반 도시로의 여행
툰 호수 Thun

인터라켄 서쪽 호수인 툰은 길이 17.5km로 브리엔츠 호수보다 조금 크다. 마지막 빙하기(약 1만 년 전)에 만들어진 호수로 브리엔츠 호수의 빙하수를 받아 베른으로 보낸다. 베른행 물길이 시작되는 곳에 툰 마을이 있다. 아레강 수위를 조절하기 위해 세운 수문은 300년 된 보(洑)와 목조 다리로 되어 있다. 수문 아래인 플루스벨레 툰(Flusswelle Thun)는 강폭이 좁고 물살이 거세 서핑을 즐기는 사람들로 붐빈다.

툰은 스위스 방위산업체인 RUAG 생산 기지와 스위스 연방 탄약 공장 등 군사 관련 제조업과 건설업을 중심으로 발달한 마을이다. 실업률이 5% 미만이며 주로 현지인이 거주하고 생활한다. 또한 호젓한 호반과 주변 알프스 풍경이 뛰어나 중세부터 여행객에게 사랑받고 있다. 12세기 신성 로마 제국 지배하에 베른을 건설한 체링겐(Zähringen) 가문이 다스려 툰성(Schloss Thun)을 쌓고 마을을 확장했다. 아케이드로 된 오버러 하우프트 거리(Obere Hauptgasse)처럼 베른과 닮은 구석을 발견하는 재미도 있다.

일정이 여유롭다면 샤다우성(Schloss Schadau)에서 시간을 보내 보자. 1854년에 지어졌는데 성 전체가 문화유산으로 등록되어 있다. 내부에 있는 레스토랑에서 음료와 디저트를 즐겨도 좋다.

교통 인터라켄 베스트역에서 툰역까지 기차 30분, 유람선 2시간 이상, 21번 버스 45분 소요 **주소** Seestrasse 2, 3600 **홈페이지** thunersee.ch

툰성
교통 툰 기차역에서 도보 10분 **주소** Schlossberg 1, 3600 **전화** +41 33 223 20 01 **시간** 4~6월·9~10월 10:00~17:00 / 7~8월 09:30~17:30 / 11~3월 13:00~16:00(11~1월 일요일만 운영) **요금** 성인 CHF10 **홈페이지** Schlossthun.ch

샤다우성
교통 툰 기차역 앞 버스 정류장에서 슈피츠행 1번 또는 55번 버스 타고 샤다우 정류장 하차 **주소** Seestrasse 45, 3600 **시간** 10:00~24:00 / 월요일 휴무 **요금** 식사 CHF45~, 디저트 CHF15~ **홈페이지** schloss-schadau.ch

샤다우성

오버호펜성 Schloss Oberhofen

툰 호수와 연결된 성은 13세기에 지어졌다. 지역 귀족과 지역 사회가 소유하다 1940년 미국 변호사 윌리엄 마울 미시(Wiliam Maul Measey)가 재단을 설립해 역사 박물관으로 운영 중이다. 중세 기사의 방과 옷, 벽화가 화려한 예배당과 이국적인 흡연실 등 당시 모습을 재현했다. 성 주변에 공원이 조성되어 있고 추가로 지은 교회와 주거용 건물에 들어갈 수 있다. 전면 유리로 된 건물은 레스토랑이다. 내부에서 호수를 바라봐도 좋지만, 피어(Pier) 17에서 성을 바라보는 전망을 권한다.

교통 ❶ 툰 기차역에서 21번 버스 17분 소요 ❷ 인터라켄 베스트 버스정류장에서 21번 버스 45분 소요 ❸ 인터라켄 베스트 선착장에서 1시간 45분 소요 **주소** Postfach 22 **전화** +41 33 243 12 35 **시간** 5월 중~10월 말 11:00~17:00 / 월요일 휴무 (레스토랑 11:00~23:00, 월~화 휴무) **요금** CHF 14

시그리스빌 파노라마 다리 Panoramabrücke Sigriswil

호반 마을 군텐(Gunten)에 있는 해발 810m 현수교다. 시그리스빌과 애슐렌(Aeschlen) 마을 사이에는 군텐 골짜기가 있어서, 옛날에는 두 마을을 오가려면 협곡 끝까지 에둘러 가야 했다. 특히 애슐렌의 중학생들은 중등학교가 있는 시그리스빌 마을로 와야 했는데, 2012년에 다리가 지어져 수월해졌다. 50분 이상 걸어야 할 거리를 350m 다리를 이용해 10분 만에 도착할 수 있다. 통행료는 다리 보수에 사용한다. 우리나라 여행객에게는 tvN 드라

마 〈사랑의 불시착〉에 배경으로 나오면서 유명해졌다. 다리 위에선 베르너 알프스와 니젠, 스톡호른과 같은 산맥 전망을 즐길 수 있다. 182m 골짜기 사이로 바람이 불면 다리가 흔들려 긴장감이 든다. 다리만 보고 가기 아쉽다면 오버호펜성까지 걸어 보자. 애슐렌 마을과 목초지를 지나 누스바움 시그리스빌(Nussbaum, Sigriswil)에 도달하면 호두나무라는 뜻의 마을 이름처럼 활엽수로 가득한 숲이 펼쳐진다. 숲이 끝나면 호숫가를 걷는 트레일로 총 4.9km, 1시간 20분 정도 걸린다. 애슐렌 마을에 있는 시그리스빌 파노라마 호텔 테라스에서 점심을 먹고 움직여도 좋다. 중국인이 운영하는 레스토랑으로 중식과 스위스 음식을 먹을 수 있다.

교통 ❶ 툰에서 시그리스빌 파노라마 다리까지 25번 버스로 19분 소요 ❷ 툰에서 군텐까지 유람선 36분 소요 ❸ 인터라켄 베스트역에서 군텐까지 기차 32분, 유람선 1시간 34분, 21번 버스 30분 소요. 군텐역 앞 정류장에서 25번 버스 7분 타고 시그리스빌 도르프(Sigriswil, Dorf) 정류장 하차 **주소** Raftstrasse 31-33, 3655 **시간** 24시간 **요금** CHF8(인터라켄 게스트 카드 CHF1 할인) **홈페이지** brueckenweg.ch

니더호른 Niederhorn

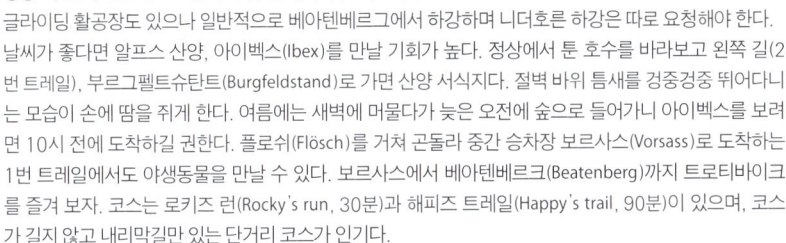

해발 1,950m로 융프라우 지역 정상 중에는 낮은 편에 속하지만, 융프라우와 아이거, 묀히, 멘리헨, 쉬니케 플라테 그리고 툰 호수까지 겹겹이 이어지는 풍경이 파도처럼 밀려온다. 곤돌라를 타고 니더호른 정상에 도착하면 U자형 협곡이 규모는 작지만 뚜렷하게 보인다.

정상 역 근처에는 레스토랑과 자연 놀이터가 있다. 패러글라이딩 활공장도 있으나 일반적으로 베아텐베르크에서 하강하며 니더호른 하강은 따로 요청해야 한다. 날씨가 좋다면 알프스 산양, 아이벡스(Ibex)를 만날 기회가 높다. 정상에서 툰 호수를 바라보고 왼쪽 길(2번 트레일), 부르그펠트슈탄트(Burgfeldstand)로 가면 산양 서식지다. 절벽 바위 틈새를 겅중겅중 뛰어다니는 모습이 손에 땀을 쥐게 한다. 여름에는 새벽에 머물다가 늦은 오전에 숲으로 들어가니 아이벡스를 보려면 10시 전에 도착하길 권한다. 플로쉬(Flösch)를 거쳐 곤돌라 중간 승차장 보르사스(Vorsass)로 도착하는 1번 트레일에서도 야생동물을 만날 수 있다. 보르사스에서 베아텐베르크(Beatenberg)까지 트로티바이크를 즐겨 보자. 코스는 로키즈 런(Rocky's run, 30분)과 해피즈 트레일(Happy's trail, 90분)이 있으며, 코스가 길지 않고 내리막길만 있는 단거리 코스가 인기다.

교통 ❶ 빠르고 저렴한 노선 : 인터라켄 베스트 버스 정류장에서 101번 버스 타고 베아텐베르크-니더호른 정류장 하차(27분 소요) → 니더호른까지 곤돌라 이용 ❷ 유람선(또는 버스)+푸니쿨라+곤돌라 노선 : 인터라켄 베스트 선착장에서 베아텐부히트까지 배 이용(50분 소요) 또는 인터라켄 베스트에서 버스 21번 이용(22분 소요) → 베아텐부히트에서 베아텐베르크까지 푸니쿨라 이용(10분 소요) → 니더호른까지 곤돌라 이용(18분 소요) **주소** ❶ 베아텐부히트-Seestrasse 372, 3658 ❷ 베아텐베르크-Schmockenstrasse 253, 3803 **전화** +41 33 841 08 41 **시간** 4월 중~11월 중 푸니쿨라 08:04~18:04(7~10월 ~19:04) / 곤돌라 08:40~17:20(7~10월 ~17:40) / 12~3월 휴무 **요금** 베아텐부히트-니더호른 CHF59, 베아텐베르크-니더호른 CHF48 **홈페이지** niederhorn.ch

슈피츠 Spiez

스위스 사람들이 나이 들면 살고 싶은 마을로 손꼽는 곳이 슈피츠다. 완만한 구릉과 호수를 끼고 있어 평온한 분위기가 물씬 풍긴다. 야트막한 언덕 포도밭에서 만든 슈피츠 와인까지 있으니 살아 보기 딱이다. 와이너리 트레일도 있다. 1천 년을 견딘 슈피츠성은 성벽과 함께 보존이 잘 되었다. 고성은 다른 성과 같이 지역 귀족들이 소유권을 바꿔 가며 권리를 행사했다. 20세기에 들어 매매에 나왔고 주인이 나타나지 않자 슈피츠성 재단을 설립했다. 스위스 국민을 위해 슈피츠성을 구하자는 슬로건으로 11만 5천 스위스프랑을 기금으로 모았고 슈피츠 자치단체는 대중에게 공개한다는 조건을 걸어 3만 스위스프랑을 기부해 지금까지 재단에서 관리한다. 성에서 가장 오래된 부분은 1245년에 지어진 탑이다. 39m 높이 첨탑에 오르면 마을 전체를 볼 수 있다. 성 정원에 있는 카페에서 여유를 부려 보자. 정삼각형 모양의 니센(Niesen)산과 2,000m 이상 고산 풍경이 그림 같다.

슈피츠는 스위스 서쪽에서 인터라켄으로 이동할 때 도착하는 기착지다. 체르마트에서 인터라켄으로 올 때 환승역이기도 하다. 언덕에 있는 기차역에서 호숫가에 있는 슈피츠성까지 걸어서 15분 정도 걸린다. 버스나 꼬마 열차를 타고 마을로 내려갈 수도 있다. 올라올 때 이용하거나 배를 타고 인터라켄으로 돌아오면 오르막길을 걷지 않아도 된다.

교통 인터라켄 베스트역에서 슈피츠역까지 기차로 17분, 유람선으로 1시간 22분, 60번 버스로 26분 소요 **주소** Schlossstrasse 16, 3700 **시간** 월 14:00~17:00, 화~금 10:00~17:00, 토~일 10:00~18:00 / 11~4월 휴무 **요금** 성 박물관-성인 CHF12, 어린이(6~16세) CHF5 **홈페이지** schloss-spiez.ch

성 베아투스 동굴 St. Beatus-Höhlen

니더호른산 아래 용의 전설이 담긴 동굴이 있다. 중세 시대에 불을 뿜는 용이 동굴에 살았는데 베아투스 수도사가 십자가를 들고 하나님께 기도하니 용이 툰 호수에 빠져 죽었다는 이야기다. 이후 성자는 동굴에 성소를 짓고 기독교를 전파했다. 종교 개혁 이후에는 동굴 입구에 벽을 세워 순례를 막았는데 신자들이 굴하지 않고 벽을 허물었다고 한다.

베르너 오버란트 알프스 지역은 석회암 비중이 크다. 물에 잘 녹는 성질을 가지고 있어 폭포나 동굴이 많고 석회질이 녹은 물은 강과 호수에 모여 푸른 우윳빛이나 청록빛을 낸다. 스위스에서도 많이 볼 수 없는 형태의 동굴인데 그중 큰 규모다. 내부로 들어가면 14km 종유굴이 이어지는데 그중 926m까지 들어갈 수 있으며 60분 정도 소요된다. 특히 암반 사이로 계곡이 흘러 청각과 시각, 후각, 촉각 모두 자극한다. 87m 높이에서 낙하하는 폭포와 협곡이 두렵기도, 신비롭기도 하다. 동굴 내부 기온은 8~10℃로 일정하며 습도가 95%다. 미끄러지지 않는 신발을 신고 여름에는 겉옷을 준비해야 한다. 비가 많이 올 때는 물이 불어나 위험할 수 있어 동굴 안을 탐험할 수 없으니 방문 가능 여부를 미리 확인하자.

동굴로 들어가기 전 박물관을 관람하면 도움이 된다. 성 베아투스 동굴에 서식하는 생명체와 주위 동물, 동굴 탐사 현장, 종유석과 석순 등이 만들어 낸 수정 등이 전시되어 있다. 동굴이 툰 호수를 바라보는 절벽에 있다 보니 전망이 좋다. 동굴 바로 앞 테라스 카페가 조망 명당이다.

교통 ❶ 베아텐부히트(니더호른 케이블카역)에서 성 베아투스 동굴까지 21번 버스 이용(8분 소요) ❷ 인터라켄 베스트 버스 정류장에서 21번 버스 타고 베아투쇼렌(Beatushöhlen) 정류장 하차(14분 소요) ❸ 인터라켄 베스트 선착장에서 유람선 타고 베아투쇼렌 선착장 하선(33분 소요) **주소** Staatsstrasse 30, 3800 **전화** +41 33 841 16 43 **시간** 3월 말~11월 중 월~목 09:00~18:00(금~토 ~21:00) / 11월 중~3월 말 09:30~17:00(토 ~18:30) **요금** 성인 CHF20, 6~16세 CHF12(게스트 카드 할인) **홈페이지** beatushoehlen.swiss

노이하우스 Neuhaus

노이하우스 선착장과 마주한 호텔 주변에 한갓진 공원이 있다. 더운 여름날에는 물놀이를 할 수 있는 호수 수영장(Neuhaus Swimming Steps)이다. 호수 바닥을 수심이 얕도록 인공 조성해 빙하수인데도 한낮에는 수온이 차지 않다. 잔디밭과 자갈밭, 포장도로가 호수와 면하고 있어 취향에 맞게 자리를 잡으면 된다. 무료 샤워장과 화장실이 있고 호텔에서 운영하는 레스토랑이 있다. 매너 팜 캠핑장(Camping Manor Farm)이 인근에 있어 캠퍼들에게 알음알음 알려졌는데, tvN 예능 <텐트 밖은 유럽>에서 나와 우리나라 여행객이 즐겨 찾는다.

교통 인터라켄 베스트 버스 정류장에서 21번 버스 이용(10분 소요) **주소** Seestrasse 119, 3800 **시간** 24시간 **요금** 무료

인터라켄에서 즐기는 액티비티

알프스가 숨겨둔 웅장한 대자연을 산전, 수전, 공중전까지 다양한 액티비티로 즐겨 보자. 유네스코 세계문화유산인 빙하 위를 걷는 트레킹, 암벽 클라이밍 트레킹, 비아 페라타를 체험할 수 있다. 온몸으로 계곡을 즐기는 캐녀닝부터 래프팅, 카약, 호수에서 제트보트도 탈 수 있다. 하늘에선 패러글라이딩이 내려온다. 스카이다이빙과 번지점프로 알프스에 몸을 던져 보자. 눈이 오는 겨울에 즐기는 겨울 액티비티는 두말할 필요도 없다.

• 패러글라이딩 Paragliding

융프라우 지역 패러글라이딩은 액티비티의 정수를 보여 준다. 4,000m급 융프라우 3봉과 멘리헨, 쉬니케 플라테까지 한 품에 담긴다. 비행 시간은 약 20분, 겨울에는 추워서 그보다 짧은 10~15분 정도다. 인터라켄 숙소 또는 집합 장소에서 출발해 전망이 좋은 베아텐베르크에서 하강하는 클래식 코스와 피르스트 코스가 있다. 날씨 마음이겠지만, 비교적 오전에 비행이 가능할 확률이 높아 오전 예약을 권한다. 비행 사진이나 영상은 따로 구매할 수 있다. 요금은 CHF190부터이며, 장소를 바꾸면 추가금이 발생한다.

• 스톡호른 번지점프 Stockhorn Bungee Jumping

다리나 전망대에서 주로 하는 번지점프가 스위스에선 상상할 수 없는 장소에서 가능하다. 바로 케이블카 위다. 스톡호른을 오가는 케이블카 운행이 끝나면 번지점프에 도전하는 용감한 사람들이 케이블카에 탄다. 중간역인 크린디(Chrindi) 곤돌라 승차장 앞 인터스톡 호수(Hinterstockensee) 위에 케이블카가 멈추면 그때부터 사람들은 웅성거리기 시작한다. 순서는 임의로 정해지지만, 사람들이 뛰는 모습이 재미있어서 구경하고 중간 순서 이후에 뛰면 좋다. 운동화와 따뜻한 옷을 입어야 하고 케이블카가 운행하는 4~10월에만 가능하다. 요금은 CHF229다. (스톡호른 2개 호수 트레일(2시간 40분 소요)을 걷고 난 뒤 번지점프로 마무리해도 좋다.)

• 캐녀닝 Canyoning

석회암으로 이루어진 융프라우 지역 알프스는 아름다운 계곡이 많다. 캐녀닝은 바위를 짚고 뛰며 계곡을 따라 몸을 던지는 진정한 물아일체 액티비티다. 최상급 코스를 제외하고 수영을 못하더라도 가능하고 점프 구간에서 뛰지 못하더라도 우회할 수 있어 걱정 없다. 초보자를 위한 코스부터 레펠 하강은 기본, 10m 이상 점프와 15m 이상 슬라이딩이 포함된 최상급 코스까지 다양하다. 잠수복이나 신발, 구명조끼, 헬멧 등 안전 장비가 제공되며 업체 샤워실과 탈의실을 이용할 수 있다. 4월 중순에서 10월까지 운영하며 요금은 초급 CHF149(캐녀닝 90분, 총 3시간 소요, 인터라켄 10분 거리 계곡), 중급 CHF179(캐녀닝 90~120분, 총 5시간 소요, 인터라켄 1시간 거리 계곡), 상급 CHF229(캐녀닝 3~4시간, 총 7시간 30분 소요, 인터라켄 1시간 거리 계곡)다.

아웃도어 인터라켄(Outdoor Interlaken)

융프라우 지역 액티비티 끝판왕이다. 직접 몸으로 느낄 수 있는 살아 있는 아웃도어의 세계로 안내한다. 우리나라 사람들에게도 인기가 많아 한국어 안내가 있으며 카카오톡으로 예약할 수 있다. 상품 2개 이상 예매하면 5% 할인을 받을 수 있다.

교통 호텔 조네(Hotel Sonne) 인근 **주소** Hauptstrasse 15, 3800 **전화** +41 33 224 07 04 **시간** 08:30~17:00
요금 상품별 홈페이지 참고 **홈페이지** http://www.outdoor.ch/ko

추천 식당

레스토랑 베른
Restaurant Bären

스위스 전통 샬레다. 목조로 장식한 내부는 따뜻하고 포근한 분위기다. 가족이 경영하는 식당은 숙박도 함께 운영하고 있다. 퐁뒤와 라클렛, 뢰스티 등 스위스 전통 음식을 전문으로 한다. 굴라쉬나 송어 요리도 있으며 식사용 메뉴를 원한다면 코르동 블루(Cordon Blue)를 더해도 좋다. 와인 리스트도 좋은 편이니 추천받아 보자. 현지인과 여행객으로 늘 북적이는 식당이어서 예약하길 권한다.

주소 Seestrasse 2, 3800 Unterseen **전화** +41 33 822 75 26 **시간** 수~금 16:30~23:30, 토~일 10:00~23:30 / 월~화 휴무 **요금** 치즈 퐁뒤 1인 CHF26~ **홈페이지** www.baeren-unterseen.ch

후시 비어하우스
Hüsi Bierhaus

인터라켄 베스트역에서 가까우며 메인 스트리트인 회에 거리에서 살짝 비켜나 있다. 슈니첼과 슈바인학센 같은 독일 음식을 전문으로 하며 버거와 샐러드도 있다. 브루잉 맥주가 있어 간단하게 하자하며 피로를 풀어도 좋다. 크래프트 시드르(Craft Cidre)는 스위스산 사과와 배를 넣어 만든 맥주로 시원하고 날다. 융프라우 VIP 패스 소지자는 10% 할인받을 수 있다.

주소 Postgasse 3, 3800 **전화** +41 33 823 23 32 **시간** 수~목 15:00~23:30, 금 15:00~24:30, 토 12:30~24:40, 일 12:30~23:30 / 월~화 휴무 **요금** 메인 CHF21.9~, 슈바인학센 CHF38.5 **홈페이지** huesi-bierhaus.com

호플라 비스트로
Hopplá Bistro

내부는 넓지 않지만 깔끔하고 주인이 친절하다. 헝가리 음식을 전문으로 하며 굴라쉬와 양배추에 간 고기를 넣고 돌돌 만 헝가리안 캐비지 롤스(Hungarian cabbage rolls)가 메인이다. 굴라쉬는 원래 매콤하고 짭짤하니 맥주와 함께 먹으면 좋다. 돼지고기 스테이크도 추천 메뉴 중 하나다. 가게 주인과 어머니가 운영하며 디저트도 직접 만드니 한번 맛보자.

주소 Jungfraustrasse 74, 3800 **전화** +41 79 616 86 95 **시간** 일~월 12:00~21:00, 금~토 12:00~22:00, 수~목 18:00~21:00 / 화요일 휴무 **요금** 메인 CHF24~ **홈페이지** hoppla-bistro.business.site

리틀 타이
Little Thai

스위스는 치즈를 바탕으로 하거나 간이 강한 편이라 식사를 걱정하는 여행객이 많다. 한식당을 가자니 비싼 편이라 마음 놓고 먹기 어렵다. 이럴 땐 상대적으로 저렴한 아시안 식당을 찾아가자. 인터라켄 베스트역과 오스트역에서 거리가 있지만, 태국 음식이 맛도 괜찮고 양도 많다. 볶음 요리는 좀 짠 편이니 미리 짜지 않게 해 달라고 말하거나 쌀국수 같은 국물 요리를 주문하길 권한다. 테이크아웃(to-go) 서비스도 가능하다.

주소 Hauptstrasse 19, 3800 **전화** +41 33 821 10 17 **시간** 11:00~14:00, 17:00~22:00 / 월~화 휴무 **요금** 메인 CHF20~ **홈페이지** www.mylittlethai.ch

추천 숙소

호텔 인터라켄
Hotel Interlaken

호텔 인터라켄은 1491년 문을 연 유서 깊은 숙소다. 현대적인 리모델링을 거쳐서 객실은 깨끗하고 세련됐다. 4성급 호텔이며 인터라켄 오스트역과 하더 쿨름 푸니쿨라역이 가까운 지리적 이점을 고려할 때 가성비도 괜찮다. 성당과 일본식 정원이 있는 외관도 분위기를 더한다. 정원은 1995년 인터라켄과 자매결연한 일본 간사이 지역 오쓰에서 선물했다. 2층 침대와 더블 침대가 있어 4인 가족이 쓰기 좋은 패밀리 룸이 특화되어 있다. 보수할 때 5층을 개조해 공용 욕실과 공용 화장실을 쓰는 싱글 룸과 더블 룸을 만들었다. 저렴한 가격으로 이용할 수 있으나 5층 방이 4성급은 아니다.

주소 Höheweg 74, 3800 전화 +41 33 826 68 68 요금 CHF200~ 홈페이지 hotelinterlaken.ch

호텔 베르너호프
Hotel Bernerhof

인터라켄 베스트역을 나오면 바로 보이는 건물이다. 늦은 시간에 도착하거나 이른 시간에 출발할 때 묵으면 좋다. 내부는 리모델링해서 간결하고 깨끗하다. 방은 그대로라 좁은 편이지만, 객실마다 조금씩 차이가 있다. 시내에 있어 마트나 식당, 상점에 방문하기 쉽다. 방마다 테라스가 있어 알프스의 상쾌한 공기와 함께 차 마시기 좋다.

주소 Bahnhofstrasse 16, 3800 전화 +41 33 826 76 76 요금 CHF161~ 홈페이지 bernerhof-interlaken.ch

치코 민박
Ssico

인터라켄 베스트역 바로 앞에 있는 한인 민박이다. 도미토리와 1인실, 2인실, 패밀리룸까지 객실 종류가 다양하다. 패러글라이딩이나 스카이다이빙 등 액티비티를 대신 예약해 주거나 자체 투어도 있어 융프라우 지역을 다채롭게 즐길 수 있다. 특히 혼자 와서 하기 어려운 로드 트립이나 별밤 투어를 할 수 있다. 간단한 취사는 가능하고 수건은 유료이므로 미리 준비하면 좋다. 공용 욕실이나 화장실이 인원보다 적어 사용하기 불편하고 10시부터 16시까지 입실할 수 없다.

주소 Bahnhofstrasse 45, 3800 전화 +41 76 603 40 65 요금 도미토리 5~9월 CHF45, 10~4월 CHF40 홈페이지 cafe.naver.com/zurichssico

인터라켄 유스호스텔
Interlaken Youth hostel

융프라우 지역을 여행하는 데 베이스캠프로 삼기 좋다. SBB 열차와 모든 산악열차가 출발하는 인터라켄 오스트역과 인접해 있다. 길 건너에 쿱(Coop)과 약국이 있고 뒤로 아레강이 흐르는 잔디밭이 있다. 내부 인테리어는 모던하고 가격이 합리적이다. 인기가 많아 일찍 예약해야 한다. 1층에 조식을 먹을 수 있는 식당 외에 레스토랑이 있고 놀이방과 세탁실까지 있다.

주소 Untere Bönigstrasse 3a, 3800 전화 +41 33 826 10 90 요금 6인 도미토리 CHF54~ 홈페이지 youthhostel.ch/en/hostels/interlaken

그린델발트

Grindelwald

1146년 인터라켄 수도원에 있던 두 수도사가 그린델발트를 발견하고 최초의 기록을 남겼다. 고대 현지어로 '장벽'을 의미하는 그린틸(Grintil)과 숲을 뜻하는 발트(Wald)가 합쳐진 이름이다. 해발 1,034m 완만한 경사지에 자리한 마을은 18세기 후반 영국에서 온 여행자가 찍은 사진이 알려지면서 세계적인 여행지로 발돋움했다. 베르너 오버란트 최고봉인 핀스터아어호른(Finsteraarhorn)을 비롯해 베터호른(Wetterhorn), 슈렉호른(Schreckhorn), 그로스 피셔호른(Gross Fiescherhorn) 등 4,000m급 고봉들이 알려지면서 알피니스트의 베이스캠프가 됐다. 1872년 마을까지 도로가 정비되고 1890년 철도가 개통되면서 관광 전성기를 맞이했다. 지금도 여전히 아이거 북벽과 산비탈 살레 풍경에 반해 여행객으로 붐빈다. 피르스트와 멘리헨을 잇는 곤돌라, 융프라우로 가는 아이거 익스프레스까지 있어 접근성이 좋다. 융프라우 지역에 2일 이상 머무는 일정이라면 그린델발트도 좋은 베이스캠프다. 여름에는 아이거 북벽 아래에서 위치한 헬바흐 수영장(Freibad Hellbach)도 인기다.

• 그린델발트로 이동하기 •

기차

인터라켄 오스트역에서 BOB 산악열차(30분마다 1대)를 타고 이동하면 35분 걸린다. 중간역인 츠바이뤼치넨(Zweilütschinen)에서 그린델발트행 객차와 라우터브루넨 객차가 나뉘므로 객차 외부에 적힌 목적지를 꼭 확인해야 한다. 보통 앞쪽은 라우터브루넨, 뒤쪽은 그린델발트로 간다.

자동차

알프스 산악 마을은 대부분 카프리(Car-Free) 지역으로 차량 진입을 할 수 없지만, 그린델발트는 1872년 도로 개설 후 자동차 진입이 가능하다. 주차장은 1일 CHF 25 이상 비용이 발생해 조금 비싸더라도 주차장이 있는 숙소를 권한다.

• 그린델발트의 시내 교통 •

마을 중심 도로는 도르프 거리(Dorfstrasse)다. 호텔과 레스토랑, 상점이 도로를 따라 늘어서 있다. 그린델발트역 인근에 버스터미널이 있고 오르막길을 오르면 관광안내소와 쿱 슈퍼마켓이 있다. 글레처 슐루흐트(Gletscherschlucht), 오버러 빙하(Oberer Gletscher) 등 먼 거리까지 마을버스가 다니지만, 배차 간격이 길고 운행 시간이 짧다. 따라서 일정이 맞지 않으면 가까운 거리는 도보가 편하다. 피르스트행 곤돌라 승차장은 기차역에서 도보 20분이다. 융프라우행 아이거 익스프레스와 멘리헨행 곤돌라 승차장은 그룬트(Grund) 기차역에 있는 그린델발트 터미널과 연결된다. 그린델발트 내 숙소를 이용하면 게스트 카드를 제공해 시내버스가 무료, 피르스트 곤돌라가 20% 할인된다.

버스 시간표 www.grindelwaldbus.ch

그린델발트 관광안내소

주소 Dorfstrasse 110, 3818 **전화** +41 33 854 12 12 **시간** 월~금 08:30~18:00, 토~일 09:00~18:00 **홈페이지** grindelwald.swiss

알프스 중심에 있는 액티비티 천국
피르스트 First

슈바르츠호른(Schwarzhorn, 2,928m) 절벽에 자리한 피르스트(2,168m)는 그린델발트에서 곤돌라로 25분 만에 쉽게 오를 수 있다. 아찔한 절벽에 좀 더 가까이 가고 싶은 마음은 모두 같은 걸까? 융프라우 철도회사는 스와치 그룹 브랜드 중 하나인 티쏘(Tissot)와 손을 잡고 1,500만 스위스프랑(약 180억 원)을 들여 피르스트 클리프워크(First Cliffwalk)를 만들었다. 암벽 벼랑에 설치한 철제 잔도를 따라 걸으면 40m 현수교가 나온다. 이곳에 서면 베터호른과 슈렉호른, 아이거 고봉이 왼쪽부터 차례로 보인다. 특히 베터호른과 슈렉호른 사이로 흐르는 오버러 빙하, 슈렉호른과 아이거 사이에 있는 운터러 빙하(Unterer Gletscher)는 지구의 거대하고 느릿한 몸짓을 마주하는 듯해 경이롭다.

교통 그린델발트 승차장을 출발해 보어트(Bort), 슈렉펠트(Schreckfeld)를 거쳐 피르스트(First)에 도착(25분 소요) **주소** First 2, 3818 **시간** 08:30~17:30 **요금** 그린델발트~피르스트 곤돌라 왕복 CHF 72 **홈페이지** jungfrau.ch

피르스트에서 즐기는 액티비티

곤돌라 정거장에서 액티비티 4종을 즐길 수 있다. 피르스트는 플라이어, 슈렉펠트는 글라이더와 마운틴 카트, 보어트는 트로티바이크다. 워낙 인기가 많아 대기가 길다. 우선, 원하는 종류를 고르고 대기 시간을 확인한다. 대기자가 많으면 미리 마감될 수 있어서다. 대기 시간은 정거장마다 전광판 또는 홈페이지(first-wait.jungfrau.ch)에서 실시간으로 보여 준다. 대기 가능한 액티비티가 정해지면 현장에서 구매한다.

4종을 모두 즐기고 싶다면 다음 일정을 추천한다. 8시 30분 곤돌라를 타고 피르스트 전망대에 올라 클리프워크를 걸은 뒤, 슈렉펠트까지 피르스트 플라이어를 타고 하산한다. 슈렉펠트에서 피르스트 글라이더를 탄 뒤, 마운틴 카트를 타고 보어트까지 하산한다. 보어트에서 트로티바이크로 하산한다. 단, 트로티바이크가 능숙하지 않다면 하이킹(50분) 또는 곤돌라로 하산하자. 유독 경사가 가파르고 흙길이라 다칠 위험이 있다.

• 피르스트 플라이어 First Flyer

피르스트(2,166m)에서 슈렉펠트(1,956m)까지 800m 케이블로 연결된 집라인이다. 고산 초원에서 50m 높이를 활강해 최대 시속 84km로 10분 만에 내려온다. 라인은 총 4곳이고 1인 1라인에 탑승하며 2명이 함께 출발한다. 출발한 탑승자가 도착해야 다음 차례가 진행되어 대기 시간이 길다. 플라이어는 10세 이상 탈 수 있고 신장 130cm 이상, 체중 35~125kg가 필수 조건이다. 10월 말부터 12월 중순까지 케이블 점검이 있어 쉰다.

주소 피르스트 정상 곤돌라 승차장 인근 **시간** 여름 10:00~16:00, 겨울 12:00~15:45(계절·날씨에 따라 변동) **요금** 성인 CHF31, 10~15세 CHF24

• 피르스트 글라이더 First Glider

독수리 모양을 한 행글라이더에 매달려 하늘을 나는 놀이기구이다. 글라이더당 4명이 엎드린 자세로 탄 뒤 시속 72km로 피르스트까지 끌려 올라간다. 내려올 때는 최대 시속 83km다. 글라이더는 총 2대지만, 오르내리는 시간이 있어서 대기 시간이 길다. 플라이어와 필수 조건이 같다.

주소 슈렉펠트 승차장 아래 **시간** 여름 10:00~16:00, 겨울 12:00~15:45(계절·날씨에 따라 변동) **요금** 성인 CHF31, 10~15세 CHF24

• 마운틴 카트 Mountain Cart

고카트와 썰매를 결합한 마운틴 카트는 겨울 외에도 썰매를 타고 싶은 한 발명가가 만들었다. 거의 눕듯이 타서 무게중심을 낮추고 바퀴 간격은 넓어서 안전하다. 무동력이라 내리막에서만 탈 수 있으며 유압 브레이크를 사용해 속도를 조절할 수 있다. 슈렉펠트에서 출발해 총 3km 흙길을 달려 보자. 도착지인 보어트(Bort)까지 30분 정도 소요된다. 제공하는 헬멧은 필수 착용해야 하고 신장 135cm 이상이면 탈 수 있다. 귀중품은 지퍼가 있는 호주머니처럼 떨어지지 않게 잘 보관해야 하고 백팩은 앞으로 멘다.

주소 슈렉펠트 승차장 아래 **시간** 5~6월 중 10:00~16:30, 6월 말~8월 10:00~17:45, 9월 10:00~16:45, 10월 10:00~17:30 **요금** 성인 CHF21, 6~15세 CHF17

• 트로티바이크 Trottibike

·TIP·

큰 타이어를 단 킥보드, 트로티바이크를 타고 보어트부터 그린델발트까지 내려간다. 페달이 없는 무동력 바이크로 브레이크만 사용해 속도를 조절한다. 카트와 달리 중심을 잡기 어려워 넘어지는 경우가 많으니 느린 속도로 내려가자. 이 구간은 목초지와 숲으로 이루어진 목가적 풍경이 아름답다. 제공하는 헬멧은 필수 착용해야 하고 신장 125cm 이상이면 탈 수 있다. 총 3.7km로 1시간 30분 정도 소요된다.

주소 보어트 승차장 옆 **시간** 5~10월 08:30~17:00(계절별 변동 가능) **요금** 성인 CHF21, 6~15세 CHF17

• Hiking Course • **바흐알프 호수(Bachalpsee)**

- **코스** : 피르스트 전망대 ▶도보 1시간 20분 바흐알프 호수
- **시간** : 왕복 6km / 2시간 30분 / 1번 트레일

피르스트 전망대(2,168m)를 출발해 '알프스의 푸른 보석' 바흐알프 호수(2,265m)까지 걷는다. 구간 중반인 구미 산장(Gummi Hütte, 2,262m)까지 오르면 경사가 심하지 않아 걷기 편하다. 설산과 산정 호수가 만드는 장엄한 풍경을 보고자 트레일은 늘 붐빈다. 코스는 5월부터 열리지만, 한 달 뒤에야 눈과 얼음이 녹기 시작해 호수 반영을 보려면 6월 말쯤 찾아야 한다. 고요한 수면에 만년설을 뒤집어쓴 슈렉호른이 비친다. 상부와 하부 호수를 연결하는 물길에는 1901년, 2m 높이의 수력 발전 댐을 세워 근방에 전기를 공급한다. 호수 주변은 쉴 수 있는 공간이 많다. 도시락이나 간식을 먹으며 쉬었다가 원점 회귀한다.

• Hiking Course • 피르스트~쉬니게 플라테

- **코스** : 피르스트 전망대 ▶도보 1시간 20분 바흐알프 호수 ▶도보 1시간 30분 파울호른(2,681m) ▶도보 2시간 30분 루허호른 ▶도보 40분 오버베르그호른 ▶도보 40분 쉬니게 플라테(1,967m)
- **시간** : 편도 16km / 7시간 / 62번 트레일

피르스트에서 시작해 바흐알프 호수에서 이어지는 트레일이다. 산 능선을 따라 파울호른과 루허호른, 오버베르그호른을 거쳐 쉬니게 플라테까지 걷는다. 코스가 길어 여유롭게 쉬긴 어렵지만, 여차하면 쉴 곳이 여럿 있다. 피르스트 전망대 레스토랑과 파울호른의 베르그 호텔(Berghotel Faulhorn) 레스토랑, 보네라(Bonera) 협곡 사이에 있는 맨들레넨 산장(Berghütte Männdlenen), 도착지인 쉬니게 플라테 호텔 레스토랑이다. 이른 아침에 하이킹을 시작하고 시간을 잘 배분해서 걸어야 한다. 쉬니게 플라테에서 마지막 열차를 놓치면 빌더스빌까지 걸어야 하니 막차 시간을 꼭 확인하자.

파울호른(Faulhorn)

해발 2,681m로 바흐알프 호수부터 지난한 오르막길이 이어진다. 함께 걷던 사람들이 하나둘 사라지기 시작하고 대자연에 홀로 남겨진 기분을 제대로 느낄 수 있다. 특히 파울호른 주변은 암석이 많아 황량한 분위기다. 파울호른 베르그 호텔이 있는 정상 전망대 길은 가파르다. 다행히 봉우리를 둘러 가는 길도 있다. 정상에서 능선을 따라 걷다 보면 보네라 협곡을 가로지르는 능선으로 이어진다. 길이 좁고 자갈이 많으니 발목 부상을 조심하자. 맨들레넨 산장을 지나면 점점 암석이 자갈이 되고 흙길이 된다.

루허호른(Loucherhorn)

초지가 이어지다가 다시 자갈과 암석이 뒹구는 길을 만나면 루허호른이 가까워졌다는 뜻이다. 이 길을 걸을 때 멘리헨과 클라이네 샤이덱, 융프라우 산군과 어깨를 나란히 한 채 걸을 수 있다. 지금부터 쉬니게 플라테-루허호른 하이킹 코스(인터라켄)와 이어지니 참고하자.

피르스트에서 마이링겐까지 알프스 전원 트레킹

그로세 샤이덱 Grosse Scheidegg

슈바르츠호른과 베터호른 사이에 있는 해발 1,962m 고개다. 피르스트에서 그로세 샤이덱, 슈왈츠발트알프(Schwarzwaldalp), 로젠라우이(Rosenlaui)를 지나 마이링겐(Meiringen)으로 넘어가는 길이다. 그린델발트 버스터미널에서 128번 버스를 타고 35분이면 도착할 수 있다. 단, 게스트 카드는 적용되지 않는다. 버스는 오전 8시부터 오후 5시까지 1시간에 한 대씩 배차된다. 하이킹을 좋아한다면 버스가 이동하는 길을 걸어 보자. 약 6km 거리로 2시간 정도 소요된다. 그로세 샤이덱에서 피르스트까지 걸어도 고도차가 크지 않아 걷기 쉽다. 약 5.4km로 1시간 30분쯤 걸린다. 아이거와 슈렉호른, 베터호른을 옆에 두고 목가적인 풍경을 걷는다. 정비가 잘 된 길에 비교적 평탄해 걷기 편하다. 울트라 마라톤이나 자전거를 타기 위해 찾는 사람도 많다. 그린델발트에서 자전거를 대여해 버스에 싣고 갈 수도 있다.

교통 주소 3818 Grindelwald 전화 +41 33 853 67 16 시간 5월 말~10월 말 11:30~17:00 요금 버스 CHF25 홈페이지 grosse-scheidegg.ch

시크릿 빙하 협곡

빙하 협곡 글레처슐루흐트 Gletscherschlucht

'글레처'는 빙하, '슐루흐트'는 협곡을 말한다. 2억 5천만 년간 빙하와 빙하수가 암반을 깎으면서 최대 깊이 300m인 거대한 협곡을 만들었다. 16세기만 해도 운터러 빙하가 협곡을 타고 그린델발트 마을까지 내려와 있었다. 19세기에 그린델발트가 유명해지고 관광객들이 빙하를 보러 몰려오자, 협곡에 1km 잔도를 설치했다. 지금은 빙하가 계속 녹아 잔도에서 빙하를 볼 수 없지만, 고산 빙하 바람이 불어 기온 10℃ 정도로 낮으니 여름에도 겉옷을 챙겨 가자.
협곡에는 2가지 액티비티가 있다. '스파이더웹'은 7m 계곡 위에 그물 다리를 설치해 반대편 절벽까지 걸어간다. 아찔하기론 '캐년 스윙'도 마찬가지다. 90m 절벽 위 난간에서 빙하 협곡으로 스윙하며 시속 120km로 내려온다. 캐년 스윙은 4월부터 11월까지 운영하며 아웃도어 인터라켄(www.outdoor.ch/ko)에서 예약한다.

교통 그린델발트 기차역 앞 버스 정류장에서 122번 버스 종점 글레처슐르흐트에서 하차(15분 소요) 주소 Gletscherschlucht 1, 3818 전화 +41 33 854 12 80 시간 5~10월 10:00~18:00 요금 성인 CHF19, 게스트 카드 소지자 CHF17 홈페이지 gletscherschlucht.com

🍽 추천 **식당**

배리스 레스토랑
Barrys Restaurant

퐁뒤와 뢰스티 등 스위스 전통 음식은 물론, 스테이크와 버거 같은 일반 양식 메뉴도 있다. 치즈 퐁뒤는 와인을 뺀 논알콜 메뉴도 있으나 맛이 특별하진 않다. 맥주보다 와인 리스트가 괜찮아 식사에 곁들이면 좋다. 테라스가 있지만 도로 바로 옆인 데다 파리가 많아 내부에 앉는 편이 낫다.

주소 Dorfstrasse 133, 3818 **전화** +41 33 854 31 31 **시간** 07:00~23:30 **요금** 버거 CHF28 **홈페이지** www.barrysrestaurant.ch

시 운트 엠
C und M

나무로 지어진 샬레 하우스다. 테라스에 앉으면 아이거 북벽이 펼쳐지는 뷰 맛집이다. 테라스 자리가 없을 때는 대기를 요청할 수 있다. 이탈리아 음식을 기본으로 하며 라비올리가 인기다. 샌드위치도 많이 찾는 메뉴로 치킨 커리 샌드위치가 인기다. 양이 적다면 수프도 먹어 보자. 소시지와 함께 나오는 비트 수프나 레몬그라스 수프가 괜찮은 편이다.

주소 Almisgässli 1, 3818 **전화** +41 33 853 07 10 **시간** 수~금 11:00~23:00, 토~일 09:30~23:00 / 월~화 휴무 **요금** 샌드위치 CHF9~ **홈페이지** cundm-grindelwald.ch

추천 **숙소**

호텔 벨베데르 그린델발트
Hotel Belvedere Grindelwald

신혼여행이거나 특별한 날이라면 호텔 벨베데르에서 묵어 보자. 그린델발트 산악열차역에서 가까운 위치라 걸어도 되지만, 무료 픽업 서비스를 신청하면 고급 승용 브랜드인 벤틀리를 타고 체크인·아웃을 할 수 있다. 아이거 북벽이 보이는 객실 전망에 침구류도 괜찮은 편이다. 쿠쿠 밥솥으로 지은 쌀밥과 된장국, 한국 음식이 조식으로 나온다. 또한 높은 수온의 사우나와 자쿠지가 있어 트레킹 후 몸을 풀기 좋다. 숙박객이 아니라도 사용료를 내고 즐길 수 있다.

주소 Dorfstrasse 53, 3818 **전화** +41 33 888 99 99 **요금** CHF350~ **홈페이지** belvedere-grindelwald.ch

아이거 마운틴 앤 소울 리조트
Eiger Mountain & Soul Resort

그린델발트 산악열차역과 피르스트행 곤돌라 승차장으로 가는 길 중심에 있다. 1분 거리에 작은 슈퍼마켓이 있고 주변에 식당이나 카페가 많다. 객실은 깨끗하고 세련되게 꾸며져 있으며 아이거 북벽 전망 객실을 선택하면 테라스가 있어 마치 4K 영상을 틀어놓은 듯하다. 해피아워(15~17시)에는 간단한 간식이 제공되며 피트니스와 남녀 혼용 사우나도 무료로 이용할 수 있다.

주소 Dorfstrasse 133, 3818 **전화** +41 33 854 31 31 **요금** CHF189~ **홈페이지** eiger-grindelwald.ch

라우터브루넨

Lauterbrunnen

라우터브루넨(796m)에는 융프라우 산군 북서쪽에 있는 글레처호른(Gletscherhorn, 3,983m)부터 칭겔호른(Tschingelhorn, 2,562m)까지 이어지는 거대한 벽이 있다. 약 2만 5천 년 전, 이곳에서 흘러온 빙하에 침식되어 형성된 U자형 협곡 절벽이다. 골짜기 중앙으로 뤼치네강(Weisse Lütschine)이 흐르고 동쪽 끝은 라우터브루넨, 서쪽은 슈테헬베르크(Stechelberg) 마을이 있다. 마을은 높이 300~1,000m 절벽이 장막을 치고 있어 아침은 늦고, 저녁은 빠르다. 세상과 단절된 듯 벽을 쌓은 협곡은 소몰이 목동이 방목하던 목초지였다. 절경인 U자형 골짜기 덕분에 자발적 고립도, 능동적 산책도 가능한 곳이다.

융프라우 산군 고봉에서 시작된 계곡이 절벽과 만나 생긴 폭포가 72개다. 그중 으뜸을 꼽으라면 슈타우바흐 폭포다. 297m 절벽에서 세례처럼 물방울이 흩날려 마을 위로 강복을 내리는 듯하다. 눈이 녹는 여름이나 비가 많이 내리는 날에는 양쪽 절벽에 이름 없는 폭포가 여럿 생겨난다. 트뤼멜바흐 폭포는 석회암 바위 안에서 무섭게 토해 내는 물세례는 자연 속 경이를 맛보게 한다.

• 라우터브루넨으로 이동하기 •

기차

인터라켄 오스트역에서 BOB 산악열차(30분마다 1대)를 타고 이동하면 22분 걸린다. 중간역인 츠바이뤼치넨(Zweilütschinen)에서 그린델발트행 객차와 라우터브루넨 객차가 나뉘므로 객차 외부에 적힌 목적지를 꼭 확인해야 한다.

자동차

인터라켄에서 출발해 빌더스빌을 지나 계곡을 따라 올라가면 츠바이뤼치넨이 나온다. 여기서 오른쪽 도로가 라우터브루넨 방향이다. 총 12.4km로 약 20분 걸린다. 알프스 산악 마을은 대부분 카프리(Car-Free) 지역으로 라우터브루넨도 그렇다. 차가 마을까지 진입할 수 없고 기차역 주차장에 정차해야 한다. 비용은 1일 CHF15 이상이다. 융프라우 캠핑장이나 슈테헬베르크 케이블카 인근 루티(Camping Rütti) 캠핑장 등 주차 가능한 숙소를 예약했다면 마을 진입이 가능하다.

• 라우터브루넨의 시내 교통 •

라우터브루넨역에서 마을 방향으로 나오면 그뤼치알프(Grütschalp)로 가는 케이블카 승차장과 관광안내소, 쿱 슈퍼마켓이 있다. 마을 중심 도로, 아우프 데 퓌흐른(Auf der Führen)이 이어지고 라우터브루넨 교회에서 갈라진다. 슈타우바흐 폭포로 가는 윗길(Pfrundmatte)은 차량 진입을 막아 호젓한 하이킹을 즐길 수 있다. 아랫길(In der Ey)은 슈테헬베르크까지 버스로 이동할 수 있으며 중간에 트뤼멜바흐 폭포도 기착한다.

버스 시간표 postauto.ch/en/timetable-and-network

라우터브루넨 관광안내소

주소 Stutzli 460, 3822 **전화** +41 33 856 85 68 **시간** 08:30~12:00, 13:15~17:00 / 월~화 휴무 **홈페이지** lauterbrunnen.swiss

라우터브루넨 인생 샷은 여기!

슈타우바흐와 첨탑이 아름다운 교회, 석회 절벽과 만년설이 쌓인 3,000m급 고봉을 배경으로 인생 사진을 남겨 보자. 윗길 건물에 가려 입구를 못 찾아 놓치는 스폿이다. 에어글레셔 숍(Auf der Fuhren 438, 3822)을 왼쪽에 두고 돌면 내리막길이 나온다. 막혀 있어 보이지만 휘어져서 그렇다. 1분만 걸어가면 오른쪽에 사진과 같은 전망이 보인다. 구글맵에 샬레 피로네(Führen 438D, 3822)로 검색하면 된다.

라우터브루넨의 랜드마크 폭포
슈타우바흐 폭포 Staubbachfälle

높이 297m, 스위스에서 두 번째로 큰 낙차를 두고 떨어지는 슈타우바흐 폭포는 라우터브루넨 상징이다. 하얀 포말이 절벽을 베일처럼 감싼다. 1779년, 괴테는 '매끄러운 바위에 물보라 치며 구름의 물결이 되는' 슈타우바흐 폭포를 보며 〈물 위 영혼의 노래(Song of the spirits over the waters)〉라는 시를 남겼다. 낭만주의 대표 음악가 멘델스존과 영국 시인 바이런도 이곳에서 받은 영감을 예술로 승화했다.

폭포 중반에 동굴이 숨어 있다. 언덕 계단을 지그재그로 오르면 폭포 뒤 인공 동굴로 이어진다. 폭포 바로 뒤에 있어 물보라에 옷이 젖기 일쑤다. 맑은 날이 지속되면 수량이 줄어 동굴 끝까지 가도 물줄기를 만날 수 없으니 참고하자. 끝까지 오르면 폭포수 사이로 마을 전경이 한눈에 들어온다.

교통 라우터브루넨 기차역에서 오르막길로 도보 15분 소요 **주소** Beim Staubbach, 3822 **전화** +41 33 856 85 68 **시간** 6~10월 24시간 **요금** 무료

유럽 최대의 지하 빙하 폭포
트뤼멜바흐 폭포 Trümmelbachfalle

입구에 들어서도 굉음만 들리고 물줄기는 보이지 않는다. 높이 200m에서 수직으로 떨어지는 거대 폭포가 협곡 암벽에 숨어 있어서다. 융프라우와 아이거, 묀히 등 10개 빙하에서 녹은 물이 지하로 흐르다가 암굴을 만나 석회석을 깎아 만들어졌다. 세계에서 유일하게 접근이 가능한 빙하 폭포이자 가장 거대한 지하 폭포다. 무서울 정도로 세차게 쏟아지는 빙하수는 초당 2만 리터로 연간 2만 톤이 넘는 돌과 잔해를 옮기고 있다. 특히 초여름에는 겨우내 쌓인 눈이 녹으면서 엄청난 수량으로 압도한다. 드럼을 뜻하는 '트뤼멜'처럼 폭포 소리가 귓전에 대고 드럼 치듯 요란하다.

용이 승천하려 몸을 뒤틀었다면 이런 형태일까? 폭포는 나선형 굴곡을 따라 10단으로 나뉜다. 관람은 위에서 아래로 내려온다. 1912년, 암반에 설치한 엘리베이터를 타고 6.5단(100m, 1분 소요)에서 내려 10단까지 걸어 올라간다. 잔도와 동굴, 다리를 따라 1단까지 내려온다. 내부가 어둡고 기온도 낮으며 물보라가 많이 튀어 옷이 쉽게 젖는다. 보온을 위해 여분의 옷을 준비하자. 수직 이동으로 계단이 많아 노약자는 다소 힘들 수 있다. 안전상의 이유로 4세 미만 어린이와 반려견도 입장할 수 없다.

교통 라우터브루넨역에서 141번 버스 타고 트뤼멜바흐 정류장 하차(10분 소요) **주소** Trümmelbach 236, 3824 **전화** +41 33 855 32 32 **시간** 4~11월 09:00~17:00, 7~8월 08:30~18:00 **요금** 성인 CHF14, 4~16세 CHF6(게스트 카드 10% 할인) **홈페이지** truemmelbachfaelle.ch

• Hiking Course • 라우터브루넨 협곡

- 코스 : 슈타우바흐 폭포 ▶도보 1시간 30분 슈테헬베르크
- 시간 : 편도 3.2km / 1시간

슈타우바흐 폭포 앞 프룬드마테(Pfrundmatte) 길을 따라 협곡 깊이 걸어 보자. 빙하 침식으로 생긴 U자형 골짜기는 넓은 목초지로 오랜 세월 소를 방목해 길렀다. 코스도 평지에 가까워 걷기 쉽다. 급경사면을 타고 내려오는 폭포가 많은데 고산의 눈이 녹는 초여름에는 더 많이 볼 수 있다. 슈타우바흐를 지나 스피스바흐(Spissbach), 부헨바흐(Buchenbach), 에게르텐바흐(Aegertenbach) 폭포를 차례로 만난다. 여기까지 걸으면 슈테헬베르크다.

구글맵에서 목적지를 슈테헬베르크로 검색하면 아래 도로로 알려 준다. 슈테헬베르크 관광이 운영하는 바비큐 존(Grillplatz Verkehrsverein Stechelberg)을 목적지로 지정해서 길을 찾아가자. 시냇가 다리만 건너면 슈테헬베르크 버스 정류장(Ersatzhaltestelle)이 나온다. 6시 10분부터 16시 40분까지 운행하며 30분마다 1대씩이다(계절마다 변동 가능). 여건에 따라 버스를 타고 라우터브루넨으로 돌아올 수 있다. 오는 길에 트뤼멜바흐 폭포에서 내려 관람 후 다시 버스를 타고 라우터브루넨으로 돌아오는 일정을 추천한다.

고산 마을을 둘러보고 싶다면 슈테헬베르크 정류장 맞은편 곤돌라 승차장(Stechelberg LSMS)에서 김멜발트(Gimmelwald)로 올라가자. 뮈렌(Mürren)과 쉴트호른(Schilthorn), 알멘트후벨(Allmendhubel)까지 이어진다.

> 베르너 오버란트에서 가장 높은 고산 마을
뮈렌 Mürren

해발 1,638m인 뮈렌은 베르너 오버란트에서 가장 높은 고산 마을이다. 라우터브루넨 협곡을 사이에 두고 융프라우 반대편, 쉴트호른(Schilthorn) 아래에 있다. 산봉을 중심으로 연결된 라우터브루넨과 슈테헬베르크, 뮈렌, 쉴트호른의 머리글자를 모아 LSMS라 부른다. 라우터브루넨과 슈테헬베르크는 협곡, 뮈렌은 절벽 위 마을, 쉴트호른은 산봉이다. 모두 도로와 차가 없는 마을, 즉 카프리(Car-Free) 마을이다.

자동차만 없을 뿐 뮈렌은 교통의 요지다. 남서쪽에 김멜발트과 슈테헬베르크를 연결한 케이블카 승차장과 비르그(Birg)와 쉴트호른 승차장이 함께 있다. 북동쪽으로 빈터에그(Winteregg)와 그뤼취알프(Grütschalp)로 가는 산악열차역이 있다. 그뤼취알프는 라우터브루넨까지 케이블카로 연결된다. 마을 중심에는 알멘트후벨로 가는 푸니쿨라 SMA가 있다.

구릉에 옹기종기 모여 있는 전통 샬레는 대부분 호텔과 식당, 상점이다. 마을이 유난히 관광 인프라가 발달한 이유는 겨울에 알 수 있다. 1911년 겨울, 뮈렌을 방문한 영국인이 활강하기 좋은 알파인스키 장소로 소개했다. 일행이었던 아널드 룬(Arnold Lunn) 경은 활강과 회전을 포함한 알파인스키 경기 규칙을 만들었고, 1922년 뮈렌에서 세계 최초로 알파인스키 대회를 개최했다. 6년 뒤에는 쉴트호른까지 코스를 이어 세계에서 가장 길고, 큰 크로스컨트리 스키 레이스가 생겼다. 영화 〈007 여왕 폐하 대작전〉에서 스키 장면이 괜히 촬영된 게 아니다. 가파른 경사면이 있으면 스키 리프트가 있을 정도로 코스가 많아 세계 스키어들이 모여든다.

협곡 맞은편에 보이는 산은 슈바츠묀히(Schwarzmönch), 검은 수도사다. 트뤼멜바흐 폭포를 숨겨 둔 암벽으로 어둡고 짙은 암석에 그늘이 많이 져서 이런 이름이 붙었다. 사진 스폿으로 유명한 '뮈렌 통나무'는 주위에 잔디가 없고 철골 구조물이 생겨 권하지 않는다.

교통 ❶ 라우터브루넨 → (케이블카, 10분) → 그뤼치알프 → (산악열차, 15분) → 뮈렌 BLM 기차역(06:06~19:36, 왕복 요금 CHF28.2) ❷ 라우터브루넨 → (141번 버스, 13분) → 슈테헬베르그 → (케이블카, 40분) → 뮈렌 케이블카 승차장(05:53~23:06, 왕복 요금 CHF32.8)

· Hiking Course · 뮈렌~김멜발트

- 코스 : 뮈렌 ▶도보 1시간 김멜발트
- 시간 : 3.1km / 1시간

고산 마을 뮈렌부터 김멜발트까지는 아스팔트로 포장된 내리막길이라 걷기 쉽다. 협곡 너머 절벽 위로 융프라우 3봉이 보이고 고깔처럼 자란 사철나무가 푸르다. 초지는 소와 염소 덕에 무성할 틈도 없다. 난쟁이 조각과 제라늄으로 꾸민 샬레까지 발길을 잡아 스위스가 가진 서정적인 풍경에 빠져든다. 짧은 구간이지만, 아껴 걷고 싶다면 호텔 알펜루흐(Hotel Alpenruh)에서 잠시 쉬어가자. 시간 흐름에 따라 얼굴이 바뀌는 쉬바츠묀히 절벽을 감상하기 좋다.

하이킹 코스는 양지바른 곳이라 눈이 와도 금세 녹아 한겨울이 아니라면 걸을 수 있다. 그래도 5~10월이 걷기 가장 좋다. 마을이 있어 길 갈래가 많다. 구글 지도를 참조하고 길이 헷갈릴 때는 주민에게 물어보자.

알멘트후벨 Allmendhubel

전망은 높이 올라갈수록 좋은 게 당연하다. 뮈렌 윗마을인 알멘트후벨(1,907m)까지 함께 둘러보자. 푸니쿨라를 타면 5분 만에 도착한다. 1912년 만들어진 노선은 최대 61도 경사를 오르다 터널로 이어진다. 알멘트후벨에 도착하면 터널 밖으로 융프라우 3대 봉우리가 펼쳐져 환호성이 터진다. 설산을 배경으로 한 플라워피크 모험 놀이터가 있어 가족 여행객에게 인기다. 고산 식물과 곤충, 풀 등의 알파인 동식물을 주제로 조형물을 만들었다. 물펌프나 물을 뿜는 놀이기구도 있어 여분의 옷과 수건을 챙기는 것이 좋다. 아늑한 파노라마 레스토랑에서 쉴 수도 있다. 6~9월이면 일대에 야생화가 지천이다. 특히 알멘트후벨에서 뮈렌까지 걷는 트레일이 꽃길이다. 알프스를 상징하는 에델바이스부터 젠티안과 알파인 장미까지 150여 종의 꽃이 핀다.

교통 뮈렌에서 푸니쿨라로 5분 이동 주소 Allmendhubel, 3825 전화 +41 33 826 00 07 시간 09:00~17:00 요금 왕복 CHF14 홈페이지 schilthorn.ch

쉴트호른 Schilthorn

숲을 나와야 비로소 숲을 볼 수 있듯 융프라우 3봉을 가장 잘 볼 수 있는 장소는 건너편이다. 해발 2,971m로 융프라우요흐보다 낮지만 마주 보고 있는 쉴트호른이 바로 그곳이다. 정상에는 세계에서 처음 만들어진 360도 회전 레스토랑 피츠 글로리아(Piz Gloria)가 있다. 날카로운 침봉 정상에 회전 레스토랑이라니 놀랍다. 45분 동안 한 바퀴를 돈다. 날씨가 좋으면 베르너 오버란트 고봉은 물론, 프랑스 샤모니와 검은 숲이라 불리는 독일의 슈바르츠발트(Schwarzwald)까지 보인다.

쉴트호른은 첩보 영화 007시리즈 중 〈여왕 폐하 대작전(On Her Majesty's Secret Service)〉 배경으로 나왔다. 1967년 쉴트호른 케이블카가 설치되고 전망대를 짓고 있었는데 시공사 예산 부족으로 공사를 중단할 상황이었다. 007 시리즈 제작사는 쉴트호른 전역과 케이블카를 독점 사용하는 대신 건설 비용을 부담했다. 레스토랑 이름도 영화에 등장한 이름 그대로 사용했다. 여름에는 하이킹이나 산악자전거를 즐기는 사람들로 붐빈다. 정상부터 라우터브루넨 협곡까지 인페르노 트라이애슬론(Inferno Triathlon) 경기가 열릴 정도로 코스가 좋다.

쉴트호른은 뮈렌에서 케이블카를 타고 비르크에서 갈아탄 뒤 도착한다. 비르크에선 스릴 워크를 걸을 수 있어 잠시 머물러도 좋다. 단, 홈페이지 웹캠으로 날씨를 확인한 뒤, 전망이 중요하고 날씨 변화가 빠른 쉴트호른을 우선순위로 두자.

교통 뮈렌에서 비르크를 거쳐 쉴트호른까지 케이블카로 20분 이동 **주소** Schilthorn, 3826 **시간** 08:30~17:00 **요금** 뮈렌~쉴트호른 왕복 CHF51.8 **홈페이지** www.schilthorn.ch

쉴트호른에서 즐기는 액티비티 · TIP

• 피츠 글로리아 Piz Gloria

회전 레스토랑에선 조식 뷔페부터 제임스 본드 브런치(14시), 007 버거 세트까지 다양한 식사를 준비하고 있다. 아래층의 본드 월드 체험관은 1962년부터 시작된 007 시리즈를 한눈에 볼 수 있다. 비하인드 스토리와 영화 속 스릴 넘치는 헬기와 봅슬레이를 재현한 가상 체험도 있다.

• 007 명예의 거리 007 Walk of Fame

피츠 글로리아 건물 외부에는 영화 참여자들의 핸드 프린트와 소개가 전시되어 있다. 산등성이 따라 60m정도 걸어가면 피츠 글로리아와 쉴트호른을 함께 조망할 수 있는 전망대가 나온다.

• 비르크 스릴 워크 Birg Thril Walk

쉴트호른으로 가는 중간 기착지인 비르크에 스릴 만점 액티비티가 있다. 해발 2,677m 절벽에 강철과 유리로 된 잔도를 설치했다. 기댈 곳은 절벽뿐인 잔도는 바람 영향도 커서 구조물을 두드리며 걷게 된다. 비명을 지르긴 이르다. 허공에 설치된 원통형 철망 구간이 하이라이트.

라우터브루넨 협곡이 한눈에 보이는 고산 마을
벵엔 Wengen

융프라우 자락에 있는 해발 1,274m 고산 마을이다. 뮈렌 맞은편 절벽에 위치하며 자동차가 들어갈 수 없는 카프리(Car-Free) 청정 마을이다. 라우터브루넨에서 1890년부터 운행된 WAB 산악열차를 타고 닿을 수 있다. 벵엔과 멘리헨을 오가는 케이블카 승차장과 클라이네 샤이덱을 연결한 기차역이 있다. 2일 이상 벵엔에 머물며 융프라우요흐 전망대와 멘리헨 하이킹을 즐기면 좋다. 가성비 좋은 호텔과 레스토랑이 많고 쿱 슈퍼마켓이 있어 큰 불편함이 없다. 무엇보다 관광객이 떠난 융프라우 봉우리 아래에서 한적하게 풍경을 즐기는 데에 메리트가 있다. 남서쪽 전망이 트여 있어 일조량이 풍부하고 일몰을 관람할 수 있다.

교통 라우터브루넨에서 WAB 산악열차로 13분 이동 **주소** Wengiboden 1349b, 3823 **전화** +41 33 856 85 85 **시간** 09:00~18:00 **홈페이지** www.wengen.ch

융프라우의 배꼽
멘리헨 Männlichen

그린델발트와 벵엔 사이에 있는 해발 2,343m 봉우리다. 융프라우 중심에 있어 '융프라우의 배꼽'이라 부른다. 사방은 뚫렸고 융프라우요흐로 가는 전진 기지인 클라이네 샤이덱과 융프라우 산군만 마주한다. 베르너 오버란트 최고봉인 핀스터아어호른(Finsteraarhorn, 4,274m)에서 융프라우 3봉, 브라이트호른(Breithorn)으로 이어지는 고봉이 위엄하고 웅장하다. 피르스트와 파울호른, 삭스텐(Saxeten), 드레테호른(Drättehorn)으로 이어지는 베르너 오버란트

산군은 시야가 탁 트여 있어 전망이 좋다. 특히 케이블카 승차장에서 멘리헨 정상(2,345m)까지 걸어 보자. 왕복 1.4km, 40분 정도로 가깝다. 360도 파노라마를 즐길 수 있는 왕관 전망대를 설치하고 로얄 워크(Royal Walk)라 부른다. 가족이 함께 걸을 수 있을 만큼 완만한 경사지에 짧은 구간이라 인기가 많다.

멘리헨으로 갈 때는 벵엔 케이블카, 로열 라이드를 권한다. 케이블카 지붕에 오픈 발코니가 있어 10여 분간 야외에서 절경을 감상할 수 있다. 10인 정도 탈 수 있는 오픈 발코니는 여름에만 운영하며 추가 요금(CHF5)이 붙는다. 승차장에는 레스토랑과 산악 호텔, 나무와 네트로 꾸민 친환경 놀이터가 있다.

교통 ❶ 벵엔에서 케이블카 5분 이용 ❷ 그린델발트 터미널에서 곤돌라 30분 이용 **주소** Männlichen, 3818 **전화** +41 33 853 10 68 **시간** 5월 말~10월 말 08:00~16:30(성수기 ~17:00) / 12월 중~4월 초 08:00~16:00(성수기 ~16:30) **요금** 벵엔~멘리헨 편도 CHF29, 그린델발트~멘리헨 편도 CHF34 **홈페이지** maennlichen.ch

• Hiking Course • 파노라마 길 (Panoramaweg)

- 코스 : 멘리헨 ▶도보 40분 추겐 피크닉 광장(Tschuggen Picknickplatz) ▶도보 50분 클라이네 샤이덱
- 시간 : 4.5km / 1시간 30분~2시간 / 33번 트레일

융프라우 산군에서 가장 인기 있는 트레일로 융프라우와 묀히, 아이거를 마주 보며 걷는다. 2,224m인 멘리헨에서 2,061m인 클라이네 샤이덱까지 대부분 내리막길이다. 추겐 동쪽 산비탈을 따라 걷는 길은 한 굽이를 지날 때마다 가려져 있던 융프라우 산군이 나타나 탄성을 자아낸다. 쉴 곳을 찾는다면 추겐 지역에 있는 피크닉 광장(Picknickplatz)을 권한다. 상어 지느러미처럼 삼각 모양인 아이거 북벽을 바라보며 벤치에 앉아 쉴 수 있다. 청록빛 인공 호수가 보이면 클라이네 샤이덱에 거의 왔다.

6월에도 눈이 쌓인 곳이 드문드문 보인다. 옷을 여러 겹으로 입고 경량 패딩도 준비하면 좋다. 키 작은 알펜로제(Alpenrose)와 야생화가 피어 있어 두 계절을 한 번에 느낄 수 있다.

추천 식당

레스토랑 바이츠튀블리
Restaurant Weidstübli

라우터브루넨 캠핑장에 있는 식당이다. 기차역에서 10분 정도 걸어야 하지만, 슈타우바흐 폭포 인근에 있어 풍경을 보며 걸으면 금방이다. 피자와 파스타, 햄버거와 같은 일반 양식과 퐁듀나 뢰스티와 같은 스위스 메뉴가 있다. 캠핑장 내에 있어 그런지 가족 친화적이며 아이와 놀 수 있는 놀이터도 있어 시간을 보내기 좋다. 인터라켄과 그린델발트를 통틀어 가성비 가장 좋은 식당이다.

주소 Weid 406, 3822 **전화** +41 33 856 20 10 **시간** 수~목 15:00~22:30, 금~일 12:00~22:30 / 월~화 휴무 **요금** 퐁듀 CHF23, 뢰스티 CHF23 **홈페이지** weidstuebli.swiss

추천 숙소

캠핑 융프라우 홀리데이 파크
Camping Jungfrau Holiday Park

스위스 대자연을 오롯이 느끼는 데에 캠핑을 빼놓을 수 없다. 텐트를 가져와서 이용할 수도 있지만 카라반이나 방갈로가 있어 캠퍼가 아니라도 묵을 수 있다. 아이들과 함께라면 주변 캠퍼 가족과 놀 기회도 많다. 규모가 큰 놀이터, 여름에는 야외 수영장도 있다. 샤워장에는 온수가 나와 씻을 걱정은 하지 않아도 된다. 매점과 레스토랑이 있으며 캠핑장 옆 목장에 신선한 우유를 파는 자판기(CHF 1.5)가 있다.

주소 Weid 406, 3822 **전화** +41 33 856 20 10 **요금** 6인실 호스텔 CHF35~, 방갈로 CHF130~ **홈페이지** campingjungfrau.swiss

융프라우요흐

Jungfraujoch

'유럽의 지붕(Top of Europe)'으로 불리는 융프라우(Jungfrau, 4,158m)는 묀히(Mönch, 4,107m), 아이거(Eiger, 3,967m)와 함께 베르너 오버란트 3대 봉우리다. 융프라우요흐(Jungfraujoch, 3,454m)는 융프라우와 묀히를 잇는 능선으로 '처녀의 어깨'라는 뜻이다. 융프라우는 '처녀'를 말한다. 산 아래 인터라켄 마을에 있던 수녀원에서 유래한 이름으로, 기독교에서는 성모마리아를 뜻하기도 한다. 성모마리아 옆에 수도사(Mönch)를 뜻하는 묀히, 도깨비(Ogre)에서 유래된 아이거가 나란히 서 있다. 18세기까지 금단의 산이었던 융프라우는 1811년 마이어(Meyer) 형제와 사냥꾼 두 명이 초등에 성공했다. 1893년 스위스 철도왕 아돌프 구에르 첼러(Adolf Guyer Zeller)는 융프라우 철도를 구상했고 대를 이어 진행된 프로젝트는 성공했다. 1912년, 유럽에서 기차로 올라올 수 있는 가장 높은 곳, 융프라우요흐역이 문을 열었다. 1년 내내 알프스 영봉이 펼쳐지는 파노라마를 감상하고 만년설을 밟으며 빙하를 내려보는 베르너 오버란트의 중심이자 스위스 여행자라면 꼭 방문해야 하는 명소다.

• 융프라우요흐로 이동하기 •

라우터브루넨과 그린델발트에서 출발하는 산악열차나 곤돌라를 이용해 클라이네 샤이덱 또는 아이거글레처(Eigergletscher)까지 오르면, 가는 방법은 한 가지다. JB 산악열차를 타고 암벽 터널을 올라 융프라우요흐역에 도착한다.

클라이네 샤이덱 기차역은 라우터브루넨·그린델발트에서 오는 산악열차 레일과 융프라우요흐로 가는 산악열차 레일이 다르다. 승차장이 다르며 좌석 예약자와 비예약자, 단체 여행객 객차가 구분되어 있다. 성수기에는 홈페이지에서 미리 좌석을 예약하길 추천한다(CHF 10). 좌석 지정은 아니지만, 우선 탑승해 좌석을 확보할 수 있다. 예약자는 초록색, 비예약자는 노란색 입구에서 대기한다.

❶ 그린델발트 → 융프라우요흐
교통 그린델발트 터미널 → (아이거 익스프레스, 15분) → 아이거글레처 → (JB 산악열차, 45분) → 융프라우요흐
시간 편도 56분 요금 CHF 100.5

❷ 그린델발트 → 융프라우요흐
교통 그린델발트 → (WAB 산악열차, 25분) → 클라이네 샤이덱 → (JB 산악열차, 45분) → 융프라우요흐
시간 편도 1시간 16분~ 요금 CHF 50.5~

❸ 라우터브루넨 → 융프라우요흐
교통 라우터브루넨 → (BOB 산악열차, 11분) → 벵엔 → (WAB 산악열차, 39분) → 클라이네 샤이덱 → (JB 산악열차, 45분) → 융프라우요흐
시간 편도 1시간 40분~ 요금 CHF 53.2

아이거 익스프레스 Eiger Express

그린델발트에서 아이거글레처까지 운행하는 곤돌라다. 전체 길이 6,483m인 케이블은 단 7개의 지지대만 세워 건설했다. 환경 보존을 위해 선택한 방식으로 최신 설비인 삼궁 케이블 시스템으로 가능했다. 15분 동안 기온 차이가 엄청나다. 숲 위를 지나다 수목 한계선을 넘으면 갑자기 만년설로 눈부시다. 실내외 기온 변화로 습기가 생기는데 아이거 익스프레스는 열선 통유리창을 설치해 습기 없이 경치를 감상할 수 있다. 아이거 익스프레스는 산악열차를 이용한 기존 방법보다 최대 왕복 2시간을 절약할 수 있다.

JB 산악열차

1893년 8월 스위스 기업가 아돌프 구에러 첼러가 융프라우 꼭대기까지 철도를 놓겠다는 구상을 스케치 한 장으로 남겼다. 정치·경제 다방면에서 도움을 받아야 했고 그해 12월 운행권을 승인받았다. 1896년 이탈리아 노동자 100명과 함께 착공에 들어갔다. 착암기와 망치로 공사를 시작했으나 3년 뒤 아돌프는 사고로 죽었고 대를 이어 공사는 진행됐다. 재정난과 안전사고로 공사가 중단된 적도 있었으나 개통된 구간은 먼저 운행을 시작해 돈을 벌고 다음 구간 공사를 이어 갔다. 공사는 생각했던 기간보다 2배인 16년이 걸렸다. 융프라우 정상에 세우려던 종착역도 융프라우요흐로 바뀌었다.

최대 230명을 태울 수 있는 열차는 시속 12.5km로 달려 전망대에 도착한다. 내려오는 동안에는 전동기 구동축을 이용해 자가 발전하는 친환경 산악열차다.

융프라우요흐 전망대로 가는 핵심 거점
클라이네 샤이덱 Kleine Scheidegg

아이거와 라우버호른(Lauberhorn, 2,472m) 봉우리 사이에 있는 고개다. '작은 분수령'이라는 뜻의 이름처럼 그린델발트와 라우터브루넨을 나누는 고갯마루다. 양쪽 마을에서 출발한 산악열차에서 융프라우요흐 전망대로 가는 JB 톱니바퀴 열차로 갈아타는 주요 역이다. 수목 한계선에 있어 초지와 설경을 오가며 즐기는 트레일이 인기다. 아이거와 묀히, 융프라우의 거친 바위 표면과 틈새에 쌓인 만년설, 흐르는 빙하 아래로 파릇한 초지가 선 긋듯 자리해 이질감이 든다.

교통 ❶ 그린델발트에서 산악열차 25분 이용 ❷ 라우터브루넨에서 산악열차 40분 이용 **주소** Kleine Scheidegg **전화** +41 33 828 72 33 **시간** 5월 말~10월 말 08:00~16:30(성수기 ~17:00) / 12월 중~4월 초 08:00~16:00(성수기 ~16:30) **요금** 그린델발트~클라이네 샤이덱 편도 CHF34, 라우터브루넨~클라이네 샤이덱 편도 CHF29 **홈페이지** jungfrau.ch

아이거글레처 Eigergletscher

아이거 빙하가 바로 코앞에 있는 역이다. 등반가들의 목숨을 앗아간 아이거 북벽이 험준하다. 아이거글레처에서 출발한 열차는 남동벽 암반을 굴착해 만든 터널 속으로 들어간다. 다음 역은 1972년에 만든 아이거반트(Eigerwand)와 아이스메어(Eismeer)다. 터널 창문으로 보는 알프스는 기차를 타고 올 때와 사뭇 다른 풍경을 자아낸다. 산악인이 자일에 의지해 보았을 경치인데 이렇게 쉽게 볼 수 있으니 미안한 마음마저 든다.

역에서 각 3분과 5분을 정차하니 전망용 창을 보려면 서둘러야 한다. 창을 보지 않더라도 잠시 내려 고도에 몸을 적응시키자. 노선에 따라 정차하지 않을 수도 있다.

유럽의 지붕
융프라우요흐 전망대 Jungfraujoch

유럽에서 가장 높은 해발 3,454m에 자리한 기차역은 흡사 알프스 테마파크다. 알핀 문화와 철도 역사, 파노라마 전망대와 눈 위에서 펼쳐지는 액티비티까지 다양하다. 1년 내내 눈이 쌓여있고 궂은 날씨일 수 있어 여름에도 방풍·방한에 신경 써야 한다. 만년설에 반사된 햇빛 탓에 선글라스는 필수이고, 자외선 차단제도 꼭 바르자.

규모가 방대하지만, 관람 순서를 표시하고 있어 다니기 쉽다. 보통 3시간 정도 걸리지만, 제대로 즐기려면 4~5시간 이상 소요된다. 날씨나 안전 등 변수가 많으니 아침 일찍 도착하길 권한다. 특히 스핑크스 전망대는 강풍이나 궂은 날씨에는 문을 닫는데, 대기하거나 발길을 돌려야 한다. 워낙 날씨 변덕이 심한 지역이라 대기하면 열릴 수도 있다.

교통 '융프라우요흐로 이동하기' 코너 참조 **주소** Jungfraujoch Sphinx Observatory **시간** 6~9월 09:00~16:47, 10~5월 09:00~16:00 **요금** 그린델발트 터미널~융프라우요흐 CHF249.8(동신항운 할인쿠폰 CHF160~) **홈페이지** www.jungfrau.ch / 동신항운 www.jungfrau.co.kr

스핑크스 전망대 Sphinx Aussichtsplattform

융프라우요흐 산악열차역보다 117m 높이 있는 전망대(3,571m)다. 1996년에 지어진 건물은 마치 스핑크스를 닮았다. 엘리베이터는 전망대까지 108m 높이를 25초 만에 도착한다. 여행객은 입장할 수 없지만 천문대와 기상 관측소, 라디오 중계국도 있다. 전망대 발코니에선 22km로 유럽에서 가장 긴 알레치 빙하를 볼 수 있다. 1933년 자연 보호 구역으로 지정되고 2001년 유네스코 세계자연유산에 등재되었다.

알레치 빙하

해발 2,000m 이상 산에선 고산병 조심

해발 2,000m 이상 오르면 산소가 부족해 고산병이 발생할 수 있다. 속이 울렁거리거나 어지럽고 호흡이 곤란하거나 답답한 증상이 생긴다. 해발 3,454m에 있는 융프라우요흐 전망대를 가기 전날부터 컨디션을 관리하고 과음은 하지 말자. 중간 역에서 잠시 내려 적응한 뒤 다시 올라가는 것도 방법이다. 올라가는 동안 물을 자주 마시고 초콜릿을 먹는 것도 도움이 된다. 전망대에서는 천천히 걷고 고산병 증상이 심하면 주변 직원에게 도움을 구하거나 1층 의무실로 가자. 만약 차도가 없다면 바로 하산하자. 500m 아래로 내려가면 고산병은 사라진다. 융프라우요흐로 가는 일정은 최소 4시간 30분으로 넉넉하게 정해야 한다. 전망대에서 날씨로 입장이 제한되거나 대기할 수 있다. 하이킹 코스를 추가하면 더 오래 걸린다.
또한 절대 길을 벗어나면 안 된다. 빙하 위 계곡인 크레바스(Crevasse)는 눈에 잘 보이지 않는 데다 눈이 쌓여 있거나 잘 보이지 않아 자칫 빠져 목숨을 잃을 수 있다.

스노 펀 파크 Snow Fun Park

유럽의 지붕에서 한번 놀아볼까? 융프라우요흐 빙하 지대에 눈썰매와 스노튜빙 등 액티비티를 여름에만 운영한다. 눈썰매는 무빙워크가 있어 피로가 덜하다. 250m 강철 케이블에 매달려 빙하 위를 나는 집라인을 타면, 멀리서는 안 보이던 크레바스까지 보인다.
시간 5월 말~10월 중 11:00~16:00(궂은 날씨에는 휴무) **요금** ❶ 일일권-어른 CHF45, 어린이 CHF30 ❷ 눈썰매-어른 CHF20, 어린이 CHF15

알파인 센세이션 Alpine Sensation

2012년 융프라우 산악철도 개통 100주년을 기념해 알파인 센세이션이 문을 열었다. 250m 터널로 스핑크스 전망대에서 얼음 궁전까지 이어진다. 무빙워크를 타고 가며 융프라우 철도 역사를 알아보고 산악열차와 마을로 꾸민 초대형 스노우볼도 관람해 보자. '아돌프 구에르 첼러 전신상'에는 그가 그린 융프라우 철도 스케치를 조형화해 두었다.

얼음 궁전 Eispalast

1934년 벵엔과 그린델발트 출신의 산악 가이드 두 명이 톱과 정만 사용해서 만든 얼음 동굴이다. 억겁의 시간이 켜켜이 쌓인 알레치 빙하 표면에서 20m 아래를 걷는다. 얼음 조각품과 인터라켄 루겐브뢰이(Rugenbräu) 양조장 위스키를 숙성시키는 오크통도 있다. 빙하는 매년 녹고 방문객 체온이 내부를 녹이는 탓에 영하 3도로 일정하게 냉각시키고 있다.

플라토 전망대 Plateau

고원 지대인 융프라우요흐에 있어 가능한 설원이다. 융프라우와 묀히가 어깨를 나란히 하고 있는데 4,000m급 고산이 동네 뒷산처럼 느껴진다. 알레치 빙하 꼭대기에 있어 미끄럽지 않고 막혀 있는 신발은 필수다. 하얀 설원에서 빨간 스위스 국기와 찍는 인생 사진으로 유명하지만, 대기가 많다. 미리 스위스 국기를 준비해 따로 찍는 것도 방법이다.

베르그하우스 Berghaus

역에서 내리면 바로 연결되는 건물이다. 기념품 가게, 스위스 대표 초콜릿인 린트의 초콜릿 쇼와 체험을 할 수 있는 초콜릿 천국, 레스토랑 3곳과 카페테리아가 있다. 단체 관광객이 많은 볼리우드 인도 레스토랑(지하 1층), 카페테리아(1층), 셀프바 알레치(2층), 크리스털 레스토랑(3층)이다. 융프라우 철도 총판 동신항운에서 융프라우 VIP 패스를 살 때 주는 신라면 교환권은 카페테리아에서 받을 수 있으며 구매(CHF 9.2)도 가능하다. 컵라면을 사서 올 경우, 뜨거운 물(CHF 4.5)을 사야 한다.

유럽에서 가장 높은 우체통

• Hiking Course • 묀히요흐 산장(Mönchsjochhütte)

- **코스** : 융프라우요흐 전망대 ▶도보 1시간 10분 묀히요흐 산장
- **시간** : 왕복 3.7km / 1시간 10분
- **오픈** : 5월 중~10월 중

융프라우와 묀히 봉우리 사이에 있는 고개인 융프라우요흐. 이곳에서라면 묀히까지 어렵지 않게 다녀올 수 있다. 융프라우요흐 정상에서 트레일 통제 여부가 확인되며 날씨가 좋다면 특별한 장비 없이 다녀올 수 있다. 단, 만년설이니 방한복과 발목까지 올라오는 양말과 신발을 신자. 아이젠이 있으면 더 좋다. 눈밭이지만 트레일은 표시가 잘 되어 있어 길을 잃을 일은 없다. 빙하 지대라 크레바스가 있으니 표시되지 않은 길은 절대 가면 안 된다. 묀히요흐 산장에선 간단한 음식을 판매하고 있으니 잠시 숨을 돌린 뒤 출발하자. 3,453m인 융프라우요흐 전망대에서 다시 고도 176m쯤 올라가니 느리게 걷고 체력을 아껴야 한다. 출발하기 전에 꼭 JB 산악열차 막차 시간을 확인하자. 3시간 이상 남은 경우에만 안전하게 돌아올 수 있다.

• Hiking Course • 아이거 트레일(Eiger Trail)

- **코스** : 아이거글레처(Eigergletscher, 2,320m) ▶도보 2시간 30분 알피글렌(Alpiglen, 1,615m)
- **시간** : 편도 6km / 2시간 30분 / 36번 트레일

1,600m 수직 절벽인 아이거는 수많은 등산가를 죽음으로 몰아 악명 높다. 아이거 트레일은 북벽을 오르지 않고 둘레를 걷는 길이다. 6월부터 9월까지 걸을 수 있다. 비포장 흙길이지만 부서진 돌이 많으니 트레킹 신발을 신어 발을 보호하는 편이 좋다. 일부 로프로 안전장치를 해둔 구간이 있으나 어렵지 않다. 아이거글레처역을 나와 오르막 진행 방향의 왼쪽 길부터 시작한다. 표지판이 잘 되어 있지만 방향을 잘 모르겠다면 스키바 슈라이너라이(Skibar Schreinerei)를 검색해 그 앞길로 걷자. 해발 2,320m에서 90m 정도의 오르막을 빼면 내내 완만한 내리막길이다. 원래 아이거 북벽에서 떨어진 돌로 인해 자갈밭이지만, 흙을 가져다 다져 놓아 좁아도 걷기 쉽다. 산그늘이 커서 방한 준비를 해야 한다. 북벽이 끝날 즈음, 눈이 녹아 만들어진 폭포가 드문드문 나타난다. 소나무 숲을 지나면 고산 마을 풍경이 드러난다. 알피글렌 베르그하우스 레스토랑에서 잠시 쉬어가도 좋다. 알피글렌 산악열차역은 간이역이라 스톱(Stop) 버튼을 미리 눌러야 기차가 정차한다. 무릎이 좋지 않다면 그린델발트에서 산악열차를 타고 알피글렌으로 와 역방향으로 걸어도 좋다. 오르막길이지만 가파르지 않다.

• Hiking Course • 융프라우 아이거 워크 (Jungfrau Eiger Walk)

- **코스** : 아이거글레처 ▶도보 15분 옛 미텔리기 산장 ▶도보 20분 팔보덴 호수 ▶도보 25분 클라이네 샤이덱
- **시간** : 편도 2.5km / 1시간 / 37번 트레일

아이거글레처역에서 클라이네 샤이덱역까지 포장된 산길이다. 운동화를 신고 걸어도 편하고 안전하다. 융프라우와 묀히, 아이거 봉우리는 고개를 꺾어 올려다봐야 할 정도로 가깝다. 여름에는 걷는 동안 꽝꽝 하고 소리가 나는데 빙하가 녹아 깨지거나 무너지는 소리다. 하이킹 코스는 안전하니 눈사태 걱정은 하지 않아도 된다. 6월 말부터 10월까지 가능한 트레일은 봄이면 야생화가 지천이라 화사한 꽃길을 걸을 수 있다.

아이거글레처(Eigergletscher) 1900년대 초에는 아이거 빙하를 바로 볼 수 있던 위치다. 지구 온난화로 빙하가 많이 녹았지만, 육안으로 볼 수 있는 위치에 있다. 하이킹은 산악열차역에서 오르막을 보고 왼쪽으로 나와 시작한다. 곧 포장된 도로가 나와 편하게 걸을 수 있다.

옛 미텔리기 산장(Old Mittellegi Hütte) 하이킹 초반에 보이는 언덕 위 작은 오두막이다. 1921년 아이거 북동쪽 능선을 처음 개척한 일본 등반가, 마키 유코(Maki Yuko)가 3년 뒤 미텔레기 산등성이에 등산가들을 위해 산장을 지었다. 2001년 헬기로 아이거글레처 2,330m 지점에 옮겼다가 2011년 현재 자리로 왔다. 내부는 잠겨 있어 유리창으로 볼 수 있는데 16명까지 머물 수 있다는 산장은 무척 작다. 실제 산장처럼 각종 침구와 산악 장비가 전시되어 있어 당시를 상상할 수 있다.

팔보덴 호수(Fallbodensee) 트레일에서 내려다보는 호수는 푸른 눈동자처럼 맑다. 2012년, 근처 스키장에 인공눈을 만들기 위해 물을 저장한 인공 호수다. 철도 아래 터널을 통과하면 호수로 진입할 수 있다. 가장 먼저 융프라우 철도 변전소가 나온다. 전력 공급 방식이 같아서 사용하지 않는 지금은 아이거 북벽 역사와 옛 카메라를 전시하고 있다. 호수 둘레에는 목숨을 잃은 산악인 69명 이름을 새긴 추모석이 서 있다. 호숫물에 설치한 벤치에 앉아 하이킹으로 뜨거워진 발을 담그고 크나이프(Kneipp) 수치료를 경험해 봐도 좋다.

클라이네 샤이덱(Kleine Scheidegg) 융프라우요흐 열차 환승역으로 그린델발트와 라우터브루넨 마을로 내려가는 기차를 탈 수 있다. 더 걷고 싶다면 클라이네 샤이덱 철도 옆으로 난 41번 트레일을 따라 벵에른알프까지 갈 수 있다. 시리게 하얀 빙하와 싱그러운 들판, 야생화 사이를 걷는다. 지나가는 기차 승객들에게 손도 흔들어 보자.

• Hiking Course • 아이거글레처~벵에른알프 트레일

- **코스** : 아이거글레처 ▶도보 50분 비글렌알프(Biglenalp, 1,873m) ▶도보 40분 벵에른알프(Wengernalp)
- **시간** : 편도 4km / 1시간 30분 / 38번 트레일

융프라우 3봉이 만든 거대한 빙하 골짜기 옆을 걷는 트레일이다. 아이거글레처에서 융프라우를 바라보고 오른쪽 출구로 나와 시작한다. 뱀의 등처럼 봉긋하게 솟은 빙퇴석 능선으로 가면 왼쪽에는 빙하 골짜기, 오른쪽으로 샬레와 철도를 두고 걷는다. 빙하는 라우터브루넨 협곡에 있는 트뤼멜바흐 폭포의 발원지다. 500m쯤 걸으면 능선은 옆 잔디밭과 이어진다. 비글렌알프 표지판을 따라 전나무 숲 사이를 지나가면 벵에른알프에 도착한다. 간이역이므로 스톱(Spot) 버튼을 꼭 눌러 두자.

아이거 울트라 트레일(Eiger Ultra Trail)

팔보덴 호수

울트라 트레일은 100km 이상 트레일을 뛰어서 완주하는 철인 경기다. 아이거 울트라 트레일은 아이거와 베르너 오버란트를 연결하는 산악 트레일이다. 2017년 클럽이 만들어져 참여자가 점점 늘어나는 추세다. 베르너 오버란트를 하이킹하다 보면 아이거 울트라 트레일 표지판을 볼 수 있다. 대체로 경관이 좋고 정비가 잘 된 길이라 체력이 된다면 걸어서 참여해 봐도 좋다. 38번 트레일에도 아이거 울트라 트레일이 있다. 하레그(Haaregg)를 통과해 클라이네 샤이덱까지 걷는 길이다. 아이거글레처역에서 빙퇴석 능선을 10분 정도 걸으면 옛 미텔리기 산장 방향으로 오솔길이 있는데 그 길을 걸어 아이거 트레일(37번)로 합류하는 코스를 추천한다. 빙하 골짜기와 아이거 북벽, 팔보덴 호수까지 함께 즐길 수 있는 길이다.

추천 숙소

호텔 벨뷰 데 알프스
Hotel Bellevue des Alpes

이름처럼 '아름다운 알프스 풍경'을 볼 수 있는 호텔이다. 2008년 영화 〈노스페이스(North Face)〉에도 배경으로 나왔다. 융프라우 3대 봉우리 중 하나인 아이거 북벽과 마주한 숙소는 해발 2,070m의 샤이덱 고개에 있으며 세상에서 가장 높은 곳에 있는 호텔 중 하나다. 해가 뜨고 지고, 달이 뜨고 지는 동안 고산 풍경을 오롯이 즐길 수 있다. 아쉽게도 12월 중순부터 4월 초순, 6월 말부터 9월 중순까지만 운영하며 홈페이지를 통해서만 예약 가능하다.

주소 Kleine Scheidegg, 3823 **전화** +41 33 855 12 12 **요금** 더블 룸 CHF 500~, 싱글룸 CHF365(조식과 석식 포함) **홈페이지** scheidegg-hotels.ch

칸더슈테크

Kandersteg

고대 로마 때부터 발레주 로이커바트로 이어진 겜미패스(Gemmipass)를 넘어 무역상들이 오가는 고개 마을이었다. 오랜 기간 융프라우라는 대형 관광지에 밀려 소외되었지만, 현지인들은 첩첩산중에 있는 호수에서 여유를 즐기는 휴양지로 즐겨 찾았으며 예술가들이 영감을 받기 위해 찾기도 했다. 고산에 초원, 빙하와 호수가 모두 있어, 마치 알프스를 압축해 놓은 듯한 풍경에 이제야 알게 된 것이 억울할 정도다. 눈이 녹기 시작하는 초여름이면 방문객이 부쩍 늘어나는데 외시넨 호수 덕이다. 융프라우에서 서쪽 능선으로 이어진 고봉들을 따라가다 보면 이 지역에서 가장 높은 봉우리, 블륌리스알프(Blüemlisalp, 3,661m)를 만난다. 좌청룡 우백호처럼 돌덴호른(Doldenhorn, 3,638m)과 뒤넨호른(Dündenhorn, 2,861m)이 양쪽으로 뻗어 외시넨 호수를 감싸 안고 있다. 얼얼할 만큼 차가운 빙하수지만 수영하거나 뱃놀이하는 사람들이 꽤 있다. 멋진 풍광을 보며 바비큐를 즐기기도 한다. 뒤넨호른으로 이어진 트레일은 조금만 올라도 보는 풍경이 달라지니 고려해 보자.

• 칸더슈테크로 이동하기 •

기차

인터라켄에서 칸더슈테크로 바로 이동하는 기차는 없다. 지역 기차(Regio Express)가 운행하는 뢰치베르크선(Lötschberg line)이 베른(Bern)-슈피츠(Spiez)-프루티겐(Frutigen)-칸더슈테크(Kandersteg)-고펜슈타인(Goppenstein)-브리그(Brig)로 이어진다. 즉, 베른과 체르마트 환승역인 브리그에선 직행 열차가 있다.
인터라켄에선 오스트(Ost)나 베스트(West) 기차역에서 출발해 슈피츠(Spiez)에서 갈아타야 한다. 인터라켄에서 슈피츠까지 17분, 슈피츠에서 칸더슈테크까지 27분 정도 소요된다. 칸더슈테크 기차역에는 유료 화장실(CHF 1)과 수하물 보관소가 있다. 7시부터 17시 30분까지 운영하니 일정을 잘 확인해야 한다.

자동차

인터라켄에서 A8 고속도로를 이용해 슈피츠로 30km(약 30분)를 이동한다. 이어 프루티겐 방향 국도 11을 타고 14km쯤 이동한 뒤 칸더슈테크 방향의 지방도 223을 이용해 14km 정도 달리면 도착한다.
만약 발레주 로이커바트(Leukerbad) 방향에서 출발한다면 고펜슈타인(Goppenstein)으로 이동 후 뢰치베르크 터널(Lötschberg Tunnel)을 이용해야 한다. 두 마을을 잇는 알프스 고개에는 산악 도로가 없어서 화물 열차에 자동차를 실어서 알프스 터널을 통과한다.

• 칸더슈테크의 시내 교통 •

외시넨 호수 곤돌라 승차장

블라우 호수행 버스

칸더슈테크 주요 여행지인 외시넨 호수는 마을에서 곤돌라를 타고 이동한다. 곤돌라 승차장은 기차역에서 도보 15분 정도 소요되며, 여기서 상부 승차장까지 10분 이동한다.
외시넨 호수를 둘러본 뒤 인근에 블라우 호수도 함께 방문하면 좋다. 외시넨 곤돌라 승차장에서 칸더슈테크 뮤지엄(Kandersteg, Museum) 정류장까지 도보 10분이고, 230번 버스를 약 7분 타고 블라우제(Blausee BE) 정류장에서 하차하면 맞은편에 호수 주차장이 보인다.
인터라켄에서 바로 블라우 호수부터 간다면, 슈피츠에서 열차를 갈아탄 뒤 프루티겐에서 내리자. 230번 버스를 타고 14분 이동하면 블라우제(Blausee BE) 정류장에 도착한다.

칸더슈테크 관광안내소
주소 Äussere Dorfstrasse 26, 3718 **전화** +41 33 675 80 80 **시간** 08:00~12:00, 14:00~17:30(토요일 ~17:00) / 일요일 휴무 **홈페이지** www.kandersteg.ch

신비로운 분위기의 푸른 호수
블라우 호수 Blausee

이름만큼 이 호수를 설명할 수 있는 말도 없다. 푸른 물감을 푼 듯 호숫물이 파랗다. 칸더슈테크를 둘러싼 고산 빙하가 녹아 지하로 흐르다가 이곳에 샘이 솟아 만들어졌다. 빙하수 속의 분자가 빛을 흡수하면서 파란색 빛을 산란시키는데 그 과정에서 신비한 색을 만들어 낸다. 사람들은 양치기 소년과 소녀의 사랑 이야기를 지어냈다. 소년은 플뤼헨(Flühen) 높은 곳에서 건초를 옮기다 사고로 세상을 떠났고 소녀는 소년과 함께 시간을 보내던 전나무 숲속 호수로 와서 눈물을 흘리며 물속으로 들어갔다는 이야기다. 호수 바닥에 무릎 꿇고 앉은 소녀 조각상이 이야기 속 주인공이다.

바닥이 유리로 된 보트를 타고 호수를 즐길 수 있다. 수심 12m의 수정처럼 맑은 호수에는 쓰러진 나무와 이를 피해 헤엄치는 송어가 있다. 135년 넘은 친환경 송어 양식장으로 팔뚝만 한 송어들이 무리 지어 헤엄치는 것을 볼 수 있다. 바로 앞 레스토랑 또는 셀프서비스 비스트로인 바세르 하우스(Wasserhaus)에서 송어 요리를 맛볼 수 있다. 빽빽이 자리한 전나무 숲과 이끼 낀 바위를 지나며 호숫가 산책길을 걸어 보자. 바비큐가 가능한 소풍 장소와 놀이터도 있다. 스파 시설을 갖춘 호텔에서 하룻밤을 보내도 좋다.

주소 Blausee Naturpark, 3717 **전화** +41 33 672 33 33 **시간** 09:00~21:00 **요금** 월~금 성인 CHF11, 6~15세 CHF7 / 토~일 성인 CHF13, 6~15세 CHF9(17~21시 입장 시 CHF2 할인) **홈페이지** blausee.ch

소녀상

알프스 깊숙이 감춰진 산정 호수
외시넨 호수 Oeschinensee

약 8,000년 전 프룬덴호른과 돌덴호른 측면에서 산사태가 여러 번 발생해 만들어졌다. 4,800여 년 후 돌덴호른에서 부서진 잔해 1톤이 천연 댐을 만들고, 지하로 흐르던 빙하수가 고여 외시넨 호수가 되었다. 호숫물은 다시 지하로 흘러 칸더강으로 흐른다. 해발 1,578m에 위치한 호수는 3,000m급 고산에 둘러싸여 여름에는 뱃놀이, 겨울에는 송어 얼음낚시를 즐기는 사람으로 붐빈다. 2007년에는 융프라우와 알레치 빙하가 발레주 비에치호른(Bietschhorn)까지 확장되어 유네스코 세계자연유산에 선정되었다.
칸더슈테크에서 곤돌라를 타고 올라가 30분 정도 걸으면 호수를 만날 수 있다. 호수까지 내리막길이라 돌아올 때 힘이 든다. 셔틀 전기버스(편도 CHF 10, 12세 이하 CHF 8)가 있으니 고려해 보자. 5월 중~10월 중, 11시부터 16시 30분(성수기 17시 30분)까지 30분 간격으로 운영한다. 버스는 외시넨제 베르그 호텔(Berghotel Oeschinensee) 앞을 오간다. 호수 바로 앞에 있는 호텔은 여러 레스토랑과 함께 있어 쉬어 가기 좋다. 10월에서 12월은 곤돌라가 운행하지 않고 12월부터 5월까지 호수에 얼음이 언다.

주소 Öschistrasse 50 **전화** +41 33 675 11 18 **시간** 08:30~18:00 **요금** 왕복 성인 CHF 30, 6~16세 CHF 15
홈페이지 www.oeschinensee.ch

외시넨 호수에서 즐기는 액티비티

· 하이킹

❶ 바르글리 폭포 Bärglifall

호숫가를 따라 바르글리 폭포까지 걷는 쉬운 코스다. 물가에 수영하는 사람들이 드문드문 자리를 잡고 풍경을 즐긴다. 누구나 이용할 수 있는 바비큐 구역도 있다. 곤돌라 상부 승차장에서 호숫가인 외시넨제 베르그 호텔로 이동 후 걸어도 되지만 좌측 사잇길로 빠져 젠 산장(Restaurant Zur Sennhütte)으로 가자. 바르글리 폭포로 가는 짧은 길이자 외시넨 호수를 전망하기 좋은 포인트다.

거리 왕복 3.26km, 편도 1.63km **소요 시간** 왕복 1시간 30분~2시간

❷ 뒤넨호른 상부 길~외시넨 호수 길

뒤넨호른 중간 능선을 따라 1.45km 걸으면 외시넨 호수 전망이 아름다운 호이베르그(Heuberg)다. 거기서 2.2km 더 가면 오베르바르글리 산장(OberBärglihütte)이 나온다. 오른쪽 오베르바르글리 계곡(OberBärglibach)을 따라 내리막길로 가자. 2.5km만 내려가면 베르그하우스 운터바르글리(Berghaus Unterbärgli) 레스토랑이 나온다. 갈림길에서 우측으로 난 길을 따라 바르글리 폭포 위를 지나간다. 같은 방향으로 호숫가를 걸으면 외시넨제 베르그 호텔이 나온다.

거리 6.17km **소요 시간** 3시간 30분~4시간

❸ 오베르 바르글리 산장~브륌리스알프 산장 OberBärglihütte~Blüemlisalphütte

오베르바르글리 산장(1,973m)에서 블륌리스알프 빙하 북쪽에 있는 블륌리스알프 산장(2,840m)까지 오를 수 있다. 초지를 지나 빙퇴석으로 된 오솔길을 걷는다. 좁지만 명확한 외길이라 길을 잃어버릴 일은 없다. 산장 앞 호튀를리(Hohtürli)는 지금까지 걸어온 뒤넨호른과 빌디프라우(Wildi Frau, 3,648m) 봉우리를 가로지르는 고개로 여러 산군을 한눈에 담을 수 있다. 이곳에서 그리스알프(Griesalp) 방향으로 내려갈 수도 있다. 산장 위에 올라서면 바위에 다닥다닥 붙은 따개비처럼 뾰족한 산봉우리가 이어진다. 정상 인근이라 만년설이 있으니 방한에 신경 쓰자. 한여름에는 낙석 위험이 있어 권하지 않는다.

거리 3.7km **소요 시간** 2시간 30분

브륌리스알프 산장 앞 호튀를리

• 보트

120년 전부터 호수 위의 보트는 여행객을 불러 모았다. 만년설과 빙하가 쌓인 고산 절벽, 전나무 숲을 배경으로 호수 위에 있으면 알프스를 압축해 넣은 스노 글로브 안에 들어온 듯하다. 보트는 외시넨제 베르그 호텔 앞 호숫가에 대여소가 있다. 낙석 위험이 있어 암벽과 100m 거리를 유지해야 하고 안개가 짙은 날이나 호우에는 문을 닫는다.

주소 Berghaus am Oeschinensee **전화** +41 33 675 11 66 **시간** 10:30~17:00(날씨에 따라 변경 가능) **요금** 30분 CHF18, 1시간 CHF29(카드 가능)

• 터보건

곤돌라 상부 승차장 옆으로 능선을 따라 750m 터보건이 있다. 여름에만 운영하고 비가 내린 후에는 선로가 건조된 이후에 개방한다. 3세 이상 어린이는 8세 이상과 함께 탈 수 있고 8세 이상도 안전 사항을 이해해야 한다. 운전 중에는 촬영이 금지되어 있다.

주소 Bergstation Gondelbahn Oeschinensee Oeschinensee 37, 3718 **전화** +41 33 675 11 18 **시간** 5월 중~10월 중 09:30~16:30 (6월 중~9월 중 ~17:30) **요금** 1회 CHF6, 2회 CHF11.5, 3회 CHF17 **홈페이지** www.oeschinensee.ch

마이링겐
Meiringen

베르너 오버란트 동쪽 브리엔츠 호수를 넘어 이어진 고원 끝에 마이링겐이 있다. 룽게른으로 가는 북쪽 브뤼닉 고개(Brünig Pass)와 엥겔베르크로 가는 북동쪽 요흐 고개(Joch Pass), 동쪽 수스텐 고개(Sustenpass), 남쪽 그림젤 고개(Grimselpass)가 모두 마이링겐과 연결되어 있다. 산이 많은 스위스에서 고갯길 중심에 있으면 마을은 발달한다. 1417년부터 매년 박람회를 열어 온 마이링겐은 베르너 오버란트에서 유일한 상업 도시였다. 1800년대에는 요리 대회도 열었는데 이탈리아 출신 제과사 가스파리니(Gasparini)가 만든 디저트 머랭이 탄생해 명물이 되었다. 오늘날까지 프루탈(Frutal Bäckerei & Tea Room)에서 머랭 맛보기는 필수 코스다. 19세기, 고개마다 도로가 개통되고 관광객이 늘면서 산업은 관광 형태로 바꿔 갔다. 특히 1892년 영국의 추리 소설가 아서 코난 도일(Arthur Conan Doyle)이 마이링겐과 라이헨바흐 폭포를 찾은 뒤 관광객이 몰려들었다. 스테디셀러 소설 《셜록 홈즈: 마지막 사건》에서 가장 중요한 장면인 모리아티 교수와의 결투 배경으로 이곳을 묘사해 활기를 더했다.

• 마이링겐로 이동하기 •

기차

인터라켄에서 마이링겐으로 이동할 때는 오스트(Interlaken Ost)역에서 루체른행 첸트랄반(Zentralbahn) 열차를 이용한다. 1시간 간격으로 배차가 많고 마이링겐까지 약 30분 정도 소요된다. 브리엔츠 호수를 따라 선로가 놓여 있어 경치가 좋다. 마이링겐에서 내리지 않고 계속 달리면 tvN 드라마 〈사랑의 불시착〉으로 유명한 룽게른이 나온다. 1시간 정도 소요되며 룽게른으로 넘어가는 브뤼닉 고개 풍경이 아름다우니 참고하자.

자동차

인터라켄에서 마이링겐까지 자동차로 이동하는 방법은 매우 쉽다. A8 고속도로로 진입해 호수 북안을 따라 브리엔츠 방향으로 달리기만 하면 된다. 브리엔츠를 지나면 곧 마이링겐이며 대부분 직행 코스라 운전하기 쉽다. 마을에선 노상 주차 자리를 확인한 뒤 주변에 있는 주차 계산기에서 머물 시간만큼 금액을 지불하고 영수증을 차 앞 유리에서 보이게 두면 된다.

• 마이링겐의 시내 교통 •

라이헨바흐 폭포 푸니쿨라역

아레슐츠 서역

마이링겐은 크지 않아서 마을 내에선 도보로 이동이 가능하다. 마을에서 가장 유명한 셜록 홈즈 박물관은 마이링겐 기차역에서 도보 5분 거리다.
라이헨바흐 폭포까진 도보 20분 정도라 버스를 이용하는 편이 낫다. 마이링겐 기차역 앞(Meiringen, Bahnhof) 정류장에서 174번 버스를 10분 정도 타고 라이헨바흐 폭포(Willigen, Klinik Reichenbach) 정류장에 하차한다. 라이헨바흐 폭포를 먼저 간다면 마이링겐 알프바흐(Meiringen Alpbach)역에 하차해서 7분 정도 걸어가자.
아레슐츠에 가려면 마이링겐에서 MIB(Meiringen-Innertkirchen-Bahn)로 환승해 아레슐츠 베스트역(Aareschlucht West, 서역) 또는 오스트역(Ost, 동역)에서 하차한다.
룽게른을 제외하고 마이링겐 명소는 비가 오는 날에도 관람할 수 있을 정도로 날씨 영향을 크게 받지 않으니 일정을 짜기 좋다.

마이링겐 관광안내소

주소 Bahnhofpl. 12, 3860 **전화** +41 33 972 50 50 **시간** 08:00~12:00, 13:30~17:00(토요일 ~16:00) / 일요일 휴무 **홈페이지** haslital.swiss

소설 《셜록 홈즈》의 팬이라면 무조건 와야 할 성지
셜록 홈즈 박물관 Sherlock Holmes Museum Meiringen

추리소설 《셜록 홈즈》 시리즈의 소설가 아서 코난 도일(Arthur Conan Doyle)은 1893년 아내와 함께 스위스를 여행하던 중 마이링겐에 머물렀다. 당시 1880년에 지은 파크 호텔 뒤 소바주(Parkhotel du Sauvage)에서 묵었다는 설이 있는데, 소설 《마지막 사건(The final problem)》 속 '영국 호텔(The Englischer Hof)'이 파크 호텔을 배경으로 해서다. 1987년 호텔 주인은 셜록 홈즈 동상을 세웠고, 1991년 5월 4일 셜록 홈즈 사망 100주년을 기념해 바로 옆 성공회 교회에 박물관을 열었다. 소설 속에서 1981년 5월 셜록 홈즈가 모리아티 교수와 라이헨바흐 폭포에서 떨어지는 장면이 나와서였다. 물론, 소설 속에서도 그는 살아 있으며 1987년 마이링겐 명예 시민으로 지정되었다.

박물관에는 소설 속 유명한 장면을 10개 패널로 설명하고 있다. 1층에는 작가와 소설 속 인물, 마이링겐에 대한 전시, 지하에는 원고와 파이프, 돋보기, 펜과 팬레터 등 진품을 만날 수 있다. 특히 영국 런던 베이커 스트리트 221B의 셜록 홈즈 서재를 세밀하게 재현해 놓았다. 전시된 지도에는 셜록 홈즈와 닥터 왓슨의 《마지막 사건》 속 일정을 표시하고 있어 셜록 홈즈 팬이라면 뒤를 밟아 봐도 좋겠다.

주소 Bahnhofstrasse 26, 3860 **전화** +41 33 972 60 08 **시간** 13:30~17:00(11~4월 평일 휴무) **요금** ❶ 성인 CHF5, 6~15세 CHF3 ❷ 박물관+푸니쿨라 통합권(왕복)-성인 CHF13, 6~15세 CHF8 **홈페이지** sherlockholmes.ch

셜록 홈즈와 모리아티 교수의 마지막 장면 배경
라이헨바흐 폭포 Reichenbach Falls

1983년 스위스를 여행하던 소설가 코난 도일은 그로세 샤이덱을 가로질러 로젠라우이 협곡을 지나 라이헨바흐 폭포에 도착했다. 위에서 내려다본 폭포는 스위스에서 12번째로 큰 규모인 만큼 위용이 대단했다. 그 순간 그는 셜록 홈즈와 모리아티 교수의 마지막 장면 배경을 정했다. 지금도 소설가가 걸어온 길로 오갈 수 있지만, 푸니쿨라를 이용하면 더욱 쉽게 만날 수 있다.

푸니쿨라는 소설가가 방문하기 훨씬 전인 1899년에 만들어졌다. 714m 선로를 따라 244m 높이를 7분 만에 오른다. 푸니쿨라가 도착하는 승차장은 3단 폭포 중에서 120m인 하단 폭포 중간쯤이다. 여기서 오솔길을 따라 10분 정도 오르면 두 번째 폭포를 볼 수 있다. 폭포 다리를 건너 20분 정도 걸으면 셜록 홈즈와 모리아티 교수가 뛰어내린 장소가 나타난다. 푸니쿨라를 타려면 다시 돌아와야 하고, 곧장 'Fussweg Footpath' 표지판을 따라 1시간 정도 걸어서 푸니쿨라 하부 승차장으로 갈 수도 있다.

교통 ❶ 셜록 홈즈 박물관에서 푸니쿨라 승차장까지 도보 16분 **❷** 셜록 홈즈 박물관 앞(Willigen, Unterdorf) 정류장에서 174번 버스 1분 타고 라이헨바흐 폭포(Willigen, Klinik Reichenbach) 정류장 하차 **❸** 마이링겐 기차역에서 마이링겐 알프바흐(Meiringen Alpbach)역 하차 후 도보 7분 **주소** Reichenbach, 3860 **전화** +41 33 982 26 26 **시간** 5~10월 09:00~17:30 **요금 ❶** 라이헨바흐 폭포 푸니쿨라-성인 CHF 12, 6~15세 CHF 8 **❷** 박물관+푸니쿨라 통합권(왕복)-성인 CHF 13, 6~15세 CHF 8

셜록 홈즈와 모리아티 교수의 마지막 결투 장소 | 푸니쿨라 승차장

날씨 상관없이 가기 좋은 빙하 협곡
아레슐츠 Aareschlucht

피르스트 전망을 책임지는 슈렉호른과 미틀호른 사이에 아르 빙하가 흐른다. 녹은 빙하수는 그림젤패스(Grimselpass)를 지나 한덱(Handegg), 구탄넨(Guttannen) 마을 지나 아레 협곡으로 흐른다. 15만 년 전, 석회암 지질대를 빙하수가 침식했는데 바위와 얼음 입자가 위에서부터 솟아올라 협곡을 형성했다. 유속이 빠른 아레강은 동쪽으로 진입해 협곡에서 가장 넓은 공간인 글로센 런즈(Grossen Runs)를 만난다. 폭이 40m다. 반면 가장 좁은 폭은 1m에 불과할 정도다. 협곡은 측면 높이가 최대 200m로 가파르고 구불거린다. 협곡을 통과한 빙하수는 브리엔츠 호수까지 흐른다.

1888년, 협곡에 잔도를 놓고 관광객에게 개방했다. 여름에는 야간 조명을 켜고 늦은 시간까지 관람할 수 있고, 겨울에는 춥고 미끄럼 사고 발생을 우려해 문을 닫는다. 협곡의 길이는 1.4km로 약 40분 정도 소요된다. 계곡이 흐르는 방향인 아레슐츠 오스트역(동역)에서 베스트역(서역)으로 또는 역방향으로 이동해도 된다. 오스트역은 절벽 암석 안 터널에 기차역이 있어 마치 "열려라. 참깨!" 하는 것처럼 자동문을 여는 재미가 있다. 간이역이라서 스톱(Stop) 버튼을 꼭 눌러야 한다. 역방향을 권하는 이유 중 하나다. 인근에 있는 제2차 세계대전 지하 동굴도 놓치지 말자. 주차장은 서역에만 있다.

교통 인터라켄 오스트역에서 기차 타고 마이링겐에서 MIB(Meiringen-Innertkirchen-Bahn)로 환승해 아레슐츠 베스트역(Aareschlucht West)에서 하차 **주소 ❶** 서쪽 출입구-Aareschluchtstrasse 15, 3860 ❷ 동쪽 출입구-Chirchen 48, 3862 **전화** +41 33 971 40 48 **시간** 4~5월·10월 08:30~17:30 / 6~9월 08:30~18:30(7~8월 ~22:00) **요금 ❶** 성인 CHF10, 6~15세 CHF6.5 ❷ 아레슐츠+라이헨바흐 폭포 통합권-성인 CHF18, 6~15세 CHF13 **홈페이지** aareschlucht.ch

tvN 드라마 〈사랑의 불시착〉 해피엔딩 촬영지
룽게른 Lungern

마이링겐에서 회흐 구메(Höch Gumme)와 칭스투엘(Chingstuel)산 사이로 난 브뤼닉 고개를 넘으면 호반 마을, 룽게른이 나온다. 언덕을 넘어가는 기차가 새삼 기특하게 여겨지는 구간이다. 동쪽을 막고 있는 구피(Güpfi)산맥을 타고 기차는 북쪽으로 나아간다. 호수 중간쯤, 룽게른역이다.

호수와 회흐 구메, 기차를 함께 찍고 싶다면 역 근처 언덕(Bergstrasse 20, 6078)에서 담을 수 있다. 마을 길을 걸어 내려가면 퇴적물이 쌓여 만들어진 작은 섬, 인셀리(Inseli)가 나온다. 룽게른 호수를 감싸는 고산 경치가 좋아 소풍 장소로 인기다. 호수로 난 계단이 있지만 안전한 여름 수영을 하려면 제파크 바디(Seepark Badi Lungern, oppstrasse 16)를 권한다. 슬라이드와 보트, 수영장과 편의 시설이 있다.

룽게른 전체 그림을 보고 싶다면 케이블카를 타고 토렌(Torren)산 정상까지 올라가자. 투렌그라트(Turrengrat) 전망대에 서면 호수 남쪽부터 북쪽 너머까지 한눈에 감상할 수 있다. 호수 북쪽에는 tvN 드라마 〈사랑의 불시착〉 마지막 장면이 촬영되었던 장소가 있다. 카이저스툴(Kaiserstuhl OW)역에 내려 촬영지(Mülifluestrasse 11)까지는 도보 10분 거리다. 사진은 길에서만 찍을 수 있고 집과 정원, 들판은 사유지라 들어갈 수 없다.

교통 인터라켄 오스트역에서 룽게른역까지 기차 1시간 3분 이용 **주소** Inseli, 6078 **비고** 마을 산책이라 화장실이 없으니 미리 역에서 다녀오길 권한다.

SWITZERLAND

발레 지역
Valais

Leukerbad
Aletsch Arena
Zermatt

체르마트
Zermatt

산은 누군가에게 일생의 꿈이기도, 탐험에 대한 로망이기도 하다. 1786년 프랑스 몽블랑(4,807m)이 정복된 이후 알프스 미등봉을 오르는 '알피니즘(Alpinism)'이 생겨났다. 스위스까지 철도가 신설되면서 알프스 등정에 황금기를 맞이했다. 특히 빅토리아 시대 영국 등반가들이 후원을 받아 도전했고, 1854년 그린델발트 베터호른(3,692m)을 오른 뒤 11년 동안 알프스 중요 봉우리 39개 중 31개를 영국인이 정복했다. 알프스 고봉 중 최후까지 허락하지 않았던 마터호른(4,478m)은 1865년 영국 모험가인 에드워드 윔퍼(Edward Whymper) 일행에게 정상을 내주었고, 이후 전 세계 산악인들이 체르마트(1,604m)를 베이스캠프로 삼고 마터호른에 도전했다. 더 높은 봉우리를 향하던 등반 문화가 근대에는 새로운 길을 찾는 등로주의(登路主義)로 바뀌었고 현대에는 산을 즐기는 다양한 방법으로 구현되었다. 산악열차와 곤돌라, 케이블카로 쉽게 올라 고봉을 감상하고, 스키와 하이킹을 즐기는 것이다. 그리하여 마터호른을 찾는 이들의 베이스캠프인 체르마트 마을은 알핀 리조트로 꾸준히 사랑받고 있다.

• 체르마트로 이동하기 •

기차

스위스 남부에 있는 체르마트는 SBB 노선에서 조금 벗어나 있다. 그래서 스위스 어디에서 출발하든 비스프(Visp)에서 내려 마터호른 고타르드 반(Matterhorn Gotthard Bahn)으로 갈아타야 한다. 이 톱니바퀴 열차는 해발 1,604m에 위치한 체르마트까지 경사를 올라간다. 마터호른 고타르드 반 종점인 체르마트는 프리미엄 파노라마 기차인 빙하 특급(Glacier Express) 발착지이기도 하다.

주요 노선	이동 시간
취리히 - 체르마트	약 3시간 10분
제네바 - 체르마트	약 3시간 40분
인터라켄 - 체르마트	약 2시간 15분

체르마트 기차역은 2013년 한국-스위스 수교 50주년을 기념해 경북 봉화군에 있는 분천역과 자매결연을 맺었다. 덕분에 한글을 많이 볼 수 있어 친근하다. 역 내에는 관광안내소와 물품보관소, 매표소, 유료 화장실(CHF2)이 있다.

자동차

태쉬 기차역 주차장

취리히나 바젤처럼 스위스 북부에서 출발한다면 베른과 슈피츠를 지나는 6번 도로를 이용한다. 스위스 서부인 제네바에서는 1번 도로로 로잔까지 온 뒤 9번 도로를 이용한다. 단, 체르마트는 휘발유 자동차가 들어올 수 없는 카프리(Car-Free) 구역이다. 버스나 자동차는 5km 떨어진 마을, 태쉬(Täsch)까지만 갈 수 있다. 자동차로 이동했다면 태쉬 기차역 주차장(Matterhorn Terminal Täsch)을 이용하자. 실내는 2,100대, 민간 단체가 운영하는 실외는 1,000대 주차가 가능하다. 태쉬에서 체르마트까지는 셔틀 열차를 타고 12분 정도 이동한다(왕복 CHF17.2). 자정부터 5시까지는 매시 정각에 출발하고 5시 55분부터 23시까지는 15~20분마다 출발한다. 짐이 많다면 역에 있는 카트(보증금 CHF5)를 이용할 수 있다.

태쉬 기차역 주차장
전화 +41 27 967 12 14 **시간** 24시간 **요금** 1일 CHF17 **홈페이지** www.matterhornterminal.ch

• 체르마트의 시내 교통 •

택시

호텔 픽업 마차

마테르 비스파(Matter Vispa) 강을 중심으로 양쪽에 마을이 형성되어 있다. 기차역에서 마을 중심까지 500m 이어진 길이 반호프 거리(Bahnhofstrasse)인데, 이 주변에 전망대로 가는 산악열차나 곤돌라, 케이블카 역이 있다. 기차역에서 가장 멀리 있는 마터호른 글래시어 파라다이스 승차장까지 도보 15분 소요된다.

기차역에서 거리가 먼 호텔을 이용한다면 숙소에 픽업 서비스를 요청해 보자. 고급 호텔은 마차로 데리러 오기도 한다. 픽업이 안 되는 숙소라면 시내 전기 버스(E-Bus)나 전기 택시(E-Taxi)를 이용할 수 있다. 전기 버스는 마터호른 글래시어 파라다이스 승차장을 오가는 그린 라인과 시내를 돌아다니는 레드 라인이 있다. 노선과 시간표는 홈페이지(e-bus.ch)에서 확인할 수 있다. 요금은 CHF2.5이지만 전망대 교통권이 있으면 무료다. 택시는 기차역 앞에 대기하고 있는 택시를 타거나 호텔 프런트에 요청하거나 전화로 부르면 된다. 체르마트 내에서 이동할 때는 시속 20km 속력이라 느리다. 보통 6명이 승차할 수 있는 차량이며 약 CHF20 정도 나온다.

택시 회사
Taxi Christophe +41 27 967 35 35   Bolero Taxi +41 27 967 60 60
Schaller & Transporte +41 27 967 12 12   Maliki Taxi Zermatt +41 27 967 33 33

체르마트 관광안내소
체르마트 하이킹 트레일 지도를 꼭 챙기자. 스키 패스, 곤돌라 승차권을 예매하거나 숙소, 일정 상담을 받을 수 있다.

주소 Bahnhofplatz 5, 3920 Zermatt 전화 +41 27 966 81 00 시간 08:00~18:00 홈페이지 www.zermatt.ch

체르마트 알파인 센터
하이킹 코스나 스키 코스, 산악 액티비티 안내를 받을 수 있다. 스키 상급 코스는 위험해 가이드를 구해야 하는데, 알파인 센터에서 할 수 있다.

주소 Bahnhofstrasse 58, 3920 Zermatt 전화 +41 27 966 24 60 시간 12~4월·6~9월 08:00~12:00, 15:00~19:00 / 5월·10~11월 휴무 홈페이지 www.alpincenter-zermatt.ch

교통 패스

태쉬부터 체르마트, 체르마트에서 고르너그라트까지 운행하는 열차는 고르너그라트 반에서 운영하므로, 해당 홈페이지(gornergrat.ch) 또는 앱에서 조회·구매를 할 수 있다. 마터호른 글래시어 파라다이스와 로트호른 전망대는 마터호른 파라다이스에서 운영하므로, 해당 홈페이지(matterhornparadise.ch)에서 조회·구매할 수 있다. 8세 이하 어린이는 모든 교통권이 무료다. 시즌에 따라 트레일 코스가 닫히는 구간도 있고 금액도 달라지니 아래 내용을 참고하자. 12월 초부터 이듬해 4월 중순까지는 겨울 스키 시즌이라 스키 패스를 이용해야 한다. 또한 고르너그라트와 마터호른 글래시어 파라다이스 등 교통권 일부를 스위스 트래블 패스 또는 스위스 트래블 하프 페어 카드로 50% 할인받을 수 있으니 참고하자.

피크 패스(PEAK PASS)

3군데 전망대를 모두 둘러본다면 피크 패스가 유용하다. 체르마트에서 마터호른 글래시어 파라다이스, 고르너그라트, 로트호른 전망대로 가는 교통수단을 모두 이용할 수 있다. 글래시어 팔라스(Glacier Palace) 입장권, 푸리에서 리펠베르그로 이동하는 케이블카(12월 초~4월 중, 7~8월 중), 란다와 태쉬로 이동하는 열차 이용권도 포함된다. 하이킹을 하지 않더라도 하루 만에 전망대를 모두 둘러보기는 어렵다. 2~3일 동안 머물며 돌아보는 계획을 세우는 것이 좋다.

(단위 : CHF)

특별 티켓	11~4월		5월·9~10월		6~8월	
	2일	3일	2일	3일	2일	3일
PEAK PASS	200	226	234	266	260	294

콤비 티켓(Kombi-Ticket)

완벽한 하이킹을 위한 교통권이다. 마터호른 빙하 트레일에 사용되는 콤비 티켓은 체르마트-트로케너 슈테크(Trockener Steg), 슈바르츠 호수(Schwarzsee)-체르마트 간 케이블카를 이용할 수 있다. 네이처 트레일은 체르마트-수네가로 가는 푸니쿨라, 리펠알프-체르마트로 가는 산악열차를 이용할 수 있다. 5개 호수 트레일이나 꽃 트레일은 블라우헤르트(Blauherd)-체르마트, 수네가-체르마트를 잇는 교통을 이용할 수 있다.

(단위 : CHF)

특별 티켓		11~4월	5~6월·9~10월	7~8월
콤비 티켓 (Kombi-Ticket)	마터호른 빙하 트레일 Matterhorn Glacier Trail	61	70	77
	네이처 트레일 Nature path Trail	39.5	44	48
	5개 호수 트레일/꽃 트레일 5-Seenweg/Blumenweg Trail	Closed	45	50

마터호른 글래시어 파라다이스 전망대

체르마트에서 마터호른 글래시어 파라다이스 전망대까지 오가는 개별 티켓 금액이다. 13시 30분부터 15시까지 이용한다면 티켓 판매소에서 저렴한 오후 티켓을 구매할 수 있다. (계절별 시간 변동 확인)

(단위 : CHF)

코스	11~4월		5~6월·9~10월		7~8월	
	편도	왕복	편도	왕복	편도	왕복
체르마트(Zermatt)- 마터호른 글래시어 파라다이스 (Matterhorn Glacier Paradise)	62	95	72	109	78	120
오후 티켓 (Afternoon Ticket)	-	76	-	91	-	100
체르마트(Zermatt)- 슈바르츠 호수(Schwarzsee)	31	48	38	58	42	64
체르마트(Zermatt)- 트로케너 슈테크(Trockener Steg)	41	63	49	75	54	83

고르너그라트 전망대

체르마트에서 고르너그라트 전망대까지 등산 열차로 오가는 개별 티켓 금액이다.

(단위 : CHF)

코스	11~4월	5~6월·9~10월	7~8월
체르마트(Zermatt)-고르너그라트(Gornergrat)- 리펠베르그(Riffelberg)-체르마트(Zermatt)	106	132	141

로트호른 전망대

체르마트에서 로트호른 전망대까지 오가는 개별 티켓 금액이다. 13시 30분부터 15시까지 이용한다면 티켓 판매소에서 저렴한 오후 티켓을 구매할 수 있다. (계절별 시간 변동 확인)

(단위 : CHF)

코스	11~4월		5~6월·9~10월		7~8월	
	편도	왕복	편도	왕복	편도	왕복
체르마트(Zermatt)- 로트호른(Rothorn)	42	64	50	77	55	85
오후 티켓 (Afternoon Ticket)	-	51	-	62	-	68
로트호른(Rothorn)- 블라우헤르트(Blauherd)	14	21	17	24	19	28
수네가(Sunnegga)- 체르마트(Zermatt)	16	23	19	28	21	31

3대가 덕을 쌓아야 볼 수 있다는 미혹의 봉우리
마터호른 Matterhorn

약 5,000만 년 전 거대한 지각운동으로 대륙이 충돌해 솟구친 봉우리다. 연봉 없이 사방으로 깎아지른 벼랑이 신의 송곳니처럼 뾰족하고 날렵하다. 산악인들은 그런 마터호른에 정복욕을 태우며 등반했으나 19세기 중반까지 성공하는 이가 없었다. 1865년 영국 산악인 에드워드 윔퍼(Edward Whymper)와 영국 등반가 4명, 산악 가이드 타우그발더(Taugwalder) 부자까지 총 7명이 마터호른 정상에 섰으나, 1시간을 머물다 하산하던 도중 밧줄이 끊어져 4명이 안타깝게 사망했다. 아이러니하게도 사고 후 더 많은 산악인이 마터호른에 도전했고 500여 명이 그 품에 잠들었다. 1876년부터 산악 가이드 없이 오를 수 있는데 매년 4,000여 명이 체르마트를 찾는다. 1994년에는 8살 김영식 군이 최연소 등반가로 마터호른에 올랐으며, 2015년에는 마터호른 초등 150주년을 기념해 산악인 100여 명이 조명을 들고 등반 코스를 따라 불을 밝힌 행사가 열리기도 했다. 굳이 오르지 않아도 마터호른을 즐길 방법은 여럿이다. 전망대 3곳과 하이킹, 패러글라이딩이나 헬리콥터 투어도 가능하다. 아침에 떠오르는 햇빛을 받아 봉우리가 불타오르는 '황금 마터호른'은 잠을 설치게 할 정도로 아름답다. 체르마트에 있는 숙소 대부분이 마터호른 방향으로 발코니가 있지만 방에서 보이지 않는다면 다음의 전망 포인트를 참고하자.

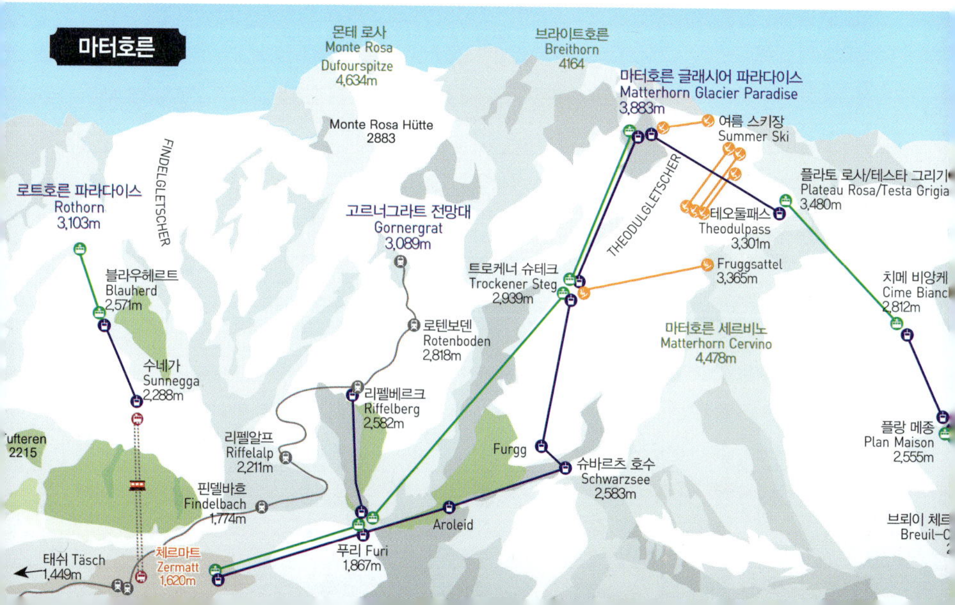

마터호른 전망 포인트

❶ 키르히 다리 Kirchbrücke
반호프 거리(Bahnhofstrasse) 끝의 성 마우리티우스 성당(St. Mauritius Pfarrkirche) 앞에 있는 다리다. 시내 관광 명소에 있어 오가며 쉽게 마터호른을 볼 수 있다. 숙소가 근처라면 아침 일찍 황금 마터호른을 보러 나오기 좋다.

❷ 리드베그 Riedweg
수녜가 푸니쿨라 승차장 뒤편의 리드베그에서 구르메베그(Gourmetweg)로 이어진 길을 걷다 보면 마터호른과 체르마트가 한눈에 보인다. 해 질 녘에 짙어지는 하늘과 마을에서 켜지는 불빛을 함께 전망하기 좋다.

❸ 마터호른 이글루 Igloo
겨울(12월 말~4월 초)에만 볼 수 있는 포인트다. 로텐보덴역에서 이글루 마을(Iglu-Dorf Zermatt)까지 15분 정도 걸어가면 나온다. 스키를 탄다면 45번 슬로프를 이용하자. 레스토랑과 바를 운영하며 이글루 숙박도 가능하다. 퐁뒤 석식과 조식, 공동 사우나 등이 제공된다.

홈페이지 iglu-dorf.com(숙소 예약 및 소개)

상업 로고에 쓰인 마터호른 · TIP

• 스위스 초콜릿 토블론

체르마트에선 토블론(Toblerone) 초콜릿이 필수품이다. 100년 역사를 가진 토블론은 초콜릿에 아몬드와 꿀, 누가를 섞어 만들었다. 마터호른에서 영감을 받아 입체 삼각형으로 만들어졌으며 산 하나씩 톡톡 잘라 먹을 수 있다. 전에는 토블론 포장지에 마터호른이 그려져 있어 인증 사진으로 인기였으나 2024년 이후 없어져, 삼각형 초콜릿 모양에 맞춰 찍어야 한다. 요즘은 토블론 대신에 체르마트 고산에서 판매하는 발레주(Valais) 생수병 바닥 마터호른 형상으로 찍는 인증 사진도 인기다.

• 미국 영화제작사 파라마운트 픽처스

파라마운트 픽처스(Paramount Pictures) 로고는 얼핏 마터호른을 닮았지만 마터호른이 아니다. 영화사 공동 제작자인 윌리엄 워즈워스 호드킨슨(William Wadsworth Hodkinson)이 어린 시절을 보낸 미국 유타주에 있는 벤 로몬드(Ben Lomond) 산이다. 창립 75주년에 이탈리아 화가 다리오 캄파닐(Derio Campanile)이 새로 만든 로고는 페루의 아르테손라후(Artesonraju)를 닮았다.

마터호른을 가장 가까이 볼 수 있는 전망대
마터호른 글래시어 파라다이스 Matterhorn Glacier Paradise

전망대

'작은 마터호른'이란 뜻인 클라인 마터호른(Klein Matterhorn) 봉우리에 있다. 해발 3,883m로 유럽에서 가장 높이 자리한 전망대다. 체르마트 3대 전망대 중에서 마터호른을 가장 가까이 볼 수 있으며 남쪽에 위치해 있어 유일하게 마터호른의 뒷모습을 볼 수 있다. 또한 알프스에서 가장 높은 봉우리인 프랑스 몽블랑을 제외하고 2위부터 7위까지의 4,000m 이상 고봉을 한눈에 볼 수 있다. 몬테 로사(Monte Rosa, 4,634m), 돔(Dom, 4,545m), 리스캄(Lyskamm, 4,533m) 바이스호른(Weisshorn, 4,506m) 마터호른(Matterhorn, 4,478m), 당 블랑쉬(Dent Blanche, 4,357m) 순이다.

트로케너 슈테크에서 출발하는 케이블카를 탔다면 발아래를 주목하자. 테오둘(Theodul) 고개 위를 지나는데, 엄청나게 큰 빙하 덩어리로 덮여 있는 것을 볼 수 있다. 언젠가 쏟아진 눈사태 흔적과 갈라진 빙하 굴곡이 매우 가까워 얼떨떨하다. 이 봉우리 정상에서 트로케너 슈테크까지는 빙하로 뒤덮여 있어 여름에도 스키를 즐길 수 있다. 유럽에서 가장 큰 여름 스키 지역으로 상부에는 빙하 아래 깊이 생긴 틈, 크레바스가 있을 수 있어 가이드가 필요하다.

정상 전망대에는 마터호른을 보며 즐길 수 있는 레스토랑과 숙소가 있다. 스키장과 바로 연결되며 스노 튜빙도 할 수 있다. 정상 전망대(3,883m)에서 출발해 브라이트호른(Breithorn, 4,164m) 정상에 오를 수 있는데, 3시간 이상 소요된다. 아이젠보다 큰 크램폰(Crampon)을 꼭 착용해야 하며 만년설에 반사된 햇빛 탓에 선크림과 선글라스 등으로 무장해야 한다. 빙하 표면에서 15m 아래 만들어진 빙하 궁전(Glacier Palace)에도 들러 보자. 지하은 빙하로 만든 얼음조각 전시관, 1층은 영화관 라운지와 레스토랑, 2층은 숙소다.

케이블카

테오둘 빙하

마터호른 글래시어 파라다이스 노선

❶ 체르마트(Zermatt) 정류장 → (곤돌라) → 푸리(Furi) → (케이블카) → 트로케너 슈테크(Trockener Steg) → (3S 케이블웨이) → 마터호른 글래시어 파라다이스(Matterhorn Glacier Paradise)
❷ 체르마트(Zermatt) 정류장 → (곤돌라) → 푸리(Furi) → (곤돌라) → 슈바르츠 호수(Schwarzsee) → (곤돌라) → 푸르크(Furgg) → (곤돌라) → 트로케너 슈테크(Trockener Steg) → (3S 케이블웨이) → 마터호른 글래시어 파라다이스(Matterhorn Glacier Paradise)

체르마트 곤돌라 정류장

교통 성 마우리티우스 성당 뒤 키르히 다리 건너 오른쪽 길로 약 650m 직진 **주소** Schluhmattstrasse 28, 3920 Zermatt
시간 아래 표 참고(시기에 따라 변동) **요금** '체르마트의 시내 교통' 코너 참고 **홈페이지** matterhornparadise.ch

겨울 시즌	11~12월초	12월초~2월초	2월초~3월중	3월중~4월중	4월중~5월초
체르마트-푸리	08:30~16:50	08:30~16:50	08:30~17:30	08:30~17:40	08:30~17:30
푸리-트로케너 슈테크	Closed	Closed	Closed	Closed	Closed
푸리-슈바르츠 호수	08:40~16:10	08:40~16:20	08:40~16:45	08:40~16:45	08:40~16:45
푸리-리펠베르그	Closed	08:40~15:45	08:40~16:30	08:40~16:55	Closed
슈바르츠 호수-트로케너 슈테크	08:50~16:00	08:50~16:15	08:50~16:50	08:50~16:50	08:50~16:50
트로케너 슈테크-마터호른 글래시어 파라다이스	09:00~15:30	09:00~15:30	09:00~16:00	09:00~16:00	09:00~16:00

여름 시즌	5월초~말	5월말~6월	7~8월중	8월중~10월초	10월초~말
체르마트-푸리	08:30~16:50	08:30~16:50	06:30~17:50	08:30~17:20	08:30~16:50
푸리-트로케너 슈테크	08:40~16:15	08:40~16:15	06:45~17:00	08:50~16:15	Closed
푸리-슈바르츠 호수	Closed	08:40~16:30	08:00~16:30	08:40~16:30	Closed
푸리-리펠베르그	Closed	Closed	08:30~16:30	Closed	Closed
슈바르츠 호수-트로케너 슈테크	Closed	08:50~16:15	08:10~16:30	08:50~16:15	Closed
트로케너 슈테크-마터호른 글래시어 파라다이스	09:00~16:00	09:00~16:00	07:00~16:15	09:00~16:15	09:00~16:15

브라이트호른

• Hiking Course • 마터호른 글래시어 트레일 (Matterhorn Glacier Trail)

- 트레일 오픈 : 6월 말~9월
- 난이도 : 중
- 코스 : 트로케너 슈테크 ▶ 푸르크 호수 ▶ 힐리 ▶ 슈바르츠 호수
- 시간 : 편도 6.6km, 약 3시간

트레일은 푸르크 빙하(Furgg)와 테오둘 빙하(Theodul)를 지나는 코스다. 잿빛 암석이 부서져 만든 땅이 한낮에도 황량하다. 높은 고도와 추운 기후를 버텨 낸 자연의 모든 것을 볼 수 있다. 빙하가 녹아 만들어진 호수는 석회가 아직 침선되지 않아 싶은 회색이다. 다른 행성에 도착한 듯 색다른 풍경인 이 코스는 마터호른을 내내 마주 보며 걷는다. 힐리에 가까워질 때쯤 마터호른 산자락 끝과 만날 수 있다. 주의할 점은 고도가 높아 걷기 힘들다. 천천히 걷고 자주 쉬기를 반복해야 한다. 하이킹 시간을 넉넉하게 계획하고 슈바르츠 호수에서 출발하는 곤돌라 마감 시간을 꼭 확인해야 한다.

트로케너 슈테크(Trockener Steg, 2,939m) 트레일 출발점이다. 바람 잔잔한 날에 테오둘 빙하 호수에 비친 마터호른이 아름답다. 호수 왼편으로 난 길을 따라 마터호른을 보며 걷는다. 녹지 않은 눈과 울퉁불퉁한 자갈길로 등산화를 신는 것이 좋다. 미리 행동식을 준비하지 않았다면 정류장 내 식당에서 먹고 출발하자.

푸르크(Furgg, 2,878m) 1850년 이후 푸르크 빙하와 테오둘 빙하가 3km 이상 후퇴하면서 형성된 지형이다. 빙하가 얼고 녹으면서 만든 경사면은 나이테처럼 결이 새겨졌고 일대 바위는 미네랄과 철분이 많이 함유되어 붉다. 병풍처럼 휘두른 빙하와 마터호른 동쪽 면 삼각형의 바로 아래를 걷는다.

힐리(Hirli, 2,751m) 키 작은 고산식물이 드문드문 보이고 빙하가 녹아서 만들어진 개울이 세차게 흐른다. 마터호른과 가장 가깝게 만날 수 있는 힐리에 도착하면 이곳부터 내리막길이다. 만일 마터호른 맛보기를 한다면, 갈림길에서 삼각 능선을 따라 90분간 오르면 암벽 등반의 전초기지, 회른리 산장(Hörnlihütte)이 나온다.

슈바르츠 호수(Schwarzsee, 1,046m) '검은 호수'라는 뜻을 지닌 슈바르츠 호수는 물색이 짙어 반영이 선명하게 담긴다. 마터호른은 안 보이지만 알프스 고봉이 호수에 비쳐 만들어 내는 웅장한 풍경을 담을 수 있다. 호반에 세워진 예배당, 눈의 성모(Mary of the Snow)는 간혹 결혼식이 열려 로맨틱한 분위기를 더한다.

알피니스트가 인정한 최고의 전망대
고르너그라트 전망대 Gornergrat

고르너그라트(3,089m)는 1898년 스위스 최초로 운행한 톱니바퀴 열차를 타고 간다. 1,469m를 수직 등반하는 열차는 전기로 움직이는 친환경 열차다. 하강 시의 운동 에너지를 이용해 전기를 생성하는 회생 제동 시스템도 운영한다. 33분을 타고 정상에 오르면 마터호른과 스위스 최고봉인 몬테 로사를 비롯한 알프스 고봉이 파노라마처럼 펼쳐진다. 마터호른을 처음 오른 에드워드 윔퍼가 32년 뒤 고르너그라트에서 "체르마트에서 할 수 있는 여행 중 가장 인기가 있다."라고 찬사를 보냈다. 당시에도 연간 3만여 명이 찾던 고르너그라트는 열차로 인해 고산 관광의 중심이 되었다. 정상에 도착하면 몬테 로사를 사이에 두고 고르너 빙하(Gorner Glacier)와 그렌츠 빙하(Grenz Glacier)가 눈에 띈다. 고르너 빙하는 약 12.9km로 스위스에서 세 번째로 크다. 그 옆으로 빙하 6개가 연달아 이어진다. 그렌츠(Grenz), 즈윌링(Zwilling), 슈바르츠(Schwarz), 브라이튼(Breithorn), 운터러(Unterer), 오버러 테오둘(Oberer Theodul) 순이다. 여름이면 빙하 일부가 녹아 작은 연못을 만드는데 시리도록 푸른 빛깔이 특징이다.

전망대에는 레스토랑과 상점, 알프스에서 가장 높은 호텔인 3100 쿨룸이 있다. 정상 높이에 건물 높이 11m를 더해 3,100m다. 숙박객이 많아지고 호텔 식당에서 주일 미사를 드리게 되자, 사제가 요청해 1950년에 고르너그라트 예배당(Kapelle Gornergrat)이 지어졌다. 엘리베이터로 올라오면 알프스를 360도로 즐길 수 있는 전망대(3,130m)가 나온다. 고르너 빙하를 더 가까이 즐기고 싶다면, 전망대에서 진행 반대 방향으로 걸어가자. 외길을 걷다 보면 오른쪽 빙하 방향으로 내려가는 길이 있다. 이 길은 몬테 로사 산장으로 가는 빙하 트레킹(Gletschertrekking Monte Rosa Hütte, Nr 21a) 코스로 하행하면 리펠 호수가 나온다. 산악 가이드와 함께 산행해야 하며 아이젠이 필요하다.

산악열차

고르너 빙하

고르너그라트 산악열차 노선
체르마트 고르너그라트 반(Zermatt Gornergrat Bahn) → 핀데델바흐(Findelbach) → 리펠알프(Riffelalp) → 리펠베르그(Riffelberg) → 로텐보덴(Rotenboden) → 고르너그라트(Gornergrat)
※ 상행 열차에선 마터호른이 보이는 오른쪽 좌석에 앉자. 좌석은 미지정이다.

체르마트 고르너그라트 반 기차역
교통 체르마트 기차역 맞은편 **주소** Bahnhofplatz. 1, 3920 Zermatt **시간** 여름 체르마트-고르너그라트 08:24~18:24, 겨울 체르마트-고르너그라트 08:24~21:50(시기에 따라 변동) **요금** '체르마트의 시내 교통' 코너 참고 **홈페이지** gornergrat.ch

전망대

• Hiking Course • 리펠 호수 길(Reffelseeweg)

- 트레일 오픈 : 7~10월
- 난이도 : 하
- 코스 : 로텐보덴 ▶ 리펠 호수 ▶ 리펠베르그
- 시간 : 편도 3km, 약 1시간

고르너그라트 전망대를 다녀온 뒤 산악열차를 타고 로텐보덴에서 내려 하이킹을 즐겨 보자. 리펠 호수에 비친 마터호른의 반영이 아름다워 가장 인기 있다. 마터호른을 바라보며 걷는 코스로 4세 이상 어린이에게도 걷기를 추천할 정도로 쉽다. 7~8월은 해가 뜨겁고 9월부터 온도 변화가 잦아 옷을 여러 겹 입어야 한다. 오후에는 역광이라 마터호른이 흐릿해 보인다. 되도록 오전에 걷는 것이 좋다.

로텐보덴(Rotenboden, 2,815m) 트레일 출발점이다. 간이역이라 식당이나 간단한 음료를 살 곳도 없다. 미리 간편식과 물, 음료를 준비하자. 역에서 리펠 호수가 보이지 않아 코스가 헷갈릴 수 있다. 마터호른을 바라보고 전진하다 보면 호수와 코스가 훤히 보인다.

리펠 호수(Riffelseeweg, 2,766m) 로텐보덴에서 약 350m 내려가면 리펠 호수가 나온다. 비가 온 날이나 다음 날에는 호수 주변 흙길이 질퍽거릴 수 있다. 걷기 불편하다면 윗길로 걸으면 되지만, 윗길에서는 호수에 비친 마터호른을 제대로 담을 수 없다. 곧이어 작은 호수도 나타난다. 호반과 연결된 바위 위에 앉아 인생 사진을 찍을 수 있다.

리펠베르그(Riffelberg, 2,580m) 작은 호수에서 5분 정도 내려가면 리펠베르그로 가는 갈림길이 나온다. 리펠베르그로 가는 20분 또는 40분 코스 표지판을 볼 수 있다. 코스 안쪽으로 걷는 20분 코스는 리펠 호수 길(Nr.21)이다. 외곽으로 조금 더 걷는 40분 코스는 마크 트웨인(Nr.18) 길이다. 12분 정도 걸으면 오른쪽으로 빠지는 길이 있는데 이 길로 빠져야 코스로 복귀할 수 있다. 회색 벽돌로 된 브루더 클라우스(Bruder Klaus) 예배당이 보이기 시작하면 곧 리펠베르그다. 'Reffelseeweg' 방향 표지판을 따라 걷자. 기차역 내에 매점과 식당, 카페가 있고 역 주변에 푸리행 곤돌라 승차장과 식당, 호텔이 있다.

• Hiking Course • 마크 트웨인 길(Mark Twainweg)

- 트레일 오픈 : 7~10월
- 난이도 : 중
- 코스 : 리펠베르그 ▶ 리펠알프
- 시간 : 편도 2.5km, 약 1시간

소설 《톰 소여의 모험》으로 유명한 마크 트웨인(Mark Twain, 1835~1910)의 이름을 딴 코스다. 그는 1878년 8월 체르마트에 도착해 호텔 몬테 로사에 머물며 리펠알프와 리펠베르그에 올랐다. 산악열차가 생기기 20년 전이라 걸어서 오른 경험을 《리펠베르그를 오르며(Climbing the Riffelberg, 1881)》라는 책에 담았다. 이 책을 읽고 그가 걸었던 길을 되짚어 걸어 보는 것도 좋은 경험이 될 것이다.

고르너그라트 전망대에서 산악열차를 타고 리펠베르그역에서 내려 하이킹을 시작할 수 있다. 상위 코스인 리펠 호수 길(Nr.21)과 연결되어 있어 함께 걷는 사람들이 많다. 단, 두 코스 모두 걸으려면 체력을 고려해야 한다. 총 5km 정도이며 침엽수림 구간이 가파르다. 하이킹 시간은 넉넉하게 계획하고 리펠알프에서 출발하는 산악열차 마감 시간을 꼭 확인해야 한다.

리펠베르그(Reffelberg, 2,580m)

마크 트웨인 길만 걷는다면 리펠베르그 산악열차역에서 내려 리펠하우스 호텔 방향으로 내려가야 한다. 리펠하우스 호텔(Hotel Riffelhaus)은 1855년 지어져 체르마트에서 가장 오래된 산악 호텔로, 마크 트웨인이 머물렀던 곳으로 유명하다. 리펠 호수 길부터 마크 트웨인 길까지 연결해 걷고 싶다면 고르너 빙하로 만들어진 협곡 절벽을 따라 외곽으로 걷자.

800m 고도 아래에 있는 빙하 계곡 물소리가 세차게 울려 트레일까지 들린다. 길이 좁고 왼쪽으로 가파른 낭떠러지이니 주의하자. 고산 초지대에서 드문드문 침엽수가 보이기 시작하면 수목 한계선이다. 이때부터 경사 폭이 큰 내리막이 시작된다.

리펠알프(Riffelalp, 2,212m)

침엽수림 사잇길은 꽤 가파르다. 지그재그 길을 따라 고도를 빠르게 내려오게 되는데 흙길이라 미끄러지지 않게 조심하자. 걷는 사람이 많으면 낙석도 주의해야 한다. 그쯤 시야에 리펠알프 리조트가 보이는데 좀처럼 거리가 좁혀지지 않아 답답할 수 있다. 산장과 자일러(Seiler) 예배당이 보이면 트레일 끝자락이다. 곧 리펠알프 리조트가 나오면 투숙객을 위한 트램 노선이

보인다. 이 길을 따라 약 500m 걸으면 리펠알프역이다. 리펠알프 리조트는 1884년에 지어진 휴양지다. 앞마당에 있는 놀이터에 가면 마터호른과 고봉을 가장 잘 볼 수 있다.

까만 얼굴, 스위스 발레 흑비양(Blacknose Sheep)

·TIP·

흰 털에 얼굴과 발목이 까만 양이다. 스위스 발레(Valais)주에 사는 품종으로 알프스에 방목해서 키워 하이킹 중 만날 수 있다. 양치기 능력이 중요해 9월이면 체르마트 양치기 페스티벌이 열린다. 올해 최고의 양치기와 함께 미모가 뛰어난 양을 뽑는 대회다. 체르마트의 마스코트 볼리(Wolli)도 흑비양을 모티브로 만들었다.

현지인이 가장 좋아하는 전망대
로트호른 파라다이스 Rothorn Paradise

정확히는 운터로트호른(Unterrothorn) 봉우리에 있다. 해발 3,103m로 체르마트 3대 전망대 중 가장 낮으며 마터호른과도 가장 멀다. 그럼에도 체르마트 사람들이 가장 좋아하는 전망은 로터호른에서 보는 마터호른이다. 트레일도 다양하고 쉬워 가족 단위 여행객이 많다. 로트호른에는 조식이 포함된 일출 투어 상품이 있다. 조식은 7~9월 토요일과 일요일 8시부터 2시간 동안 운영한다. 레스토랑을 중심으로 100m 내에 피크 컬렉션(Peak Collection, Nr.10) 야외 전시가 있다. 18개 금속 조각품에는 알프스 고봉 21곳 정상에서 가져온 돌이 놓여 있다.
운터로트호른의 운터는 '아래'라는 뜻이다. '위'라는 뜻의 오버로트호른(Oberrothorn, 3,414m)은 걸어서 갈 수 있다. 좀 더 야생 트레일을 원한다면 도전해 보자. 왕복 6.1km, 3시간 이상 걸린다. 가파른 경사에 몸이 기울어지는 고난도 길로 난간이 없어 조심해야 한다. 일부 구간에선 밧줄을 잡고 올라야 하며 흙길이라 먼지가 날린다. 정상에 오르면 4,000m가 넘는 고봉들이 360도로 둘러서 있어 마치 알프스 왕관을 쓴 것 같다.

로트호른 노선
체르마트(Zermatt) 정류장 → (푸니쿨라) → 수네가(Sunnegga) → (곤돌라) → 블라우헤르트(Blauherd) → (케이블카) → 로트호른(Rothorn)

체르마트 푸니쿨라 정류장
교통 체르마트 기차역에서 고르너그라트 산악열차역을 지나 게트윙 다리(Getwingbrücke)를 건너 맞은편 **주소** Vispastrasse 32, 3920 Zermatt **시간** 아래 표 참고(시기에 따라 변동) **요금** '체르마트의 시내 교통' 코너 참고 **홈페이지** matterhornparadise.ch

겨울 시즌	11~12월 초	12월 초~2월 초	2월 초~3월 중	3월 중~4월 초	4월 중~5월 초
체르마트-수네가	Closed	08:30~16:20	08:30~17:00	08:30~17:30	Closed
수네가-블라우헤르트	Closed	08:40~15:50	08:40~16:30	08:40~16:45	Closed
블라우헤르트-로트호른	Closed	08:50~15:40	08:50~16:20	08:50~16:35	Closed

여름 시즌	5월 초~말	5월 말~6월	7~9월 중	9월 중~10월 초	10월 초~말
체르마트-수네가	Closed	08:30~17:20	08:00~18:00	08:30~17:20	08:30~17:20
수네가-블라우헤르트	Closed	08:40~16:30	18:10~17:00	08:40~16:30	Closed
블라우헤르트-로트호른	Closed	Closed	08:30~16:40	08:50~16:00	Closed

• Hiking Course • 구르메 길(Gourmetweg)

- 트레일 오픈 : 1~12월
- 난이도 : 중
- 코스 : 수네가 ▶ 핀델른 ▶ 핀델바흐 ▶ 체르마트
- 시간 : 편도 9km, 약 3시간

체르마트와 미식을 함께 이야기하면 고개를 갸웃할지도 모른다. 놀랍게도 미슐랭에 이름을 올린 레스토랑이 100여 곳이며 스위스 미슐랭인 고미요(GaultMillau) 점수가 높은 식당도 많다. 구르메 길은 이름처럼 미식을 위한 길로, 세계적으로 유명한 산악 레스토랑을 지나간다. 물론 참새가 방앗간을 지나치지 않듯 사람들도 레스토랑을 그냥 지나치지 않는다. 1년 내내 트레일은 오픈되어 있지만 눈이 많이 내리는 겨울철에는 추천하지 않는다.

구르메 길은 상위 트레일인 5개 호수 길(Nr.11)과 연결되어 체르마트 마을까지 이어진다. 초목이 많아 애니메이션 〈알프스 소녀 하이디〉에서 본 듯한 알프스를 볼 수 있으며 마터호른을 내내 바라보며 걷는다. 길은 쉬우나 유명 레스토랑을 가다 보니 동선이 긴 편이다. 샛길이 많아 표지판을 잘 보고 가면 짧게 이동할 수 있다.

핀델른(Findeln, 2,050m) 수네가 전망대에서 마터호른이 비치는 라이 호수(Leisee)를 지나 산악 마을로 연결된다. 호수 주변으로 길이 많아 헷갈릴 수 있다. 수네가 전망대에서 내리막길이며 수네가와 핀델른을 연결한 리프트를 중심으로 내려간다. 표지판에서 'Gourmetweg' 표시를 잘 확인하자. 스위스 전통 가옥 샬레가 드문드문 보이면 핀델른이다. 미슐랭 레스토랑 쉐 브로니(Chez Vrony)에서 식사를 즐겨도 좋다.

핀델바흐(Findelbach, 1,770m) 본격적으로 숲이 나온다. 침엽수는 물론 낙엽송까지 다양한 수목이 자라나 여름에는 시원한 그늘을 만든다. '바흐'는 폭포라는 뜻으로 고르너그라트 열차가 지나는 핀델바흐 다리(Findelbachbrücke)에서 볼 수 있다. 구르메 길은 살짝 비켜 있어서 AHV 길(AHVweg)를 따라 좀 더 이동해야 한다. 마터호른 글래시어 파라다이스의 곤돌라 승차장 근처의 윈켈마텐(Winkelmatten) 표지판을 따라 샛길이 있으나 가파르니 참고하자. 다리 위를 달리는 고르너그라트 열차 옆으로 폭포와 마터호른을 함께 감상할 수 있다.

· Hiking Course · 5개 호수 길(5-Seenweg)

- 트레일 오픈 : 6월 중순~9월
- 난이도 : 중
- 시간 : 편도 9.8km, 약 4시간
- 코스 : 블라우헤르트 ▶ 슈텔리 호수 ▶ 그린지 호수 ▶ 그륀 호수 ▶ 무스지 호수 ▶ 라이 호수 ▶ 수네가

고산에 자리한 아름다운 다섯 호수를 지나는 트레일이다. 우리나라 여행객들이 즐겨 찾는 이 코스는 제주 올레 6코스와 '우정의 길'을 맺었다. 모양도 색깔도 제각각인 호수들은 빙하가 녹은 물이라 특징이 명확하다. 상류에는 석회질이 많아서 회색을 띤다. 흙탕물이 하류로 오면서 유속이 느려지고 침전되면서 미네랄만 남아 에메랄드색을 띤다. 하류에 있는 그륀 호수와 라이 호수는 수영도 즐길 수 있다.

체르마트에 있는 400여km의 하이킹 코스 중에서 긴 편에 속하며, 로트호른에 있는 트레일 중에는 가장 길다. 6세 이상 어린이가 걸을 수 있을 정도로 쉽지만, 고도가 높고 체력 소모가 크므로 선택해서 걷자. 오랜 시간 걸어야 해서 준비를 단단히 해야 한다. 활동성이 좋은 옷을 여러 겹으로 입어 쌀쌀한 오전과 더운 오후를 대비하자. 방풍·방수가 가능한 재킷 하나 정도는 필수다. 편한 신발을 신어도 되지만, 자갈 구간이 많아 발목을 잡아 주고 미끄럼 방지가 되는 등산화가 가장 좋다. 햇빛이 강하고 그늘진 곳이 적어 차양 제품도 필요하다. 라이 호수까지 걷는다면 물놀이를 위한 준비도 하자.

블라우헤르트(Blauherd, 2,571m) 트레일 출발점이다. 로트호른 전망대를 감상한 뒤 케이블카를 타고 블라우헤르트에 내려 하이킹을 시작하자. 5개 호수 길(5-Seenweg) 표지판만 따라 걸으면 어렵지 않다. 승차장 인근에 있는 블루 라운지(Blue Lounge)는 마터호른을 보며 식사와 음료를 즐길 수 있는 테라스가 있다. 행동식을 준비하지 않았다면 먹고 가자.

슈텔리 호수(Stellisee, 2,537m) 출발점에서 20분 정도 내리막길을 걸으면 호수가 보이기 시작한다. 바람 잔잔한 날이면 마터호른이 정말 아름답게 호수에 비친다. 호수를 왼쪽에 두고 내리막길로 간다. 시간 여유가 있으면 호숫가를 한 바퀴 돌아보아도 좋다. 여름이 오기 전 눈이 녹는 기간에는 호숫가 주변이 진흙이다. 발이 푹푹 빠질 수 있으니 너무 가까이 가지 말자.

그린지 호수(Grindjisee, 2,326m) 다시 20여 분을 걷는데 내리막길에 잔돌이 많고 경사가 있어 미끄러지기 쉽다. 신발 앞으로 발이 쏠리니 옆으로 지그재그 걸으면 통증이 덜하다. 고산 초지에서 침엽수림으로 바뀌고 그 뒤로 그린지 호수가 길게 뻗어 있다. 녹지도 많고 나무가 우거진 아늑한 장소라 준비한 음식을 먹으며 잠시 쉬어 가기 좋다.

그륀 호수(Grünsee, 2,300m)
빙하 물이 흐르는 시냇물은 부유물이 많아 뿌연 우윳빛이다. 또 다른 시냇물은 유리처럼 투명해 어쩐 일인지 어리둥절하다. 발원지와 석회 농도가 달라서 그렇다. 가는 동안 볼거리가 많아 30분 걷는 길이 심심하지 않다. 그륀 호수는 '초록'이라는 이름처럼 짙은 녹색이다. 벤치와 넓은 공터가 있어 쉬어 가기 좋다.

무스지 호수(Mosjisee, 2,124m)
그륀 호수를 출발해 5분 정도 걸으면 코스 첫 산장인 제브지누(Seewjinu)에서 쉬어 갈 수 있다. 하이킹 시즌인 여름과 스키 시즌인 겨울에만 문을 여니 참고하자. 진행 방향에서 산장을 보고 왼쪽 큰길로 가자. 침엽수림에 닿으면 지그재그로 내려가야 할 만큼 가파른 길이 나온다. 개울이 나올 때까지 외길이라 길을 잃을 염려는 없다. 개울 다리를 건너면 무스지호수가 지척이다. 무스지 호수는 2014년 전력 생산을 위해 만든 유일한 인공 호수다. 그륀 호수를 지나온 시냇물이 모여 물빛이 옥색이다.

라이 호수(Leisee, 2,232m)
무스지 호수부터 짧지만 가파른 오르막길과 언덕 왼쪽으로 완만한 길로 나뉜다. 체력에 맞게 선택해서 이동하자. 라이 호수는 여행객과 현지인 모두 휴식을 취하기 위해 즐겨 찾는다. 수심이 다른 호수와 모래사장이 있어 수영을 즐기거나 일광욕을 즐기기 좋다. 아이들이 좋아하는 놀이터, 불리 어드벤처 파크(Wolli's Adventure Park)도 놓치지 말자. 호수를 건너는 뗏목과 물레방아, 나선식 펌프 등 수력 체험 놀이기구가 있다. 등산열차를 타고 일부러 올 만큼 아이들에게 인기 만점! 무료 바비큐장도 있어서 성냥과 신문지, 음식을 가져오면 요리해서 먹을 수 있다. 겨울에는 스키 초보자를 위한 가이드 시설로 활용된다.

수네가(Sunnegga, 2,288m)
길 자체는 체르마트 마을까지 이어지지만, 5개 호수 길 코스는 라이 호수에서 약 50m 고도 위에 있는 수네가에서 끝난다. 하이킹을 즐기지 않더라도 라이 호수에서 물놀이하거나 마터호른을 조망하기 위해 많은 여행객이 푸니쿨라를 타고 수네가를 찾는다. 라이 호수까지 엘리베이터가 있어 편하게 이동할 수 있다. 리조트에는 마터호른을 감상하기 좋은 뷔페 레스토랑과 화장실이 있으니 참고하자.

알프스 야생 염소, 아이벡스(Alpine Ibex)

고도 1,600~3,300m 알프스 암벽 지대에 서식하는 야생 염소를 말한다. 트레일을 다니다 보면 험준한 바위 지대를 거침없이 오르내리는 모습을 발견할 수 있다. 최대 1m에 달하는 굵고 휘어진 뿔은 수컷, 짧은 뿔은 암컷이다. 보통 수컷 혼자 다니지만, 여름에는 암컷 무리에 접근해 소규모 가족 단위로 모여 있는 모습을 볼 수 있다. 사람이 다니는 길에는 잘 나타나지 않지만, 혹시 마주치면 거리를 두고 천천히 걸어 다른 곳으로 이동하자.

체르마트에서 즐기는 액티비티

• **패러글라이딩** Paragliding

패러글라이딩을 하며 하늘에서 내려다본다면 어느 장소보다 마터호른을 조망하기 좋다. 마터호른 글래시어와 고르너그라트, 로트호른에 각각 활공장이 있으며, 고도에 따라 3개 코스가 있다. 활공장까지 이동하는 교통권은 불포함이다. 운영 기간은 코스에 따라 달라지며 날씨 여부에 따라 취소될 수 있다. 해가 뜨면 지열로 뜨거운 공기가 올라오는데 이 상승 기류를 타고 날 수 있다. 따라서 해가 뜬 지 얼마 지나지 않아 타는 것이 가장 안전하다. 겨울에는 상공에 오래 떠 있을 수 없어 비행 시간이 더 짧아진다. 체르마트에서 운영하는 패러글라이딩 업체 모두 가격이 같고 사진과 영상 비용은 CHF40이다.

코스	리펠베르그·블라우헤르트	로트호른·고르너그라트	마터호른 글래시어 파라다이스
운영 기간	6~11월	1~12월	1~12월
고도	약 2,600m	약 3,100m	약 3,850m
체류 시간	15~20분	20~25분	30~35분
요금(CHF)	190	240	420

플라이 체르마트(Fly Zermatt)
교통 체르마트 기차역 맞은편 빅토리아 센터 내 **주소** Victoria center Bahnhofplatz 2, 3920 Zermatt **전화** +41 79 643 68 08 **홈페이지** www.flyzermatt.com

마터호른 패러글라이딩(Matterhorn Paragliding)
교통 기차역에서 반호프 거리를 가다 글래시어 스포츠 숍 내 **주소** Bahnhofstrasse 19, 3920 Zermatt **전화** +41 77 489 59 16 **홈페이지** matterhornparagliding.com

패러글라이딩 에어 택시(Paragliding Air Taxi)
교통 기차역에서 마테르 피스파(Matter Vispa) 강까지 이동해 줌 다리(Zum Steg) 근처 **주소** Bachstrasse 8, 3920 Zermatt **전화** +41 27 967 67 44 **홈페이지** airtaxi-zermatt.ch

• **헬리콥터 투어** Helicopter Sightseeing Flight

마터호른을 가까이 보려면 등산하는 방법밖에 없을까? 다행히 문명은 발전했고 우리에겐 헬리콥터가 있다. 체르마트는 험준한 알프스를 오르려는 사람들이 많아 오래전부터 헬기 구조 활동이 왕성했다. 안전에 대한 인식이 달라지고 기술이 발달해 현대에는 조난 출동 횟수가 줄어들면서 헬기 투어를 시작했다. 대표 투어는 마터호른 바로 옆에서 볼 수 있는 코스다. 거대한 빙하 흐름과 압도적인 마터호른 빙벽, 정상 근처에 숨어서 보이지 않던 솔베이 산장(Solvay Hut)까지 가까이 보인다. 인원 4명이면 운행하고 날씨에 따라 비행 여부가 결정된다. 코스는 체류 시간에 따라 20분·30분·40분으로 나뉜다.

교통 체르마트 기차역에서 나와 시내 반대 방향(왼쪽)으로 도보 10분 **주소** Spissstrasse 107, 3920 Zermatt **전화** +41 27 570 70 00 **시간** 08:00~17:30 **요금** 20분 비행 CHF230, 30분 CHF330, 40분 CHF430(1인당) **홈페이지** www.air-zermatt.ch

- 스키 Ski

마터호른은 유럽 서머 스키(Summer Ski) 발원지로 1년 내내 스키를 즐길 수 있다. 테오둘 빙하 위의 21km 활강 코스(Piste)는 세계 최대의 여름 스키장이다. 일반 스키어는 물론이고, 스위스 스키 국가대표 선수들도 하계 훈련을 위해 모여든다. 매년 날짜가 조금씩 변동되지만, 5월부터 11월까지 서머 스키 시즌이다. 여름에는 해가 일찍 떠서 8시부터 탈 수 있고 대부분 13시에 종료한다.

겨울에는 체르마트 전 지역에서 스키를 즐길 수 있고 보통 16시까지 탈 수 있다. 관광안내소에서 제공하는 활강 코스 지도에서 블루는 초보자, 레드는 중·상급자, 블랙은 최상급자를 위한 코스다. 블루 코스는 로트호른의 5·6·7번, 고르너그라트 38번, 마터호른 글레시어 파라다이스 56번을 추천한다. 레드 코스는 슬로프가 긴 고르너그라트에서 수네가, 리펠알프에서 푸리, 로트호른에서는 블라우헤르트 활강 코스를 권한다. 블랙 코스는 눈에 덮인 크레바스(빙하 아래 깊이 생긴 틈)가 있어 위험하니 길을 안내해 주는 스키 가이드를 고용하면 좋다. 이탈리아 국경에 있는 체르비니아(Cernivinia)와 발투르넨체(Valtournenche)를 비롯한 160km 슬로프를 활강할 수도 있는데, 그러려면 스위스와 이탈리아 활강 코스를 모두 이용할 수 있는 인터내셔널 스키 패스(International Ski pass)를 구매해야 한다. 활강 코스 오픈 여부와 운영 시간은 체르마트 홈페이지 또는 앱에서 실시간으로 확인할 수 있다. 라이브 웹캠으로 현재 날씨도 함께 확인하자.

장시간 스키로 피곤하다면 아프레 스키(Apre-Ski)를 즐겨 보자. 스키를 타고 난 뒤 맥주나 와인으로 피로를 푸는 문화다. 슬로프마다 산장 레스토랑이 있고 이글루 바 같은 이벤트 가게도 있다. 스키가 부담스럽다면 스노우펀 패스에 도전해 보자. 알프스 눈썰매로 로텐보덴에서 리펠베르그 코스를 무한히 탈 수 있다.

옷은 미리 준비하더라도 장비를 가져오긴 어려워 체르마트에서 대여해야 한다. 스키는 CHF38~60, 부츠 CHF10~ 스노보드는 CHF35~ 정도다. 대여 시 여권이 필요할 수 있다.

Glacier Sport ski and hike
주소 Bahnhofstrasse 19, 3920 Zermatt 전화 +41 27 968 13 00 홈페이지 www.zermattglaciersport.ch

Dorsaz Sport
주소 Schluhmattstrasse 121, 3920 Zermatt 전화 +41 27 966 13 10 홈페이지 dorsaz-sport.ch

Julen Sport
주소 Hofmattstrasse 4, 3920 Zermatt 전화 +41 27 967 43 40 홈페이지 www.julensport.ch

마터호른과 알피니즘의 모든 것
마터호른 박물관 Matterhorn Museum

체르마트가 등산 애호가들의 전초기지이자 겨울 스포츠의 메카가 되기까지의 역사를 다룬 박물관이다. 카지노 건물을 개조해 1904년 산악 박물관을 열었고 2006년 지금 모습으로 재개관했다. 알프스를 닮은 유리 돔 입구로 들어가면 지하 1층과 2층에 전시관이 있다. 발레주 전통 가옥 14채로 꾸며진 실내에는 아직 알파인 명소로 성장하기 전 산간 마을 사람들의 고단한 삶을 엿볼 수 있다. 마을은 1865년 영국 등산가 윔퍼 일행이 마터호른 정상에 오르면서 유명해졌다. 당시 썼던

장비와 옷, 추락 사고의 원인인 끊어진 밧줄이 전시되어 있다. 마터호른 북벽과 371번 등정에 성공한 산악 가이드 울리히 인더비넨(Ulrich Inderbinen)은 물론, 산악인들의 성공 역사를 둘러볼 때는 박수가 절로 나온다. 스위스 최초의 우주 비행사 클로드 니콜리어(Claude Nicollier)가 1993년 우주왕복선 엔데버호에 탑승할 때 가져갔던 마터호른 돌이 인상적이다. 두 개 중 하나는 정상에 되돌려놓았다.

교통 반호프 거리 끝 교회 광장 **주소** Kirchplatz, 3920 Zermatt **시간** 10~6월 15:00~18:00, 7~9월 14:00~18:00 / 11월 중~12월 중 월~목, 11월 11일~16일 휴무 **요금** 어른 CHF12, 10~16세 어린이 CHF 7 **홈페이지** www.zermatt.ch/en/museum

마터호른과 고봉을 오르다 숨진 산악인의 안식처
성 마우리티우스 성당 St. Mauritius Pfarrkirche

1280년 고서에도 언급된 이 가톨릭 교회는 체르마트 수호성인 성 마우리티우스에게 봉헌되었다. 오랜 시간 개보수를 한 성당은 매년 6월 봉헌 축제를 열어 건물을 관리한다. 주민 80%가 가톨릭을 믿으며 일요일에는 미사에 나와 가족이 하루를 무사히 보내길 기도한다. 뒤뜰에는 조난자 묘지(Bergsteiger Friedhof)가 있다. 마터호른과 알프스 고봉을 등반하다 사고를 당한 산악인들의 묘소다. 마터호른 초등 때 사고사한 샤모니 산악 가이드, 미셸 오귀스트 크로즈(Michel Auguste Croz)와 당시 살아 돌아와 생을 다한 타우그발더(Taugwalder) 부자도 이곳에 묻혔다.

교통 마터호른 박물관 옆 **주소** Englischer Viertel 8, Kirchplatz, 3920 Zermatt **전화** +41 27 967 23 14 **홈페이지** pfarrei.zermatt.net

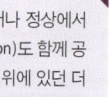

윔퍼의 무죄

에드워드 윔퍼는 마터호른 정복에 여덟 번을 실패하고 1865년 7월 14일 등정에 성공한다. 그러나 정상에서 100m 아래, 하산 도중 하도우(Hadow)가 미끄러지며 로프에 연결된 크로즈(Croz)와 허드슨(Hudson)도 함께 공중에 매달렸다. 다행히 산악 가이드 타우그발더는 바위에 안전하게 밧줄을 감은 상태였고 허드슨 위에 있던 더글라스(Douglas)와 가이드 위에 있던 윔퍼, 타우그발더 아들은 가까스로 바위에 매달렸다. 그러나 더글라스와 가이드 타우그발더 사이에 로프가 끊어지며 4명은 북벽 1,000m 아래로 추락한다. 영국으로 돌아온 그는 이 사건으로 재판을 받게 되었고 무죄 판결을 받았다. 판결과 상관없이 뒷말이 많았는데 윔퍼의 누명을 벗기기 위해 2007년 로프 복제품으로 실험한 결과 300kg밖에 버틸 수 없던 것으로 밝혀져 무죄는 명확해졌다.

알프스 전통 가옥을 제대로 볼 수 있는 곳
힌터도르프 Hinterdorf

마을은 기차역부터 마터호른 박물관까지 이어진 반호프 거리가 중심이다. 대동맥에서 퍼져 나간 실핏줄처럼 반호프에서 골목이 퍼져 나간다. 그중 유명한 골목이 힌터도르프다. 16~18세기에 지어진 알프스 전통 가옥 30여 채가 모여있다. 그중 가장 오래된 위구후스 헛간(Wigguhüs stadel)은 1380년대에 지어졌다. 샬레는 체르마트 언덕에 자라는 낙엽송으로 만들었다. 날씨가 추운 고산에 살아 성장 속도가 느리다 보니 속이 꽉 차고 재질이 단단하다. 곧게 자라 건축용으로 좋으며 해충에 강하다. 오랜 시간 풍화되어 검게 변했는데 해가 뜨면 열을 흡수해 따뜻하게 보낼 수 있다.

나무 기둥을 세워 위에 석판을 올린 건물은 창고다. 산간 마을에서 생산한 곡식과 말린 고기 등 식량을 저장했다. 석판은 기어오르는 해충을 막고 바람이 잘 들어 건조하기 좋았다. 19세기 중반 철도가 개통된 뒤로는 곡물을 생산하는 것보다 계곡 마을에서 더 싸게 살 수 있어 창고는 사용하지 않는다. 골목이 좁고 옛 모습을 간직하고 있어 사진 찍기에도 좋다. 마터호른 박물관과 가까우니 함께 둘러보자.

교통 기차역에서 반호프 거리를 따라 걷다가 몽 세르뱅 팰리스(Mont Cervin Palace) 호텔 옆 골목 **주소** Hinterdorfstrasse, 3920 Zermatt **시간** 24시간 **요금** 무료

고대 빙하가 만든 협곡 자세히 보기
고르너 협곡 Gornerschlucht

수억 년 전, 빙하기가 끝날 무렵에 빙하가 녹은 물이 대량으로 쏟아졌다. 그 물이 석회암 틈을 파고들며 빠르게 침식해 협곡이 만들어졌다. 깎아지른 절벽과 좁은 틈, 소용돌이치거나 요동치는 계곡이 특징이다. 19세기에는 알프스 관광 개발이 한창이었는데 1886년 협곡 관람을 할 수 있도록 나무 데크를 만들었다. 코스는 약 20분 정도로 탐험이 오래 걸리지 않는다. 푸리(Furi)에서 하이킹해 내려오다 들러도 되고, 마을에서 20분 정도 걸어갈 수도 있다. 푸리 입구에서 내려오든, 체르마트 마을에서 올라가든 마을 쪽에 있는 매표소에서 입장권을 사야 한다. 날씨가 좋다면 핀델 폭포와 체르마트 인근 빙켈마텐(Winkelmatten) 마을도 고려해 보자.

교통 마터호른 글래시어 파라다이스 곤돌라 승차장에서 도보 16분 **주소** Gornera, 3920 Zermatt **전화** +41 27 967 20 96 **시간** 5월 말~10월 중순 09:15~17:45 **요금** 어른 CHF5.5, 6~16세 CHF3 **홈페이지** gornergorge.ch

추천 식당

발리저슈투베
Walliserstube

체르마트 중심 도로와 떨어져 있지만, 기차역과 가깝고 길가에 있어 찾기 쉽다. 스위스 전통 음식과 함께 양식을 전문으로 하는 식당이다. 퐁뒤는 치즈와 토마토, 고기 종류가 있다. 치즈가 좋아 라클렛도 맛있는 편. 입맛이 스위스 전통 음식과 맞지 않다면 양고기 요리나 랍스터 테일 파스타도 괜찮다. 찾는 사람이 많으니 식사 시간보다 일찍 도착하는 게 좋으며, 성수기에는 예약하는 것이 좋다.

교통 기차역에서 도보 8분 **주소** Gryfelblatte 2, 3920 **전화** +41 27 967 11 51 **시간** 수~월 18:30~23:30 **요금** 퐁뒤 1인 CHF31.5~ **홈페이지** vs-stube.ch

발리저카네
Walliserkanne

기차역에서 나와 중심 거리인 반호프 거리를 따라 3분만 걸으면 나온다. 1934년 문을 연 가족 경영 레스토랑으로 알핀 전통 음식을 선보인다. 라클렛과 뢰스티가 인기 있고 양고기 스테이크도 한국인이 즐겨 찾는 메뉴다. 이곳은 무료 물(수돗물)을 제공하지 않으며 1인 1메뉴, 1음료를 원칙으로 하고 있어 불만이 좀 있다.

교통 기차역에서 도보 3분 **주소** Bahnhofstrasse 32 **전화** +41 27 966 46 10 **시간** 12:00~21:30 **요금** 라클렛 CHF 18, 양갈비 CHF57 **홈페이지** walliserkanne.ch

노스 월
The North Wall Bar & Restaurant

살인적인 스위스 물가에 레스토랑이 망설여지지만, 가성비 있는 외식을 하고 싶다면 노스 월을 추천한다. 호텔 로다니아에서 운영하는 레스토랑으로 화덕에 구운 피자를 먹을 수 있다. 기본 마르게리타 피자에 원하는 토핑을 선택해 추가하는 방식이다. 타코와 직접 만든 샐러드 소스도 맛이 좋다. 치즈가 들어간 마늘빵은 인기 메뉴다.

교통 기차역에서 도보 15분 **주소** Steinmattstrasse 71, 3920 **전화** +41 77 420 31 86 **시간** 목~월 18:00~24:00 **요금** 피자 CHF19~ **홈페이지** thenorthwallbar.com

쉐 브로니
Chez Vrony

수네가에서 멀지 않은 핀델른(Findeln) 마을에 위치한 100년 전통의 유서 깊은 산장 레스토랑이다. 체르마트 5개 호수 길에서 하이킹을 즐기면 마을로 거의 도착할 즈음에 나타난다. 길이 갈릴 수 있어 검색해 가는 것이 좋다. 2,100m로 고도는 낮지만, 테라스에서 마터호른을 정면으로 마주하고 식사를 즐길 수 있다. 고산에서 직접 기른 유기농 식재료로 만들며, 두툼한 소고기 패티가 인상적인 브로니 버거가 시그니처다.

교통 수네가 곤돌라 승차장에서 도보 20분 **주소** Bord 36, 3920 **전화** +41 27 967 25 52 **시간** 11:30~16:00 **요금** 브로니 버거 CHF36 **홈페이지** chezvrony.ch

 ## 추천 **숙소**

3100 쿨름호텔 고르너그라트
3100 Kulmhotel Gornergrat

여행객이 떠난 고르너그라트 전망대에서 여유로운 하룻밤을 보내 보자. 3,100m 고르너그라트 정상에 있는 호텔은 4,000m급 29개 봉우리가 둘러싸고 있다. 객실 22개인 작은 호텔이지만, 마터호른을 하루 종일 볼 수 있어서 인기다. 단, 마터호른 전망인 방을 예약하려면 추가 금액이 있다. 취사를 할 수 없어 석식과 조식이 포함되며 별 관찰처럼 다양한 프로그램을 운영한다. 고산병이 있거나 날씨가 흐리면 비싼 숙박비가 아까울 수 있으니 신중하게 선택해야 한다.

주소 Gornergrat 3100m, 3920 **전화** +41 27 966 64 00 **요금** 마터호른 전망 더블룸 CHF635~ **홈페이지** gornergrat-kulm.ch

호텔 로다니아
Hotel Rhodania

체르마트 기차역과는 거리가 있지만, 마터호른 글래시어 파라다이스 곤돌라 승차장과 가까우며 마을 중심에 있어 이동이 편하다. 2성급 호텔로 규모가 크지 않지만, 아늑하고 편안한 분위기의 객실과 친절한 스태프가 있어 머물기 좋다. 마터호른을 볼 수 있는 방이 있으며 가성비가 좋은 편이다. 화덕 피자 식당인 노스 월을 함께 운영하며 마터호른을 보고 싶다면 옥상 바에서 즐겨도 좋다.

주소 Steinmattstrasse 71, 3920 **전화** +41 27 966 34 10 **요금** CHF496 **홈페이지** rhodania-zermatt.ch

아파트먼트 테오둘
Apartment Theodule

체르마트 기차역에서 도보 3분 거리로 가깝고 메인인 반호프 거리에 있어 슈퍼마켓과 식당이 지척이며 이동이 편하다. 아파트먼트 형태로 엘리베이터가 있고 방이 크며 취사를 할 수 있다. 오래된 흔적이 보이지만, 깔끔하게 관리하고 있다. 전망 좋은 테라스가 있지만, 마터호른은 보이지 않는다. 리셉션이 있어 문제가 있거나 필요한 부분은 요청하기 쉽다.

주소 Brantschenhaus 18, 3920 **전화** +41 27 967 22 70 **요금** CHF130~ **홈페이지** theodul.ch

나코 아파트호텔
Naco Aparthotel by Arca Solebad

아르카 솔레바드에서 운영하는 아파트 형태 호텔이다. 아르카와 나코 리셉션을 함께 사용하며 건물은 따로 있다. 조식은 호텔과 함께 운영해 퀄리티가 좋은 편이다. 취사를 할 수 있으며 숙소 1분 거리에 있는 데너(Denner) 슈퍼마켓이 있어 식재료를 사기도 편하다. 기차역을 기준으로 메인 거리와 반대편에 위치하지만, 객실이 깨끗하고 가격이 합리적이다.

주소 Spissstrasse 44, 3920 **전화** +41 27 967 15 44 **요금** CHF265~ **홈페이지** hotel-naco.ch

로이커바트

Leukerbad

스위스 여행에서 가장 조심해야 하는 건 피로다. 봐야 할 곳도, 걸어야 할 코스도 많은데 알프스 풍경은 최면처럼 우리를 이끌어 무리하게 된다. 이럴 땐 온천욕을 하자. 발레주 산골 깊숙한 곳에 온천 마을 로이커바트가 있다. 일찍이 기원전 로마 시대에 온천이 발견되어 온천 시설을 만들고 로이커(Leuker) 지역에 포도밭을 가꾸었다. 중세부터는 '힐링' 마을로 소문나면서 피카소와 괴테, 모파상, 뒤마, 현대 미국 작가 제임스 볼드윈에 이르기까지 유명인들이 즐겨 찾았다. 1959년에 류마티스와 재활 클리닉이 세워졌고 현대 의학과 결합한 치료 센터도 생겨났다. 온천수에는 석회질과 130여 가지 미네랄이 포함되어 있어 다양한 효과를 볼 수 있다. 특히 혈액 순환에 도움을 줘 내 몸에 야무지게 뭉친 근육을 풀어 준다. 51℃ 온천수가 매일 390만 리터씩 흘러들어 온천 센터 65곳을 꽉꽉 채운다. 그중 로이커바트 테름과 발리서 알펜테름이 유명하며 소규모 호텔 온천도 있다. 대부분 야외 온천장이 있으며 900m나 되는 겜미 절벽이 병풍처럼 둘러싸고 있다. 이게 바로 스위스 알파인 온천 스타일이다.

• 로이커바트로 이동하기 •

기차

알프스 고봉에 둘러싸인 로이커바트는 오는 길이 하나밖에 없다. 스위스 어디에서 오든 로이크(Leuk) 기차역으로 와야 한다. 기차역 앞 버스 정류장에서 471번 포스트 버스 또는 LLB 지역 버스를 이용해 30분 정도 이동한다. 버스 정류장 바로 앞에 쿱(Coop)과 미그로스(Migros) 슈퍼마켓이 있어 편리하다.

주요 노선	이동 시간
취리히 – 로이커바트	약 3시간
제네바 – 로이커바트	약 3시간
체르마트 – 로이커바트	약 2시간 30분
베른 – 로이커바트	약 2시간

LLB 버스 홈페이지 www.llbreisen.ch

기차역

기차역 앞 정류장

자동차

자동차로 올 때는 바젤이나 취리히에서 1번 도로를 타고 베른까지 와서 6번 도로로 슈피츠(Spiez)를 지나 도착한다. 제네바는 1번 도로로 로잔까지 온 후 9번 도로를 타면 된다.

• 로이커바트의 시내 교통 •

작은 마을이라 걸어서 충분히 다닐 수 있다. 마을을 가로지르는 달라(Dala)강을 중심으로 동쪽은 버스터미널과 온천 센터, 서쪽은 겜미 절벽 아래 살레 마을인 구시가다. 로이커바트 정식 숙소를 예약한 경우, 머무는 동안 로이커바트 카드를 발급받을 수 있다. 이 카드로 LLB 지역 버스를 무료로 이용할 수 있으며 온천 센터와 겜미 패스 케이블카 할인을 받을 수 있다.

로이커바트 관광안내소
주소 Rathausstrasse 8, 3954 Leukerbad 전화 +41 27 472 71 71
시간 08:30~12:00, 13:30~17:30
홈페이지 leukerbad.ch

스위스식 온천 워터파크
로이커바트 테름 Leukerbad Therme

고대 로마 온천탕이 있던 자리에 마을 사람들이 만든 공동 스파 시설이다. 우리나라 온천 워터파크와 닮았다. 제트 버블 시설을 갖춘 야외 풀에는 겜미 고개를 감상할 수 있는 벤치와 라운지가 있다. 35~41℃까지 다양한 풀이 있으며 수치료인 크나이프 요법을 활용한 욕장도 있다. 자연석을 쌓은 동굴에서 천연 온천수를 그대로 즐길 수 있는 온천욕도 놓치지 말자. 온천수 중 가장 높은 44℃로 우리나라 사람들에게 딱 맞다. 4세 이하 유아를 위한 수영장과 어린이 풀도 있어 아이들도 좋아한다. 수영과 다이빙을 할 수 있는 스포츠 풀에는 길이 126m의 워터슬라이드 2개가 있다. 실내에는 수압과 수중 마사지를 경험할 수 있는 욕장과 사우나, 마사지 존이 있다. 해가 진 뒤에는 조명이 켜지고 간식과 음료를 포함한 아쿠아 미스틱 패키지를 즐길 수 있다.

교통 버스터미널에서 도보 5분 **주소** Rathausstrasse 32, 3954 **전화** +41 27 472 20 20 **시간** 08:00~20:00(슬라이드·사우나 10:00~20:00) **요금** 3시간권-어른(16세 이상) CHF30, 6~16세 CHF18 / 1일권-어른(16세 이상) CHF37, 6~16세 CHF22 **홈페이지** www.leukerbad-therme.ch

스위스 온천의 원조
발리서 알펜테름 Walliser Alpentherme

글로벌 체인인 린드너 호텔에서 운영하는 고급 온천이다. 의료 진료를 포함해 웰니스 치료, 사우나, 온천까지 갖춘 스위스 최대 알파인 온천 센터. 온전히 목욕을 즐길 수 있는 시설로 36℃의 야외 풀부터 최고 수온 51℃의 풀까지 다양하다. 약초를 이용한 탕과 사우나, 허브와 아로마 오일을 응용한 프로그램도 준비되어 있다. 특히 발레주의 전통적인 산악 마을을 재현한 사우나 마을이 인상적이다. 로만 아이리시 바스에는 고대 로마인이 즐겼을 목욕을 재현한 11개 탕과 증기 사우나가 있다. 사우나 마을과 로만 아이리시 바스는 수영복까지 탈의하고 맨몸으로 입장하니 참고하자. 하이라이트는 겜미 돌산에 둘러싸인 야외 풀이다. 날씨에 상관없을 만큼 웅장한 풍경을 즐길 수 있다.

교통 버스터미널에서 도보 8분 **주소** Dorfplatz, 3954 **전화** +41 27 472 18 05 **시간** 09:00~20:00(사우나 빌리지 10:00~20:00) **요금** 3시간권-어른(16세 이상) CHF33, 8~16세 CHF26.5 / 사우나 마을+온천-어른(16세 이상) CHF45, 8~16세 CHF36 / 로만 아이리시 바스-어른 CHF79 **홈페이지** www.alpentherme.ch

로마 시대 전설의 고갯길
겜미 패스 Gemmi Pass

발레주와 베른을 둘러싼 베르너 알프스 고갯길이다. 고대 로마 시대부터 두 지역을 오가는 길목이었으며 영국 추리소설가 아서 코난 도일의 단편소설 〈셜록홈스: 마지막 사건〉에서는 베른주 마이링겐으로 넘어가는 배경이 되었다.

로이커바트 마을에서 케이블카를 타면 6분 만에 해발 2,322m의 겜미 패스에 도착한다. 암석에 아슬아슬하게 부딪힐 듯 수직으로 상승하면 절벽이 얼마나 가파른지 깨닫게 된다. 겜미 패스는 공중 도시에 도착한 듯 신비로운 정취를 풀어놓는다. 산정 호수인 다우벤(Daubensee) 주위로 겜미 패스 최고봉인 다우벤호른(Daubenhorn, 2,941m)과 바위산이 두르고 섰다. 호숫가를 한 바퀴 돌아보는 하이킹 코스는 고도차가 거의 없고 걷기 쉽다. 전체를 걸으면 약 6km로 2시간 정도 소요된다. 6~10월에는 다우벤 호수 승강장까지 케이블카가 운행해 덜 걸을 수 있다. 다소 단조로운 풍경일 수 있어 짧게 걷고 싶다면

다우벤 승강장 주변과 호수 유출구인 래머렌달루(Lämmerendalu)까지 둘러봐도 좋다. 하이킹 일정은 넉넉히 계획해야 하고 로이커바트로 가는 케이블카 마감 시간을 미리 확인해야 한다.

다우벤 호수에서 로이커바트까지 겜미베그(Gemmiweg)로 걸어 내려올 수도 있다. 경사가 가팔라 지그재그로 길이 나 있다. 양치기가 양에게 풀을 먹이러 오르던 길로 7월 마지막 일요일에는 양몰이 축제가 열린다. 양 800여 마리가 다우벤 호수까지 오르는 양몰이가 하이라이트다.

아랫마을 전체를 볼 수 있는 아찔한 전망도 놓치지 말자. 곤돌라 승차장 옆 겜미 산장 2350(Gemmi Lodge)에 레스토랑 테라스가 있어 여유롭게 머물 수 있다. 암벽타기를 좋아하고 모험심이 강하다면 깎아지른 절벽을 몸소 체험할 수 있는 길도 있다. 비아 페라타(Via Ferrata), 일명 '철의 길'이다. 겜미 케이블카 승차장부터 산장 아래 절벽을 잇는 로프 코스다. 공중에 떠 있는 65m 길이의 다리와 560도로 돌아가는 20m 높이 사다리 등을 체험할 수 있는데 보는 것만으로도 손에 땀을 쥐게 한다.

케이블카 겜미 반 Gemmi Bahnen
주소 Gemmistrasse 12, 3954 **전화** +41 27 470 18 39 **시간** 6~9월 08:30~17:00(7~9월 ~18:00), 10~4월 토~일 09:00~17:00(10~30분 간격 운행) / 5월 휴무(기간 변동) **요금** 어른 왕복 CHF38, 6~16세 CHF19 **홈페이지** www.gemmi.ch

알레치 아레나
Aletsch Arena

알레치 빙하는 베르너 알프스의 중심인 융프라우부터 시작해 총 22.6km나 이어진다. 알프스에서 가장 큰 빙하로, 두께가 약 800m에 이르는 구간도 있다. 4천만 년 전부터 형성되기 시작한 알레치 아레나는 빙하 형성 과정과 기후 변화를 볼 수 있는 기준점이자 교과서와 같다. 산악 형성 과정에서 만들어진 U자형 빙하 계곡은 S자 곡선을 그리며 압도적인 풍경을 자아낸다. 이러한 가치를 인정받아 2001년 유네스코 세계자연유산에 등재되었다.

빙하를 제대로 볼 수 있는 전망대 네 곳을 알레치 아레나라고 한다. 에기스호른(Eggishorn), 베트머호른(Bettmerhorn), 무스플루(Moosfluh), 호호플루(Hohfluh) 순으로 융프라우에서 멀어진다. 모두 같은 곳을 바라보지만 다른 매력을 가지고 있다. 빙하 침식 지형인 권곡이나 뿔 모양 산봉우리, 빙하와 같이 이동한 빙퇴석 등 빙하 지역의 특징을 골고루 갖추고 있다. 태동기 알프스의 모습을 보고 싶다면 알레치 아레나로 가 보자.

• 알레치 아레나로 이동하기 •

기차

알레치 빙하를 보기 위해서는 여러 교통수단을 이용해야 한다. 우선 스위스 어디에서 출발하든 기차를 타고 브리그(Brig)나 비스프(Visp)에 도착하자. 발레주에 있지만 인터라켄에 더 가까워 인터라켄에서 브리그까지 1시간 정도 걸린다. 전망대에 따라 도착하는 기차역이 다르니 아래 케이블카·곤돌라 노선을 확인하자. 호흐플루 전망대에 가려면 뫼렐 기차역에서 하차하고, 에기스호른 전망대에 가려면 피에쉬 기차역에서 하차한다. 케이블카·곤돌라를 타고 도착하는 알레치 아레나 지역은 화석 연료 차량이 들어올 수 없는 카프리(Car-Free) 지역이다. 자동차로 이동한다면 기차역에 주차하고 이동하자.

• 알레치 아레나의 시내 교통 •

케이블카·곤돌라

알레치 빙하를 따라 형성된 산맥이 알레치 아레나다. 기차역이 있는 지상 마을에서 고산 마을까지 케이블카를 타고 이동한 뒤 고산 마을에서 전망대 포인트까지 케이블카나 곤돌라를 타고 이동한다. 각 전망대 사이, 고산 마을 사이를 걸을 수 있도록 트레일이 갖춰져 있어 취향껏 선택하는 재미가 있다. 단, 마지막 케이블카·곤돌라 운행 시간은 꼭 확인해 두자.

호흐플루 전망대
뫼렐(Mörel) 기차역 ▶케이블카 리더알프 베스트(Riederalp West) ▶도보 5분 이동 ▶곤돌라 호흐플루

무스플루 전망대
뫼렐(Mörel) 기차역 ▶케이블카 리더알프 미테(Riederalp Mitte) ▶도보 10분 이동 ▶케이블카 무스플루

베트머호른 전망대
베텐(Betten) 기차역 ▶케이블카 베트머알프(Bettmeralp) ▶도보 20분 이동 ▶케이블카 베트머호른

에기스호른 전망대
피에쉬(Fiesch) 기차역 ▶케이블카 피에셔알프(Fiescheralp) ▶케이블카 에기스호른

베트머알프 케이블카

알레치 아레나 관광안내소

주소 ❶ 뫼렐 Furkastrasse 39, 3983 Mörel ❷ 피셔알프 Fieschertalstrasse 1, 3984 Fiesch ❸ 베트머알프 Hauptstrasse 87, 3992 Bettmeralp ❹ 리더알프 Bahnhofstrasse 4, 3987 Riederalp 전화 +41 27 928 58 58 시간 08:30~12:00, 13:30~17:30 홈페이지 aletscharena.ch

■ 운영 시간

코스	12월중 ~3월중	3월중 ~4월중	4월중 ~5월말	5월말 ~6월초	6월초 ~10월말	10월말 ~12월중
호흐플루 전망대	09:00~16:30	08:30~16:00	09:30~15:00	-	(7월초~8월중 운행) 09:00~12:30 13:30~16:00	-
무스플루 전망대	09:00~16:30	08:30~16:00	-	09:30~15:00	08:30~16:30	-
베트머호른 전망대	09:00~16:00	08:00~16:00	-	-	08:30~16:30	-
에기스호른 전망대	09:30~15:50 (12월중 일부 운행 정지)	09:30~15:50	-	-	08:55~16:25	-

■ 승차권 구입

(단위 : CHF)

코스		개별 티켓		Aletsch Explorer Pass (1 day)	
		편도	왕복		
호흐플루 전망대	뫼렐-리더알프	10.2	20.4	1일	55
	리더알프-호흐플루	21.4	32		
무스플루 전망대	뫼렐-리더알프	10.2	20.4	2일	75
	리더알프-무스플루	21.4	32		
베트머호른 전망대	베텐-베트머알프	10.2	20.4	3일	95
	베트머알프-베트머호른	21.4	32		
에기스호른 전망대	피에쉬-피에셔알프	20	27	4일	115
	피에셔알프-에기스호른	21.4	32		

※ 스위스 트래블 패스 소지자는 50% 할인
※ 6월 초부터 10월 중순까지 베트머알프와 리더알프를 연결하는 전기 셔틀버스 '알레치 익스프레스'를 운행한다. 리더알프에서 8시 45분부터 17시 45분, 베트머알프에서 9시 15분부터 18시 15분까지다. 요금은 어른 CHF6, 6~15세 CHF3이다.

• Hiking Course • 알레치 글레시어 트레일 (Aletsch Glacier Trail)

- **코스** : 무스플루(Moosfluh) ▶ 베트머호른(Bettmerhorn) ▶ 매르엘렌 호수(Märjelensee) ▶ 탤리그라트 터널(Tälligrat Tunnel) ▶ 피에셔알프(Fiescheralp)
- **시간** : 왕복 3.7km / 1시간 10분   • **오픈** : 6월 중순~10월   • **난이도** : 중

트레일을 걷는 동안 유네스코 세계자연유산으로 지정된 알레치 빙하와 4,000m급 알프스 고봉 32개를 조망할 수 있다. 급경사가 많지 않아 어렵지 않고 산상 호수를 지나는 코스라 쉬기 좋다. 탤리그라트 터널을 이용하면 빠르게 이동할 수 있으며 내부 조명이 없어 손전등이 필요하다.

알레치 아레나

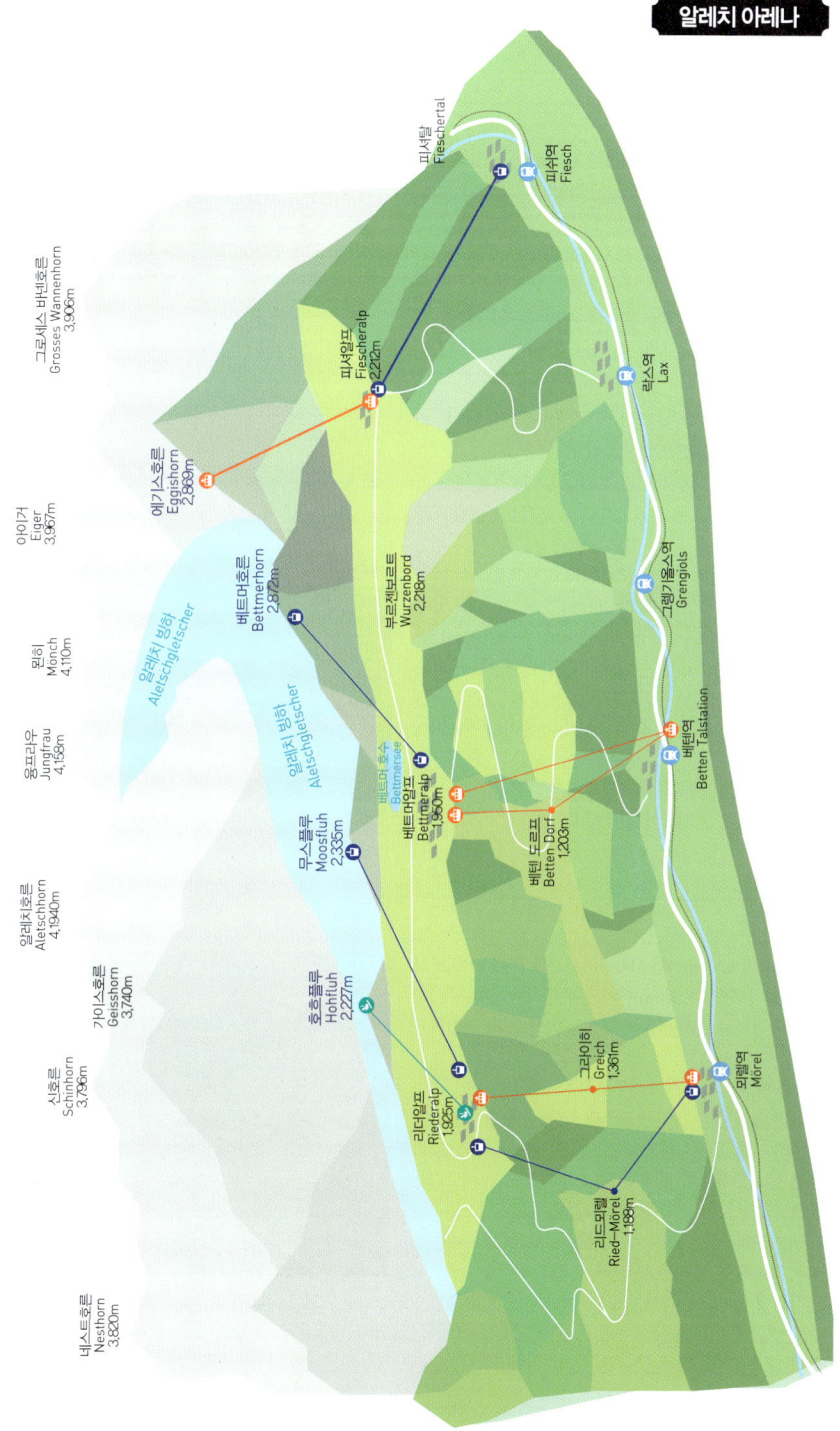

알프스에서 가장 큰 빙하
알레치 아레나 Aletsch Arena

태고의 신비를 그대로 간직한 알레치 빙하는 알프스에서 가장 큰 빙하다. 고대 빙하가 흘러내리면서 밀린 땅이 산맥이 되어 알레치 아레나 지역을 만들었다. 산등성이에는 전망대 4곳이 있으며 각각 고산 마을과 기차 노선이 있는 지상 마을로 연결된다. 가장 인기 있는 전망대는 알레치 빙하 시작점에 가까운 에기스호른이다. 에기스호른에서 베트머호른, 무스플루, 호흐플루까지 빙하 파노라마 하이킹 코스가 연결된다. 반대로 걸을 경우, 알레치 빙하 상부를 보면서 걸을 수 있어 전망이 좋으나 오르막길이 길다. 트레킹과 이동 및 대기 시간을 포함해 6~7시간 정도 여유롭게 계획해야 하고 숙소까지의 이동 시간은 별도다. 여름에는 빙하 위 눈이 녹아 빙하와 크레바스가 자세히 보인다.

홈페이지 aletscharena.ch (하이킹 코스 소개)

에기스 호른 Eggishorn

피에셔알프에서 케이블카로 도착할 수 있다. 알레치 빙하를 보기 위해 단 한 곳을 정한다면 에기스호른을 권한다. 아레치 빙하를 볼 수 있는 전망대 4곳 중 가장 높고 빙하가 시작되는 상부에 있다. 빙하 곡선에 있어서 빙하 전체는 물론, 마터호른(Matterhorn)과 돔(Dom)이 있는 발리저 알프스 고봉들과 묀히(Mönch), 아이거(Eiger)와 융프라우(Jungfrau) 같은 베르너 알프스 고봉들이 파노라마처럼 펼쳐진다. 전망대에 레스토랑이 있으니 쉬면서 오래도록 담아 가자. 400m 정도 더 올라가면 에기스호른 정상이다. 에기스호른 전망대는 해발 2,869m, 정상은 해발 2,926m다. 융프라우 방향으로 갈수록 산봉우리가 점점 크고 거칠어져 걷기가 어렵다.

무스플루 Moosfluh

블라우 호수

리더알프 미테(Rideralp Mitte)에서 곤돌라를 타고 도착할 수 있다. 해발 2,333m에 있는 전망대는 알레치 빙하 하부를 향하고 있지만 빙하 특징인 곡선 흐름, 곡빙하가 잘 보인다.
호흐플루 방향에서 무스플루까지는 서정적인 풍경을 감상하며 쉽게 걷는 하이킹 코스다. 거북이 등껍질처럼 옹기종기 자란 고산 식물과 바위 사이로 걷는 재미가 있다. 반면 무스플루에서 알레치 빙하 상부에 있는 베트머호른으로 걷는다면, 대부분 내리막길을 걸을 수 있으나 베트머호른에 가까워질수록 경사진 오르막길이 나온다. 능선 하이킹 중 풍경은 가장 좋다.
일정이 가능하다면 케이블카 중간 정차지인 블라우 호수(Blausee, 2,207m)에서 여유를 즐겨 보자. 여름에는 수영할 수 있고 돌을 쌓아 만든 원시 형태의 바비큐장도 있다. 장작은 있고 불쏘시개와 음식은 준비해야 한다.

베트머호른 Bettmerhorn

암 알레치글레처

베트머알프에서 케이블카를 타고 8분 만에 도착할 수 있다. 케이블카 승차장에서 전망대까지 데크로 길을 만들어 쉽게 닿을 수 있다. 베트머호른 승차장에는 UFO처럼 생긴 파노라마 레스토랑이 있어 식사를 즐기며 전망을 즐길 수 있다. 이곳에서 1시간 정도 걸으면 정상에 도착할 수 있다. 고정 와이어로프와 목조 계단, 가파르고 불규칙한 돌길을 거쳐 가야 하므로 흥미롭지만, 체력이 필요하다.

알레치 아레나에서 가장 인기 있는 걷기 코스는 베트머호른에서 에기스호른까지 걷는 알레치 빙하 하이킹이다. 빙하와 가장 가까이 걸을 수 있는 이 길에서는 크레바스와 빙하 생성 과정에서 생긴 굴곡이 자세히 보인다. 암 알레치글레처(Am Aletschgletscher)에서 빙하와 직접 조우할 수도 있다.

메리엘렌 호수(Märjelensee)와 보더 호수(Vordersee)를 지나 보행자 터널(1km)을 통과하면 피에서알프다. 고지대 트레일에다 4시간 정도 부지런히 걸어야 해서 피로도가 있다. 베트머 호수(Bettmersee)에서 쉬었다가 베트머호른으로 이동하자. 레스토랑과 놀이터가 있고 배도 탈 수 있다.

호흐플루 Hohfluh

호흐플루(2,227m)는 알레치 빙하 전망대 4곳 중 빙하에서 가장 멀리 있다. 빙하 최하단이라 지면이 드러난 곳이지만, 상부에서 굽어져 내려오는 전체적인 빙하 곡선이 잘 보인다. 다른 전망대에 비해 상부가 잘 보이지 않아 인기가 덜하지만 걷기 쉬워 가족 여행객이 많다.

호흐플루에서 빙하 이동 방향인 리더푸어카(Riederfurka)까지 걸으면 수령 900년의 낙엽송이 자라는 알레치 숲(Aletschwald)이 나온다. 영국 은행가 에르네스트 카셀(Ernest Cassel) 경도 목가적인 풍경에 반해 1902년 여름 별장인 빌라 카셀(villa cassel)을 지었다. 빅토리아 시대 건축 양식으로 지어진 빌라 카셀은 언덕 위 성 한 채처럼 고풍스럽다. 윈스턴 처칠과 같은 유명인이 찾던 별장은 이후 호텔로 바뀌면서 많은 사람이 머물 수 있게 되었다. 1993년 자연보호센터 프로 나투라(Pro Natura)로 기능을 바꾼 별장은 알레치 숲에 관한 자연사 전시와 숲 체험 프로그램을 진행하고 있다.

1606년 생긴 알프스 산장 나굴슈발머(Nagulschbalmu)는 고산 지대의 삶을 엿볼 수 있는 알파인 박물관이다. 하이킹이 부담스럽다면 호흐플루나 리더알프(Rideralp, 1,925m)에서도 숲 전체를 조망할 수 있다.

SWITZERLAND

레만 지역
Region du Leman

- Lausanne
  - Montreux
- Geneve

제네바
Genève

"여러분이 누구이든, 어느 나라 출신이든, 피부색이 어떻든, 성 정체성이 어떻든, 여러분 자신에 대해 이야기해 주세요. 여러분 자신에 대해 말하면서 여러분 이름과 목소리를 찾으세요." 2018년 UN에서 K-POP 그룹 BTS가 연설한 내용 일부다. 자신을 찾고 사랑하기에 가장 기본이 되는 것은 인권이다. 때때로 기본 권리를 침해받거나 전쟁으로 인해 인류 평화가 무시되는 일이 발생한다. 난민과 이주민 문제, 보건, 노동권처럼 국가나 개인이 나서서 해결하기 어려울 때도 있다. 우리 주위에도 차이와 차별을 동일시하거나 기본권을 보장받지 못하는 일이 벌어지고 있다. 영세 중립국인 스위스는 이런 사회적 책무에 적극적인 활동을 보여 왔다. 제네바에서 활동했던 종교 개혁가 칼뱅과 계몽주의 철학가 장 자크 루소에 국한된 얘기가 아니다. 제네바에는 UN을 비롯해 30개 이상의 국제기구와 250개 이상의 비정부 기구가 있다. 매년 700건이 넘는 국제회의가 열리고 더 나은 사회를 고민한다. 스위스 제네바를 여행한다는 건 나를 포함한 모두의 인권을 생각하고 세계가 옳은 방향을 찾도록 관심을 가질 기회인 셈이다.

• 제네바로 이동하기 •

항공

제네바 공항(Genève Aéroport)은 취리히와 더불어 스위스 대표 국제공항이다. 130개가 넘는 직항 노선을 가지고 있지만 우리나라에서 출발하는 직항은 아직 없다. 유럽 대도시에서 갈아타면

주요 노선	이동시간
취리히 – 제네바	약 50분
파리 – 제네바	약 1시간 10분
바르셀로나 – 제네바	약 1시간 30분
런던 – 제네바	약 1시간 40분

1~2시간 정도 이동하며 저비용 항공이 활발하게 운행한다. 제네바 공항이 큰 편은 아니지만, 저비용 항공을 이용할 때 게이트가 멀어 이동 시간을 넉넉히 가지는 게 좋다. 공항에서 시내까지 6km로 스위스 어느 공항보다 시내가 가까우며 이동이 편리하다.

홈페이지 www.gva.ch

■ 공항에서 시내로 이동하기

기차

제네바공항(Genève-Aeroport)역에서 기차를 타면 시내까지 가장 편하게 도착할 수 있다. SBB(스위스 연방 열차) IR이나 RE 열차로 시내에 있는 코르나뱅(Cornavin) 기차역까지 연결된다. 보통 5시부터 24시까지 운영하며 이른 아침과 늦은 밤을 제외하고 배차 간격이 약 15분으로 자주 오간다. 직행만 있고 5분 정도 소요된다. 정확한 시간과 노선은 SBB 홈페이지 또는 앱에서 확인하자. 승차장은 출국장을 나와 'Train' 표지판을 따라가면 된다.

택시

입국장 출구로 나오면 택시 정류장이 있다. 제네바 시내까지 20분 정도 소요되며 CHF50 정도 비용이 발생한다.

버스

공항에서 입국장으로 나오면 버스 정류장이 가깝다. 5번과 10번 버스를 이용하면 시내에 있는 코르나뱅(Cornavin) 기차역까지 20분 정도 걸린다. 버스는 4시 54분부터 익일 00시 39분까지 운행하며 배차 시간은 시간대에 따라 다르지만 대략 10분 간격이다. 승차권은 기차와 같이 사용할 수 있으며 1등석과 2등석이 나뉘져 있지 않아 2등석으로 발권하면 된다.
노보텔이나 이비스 같은 글로벌 체인 호텔 중에는 투숙객을 위한 무료 셔틀을 운영하는 경우가 있으니 사전에 문의해 보자. 셔틀 타는 곳은 호텔 셔틀(Navettes Hôtels) 표지판을 따라가면 택시 승차장 건너편에 있다.
공항 버스터미널은 제네바 근교까지 연결하며 프랑스 샤모니까지 운행하는 버스도 있다.

기차

주요 노선	이동 시간
루체른 – 제네바	약 2시간 50분
베른 – 제네바	약 1시간 45분
인터라켄 – 제네바	약 2시간
취리히 – 제네바	약 2시간 40분
파리 – 제네바	약 3시간 10분
밀라노 – 제네바	약 4시간

유럽 대도시에서 출발한 고속열차나 스위스 여러 도시에서 출발한 SBB 열차는 코르나뱅역(CFF, Gare de Cornavin)에 도착한다. 제네바 도심에 있는 중앙역이다. 1~6번 플랫폼은 0층에, 프랑스 기차 TGV를 탈 수 있는 7~8번 플랫폼은 1층에 있다. SBB 사무소에서 기차 승차권이나 스위스 패스를 살 수 있고 환전도 가능하며 무인 발권도 된다. 0층과 1층에는 버거킹, 맥도날드, 서브웨이, 스타벅스 등 글로벌 체인 음식점과 미그로스, 쿱(Coop) 슈퍼마켓이 있다. (0층은 우리나라 1층에 해당한다.) 시내와 달리 6시부터 22시까지 운영해 이용하기 좋다. 현금이나 카드로 계산하는 코인 로커도 있는데, 대도시에 있는 기차역은 28인치 캐리어도 들어갈 만큼 큰 크기다. 지하에는 'Swisscom'과 같은 통신사가 있어 유심 구매를 할 수 있다.

버스

유럽 여러 도시에서 고속버스를 이용해 도착할 수 있다. 버스터미널은 제네바 공항과 중앙역 인근에 하나씩 있다. 제네바 공항의 버스터미널은 방문자 센터(Visitor's Center)에서 버스터미널(Gare Routière) 표지판을 따라 이동하면 된다. 중앙역(코르나뱅역) 인근의 버스터미널은 제네바 버스터미널(Gare Routière de Genève)이라고 하며, 역에서 500m 정도 떨어진 도르시에르 광장(Place Dorcière)에 위치해 있다.

근교 여행, 특히 프랑스 샤모니에 갈 때 버스를 이용한다. 주로 이용하는 버스 회사는 스위스 투어(Swiss Tours)이며 알피버스(AlpyBus)와 블라블라카 버스(Blablacar bus) 등이 있다. 승차권은 예약하는 편이 좋으며 'Omio.com'에서 쉽게 확인 및 예약할 수 있다. 수수료가 약간 들지만, 우리나라 신용카드로 계산할 때 오류가 덜하다.

주소 Gare routière, Place Dorcière, 1201 **전화** 227-320-230

자동차

제네바 공항에서 렌트할 때 프랑스 렌터카 회사(French Sector)에서 빌리면 저렴하다. 대신 다른 나라를 여행할 때 발생하는 크로스 보더 피(Cross Border Fee)가 있으며 스위스 고속도로를 이용할 수 있는 비녯(Vignette)을 따로 구매해야 한다.

공항에서 1번 고속도로를 타고 10분 정도 달리면 시내에 도착한다. 구시가지는 차량 진입 금지이거나 복잡해 도보 또는 대중교통 이용을 권한다. 불법 주차 시 단속이 엄격하니 반드시 지정된 주차장을 이용하자. 노상 주차장은 인근 무인 주차 정산기에서 주차권을 산 뒤 차량 대시보드 위에 보이도록 올려놓는다.

홈페이지 공공 주차장 www.Genève-parking.ch

• 제네바의 시내 교통 •

제네바 시내는 레만 호수로 흐르는 론강을 중심으로 좌안과 우안으로 나뉜다. 코르나뱅 기차역이 있는 좌안(왼쪽)과 구시가지가 있는 우안(오른쪽) 모두 걸어서 여행할 수 있다. 단, 국제연합 유럽 본부 주변은 트램이나 버스로 이동해야 한다. 제네바 대중교통은 TPG(Transports Publics Genevois)에서 운영하며 트램과 버스, 레만 호수를 건너는 수상 택시인 무에트 제네보아즈(Mouettes Genevoises)도 포함된다. 자세한 노선 및 이용 시간은 홈페이지(www.tpg.ch)에서 확인할 수 있다.

론강 좌안과 우안을 잇는 몽블랑 다리

트램·시내버스

제네바는 대도시이지만, 관광 명소나 번화가가 모여 있어 이동하기 쉽다. 상 피에르 대성당이 있는 론강 좌안의 구도심은 낮은 언덕이라 걸어서 이동해야 한다. 그 외 지역이나 호숫가는 트램과 버스 노선이 촘촘하게 연결되어 있어 편하게 이동할 수 있다. 제네바 기차역과 영국 정원 앞 몽블랑 다리가 주요 환승 정거장이므로 주변에 숙소를 구하면 대중교통을 이용하기 편리하다.

제네바 관광안내소

제네바 공항과 기차역, 영국 공원(여름철만)에 있다. 시내 지도와 명소, 식사와 숙박 정보를 공유하고 제네바 카드를 살 수 있다.

교통 코르나뱅 기차역 1층 **주소** Place de Cornavin 7, 1201 **전화** +41 22 909 70 00 **시간** 월·수·금·토 09:15~17:45, 목 10:00~17:45, 일·공휴일 10:00~16:00 **홈페이지** www.geneve.com

시티투어

시티투어 미니 열차 Sightseeing mini-train

제네바시에서 운영하는 투어 7코스 중 4코스는 미니 열차를 이용한다. 제네바 구시가지와 레만 호수 주변 공원, 근교 니옹(Nyon) 구시가지와 근교 라보(Lavaux) 파노라마 투어다. 가장 유명한 투어는 론 광장(Place du Rhone)에서 출발하는 제네바 구시가지 투어다. 3월부터 12월까지 운영되며 35분 소요된다.

요금 구시가지 투어 어른 CHF 12.67, 4~12세 CHF 8.41 **홈페이지** Geneva-sightseeing-tour.com

시티투어 버스 Sightseeing Bus

제네바시에서 운영하는 투어 7코스 중 하나다. 국제연합 유럽 본부를 포함한 '제네바 국제 투어'가 있다. 3월에서 12월까지 운행하고 3~4월, 11~12월은 주말에만 운행한다. 투어는 75분 동안이며 국제연합 유럽 본부, 적십자, 국제난민기구, 국제노동조합, WHO, 영국 공원 등을 지난다.

요금 어른 CHF 27.68, 4~12세 CHF 14.91 **홈페이지** Geneva-sightseeing-tour.com

교통 패스

승차권

승차권은 TPG에서 운영하는 모든 교통을 이용할 수 있다. 구역(Zone)에 따라 요금이 달라지며 제네바 관광지는 10구역에 있다. 제네바 북쪽에 있는 국제연합 유럽 본부로 이동할 때도 싱글 티켓(10구역, 1시간)을 이용하면 된다.

(단위 : CHF)

	1회권						1일권			
	단거리 티켓 (3개역, 30분)			싱글 티켓 (10구역, 1시간)				01-02구역 (24시간)		
	어른		6~16세		어른		6~16세	어른		6~16세
1등석	2등석	1등석	2등석	1등석	2등석	1등석	2등석	1등석	2등석	1등석	2등석
-	2	-	1.8	5.4	3	3.5	2	17	10	12.5	7.3

제네바 시티 패스(Genève City Pass)

24시간, 48시간, 72시간으로 나뉜다. 대중교통 미포함은 각각 CHF30, CHF40, CHF50이고, 대중교통 포함은 각각 CHF35, CHF50, CHF65이다. 50여 개 박물관 입장권이 무료 또는 할인된다. 카드 구매 및 혜택 확인은 홈페이지(geneve.com)에서 가능하다.

제네바 교통 카드

정식 숙박업체(호텔·호스텔·캠핑장)에 머문다면 숙박 기간 내 무료로 대중교통을 이용할 수 있는 제네바 교통 카드(Genève Transport Card)를 제공한다. 메일로 제공하며 승차권 검사 시 온라인으로 검표원에게 보여 주면 된다.

Genève

제네바
추천 코스

제네바 구시가지만 관람한다면 반나절이면 가능하다. 레만 호수와 국제연합 유럽 본부도 함께 둘러본다면 하루, 레만 호수의 주변 도시로 여행을 떠나고 싶다면 도시당 하루씩 더해 계획을 세워 보자. 근교의 프랑스 샤모니에 다녀오려면 2~3일을 추가하는 것이 좋다.

제네바 코르나뱅 기차역 → (도보 15분) → ① 제도 → (도보 2분) → ② 영국 공원 → (도보 10분) → ③ 성 피에르 대성당 → (도보 1분) → ④ 타벨 저택 → (도보 1분) → ⑤ 옛 무기고 → (도보 5분) → ⑥ 부르 드 푸르 광장 → (도보 5분) → ⑦ 종교 개혁 기념비 → (도보 5분) → ⑧ 뇌브 광장 → (도보 5분+버스 10분) → ⑨ 시테 뒤 탕 박물관

Rive Gauche
론강 좌안

하늘 높이 솟아오르는 물기둥
제 도 분수 Jet d'Edu

1886년 제 도 분수는 론강 상류 쿨루브르니에르 공장(Usine de la Coulouvrenière)에 설치되었다. 지금은 문화 예술 극장인 포르스 모트리시스(Bâtiment des Forces Motrices)가 되었지만, 원래 수압을 이용해 전기와 수돗물을 제네바 시민에게 공급하던 수력 발전소로 1980년까지 운영되었던 곳이다. 여기서 과도한 압력으로 인한 손상을 막기 위해 압력 밸브로 사용하던 장치가 제 도 분수인데, 1891년 미적 가치를 인정받아 스위스 연방 600주년을 기념해 지금 위치로 옮겨졌다. 모터 2개로 최대 높이 140m로 뿜는 분수는 하도 높이 올라서 인근 마을에서 보일 정도다. 공중에 떠 있는 물의 무게만 약 7톤이며 호숫물을 이용한다. 해 진 뒤 켜지는 조명은 총 12개다. 보통 흰색이고 세계 열대 질병의 날에 주황색을 비추는 등 특별한 날마다 바뀐다. 바람이 심하거나 너무 추운 날에는 운영하지 않는다. 분수 바로 아래에서 구경할 수 있지만 옷이 젖는 일은 각오해야 한다. 수상 택시를 타고 보는 것도 추천한다.

교통 ❶ 코르나뱅역에서 도보 15분 ❷ 코르나뱅 기차역에서 6번 버스 타고 뒤 락(Rue du Lac) 정류장 하차 후 도보 6분 **주소** Quai Gustave-Ador, 1207 **시간** 09:00~22:00

루소섬 Île Rousseau

론강이 레만 호수와 만나는 지점에 있다. 1832년 베르그 다리(Pont des Bergues)가 생기면서 걸어서 들어갈 수 있게 되었는데 제네바 출신 계몽주의 사상가이자 작가, 음악가인 장 자크 루소가 산책을 즐겼다고 해서 루소섬으로 명명되었다. 루소 동상을 중심으로 수목이 자라는 작은 섬이다.

교통 ❶ 코르나뱅역에서 도보 8분 ❷ 버스 6·8·9번 타고 몽블랑(Mont-blanc) 정류장 하차 **주소** Île Rousseau, 1204

> 꽃길, 아니 꽃 시간만 보내게 해줄게

영국 공원 Jardin Anglais

1854년 레만 호수 근처 제방에 자연 그대로의 모습을 강조한 영국 공원을 만들었다. 공원 입구에 있는 국가 기념비는 1815년 제네바가 스위스 연방 가입을 기념해 만들었다. 칼을 들고 서로 허리를 감싼 두 여인은 각각 제네바와 스위스를 상징한다. 공원에는 1863년 심은 은행나무와 1895년 심은 붉은 너도밤나무 등 수백 년 된 수목과 꽃이 어우러진다. 공원 내 대형 꽃시계는 제네바 시계 제조업을 상징한다. 시계 지름 5m, 초침 2.5m로 세계에서 가장 길고, 위성을 통해 정확한 시간이 전송되어 움직인다. 꽃시계답게 약 6,500송이의 생화로 단장하는데 봄과 여름이 가장 예쁘다. 주말에는 공연하는 사람이 많고 여름에는 음악 페스티벌(Fêtes de Genève)이 열린다.

공원에서 시간을 보낸 뒤, 몰라드 항구를 보호하던 성벽 일부인 몰라르 탑(Tour du Molard) 광장 테라스에서 식사를 즐겨도 좋다.

교통 루소섬에서 도보 10분 **주소** Quai du Général-Guisan 28, 1204

국가 기념비

몰라르탑

장 칼뱅의 종교 개혁 중심지
상 피에르 대성당 Cathédrale Saint-Pierre

대성당은 1160년에 착공하여 100년 동안 지어졌다. 처음에는 로마네스크 양식이었다가 증개축으로 고딕과 신고전 양식이 더해졌다. 가장 중요한 정면 파사드는 붕괴 위험이 있어 그리스 로마 양식으로 18세기에 더해졌다. 로마네스크 양식인 두 개의 탑 사이로 고딕 양식인 초록색 종탑이 세기의 변화를 증명하듯 서 있다.

원래 가톨릭 성당이었는데 16세기 종교 개혁 후 개신교회로 바뀌었다. 제네바 종교 개혁을 이끈 장 칼뱅(Jean Calvin)이 1541년부터 25년간 목회했으며, 좌측 회랑에 칼뱅이 연설한 설교단과 그가 앉았던 의자가 전시되어 있다. 성상 숭배를 금지해 스테인드글라스를 제외한 내부 장식은 모두 제거되었다. 벽면에 성상이나 성화를 긁어 낸 자국이 곳곳에 남았다. 유일하게 남아 있는 장식은 마카비즈 예배당(Macchabees Chapplle)에서 볼 수 있다. 예배당은 종교 개혁 후 강의실로, 이후 소금과 화약 창고로 사용되었다. 남아 있는 프레스코화를 바탕으로 재건해 지금의 모습을 갖췄다. 북탑과 남탑을 오를 수 있는데 북탑에선 레만 호수와 제 도 분수, 제네바 구시가지를 한눈에 볼 수 있다. 157개 계단을 올라야 하지만 충분한 가치가 있다. 6~9월 중 방문한다면 6톤이 넘는 종, 라 클레망스(La Clemence)를 울리는 연주와 웅장한 파이프 오르간 연주도 들을 수 있다. 정해진 시간에 맞춰 방문하길 권한다.

칼뱅 의자

교통 코르나뱅역에서 버스 2·7·10·12·17번 타고 몰라르(Molard) 정류장 하차 후 도보 5분 **주소** Place du Bourg-de-Four 24, 1204 **전화** +41 22 310 29 29 **시간** ❶ 성당-6~9월 월~금 09:30~18:30, 토 09:30~16:30, 일 10시 예배, 12:00~18:30(17:00 종 연주, 18:00 파이프 오르간 연주) / 10~5월 월~토 10:00~17:30, 일 10시 예배, 12:00~17:30 ❷ 종탑-30분 전 마감 **요금** ❶ 성당-무료 ❷ 종탑-어른 CHF7, 7~16세 CHF4 ❸ 통합 티켓(탑+에스파스 상 피에르+칼빈 강당, 48시간 유효)-어른 CHF18, 7~16세 CHF10 **홈페이지** cathedrale-geneve.ch

에스파스 상 피에르 Espace Saint Pierre

고고학 박물관

종교 개혁 박물관

대성당 인근에 있는 고고학 박물관과 종교 개혁 박물관을 통칭하여 에스파스 상 피에르라고 한다. 고고학 박물관(Site archéologique)은 성당 지하로도 연결되며 그곳에서 발견된 고고학 유적을 전시한다. 기원전 120년경 알로브로지안(Allobrogian)족의 매장지부터 4세기 정육점, 5세기 모자이크 장식을 한 빙, 성직자 무덤 등이 발굴되었다. 성당 바로 옆 말레 저택(Maison Mallet)은 종교 개혁 박물관(Musée International de la Réforme)이다. 책과 필사본, 시청각 자료 등을 통해 스위스 종교 개혁 역사와 마틴 루터, 츠빙글리, 장 칼뱅 등 개혁자들을 만날 수 있다.

주소 Rue du Cloître 4, 1204 **전화** +41 22 310 24 31 **시간** 10:00~17:00, 월요일 휴무 **요금** ❶ 고고학 박물관–어른 CHF8, 7~25세 CHF4 ❷ 종교 개혁 박물관–어른 CHF13, 16~25세 CHF8, 7~16세 CHF6 ❸ 통합 티켓(탑+에스파스 상 피에르+칼빈 강당, 48시간 유효)–어른 CHF18, 7~16세 CHF10 **홈페이지** musee-reforme.ch

제네바에서 가장 오래된 민간 주택
타벨 저택 Maison Tavel

1303년에 지어져 제네바에서 가장 오래된 개인 주택이다. 1334년 화재로 소실된 후 제네바 귀족 가문이었던 타벨이 지금의 저택으로 다시 지었다. 16세기 이후 영향력 있는 가문들이 소유하다 제네바시에서 인수해 1986년부터 박물관으로 개방되었다. 총 6층 건물로 내부는 요새처럼 구조가 복잡하다. 중세 문장과 석조 장식, 오크통이나 생활용품 등 당시 생활상을 엿볼 수 있으며 단두대처럼 오싹한 전시도 있다. 1850년대 제네바를 묘사한 디오라마를 볼 수 있어 지금과 비교해 보는 재미가 있다. 이 모든 전시가 무료라 놀랍다.

교통 ❶ 코르나뱅역에서 도보 16분 ❷ 버스 2·7·10·12·17번 타고 몰라르(Molard)정류장 하차 후 도보 5분 **주소** Rue du Puits-Saint-Pierre 6, 1204 **전화** +41 22 418 37 00 **시간** 10:00~17:00 **요금** 무료

옛 무기고 L'ancien arsenal

타벨 저택 바로 옆에 있다. 1588년 곡물 창고였다가 1720년부터 1877년까지 무기고로 사용되었다. 건물 2층은 국가 기록 보관소로 사용되며 아카이브 관람이 가능하다. 외부 아케이드에 대포 5정과 제네바 출신 화가 알렉상드르 상그리아(Alexandre Cingria)가 중요 사건을 그린 프레스코화 3점이 있다.
옆 건물 시청사(Hôtel de ville de Genève)는 1864년 최초로 적십자 협정이 이루어졌고 1920년 국제연합(UN)의 전신인 국제연맹이 시작된 곳이다. 미국 독립 전쟁 때 영미 협약도 이곳에서 체결되었다.

주소 Rue de l'Hôtel-de-Ville 2, 1204

2층 국가기록보관소

종교 개혁과 진리, 계몽의 성지
종교 개혁 기념비 Mur des Réformateurs

1817년 제네바 성채 보루에 만든 바스티옹 공원(Parc des Bastions)에 있다. 온몸으로 움직여야 하는 체스를 두기 위해 시민들이 모이는 공원이다. 여름에는 아이들이 물놀이하기도 하는 제네바 사람들 휴식처다. 1909년 장 칼뱅 탄생 400주년과 그가 가르쳤던 제네바 대학의 설립 350주년을 기념해 종교 개혁 기념비를 세웠다. 제네바 대학 맞은편이기도 하다. 길이 100m, 높이 5m인 거대한 벽에 인물 석상 4명이 있다. 왼쪽부터 종교 개혁 선구자 기욤 파렐(Guillaume Farel), 칼뱅, 칼뱅 이후 제네바 대학을 이끈 테오도르 베자(Theodore Beza), 장로교 교리를 고국 스코틀랜드에 전파한 존 녹스(John Knox)다. 모두 칼뱅주의의 바탕인 성경을 손에 들고 있다. 왼쪽으로 프랑스 종교 개혁을 주장한 콜리니(Coligny), 네덜란드 근대화를 이룬 기욤 르 타시튼(Guillaume le Taciturne), 독일로 망명한 위그노들의 보호자 프레데릭 기욤(Frédéric-Guillaume) 석상이 있다. 오른쪽에는 성공회 사제 출신으로 정교분리를 주장한 잉글랜드의 로저 윌리엄스(Roger Williams), 영국 청교도 운동 지도자 크롬웰(Cromwell), 헝가리 종교 개혁의 후원자 보츠카이(Bocskay)다. 그 위로 종교 개혁 모토인 '어둠 뒤에 빛이 있으리(Post Tenebras Lux)'가 새겨져 있다.

교통 코르나뱅역에서 버스 3·5·12·18번 타고 플라스 드 뇌브(Place de Neuve) 정류장 하차 **주소** Promenade des Bastions 1, 1204

누구나 하나쯤 갖고 싶은 그 시계
파텍 필립 시계 박물관 Patek Philippe Museum

제네바에서 만든 명품 시계 브랜드 파텍 필립의 박물관이다. 폴란드 망명 귀족인 파텍(Patek)은 시계 장인 차펙(Czapek)을 만나 1839년 제네바에 파텍 차펙 상회를 만든다. 그리고 둘이 의견 차이로 헤어진 뒤 파리 엑스포에서 또 다른 시계 장인 필립(Philippe)을 만나 1851년 파텍 필립이 만들어졌다. 그해 열린 런던 전시회에서 대영 제국 빅토리아 여왕이 펜던트 시계를 사면서 고급 브랜드로 이름을 날렸고, 1868년 헝가리 비츠 백작 부인을 위해 만든 손목시계가 알려지면서 본격적으로 생산을 시작했다. 왕족과 귀족은 물론, 아인슈타인과 피카소 등 유명 인사들이 파텍 필립을 애용했다.

박물관 내에는 창업 때부터 18세기까지 만들어진 시계 500여 점과 1925년 만든 퍼페추얼 캘린더 손목시계와 1976년 노틸러스 스포츠 시계, 2008년 실리콘 기반 이스케이프먼트 등 현대에 이르기까지의 역사적인 시계를 만날 수 있다. 특히 칼리버89는 절대 놓치지 말자. 시계 장인 4명이 기획 5년, 제작 4년을 들여 만든 작품이다. 1,728개의 부품을 사용해 일출과 일몰 시각, 계절, 남은 동력 등을 표시하는 33가지 기능을 갖추고 있다. 1층에서 실제 공방 모습도 볼 수 있다. 아쉽게도 박물관 내부는 사진 촬영을 할 수 없다. "파텍 필립은 당신이 소유하는 것이 아니다. 다음 세대를 위해 잠시 맡아 두는 것이다." 이 회사의 슬로건이다. 박물관을 나오면 내 아이를 위해 유산으로 남겨 둬야 할지 깊은 고민에 빠지게 된다.

교통 코르나뱅역에서 버스 1번 타고 이콜 드 메드친(Ecole de médecine) 정류장 하차 **주소** Rue des Vieux-Grenadiers 7, 1205 **전화** +41 22 707 30 10 **시간** 화~금 14:00~18:00, 토 10:00~18:00, 일~월 휴무 / 가이드투어(2시간 소요)-토요일 14:00 프랑스어, 14:30 영어 **요금** 어른 CHF10, 18~25세 학생 CHF7 **홈페이지** patekmuseum.com

생각지도 못한 상상을 현실화한 현대 미술의 요람
제네바 근현대 미술관 Musée d'Art moderne et contemporain (MAMCO)

1994년 문을 연 근현대 미술관 'MAMCO'는 스위스에서 가장 큰 규모다. 1950년대 활발하게 활동하던 공업 단지 내에 있어 인더스트리얼 분위기를 그대로 담았다. 제네바시에서 인수한 건물은 두 동이며 면적은 3,500m²다. 소장품이 6,000여 점이나 되지만 늘 새로운 전시를 추구해 1년에 3번 정도 전체 전시를 바꾼다. 이런 창의적인 발상은 디렉터인 라이오넬 보비에(Lionel Bovie)가 추구하는 방향을 들으면 알 수 있다. 그는 살아 있는 예술가를 갈망하고 국제 예술계가 참고하는 미술관을 만들고 싶다는 목표를 가졌다. 앞으로 어떤 전시가 선보일지 모르지만 가 볼 만하다. 여행 중 어떤 작품으로 영감을 얻을 수 있다면 이곳에서가 아닐까 싶을 만큼 새롭다.

교통 코르나뱅역에서 버스 1번 타고 이콜 드 메드친(Ecole de médecine) 정류장 하차 **주소** Rue des Vieux-Grenadiers 10, 1205 **전화** +41 22 320 61 22 **시간** 화~금 12:00~18:00, 토~일 11:00~18:00, 월 휴무 **요금** 어른 CHF15, 학생 무료(매달 첫 번째 일요일 무료) **홈페이지** mamco.ch

Notice 2025년 8월 현재, 리노베이션을 위해 폐관하였다. 방문 전에 재개관 여부를 꼭 확인하자.

Rive Droite
론강 우안

산티아고 순례자가 찾는 가톨릭 교회
제네바 노트르담 성당 Basilique de Notre dame de Genève

같은 종교 개혁가이지만 가톨릭에서 크게 벗어나지 않았던 취리히의 츠빙글리에 비해 제네바를 기반으로 한 칼뱅은 진취적이었다. 예정설을 바탕으로 '칼뱅주의'를 만들었고 우리나라에서 가장 큰 교단이기도 한 장로교회를 설립했다. 이에 제네바를 두고 '프로테스탄트의 로마'라 부른다.

노트르담 성당도 종교 개혁 후 개신교회로 바뀌었다. 성화와 유물을 제거하고 성직자 일부는 투옥되기도 했다. 성당은 1875년 반교권주의 정부에 의해 폐쇄되었다가 1912년 가톨릭 교회로 반환되었다. 내부에 가장 아름답다는 유리창 장식은 클라디우스 라베르뉴(Claudius Lavergne)의 스테인드글라스를 제외하면 모두 반환된 후에 완성된 것이다. 다시 찾은 성모 성당 이야기에 스페인 산티아고 길을 걷는 순례자들은 성지로 찾는다.

교통 코르나뱅역 정문 오른쪽으로 300m, 도보 4분 **주소** Rue Argand 3, 1201 **전화** +41 22 716 56 66 **시간** 월~토 06:30~19:30, 일 07:00~21:00 **요금** 무료 **홈페이지** basiliquenotredamegeneve.ch

반반 치킨 아니고 반반 강물
라 종시옹 La Jonction

라 종시옹은 레만 호수 쪽에서 흐르는 론(Rhone)강과 샤모니 알프스 빙하가 흘러내린 아브르(Arve)강이 합류하는 지점이다. 에메랄드빛 론강과 우윳빛 아브르강이 만나 서로 합쳐지지 않고 본연의 색을 유지하는 게 신기하다. 강의 온도나 유속, 깊이가 달라 서로 합쳐지지 않는다고 한다. 두 강이 만나는 모습을 한눈에 보고 싶다면 비아둑 데 라 종시옹(Viaduc de la Jonction) 다리로 가자. 직접 두 개의 강을 즐기고 싶은 사람들은 라 종시옹 포인트(Pointe de la jonction)를 찾는다. 두 강이 만나는 지점 모서리다. 한여름에는 이곳에서 수영이나 패들링을 하고 일광욕을 즐기는 사람도 많다.

교통 ① 라 종시옹 다리-코르나뱅역에서 버스 9번 타고 Jean Jacques 정류장 하차 후 드방 듀 빌라주(Devin-du-Village)거리를 따라 도보 7분 **②** 라 종시옹 포인트-코르나뱅역에서 버스 14번 타고 종시옹(Jonction) 정류장 하차 후 종시옹(Avenue de la Jonction) 길과 트위츠(Rue de la Truite) 길, 솔르(Sent. des Saules) 길을 차례로 따라 도보 8분 **주소 ①** 라 종시옹 다리-Chem. William-Lescaze 29, 1203 **②** 라 종시옹 포인트-Sent. des Saules 3, 1205

바다같이 넓은 알프스 최대의 호수
레만 호수 Lac Léman

바다가 없는 스위스에서 호수는 사람들에게 중요한 존재다. 제네바에는 알프스 빙하가 녹아 만들어진 레만 호수가 있다. 프랑스와 마주하고 있는 호수는 긴 초승달 모양으로 몽트뢰까지 40km 이어진다. 알프스를 곁에 두고 있어 일년 내내 산책하기 좋고 여름이면 호숫가에 수영을 즐기는 사람도 많다. 빙하 물인 만큼 차가워서 수영이 어렵다면 유람선을 타고 호수를 감상해 보자.

레만 호수에서 즐기는 액티비티

• 유람선

❶ 레만 호수 유람선 CGN

레만 호수 풍경을 여유롭게 즐기고 싶다면 유람선을 권한다. 제네바 투어 1시간 코스가 가장 인기 있다. 몽블랑(Mont Blanc) 선착장에서 출발한 CGN 크루즈가 벨뷰(Bellevue)까지 둘러보고 돌아온다. 어른은 CHF19,6~16세 어린이는 CHF10다. 만약 반환점인 벨뷰에서 하선하고 싶다면 승무원에게 미리 알려야 한다. 제네바에서 출발하는 크루즈는 스위스 전통 요리인 퐁뒤 또는 브런치 투어가 있다. 인근 마을 벨뷰, 콜로니(Cologny), 프랑스 에비앙(Evian) 등으로 가는 정기선도 있어 이동하며 호수를 즐겨도 좋다. 단, 국경을 넘을 때는 여권이 꼭 필요하다. 유람선 운행 시간표 및 크루즈 정보는 홈페이지(cgn.ch)에서 확인할 수 있다.

❷ 무에트 제네보아즈 Mouettes Genevoises

시간이 여유롭지 않다면 호수를 누비는 노란 수상 택시, 무에트로 짧게 즐길 수도 있다. 최대 50명까지 탈 수 있는 보트는 M1에서 M4까지 4개 노선이 있다. 보통 오전 7시경부터 저녁 21시까지 운영하며 주말에는 10시경부터 시작한다. 제네바 교통카드나 단거리 티켓으로 탈 수 있다. 정확한 시간표는 홈페이지(mouettesgenevoises.ch)에서 확인하자.

	노선	운행 간격
M1	파퀴 Pâquis ↔ 몰라르 Molard	10분
M2	파퀴 Pâquis ↔ 오 비브 Eaux-vives	10분
M3	파퀴 Pâquis ↔ 포트 누아/제네바 플라주 Port-Noir/Geneve Plage	30분
M4	포트 누아/제네바 플라주 Port-Noir/Geneve Plage ↔ 샤또 브리앙 De-Château briand	30분

• 수영장

❶ 파퀴 야외 수영장 Bains des Pâquis

한여름 제네바에는 제 도 분수를 배경으로 호숫가에서 물놀이하는 사람이 많다. 해변 수영장으로 유명한 파퀴는 5월 중순부터 9월 중순까지 날씨에 따라 개장한다. 스낵바에서는 오전 7시부터 아침 식사를 할 수 있고 매일 다른 '오늘의 점심' 메뉴가 있다. 문학 이벤트나 행사를 진행하니 머무는 동안 체험이 있는지 홈페이지를 참고하자. 호수 위에 띄운 건물에는 탈의실과 마사지실, 터키식 사우나인 하맘(Hammam)이 있다.
수영장은 여름 내내 운영하며 CHF 10이다. 겨울 시즌(9월 중순~5월 중순)에는 9시부터 21시 30분, 일요일은 8시부터 21시 30분까지 운영한다. 화요일은 여성 전용이다. 이용 요금은 CHF 22이며 화요일은 CHF 15로 요금이 다르다.

교통 코르나뱅역에서 도보 11분 **주소** Quai du Mont-Blanc 30, 1201 **전화** +41 22 732 29 74 **시간** 수영장 10:00~18:30(연중 날씨에 따라 변동) **요금** 수영장 16세 이상 CHF 2, 6~16세 CHF 1 **홈페이지** aubp.ch

❷ 플라주 데 오비브 Plage des Eaux-Vives

호수에서의 수영이나 일광욕은 스위스에서 일상이다. 제네바시는 2020년에 400m 길이의 공공 해변을 만들었다. 베이비 플라주(Baby Plage)에서 오비브 공공 수영장(Eaux-Vives Public Beach)까지로. 약 8,000명을 수용할 수 있는 규모라고 하지만 여름이면 찾는 이가 많이 북적인다. 아이들이 놀기 좋은 모래사장과 자갈 호반이 있다. 수영장 뒤로 펼쳐진 넓은 잔디밭에서 일광욕을 즐기기에 좋다. 화장실과 탈의실이 있고 산책로에 식수대가 있다.

교통 코르나뱅역에서 벨에어(Bel-Air)까지 도보 이동 후 버스 2번 타고 메를레 다우비그네(Merle d'Aubigné) 정류장 하차 후 도보 5분 **주소** Quai Gustave-Ador, 1207 **전화** +41 22 418 50 00 **시간** 06:00~22:00 **요금** 무료

❸ 제네브 플라주 Genève-Plage

중세 시대부터 목욕탕이 번성하던 지역이다. 20세기 초 항구를 개발하면서 함께 조성되었다. 일광욕을 즐길 수 있는 잔디밭과 놀이터가 있다. 호숫가에는 튜빙 슬라이드와 놀이기구, 다이빙대와 워터파크 슬라이드가 있어 다이내믹하게 즐길 수 있다. 수심이 다양한 실외 수영장도 있다. 매점에서 가벼운 스낵도 팔고 있으며 레스토랑에서 제대로 된 식사도 할 수 있다.

교통 플라주 데 오비브에서 호수를 왼쪽에 두고 도보 15분 **주소** Port-Noir, Quai de Cology 5, 1223 **전화** +41 22 418 50 00 **시간** 5월 중~8월 월·수·금·일 09:00~20:30, 화·목·토 07:00~20:30 / 9월 초~9월 중 월·수·금·일 10:00~19:30, 화·목·토 07:00~19:30 **요금** 성인 CHF 7, 6~15세 CHF 3.5 **홈페이지** geneve-plage.ch

| 세계에서 가장 국제 외교 활동이 활발한 외교 수도
국제연합 유럽 본부 Palais des Nations

전 세계에 국제연합(UN) 사무소는 4곳이다. 스위스 제네바, 미국 뉴욕, 오스트리아 비엔나, 케냐 나이로비에 있으며 제네바는 두 번째로 크다. 1946년 생긴 국제연합 유럽 본부가 27년 뒤 지금의 팔레 데 나시옹(Palais des Nations) 건물로 옮겼다. 매년 세계 각국에서 온 2만 5,000명의 파견원과 140여 개국 외교관들이 국제회의를 하는 장소다.

내부 관람은 홈페이지에서 가이드 투어를 신청해야 한다. 해마다 관람객 12만 명이 찾는데 1회당 10명으로 구성되며 1시간 정도 소요된다. 프레니(Pregny) 출입문에서 방문증을 발급받는데 여권이 꼭 필요하니 지참하자. 보안상 캐리어나 큰 가방은 들고 갈 수 없다.

투어는 영어와 프랑스어를 포함한 12개 국어로 진행되는데 아쉽게도 한국어는 없다. 뉴스에서 보던 회의장들과 도서관 등을 볼 수 있는데 가장 유명한 장소는 '인권과 문명 간 연합의 방(The Human Rights and Alliance of Civilizations Room)'이다. 스페인 미구엘 바르셀로(Miquel Barcelo)가 만든 천장화 때문이다. 300개가 넘는 색을 사용해 무거운 회의장 분위기를 화사하게 한다. 건물 개보수나 장식은 모두 기부로 진행되는데 유엔은 기부금을 대부분 지원 사업에 쓰기 때문에 건물에 투자할 재정이 넉넉하지 않다고 한다. 스위스 명품 시계 브랜드인 파텍 필립은 3,000개가 넘는 시계를 기부해 센터 곳곳에 설치했고 우리나라 작품으로는 한국화가 하철경의 송광사 작품이 전시되어 있다. 투어는 회의 진행 여부에 따라 볼 수 있는 방이 바뀌며 사진은 허락된 곳만 가능하다.

교통 코르나뱅역에서 버스 8·20·F번 타고 아피아(Appia) 정류장 하차 후 도보 2분 **주소** Avenue de la Paix 14, 1211 Genève **전화** +41 22 917 12 34 **시간** 가이드 투어 11:30, 14:30, 16:00 / 토~일 휴무 **요금** 어른 CHF22, 대학생 CHF18, 14~17세 CHF12, 6~13세 CHF11 **홈페이지** ungeneva.org

부러진 의자 Broken chair

국제연합 유럽 본부 후문으로 나시옹 광장(Place des Nations)이 펼쳐진다. 바닥 분수 위에 세워진 현대 미술 작품은 스위스 조각가 다니엘 베르셋(Daniel Berset)의 〈부러진 의자〉다. 높이 12m인 붉은 의자는 네 다리 중 하나가 부러진 채 있다. 1997년 국제 장애인 단체인 핸디캡 인터내셔널(Handicap International)을 위해 만들어진 이 작품은 지뢰로 인해 다리나 생명을 잃은 희생자를 추모하는 작품이다. 또한 대인 지뢰를 금지하는 국제 협약인 오타와 협약(Ottawa Treaty)에 각국이 서명하기를 촉구하는 바람도 담았다.

도자기 공예 2만 점 총망라
아리아나 박물관 Musée Ariana

아리아나 공원(Parc de l'Ariana) 중심에 있다. 앞뜰을 지나면 중세 귀족 저택을 닮은 신고전과 신바로크 양식 건축물이 나온다. 박물관 설립자인 구스타브 레빌리오(Gustave Revilliod)는 1884년 어머니 아리아나(Ariane de la Rive)의 이름으로 박물관을 지어 개인 소장품을 전시했으며, 작품 관리와 유지를 위해 제네바시에 박물관을 기증하겠다는 유언을 남겼다. 2만 점 이상의 도자기와 유리 공예 작품을 전시한 이 박물관에서는 유럽 지역별 도자기 역사와 예술 특징을 살펴볼 수 있으며 중동과 아시아에서 들여온 도자기도 전시되어 있다. 소장품이 놀라울 정도로 다채롭고 가치가 있다. 2층 복도는 내부 테라스로 되어 있는데 유려한 곡선과 기둥 장식이 돋보인다. 독특한 색상의 천장과 스테인드글라스 창문 장식도 사랑스럽다.

교통 역에서 버스 8, 20, F번 타고 Appia 하차 14~18분 **주소** Avenue de la Paix 10, 1202 Genève **전화** +41 22 418 54 50 **시간** 10:00~18:00, 월요일 휴무 **요금** 상설 전시-무료 / 특별 전시-어른 CHF14, 학생 CHF10 **홈페이지** institutions.ville-geneve.ch/en/ariana

인도주의 정신으로 뭉친 세계 유일의 적십자 적신월 운동 박물관
국제 적십자 적신월 박물관 Musée international de la Croix-Rouge et du Croissant-Rouge (CICR)

종교적 중립을 지키는 스위스에서 적십자는 적신월로도 불린다. 1929년 제네바 협약에 따라 기독교를 상징하는 십자가 대신 이슬람교의 신월을 사용한 이름이다. 박물관은 앙리 뒤낭(Henry Dunant)이 1988년 지었다. 그는 솔페리노(Solferino) 전쟁을 보고 잔혹함에 충격을 받아 구호 활동을 위한 적십자 기구를 설립했다. 적십자 기구는 전쟁 시작과 끝을 함께하며 무력 충돌 피해자를 보호하고 인도주의를 내세운다.

박물관에 입장하기 전, 마음을 가다듬으라 전하고 싶다. 어떤 방식으로든 삶에 큰 울림이 될 전시라 자부한다. 관람은 인도주의를 체험하는 '증인의 방(Chamber of witnesses)'에서 시작한다. 침묵 속에 자리한 영상 속 사람들에게 압도되는 순간이자 외면하지 않을 선택의 기로다. 우리는 전쟁과 재해, 사고의 참상이 얼마나 고통스러운지 마주해야 한다. 그런 참상을 가까이서 봐 온 적십자 기구는 가장 빠른 해결책이 무엇인지 파악하고 있다. 튼튼하고 쉽게 구할 수 있는 지관통으로 안전 가옥을 만드는 것처럼 그동안 쌓은 노하우로 방법을 제시한다. 홀로그램과 터치스크린 등 미디어를 활용한 전시로 이해가 쉽다. 좀 더 흥미롭게 생명 존엄과 평화의 중요성을 일깨워 주는 박물관이다.

교통 코르나뱅역에서 버스 8·20·F번 타고 아피아(Appia) 정류장 하차 **주소** Avenue de la Paix 17, 1202 Genève **전화** +41 22 748 95 11 **시간** 11~3월 화~일 10:00~17:00 / 4~10월 10:00~18:00 / 월요일, 12월 24~25일, 1월 1일 휴무 **요금** 상설 전시-어른 CHF15, 12~22세 CHF10 / 특별 전시-CHF9, 만 11세까지 무료 **홈페이지** www.redcrossmuseum.ch

Plus Area

프랑스 샤모니 France Chamonix

프랑스 동남부, 오베르뉴 론 알프(Auvergne-Rhône-Alpes) 지방의 샤모니는 스위스 국경 인근에 있어 제네바에서 쉽게 갈 수 있다. 알프스산맥 해발 1,037m에 있는 고산 마을이다. 유럽 최고봉인 몽블랑(4,807m)과 몽블랑을 볼 수 있는 에귀 뒤 미디 전망대(3,842m)가 있어 전 세계 알피니스트와 관광객이 모이는 베이스캠프다. 오랫동안 산악 관광의 중심지였고, 미식 도시 리옹의 영향을 받아서인지 괜찮은 식당도 많아 머물기 좋다.

여름이면 몽블랑 둘레길인 투르 드 몽블랑(Tour du Mont-Blanc, TMB)을 걷기 위해 수많은 등산객이 방문한다. 겨울이면 스키어들이 모인다. 1924년에는 제1회 동계 올림픽을 성공적으로 개최해 이름을 알렸다. 모든 계절 붐비는 샤모니는 스위스와는 또 다른 알프스를 보여준다.

프랑스 샤모니 관광안내소

호텔 몽블랑 앞에 있다. 샤모니 몽블랑 카드를 살 수 있으며 무료 지도와 산악 레저, 코스 안내를 받을 수 있다. 위험한 코스는 샤모니 가이드 조합에서 산악 가이드나 스키 가이드를 구할 수 있다.

주소 85 Place du Triangle de l'Amitié, 74400 Chamonix-Mont-Blanc France **전화** +33 4 5053 0024 **시간** 08:30~19:00 **홈페이지** chamonix.com

• 프랑스 샤모니로 이동하기 •

프랑스 샤모니는 제네바 공항에서 88km 떨어져 있다. 프랑스에서 이동하는 것보다 스위스 제네바에서 찾아가기가 더 편하다. 버스는 1시간 20분 정도 소요되며, 기차는 레만 호수를 빙둘러서 가는 경로라서 3시간 정도 걸린다.

버스는 제네바 공항 또는 제네바 중앙역(코르나뱅역)에 있는 버스터미널에서 장거리 버스를 이용하면 된다. 버스 승차권은 온라인으로 예약하거나 버스 통합 예약 앱인 오미오(Omio.com)에서 확인하고 예약할 수 있다. 수수료가 약긴 들지만, 결제와 취소가 쉽고 카드 오류가 적다. 버스는 주로 스위스 투어(Swiss Tours)를 이용하며 알피버스(AlpyBus/20인승)나 블라블라카 버스(Blablacar) 등이 있다. 글로벌 체인 회사인 플릭스(Flixbus)는 금요일부터 일요일까지만 운행한다.

샤모니 버스터미널 234 Avenue de Courmayeur, 74400 Chamonix

제네바 공항 → 프랑스 샤모니
제네바 공항 방문자센터(Visitor's Center)에서 버스터미널(Gare Routière) 표지판을 따라 이동하면 출국장 밖 버스터미널에 도착한다.

제네바 시내 → 프랑스 샤모니
제네바 중앙역인 코르나뱅역에서 500m 정도 이동하면 도르시에르 광장(Place Dorcière)에 있는 제네바 버스터미널(Gare Routière de Genève)에 도착할 수 있다.

• 프랑스 샤모니 시내교통 •

산악 마을인 샤모니는 크지 않아 대부분 걸어서 이동할 수 있다. 기차역과 버스터미널 사이에 마을이 형성되어 있는데 걸어서 15분 정도 거리다. 대표 여행지인 에귀 뒤 미디(Aiguille du Midi), 브레방(Brevent)으로 가는 케이블카 정류장과 몽탕베르(Montenvers)로 가는 산악열차 역이 근방이다.

호텔이나 샬레에 숙박하면 게스트 카드인 카르트 도트(Carte d'hôte)를 준다. 세보즈(Servoz)와 발로신(Vallorcine) 지방에서 버스나 SNCF 열차를 무료로 이용할 수 있다. 샤모니 시내에서 대중교통을 탈 일은 거의 없지만, 락 블랑(Lac Blanc)으로 가는 라 플레제르(La Flégère) 곤돌라 승차장까지 이동할 때 버스를 이용하면 편하다. 스위스 몽트뢰 동쪽 지역으로 간다면 스위스 철도 SBB로 갈아탈 수 있는 발로신까지 무료로 프랑스 열차 SNCF를 탈 수 있다.

몽블랑 멀티 패스
샤모니 대표 여행지인 에귀 뒤 미디 전망대, 몽탕베르, 브레방 전망대까지 가는 케이블카나 산악열차 교통권이다. 락 블랑(Lac Blanc) 트레킹을 할 때 타는 라 플레제르(La Flégère) 곤돌라도 가능하다. 홈페이지(www.montblancnaturalresort.com)에서 예약할 수 있고 현장에서 구매하려면 관광안내소에서 가능하다. 1일 2곳 이상 방문한다면 추천한다. 요금은 1일권 여름 €95, 겨울 €90(스키권 포함)다. 날짜 변경은 1회, 이용일 3일 전까지 가능하다. 하루 이상 머물고 싶다면 카드를 충전해 사용할 수 있으며 보증금만큼 저렴해진다.

• 추천 코스 •

날씨가 좋다면 오전 일찍 에귀 뒤 미디 전망대에 올라 붉게 물드는 몽블랑을 보자. 중간 환승지인 플랑 드 레귀(Plan de l'Aiguille) 정류장에서 케이블카를 타고 샤모니로 내려와 몽탕베르 산악열차를 타고 빙하 동굴을 구경한다. 약 2~3시간 정도 소요된다. 샤모니에서 케이블카로 브레방 전망대를 가거나 트레킹을 해도 좋다.

플랑 드 레귀 정류장에서 몽탕베르로 하이킹(3~4시간 소요)을 즐긴 뒤 빙하 동굴을 관람하는 방법도 있다. 내려올 때는 산악열차를 타고 샤모니로 돌아오자. 마지막 등산 열차 시간은 반드시 확인해야 한다.

몽블랑은 날씨가 좋지 않으면 만족스럽지 않다. 오후보다 오전에 맑을 확률이 높으니 일찍 서두르자. 샤모니 홈페이지(www.chamonix.net)이나 앱에서 케이블카 운행 여부와 트레일 개방 여부, 웹캠으로 실시간 날씨를 알 수 있다.

샤모니몽블랑 ▶케이블카 10분 플랑 드 레귀 정류장 ▶케이블카 15분 에귀 뒤 미디 정류장 ▶케이블카 30분 에귀 뒤 미디 전망대 관람(1시간 소요) ▶케이블카 30분 샤모니몽블랑 ▶산악열차 20분 몽탕베르 전망대 빙하 관람(30분 소요) ▶곤돌라 5분 메르 드 글라스 빙하 동굴(관람 1시간 30분) ▶곤돌라+산악열차 30분 샤모니몽블랑

알프스 최고봉, 몽블랑 초등자는 누구? *TIP*

샤모니 중심부의 발머 광장에는 몽블랑 초등을 지원한 베네딕트 뒤 소쉬르(Bénédict du Saussure)와 초등에 성공한 자크 발마(Jacques Balmat)가 나란히 몽블랑을 보는 동상이 있다. 초등에 성공한 미셸 가브리엘 파카르(Michel Gabriel Paccard)는 150m 뒤에서 몽블랑을 바라보고 있다. 왜일까? 제네바 출신 과학자이자 고산 탐험가인 베네딕트 드 소쉬르(Bénédict de Saussure)는 알프스 최고봉, 몽블랑 정상에 오른 사람에게 상금을 주겠다고 약속했다. 1786년 8월 7일 18시 30분, 의사인 파카르와 짐꾼 발마는 유럽 최고봉에 올랐다. 경로를 찾지 못하거나 크레바스를 만나는 등의 위험 요소를 극복해 정상에 30분을 머문 뒤 하산했다. 다행히 달이 밝아 코트 다 라 몽타뉴(Côte da la Montagne) 정상에 도착해 하루를 보냈다. 다음 날 아침 산비탈을 내려왔으나 파카르는 동상과 설맹으로 병상에 누웠다. 며칠 후 자크 발마는 홀로 제네바로 가 소쉬르의 상금을 받았다.

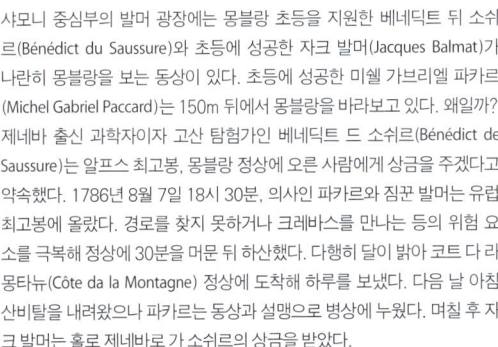
소쉬르와 발머 동상

파카르 동상

제네바 유명 작가이자 여행가인 마크 테오도르 부리(Marc-Théodore Bourrit)도 그 소식을 들었다. 그는 그들보다 먼저 등정에 도전했다 실패해 배알이 꼴렸다. 결국 '파카르는 발마 없이 등정하지 못했을 것'이라며 모함했고, 혼자 영웅이 되고 싶었던 발모도 동참했다. 파카르는 화가 났지만, 상황은 변하지 않았다. 2년 뒤, 초등 주역들을 후원했던 소쉬르도 등반에 성공하면서 근대 산악 레저인 알파니즘(Alpinism)이 시작되었다. 그들의 등반 기록은 오랜 기간 탐구되었고 당시 자료에 파카르의 흔적이 선명하게 드러났다. 초등 200년 후에야, 그동안 인정받지 못했던 선구자를 기리기 위해 파카르 동상을 세웠다.

샤모니 | Chamonix

샤모니몽블랑, 줄여서 샤모니라고 부른다. 프랑스와 이탈리아 국경을 가르는 몽블랑 산군과 에귀즈 루즈(Aiguilles Rouges) 산맥 사이에 끼인 산간 마을이다. 마을 어디에서 고개를 들어도 만년설이 쌓인 고산 풍경을 즐길 수 있다. 마을 중심에는 빙하가 녹아 만들어진 아르브(Arve)강이 흐른다. 좁고 수량이 많아 유속이 빠르다. 몽블랑 정복자 2명의 동상이 있는 발머 광장(Platz Balmat)이 중심 광장이고, 파카르 거리(Rue du Dr Paccard)가 중심 거리로 호텔과 레스토랑, 카페와 슈퍼마켓이 밀집해 있다. 북쪽에 QC 테르메 온천, 락 블랑행 라 플레제르(La Flégère) 곤돌라 승차장이 있고 서쪽에 산악열차를 탈 수 있는 몽탕베르역이 있다. 남동쪽에 에귀 뒤 미디 전망대행 케이블카 승차장, 북서쪽에 브레방행 케이블카 승차장이 있다.

Super U 슈퍼마켓
시간 월~토 08:00~20:00, 일 08:30~12:30

QC 테르메 QC Terme

1988년 보르미오(Bagni Vecchi di Bormio)에서 웰니스 센터를 시작한 이탈리아 QC 그룹의 다섯 번째 온천이다. 2013년 문을 연 샤모니 QC 테르메는 32가지 웰니스 시설을 갖추고 있다. 야외 온천은 빙하와 만년설 고산 아래 자리하고 있어 서 있기만 해도 인생 사진이 나온다. 무엇보다 하이킹을 즐기고 난 뒤 온천으로 피로를 풀 수 있다. 성수기에는 이용자가 많아 예약을 권한다. 홈페이지에서 지점을 선택해 예약한다. 한 달 전 예약 시 €8 이상 할인되며, 미리 할수록 할인 폭이 크다. 생일 또는 생일이 지나고 일주일 내에 방문한다면 2인 예약 시 1인 무료다(여권 확인). 입장객 모두에게 타월과 가운, 슬리퍼, 간단한 다과와 음료인 아페리티프(Aperitif)가 제공된다.

교통 발머 광장에서 하천을 거슬러 도보 12분 주소 480 Prom. du Fori, 74400 전화 +33 (9) 973-053-001 시간 일~목 09:00~22:00, 금~토 09:00~23:00 요금 스파 입장권 €77, 이브닝 스파 입장권 €73(17:30 이후 입장), 별빛 스파 입장권 €70(19:30 이후 입장) 홈페이지 qcterme.com/en/chamonix-mont-blanc/qc-terme-chamonix

에귀 뒤 미디 전망대 Aiguille du midi

유럽에서 가장 높은 봉우리, 몽블랑(Mont Blanc, 4,807m)을 가장 가까이에서 볼 수 있는 전망대다. 몽블랑보다 1,000m 남짓 낮은 높이에 에귀 뒤 미디 전망대가 있다. 1786년 정복자들에게 정상을 내주기 전까지 악착같이 막았을 주위의 침봉들이 짐승 송곳니처럼 험상궂다. 그와 달리 몽블랑 자체는 하얀 구름 모자를 쓴 듯 봉우리가 뭉툭하다. '하얀 산'이란 뜻의 몽블랑은 그 이름처럼 산꼭대기가 만년설로 덮여 있다. 샤모니 마을에서 전망대까지 고도가 2,800m 이상 차이가 나는데 케이블카로 30분 만에 오른다. 산소 농도가 65%로 고산병이 올 수 있으니 미리 약을 먹고, 중간 기착지인 플랑 드 레귀(Plan de l'Aiguille)에서 적응 시간을 보낸 뒤 오르는 방법도 있다. 천천히 걷고 물을 많이 먹는 것도 방법이다.

샤모니 → 에귀 뒤 미디(Aiguille du midi) 가는 방법
샤모니 마을에서 에귀 뒤 미디 케이블카 정류장(Téléphérique Aiguille du Midi)으로 이동해 10분 오르면 2,317m에 있는 플랑 드 레귀에 도착한다. 같은 정류장에서 케이블카를 갈아타고 15분 정도 지나면 3,777m 케이블카 정류장에 닿는다. 연결 통로로 엘리베이터를 타고 올라가면 비로소 몽블랑을 가장 가까이에서 볼 수 있는 에귀 뒤 미디 전망대에 도착한다.

에귀 뒤 미디 전망대 케이블카
주소 100 Place de l'Aiguille du Midi, 74400 Chamonix-Mont Blanc, France **전화** +33 4 5053 2275 **시간** 겨울 08:10~13:00, 여름 08:10~14:00(날짜에 따라 변동) **요금** 왕복-어른 €73, 5~14세 €62.1 **홈페이지** www.montblancnaturalresort.com

■ 에귀 뒤 미디 케이블카 건물(3,777m) Arrivee Aiguile du Midi

케이블카 건물 내에 기념품 가게와 화장실, 몽블랑 산군 등반 역사와 에귀 뒤 미디 건축 과정을 소개하는 히스토리 라운지가 있다. 매점에선 샌드위치와 같은 간단한 스낵과 음료, 주전부리를 판매한다. 건물 옥상은 전망대다. 미사일처럼 솟아 있는 에귀 뒤 미디 전망대와 주변 산군을 파노라마로 즐길 수 있다.

■ 에귀 뒤 미디 전망대(3,842m) Sommet de l'Aiguille du Midi

침봉에 전망대가 있어 공간이 협소하다 보니 케이블카 건물과 외부 철제 다리로 이어져 있다. 케이블카에서 내리면 바로 엘리베이터로 향하자. 성수기에는 대기 인원이 많아 먼저 가는 편이 좋다. 사방이 유리인 전망대 'Step into the Void'는 천 길 낭떠러지 아래(1,000m)가 그대로 보여 강심장이 아니면 서기 어려워 보인다. 그래도 어려운 기회이니 인증 사진은 꼭 남기자. 일행이 없으면 전망대 직원이 사진을 찍어 주는데 아쉽게도 실력이 좋은 편은 아니다. 야외를 포함해 1시간 이상 머물며 기온이 영하이니 방한 준비를 단단히 해야 한다.

■ 르 튜브 Le Tube

가파른 암벽을 따라 32m 길이의 강철 파이프를 설치했다. 저산소에 관한 전시 공간인 팔리에 하이폭시(Palier Hypoxie)와 파노라믹 몽블랑 승차장을 연결한다. 르 튜브와 연결된 외부는 몽블랑 산군을 오르는 코스 중 하나로 자일과 등산 장비를 맨 알피니스트를 쉽게 볼 수 있다.

■ 파노라믹 몽블랑 Panoramic Mont-Blanc

몽블랑은 프랑스와 이탈리아 사이에 있다. 프랑스 에귀 뒤 미디 전망대에서 파노라믹 몽블랑 곤돌라 리프트를 이용하면 이탈리아의 엘브로네 전망대(Pointe Helbronner)에 갈 수 있다. 왕복 80분 정도 소요되며 비용은 €32 추가로 내야 한다.

• Hiking Course • 플랑 드 레귀~몽탕베르

- 코스 : 22번 트레일
- 시간 : 편도 5.5km, 약 3시간

에귀 뒤 미디 전망대 중간 기착지인 플랑 드 레귀(Plan de l'Aiguille, 2,317m)에서 몽탕베르(Montenvers, 1,913m)까지의 코스다. 몽블랑 산군 북쪽 기슭에 있어 그랜드 발콘 노드(Grand Balcon Nord) 트레일이라 부른다. 건너편 에귀즈 루즈(Aiguilles Rouges) 산맥을 조망하는 길이라서 '발코니(Balcon)'란 이름도 이해가 된다. 좁은 오솔길이지만, 길이 잘 정비되어 있어 눈만 녹으면 위험하지 않다. 1시간 30분쯤 뒤에 도착하는 시그널 포브스(Signal-Forbes) 갈림목에서 몽탕베르 이정표를 잘 확인하자. 트레일을 출발하기 전에는 메르 드 글라스로 가는 곤돌라 마감 시간과 샤모니로 가는 산악열차 막차 시간을 꼭 확인하자. 코스는 4시간 이상 여유를 두는 것이 좋다.

몽탕베르 Montenvers

샤모니 마을에서 출발한 빨간 등산열차는 몽탕베르(1,913m)로 안내한다. 에귀 뒤 미디 전망대에 비해 낮은 위치지만 알프스 3대 북벽 중 하나인 그랑 조라스(Grandes Jorasses)를 배경으로 산군이 펼쳐진다. 몽블랑 아래 타쿨(Tacul) 빙하와 레쇼(Leschaux) 빙하가 두 손으로 떠받치듯 자리한다. 두 갈래로 내려오던 빙하는 합쳐져 길이 12km, 프랑스 최대 빙하 지역인 '빙하의 바다' 메르 드 글라스(Mer de Glace)가 된다. 1842년 스코틀랜드 물리학자를 시작으로 빙하를 연구하기 위해 많은 자연과학자가 이곳을 찾았는데, 1879년 빙하 생성과 유속, 변화를 알아내는 성과를 거두었다. 스위스 자연과학자인 메리 셸리가 지은 《프랑켄슈타인》에서 괴물이 도망갔다 발견된 장소가 이곳이다. 소설이 출간된 1818년에는 빙하는 미지 속 공포의 대상이었기에 몽탕베르를 선택했을지도 모른다.

메르 드 글라스

오늘날에는 빙하가 온난화 지표 역할을 한다. 1939년부터 2001년까지 빙하 표면이 매년 30cm씩 낮아졌고 이는 물 7억 톤이 손실된 것과 같다. 2003년과 2009년, 2015년에는 지독한 폭염으로 10~15m 빙하를 잃었다. 1985년만 해도 역 인근까지 있던 빙하가 점점 줄어들어 지금은 곤돌라를 타고 협곡 사이로 내려가야 한다. 1939년에 판 빙하 동굴은 1998년과 2000년에 이어 최근까지 새로 파고 있으며 매년 보수 공사를 한다.

빙하 동굴

샤모니 → 메르 드 글라스 가는 방법
몽탕베르 기차역(Gare Chamonix Train du Montenvers)에서 1909년에 만든 산악열차를 타고 20분 정도 오르면 몽탕베르 메르 드 글라스역(Gare du Montenvers Mer de Glace)에 도착한다. 역에는 레스토랑이 있어 식사나 차를 마실 수 있다. 5분 정도 곤돌라를 탄 뒤 약 600개 계단을 30분쯤 내려가면 빙하 동굴을 만날 수 있다. 곤돌라 운영 시간을 꼭 확인하고 돌아오는 길은 오르막이니 일정을 여유롭게 정하자.

메르 드 글라스
주소 35 Place de la Mer de Glace, 74400 Chamonix-Mont-Blanc France **전화** +33 4 5053 2275 **시간** 겨울 10:00~16:30, 여름 08:30~17:30 **요금** 어른 €39, 5~14세 €33.6(날짜 또는 시간에 따라 할인) **홈페이지** www.voyagemerdeglace.com

브레방 Le Brévent

브레방은 에귀 뒤 미디의 맞은편 에귀즈 루즈(Aiguilles Rouges) 산맥에 있다. 해발 2,525m로 에귀 뒤 미디보다 1,300m쯤 낮지만, 협곡 건너편에 있어 몽블랑 산군과 골짜기로 흐르는 보송 빙하, 샤모니 마을까지 한눈에 조망할 수 있다. 날이 좋으면 플랑프라(Planpraz)에서 출발한 패러글라이딩까지 골짜기를 수놓아 감동적인 풍경을 만든다. 1786년 몽블랑 초등을 지원한 베네딕트 뒤 소쉬르가 브레방에 올랐다가 몽블랑을 발견했다고 한다. 브레방 정상까지 트레일이 연결되어 있으나 구간이 길다. 정상 능선은 암벽을 타야 할 정도로 코스가 험해 플랑프라에서 중산간을 걸어 락 블랑까지 갈 수 있는 1번 트레일(Grand Balcon Sud)을 권한다.

브레방 전망대 북쪽에 서면 마치 울산바위처럼 펼쳐진 샤블레 알프스의 당테르네(Pointe d'Anterne)가 보인다. 그 아래로 1991년 지정된 칼라베이론 국립 자연 보호 구역(Réserve Naturelle de Carlaveyron)이 있다. 샤모니 지역 산괴와는 달리 협곡과 호수, 습지가 조성된 구간으로 이색적이다.

샤모니 → 브레방 전망대 가는 방법
샤모니 텔레 캐빈 디 플랑프라(Télécabine De Planpraz)에서 출발한 곤돌라는 10분도 되지 않아 중간 기착지인 플랑프라(Planpraz, 2,000m)에 도착한다. 이곳에서 케이블카를 갈아타고 오르면 브레방(Brévent)이다.

브레방 전망대
주소 29 Rte Henriette d'Angeville, 74400 Chamonix-Mont-Blanc, France **전화** +33 4 5053 2275 **시간** 겨울 08:50~16:00, 여름 08:30~16:45(날짜에 따라 변동) **요금** 왕복-어른 €39.5, 5~14세 €33.5 **홈페이지** www.montblancnaturalresort.com

전망대

락 블랑 Lac Blanc

에귀 디 라 플로리아(Aiguille de la Floria) 산골짜기의 해발 2,352m 지점에 있는 산정 호수다. 락은 '호수', 블랑은 '하얀'을 뜻한다. 호수는 아래와 위 두 곳이다. 위에 있는 호수가 규모가 크고 전망이 좋아 추천한다. 산장에서 간단한 먹거리와 음료를 팔고 있어, 요기를 하거나 목을 축이기에도 좋다. 단, 현금으로만 살 수 있다.

빙하가 녹아 만들어진 호수는 예상보다 훨씬 차갑다. 식수로도 사용하고 있어 수영은 하면 안 된다. 하이킹 코스는 대부분 몽블랑 산군을 보며 걸을 수 있어 좋다. 설산 침봉을 바라보며 알프스 고원을 걷다가 푸른 목초지가 나오고 수림을 걷는다. 야생 염소인 스타인복(Steinbock)을 만날 수도 있다.

샤모니 → 락 블랑 호수 가는 방법
락 블랑 호수까지 걸어서 왕복 2시간이 소요된다고 하는데, 믿지 말자. 건장한 스위스 등반가 기준인지 훨씬 오래 걸린다. 하이킹에 자신이 있다고 해도 풍경에 빠져 걸음을 아끼게 된다.
❶ 하이킹을 시작할 수 있는 플레제르 언덕(1,894m)까지 올라가기 위해서는 샤모니의 플레제르 곤돌라 승차장(Station La Flégère)을 이용해야 한다. 시내에서 20분 정도 걷거나 시내 알피나 에클렉틱 호텔 앞 플라체 몽블랑(Place Mont Blanc) 정류장에서 2번 버스를 타고 레 프하(Les Praz) 정류장에서 하차한다.
❷ 곤돌라를 타고 플레제르(La Flégère)에서 내리면 하이킹이 시작된다. (또는 플레제르에서 인덱스(Index)로 체어리프트를 타고 올라가 락 블랑으로 걸어갈 수도 있다.)
❸ 초지와 자갈이 섞인 오르막길을 지그재그로 걸어가면 지금은 사용하지 않는 산장이 하나 있다. 산장을 오른쪽에 두고 걷는다.
❹ 2분쯤 걸으면 갈림길이 나오는데 작은 호수 위 데크로 된 오른쪽 길이다. 호수 위 데크에 앉아 사진을 찍으면 몽블랑 산군과 반영, 길을 한 번에 담을 수 있다.
❺ 눈이 녹아 만들어진 샘을 왼쪽에 두고 지난다. 한여름 건조한 날씨에는 샘이 없을 수도 있다. 이곳부터 오르막길이 다시 시작된다.
❻ 돌탑이 보인다면 가파른 오르막길은 끝났다는 얘기다. 락 블랑 호수도 지척이다. 평지 길이 이어져 걷기 쉽다.

락 블랑 호수
주소 35 Rte des Tines, 74400 Chamonix-Mont-Blanc, France **전화** +33 4 5053 2275 **시간** 겨울 08:50~16:45, 여름 08:50~17:15(날짜에 따라 변동) **요금** 왕복-어른 €23, 5~14세 €20 **홈페이지** www.montblancnaturalresort.com

추천 식당

코티지 카페
Cottage Café

브런즈윅(Brunswick) 공작 기념비 앞에 있는 벽돌 집이다. 1879년 건설 노동자를 위한 임시 숙소로 사용되었다가 정원과 카페로 바뀌었다. 1930년대부터 2006년까지 비어 있다가 제네바시에서 개조해 아늑한 카페가 되었다. 오전 11시까지 조식, 12시부터 14시까지 점심, 이후에는 디저트 카페이며 저녁 6시 이후에는 타파스 바로 운영한다. 인기가 많아 주문부터 음식을 받기까지 대기 시간이 길 수 있으니 배고플 땐 가지 말자.

주소 Rue Adhémar-Fabri 7, 1201 **전화** +41 22 731 60 16 **시간** 월~금 07:30~23:00, 토 09:00~23:00 / 일요일 휴무 **요금** 타파스 CHF4~ **홈페이지** cottagecafe.ch

레 자르뮈르
Les Armures

5성급 호텔에서 운영하는 레스토랑으로 제네바에서 가장 오래되었다. 상 피에르 대성당과 타벨 저택, 옛 무기고 동선에 있다. 17세기 지어진 저택 내부는 중세 기사의 방과 아늑한 샬레 분위기로 꾸며져 있다. 스위스 전통 요리로 바슈랭(Vacherin)과 그뤼에르(Gruyère) 치즈를 넣은 퐁뒤, 스위스 짐멘탈(Simmental) 송아지 스테이크, 제네바 생선 요리인 필레 드 페르슈(Filets de perches du lac Léman)를 맛볼 수 있다. 빌 클린턴 전 대통령과 조지 클루니, 폴 매카트니 등 국외 유명 인사들이 방문할 정도로 인기가 있다.

주소 Rue du Soleil-Levant, 1204 **전화** +41 22 818 71 71 **시간** 12:00~22:30(일요일~23:00) **요금** 추천 메뉴 CHF17~ **홈페이지** lesarmures.ch/restaurant

비스트로 뒤 뵈프 루즈
Bistrot du Boeuf Rouge

세계적인 미식 안내서인 미쉐린 가이드에 소개된 레스토랑이다. 제네바와 가까운 프랑스 리옹 지방 요리를 전문으로 한다. 제네바 호수에서 잡은 강꼬치고기로 만든 크넬 드 브로셰 뒤 락 레만(Quenelle de brochet du lac Léman)이 대표 요리다. 스테이크도 맛이 좋은 편. 미쉐린 가이드에 소개되었지만, 가격은 합리적이다. 저녁 식사는 미리 예약하는 것을 추천한다.

주소 Rue Docteur-Alfred-Vincent 17, 1201 **전화** +41 22 732 75 37 **시간** 11:45~15:00, 18:45~23:45 / 토~일 휴무 **요금** 크넬 드 브로셰 CHF36 **홈페이지** boeufrouge.ch

쉐 필립
Chez Philippe

셰프 필립 셰브리에(Philippe Chevrier)가 뉴욕 스테이크 하우스의 맛을 선보인다. 스위스산 소고기 부위 중 티본과 토마호크, 립을 너도밤나무 숯불에 구워 낸다. 등심과 안심 스테이크도 있다. 아일랜드와 미국, 일본 고베 소고기와 아일랜드 양고기, 스위스 돼지고기, 프랑스 치킨 요리 등 생산지를 불문하고 좋은 재료를 사용해 구워 주는 그릴 하우스다. 월요일부터 금요일까지 매일 다른 코스 요리도 있어 합리적인 가격에 식사를 할 수도 있다.

주소 Rue du Rhône 8, 1204 **전화** +41 22 316 16 16 **시간** 11:00~15:00, 18:30~23:00 **요금** 주간 요리 CHF42 **홈페이지** chezphilippe.ch

 추천 **숙소**

호텔 로즈말레
Hôtel Longemalle Genève

레만 호수와 가까운 구시가에 4성급 부티크 호텔 로즈말레가 있다. 2019년 개조해 깔끔하고 개성 있는 호텔이다. 생동감 넘치는 색상과 현대적인 가구로 세련되고 활기찬 분위기다. 가족 여행에 묵기 좋은 호텔로 부티크 호텔에서 보기 드문 1인실이 있다. 인디비주얼(Individual) 룸은 더블 침대 1개가 있어 12세 이하 아이와 어른 1명이 묵을 수 있다. 4인 가족이라면 복층 구조인 트리플렉스(Triplex) 룸을 이용하자. 테라스가 있는 방에서 레만 호수가 한눈에 들어온다.

주소 Platz de Longemalle 13, 1204　**전화** +41 22 906 47 00　**요금** CHF350~　**홈페이지** www.longemallecollection.com/en/le-longemalle.html

키플링 마노텔
Hôtel Kipling Manotel

제네바 기차역 인근에 있는 3성급 호텔이다. 기차역과 멀지 않고 도로가 잘 정비되어 있어 캐리어를 끌고 이동하기도 어렵지 않다. 인도의 동양적인 분위기에 영감을 얻은 인테리어가 인상적이다. 침대는 큰 편이고 방과 욕실이 쾌적하다. 위치와 룸 컨디션 면에서 가성비가 좋다. 레만 호수까지 도보 10분 거리고 역 주변이 대부분 그렇지만 골목 주변이라 늦은 밤에는 조심하는 것이 좋다.

주소 Rue de la Navigation 27, 1201　**전화** +41 22 544 40 40　**요금** CHF180~　**홈페이지** hotelkiplinggeneva.com

비종아파트먼츠 제네바 가르
Hôtel Visionapartments Geneve Gare

비종아파트먼츠는 1999년부터 2,500채의 자체 설계 아파트를 가지고 있는 회사다. 간결한 디자인과 합리적인 가격, 알맞은 위치로 비즈니스 방문객 또는 여행객에게 인기 있는 호텔이다. 이름처럼 제네바 기차역 바로 앞에 있는 호텔로 구시가지까지 걸어갈 수 있고 제네바 곳곳과 연결하는 버스 정류장이 있어 이동도 편하다. 단, 머무는 동안 룸 클린 서비스가 없고 창문을 열면 소음이 있다.

주소 Platz de Cornavin 8, 1201　**전화** +41 22 818 62 62　**요금** CHF145~　**홈페이지** visionapartments.com

페터쇼플리
Petershöfli - Home St. Pierre

이름처럼 상 피에르 대성당 건물과 접해 있다. 1874년 제네바로 일자리를 찾거나 유학을 온 여성들에게 숙소를 제공하는 목적으로 만들어졌다. 약간 오르막길을 올라야 하지만 구시가지 중심에 있어 이동이 편하다. 숙소 가격이 비싼 제네바에서 저렴하게 묵을 수 있는 기숙사형 숙소다. 대학 기숙사 방을 여행자에게 내어주는데 여성 전용 1~2인실과 남성용 6인 다인실, 여성용 10인 다인실이 있다.

주소 Cr de Saint-Pierre 4, 1204　**전화** +41 22 310 37 07　**요금** 다인실 CHF40, 여성 1인실 CHF60　**홈페이지** homestpierre.ch/background-information

로잔

Lausanne

각 나라를 여행하다 보면 대학 도시 하나쯤은 있다. 유구한 역사와 고풍스러운 건물, 오랜 전통을 유지해 온 대학 문화까지 도시의 자긍심을 보여 주는 듯하다. 여기에 젊은 취향인 가게가 더해지면서 골목은 유난히 북적거리고 사람들이 반짝이는데 우리는 그걸 '청춘 도시'라고 한다. 스위스 로잔도 그렇다. 더욱 특별한 것은, 창의적인 건축물과 공간 구성이 돋보이는 로잔 연방 공과대학교가 있고 영감을 주는 전시나 공연에 끊임없이 초대된다는 점이다.

그렇다고 로잔을 대학 도시로만 소개하기엔 아쉬움이 있다. 중세 도시의 면모를 볼 수 있는 플롱(Flon) 지구에서는 15세기부터 지켜 온 야경꾼 전통을 경험할 수 있다. 레만 호수가 있는 우시(Ouchy) 지구는 여유로운 휴양지 분위기가 물씬 풍긴다. 1896년 고대 올림픽을 부활시킨 피에르 쿠베르탱이 올림픽 위원회(IOC)를 창설하고 박물관을 만들어 '올림픽의 도시'로도 불린다.

• 로잔으로 이동하기 •

기차

로잔은 스위스 대도시들과 기차로 쉽게 오갈 수 있다. 공항이 있는 제네바와 기차로 40분 거리, 수도인 베른과 1시간 거리다. 레만 호수 주변 도시로 이동할 때는 호반을 달려 경치가 좋다. 기차역 내 코인 로커는 현금만 결제된다. 유인 짐 보관소도 있으니 참고하자.

배

가로로 길게 뻗은 레만 호수 중심에 있어 유람선을 타고 제네바나 몽트뢰, 브베 등 호수 마을로 이동하기 쉽다. 호수 건너에 있는 프랑스 에비앙(Evian)도 갈 수 있다. 정확한 시간이나 요금은 홈페이지(www.cgn.ch)에 있다.

자동차

자동차로 갈 땐 제네바에서 1번 고속도로, 몽트뢰에서 9번 고속도로를 이용하며 각각 50분, 30분 소요된다. 로잔 내에는 구시가지의 차량 통행이 금지되어 있고 그 외 도로도 복잡하기 때문에 자동차 여행을 권하지 않는다.

로잔 관광안내소
주소 Place de la Gare 9, 1003 Lausanne **전화** +41 21 613 73 73 **시간** 09:00~18:00 **홈페이지** www.lausannetourisme.ch

• 로잔의 시내 교통 •

로잔은 레만 호수를 앞에 두고 세 개의 언덕으로 이루어져 있다. 대표 여행지인 구시가지도 언덕이라 걸어서 다니기는 힘들고, 언덕을 오르는 지하철, 메트로(Metro)를 이용하면 편리하다. 우리나라 출신 디자이너가 만든 로고에는 사선 세 개가 언덕을 상징하며 경사가 드러난 메트로 역도 흥미롭다. 스위스 내에서 유일하게 있는 교통수단이라 경험하는 것도 의미가 있다. 로잔 대중교통은 TL(Transports Publics de la Eegion Lausannoise)에서 운영하며 메트로와 버스를 이용할 수 있다. 메트로는 M1과 M2, 두 개의 노선이 있는데 M1은 로잔 연방 공과대학교를 연결하고 M2에 관광 명소 대부분이 있다. 자세한 노선 및 이용 시간은 홈페이지(www.t-l.ch)에서 확인할 수 있다.

교통 패스

교통권은 1회권이 CHF3.9이다. 로잔 여행지 대부분을 연결하며 1시간 유효하다. 교통수단을 3회 이상 이용한다면 1일권(CHF9.3)이 낫다. 기차역에서 대성당에 갈 때 1회, 우시로 갈 때 1회, 기차역으로 갈 때 1회 메트로를 탄다면 1일권을 권한다. 단, 24시간이 아니라 다음 날 5시까지 유효하다.
로잔에서 정식 숙박업체(호텔·호스텔·캠핑장)에 머문다면 기간(최대 15일) 내 무료 대중교통 카드를 제공한다.

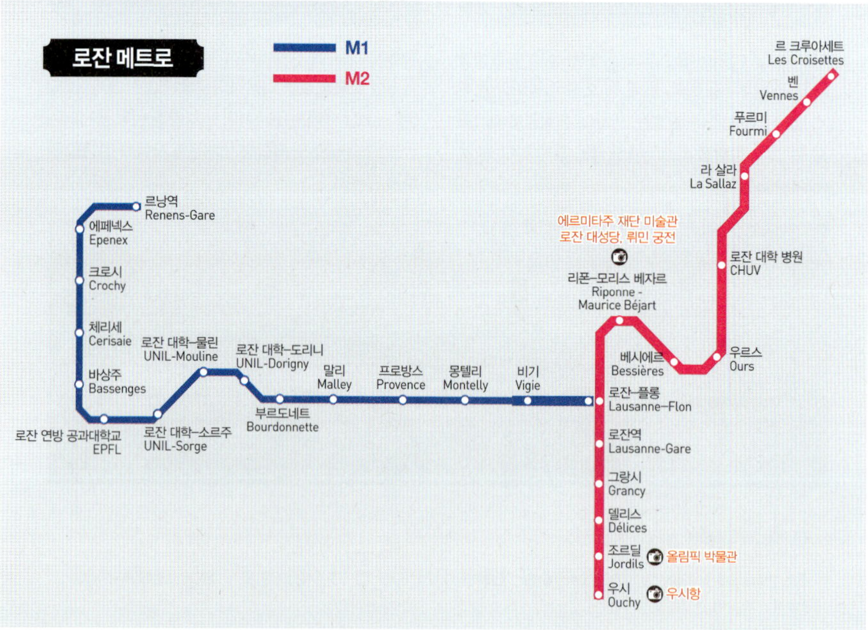

로잔 메트로

- M1
- M2

M1 노선: EPFL – UNIL-Sorge – 로잔 대학-몰리 UNIL-Mouline – 크로시 Crochy – 에페넥스 Epenex – 르낭역 Renens-Gare – 바상주 Bassenges – 체리세 Cerisaie – UNIL-Dorigny – 부르도네트 Bourdonnette – 말리 Malley – 프로방스 Provence – 몽텔리 Montelly – 비기 Vigie – 로잔-플롱 Lausanne-Flon

M2 노선: 르 크루아세트 Les Croisettes – 벤 Vennes – 푸르미 Fourmi – 라 살라 La Sallaz – 로잔 대학 병원 CHUV – 에르미타주 재단 미술관 / 로잔 대성당, 뤼민 궁전 – 리폰-모리스 베자르 Riponne - Maurice Béjart – 베시에르 Bessières – 우르스 Ours – 로잔-플롱 Lausanne-Flon – 로잔역 Lausanne-Gare – 그랑시 Grancy – 델리스 Délices – 조르딜 Jordils (올림픽 박물관) – 우시 Ouchy (우시항)

Lausanne

로잔
추천 코스

관광지는 크게 구시가지가 있는 언덕 위 플롱(Flon) 지구와 올림픽 박물관과 호반을 즐길 수 있는 우시(Ouchy) 지구로 나뉜다. 동선은 가장 높은 곳에 있는 에르미타주 재단 박물관부터 시작하거나 반대로 M2 종점인 우시에서 출발해도 된다. 건축에 관심이 있다면 유명 건축가들의 작품을 만날 수 있는 연방 공과대학교를 추천한다. 저녁이 되면 플롱 지구로 가 보자. 우시항으로 들어온 물건을 푸니쿨라에 실어 올려 창고가 많았던 옛 공업 지대다. 산업이 저물고 창고가 문을 닫은 뒤 예술가들이 차지하면서 매력적인 장소로 바뀌었다. 레스토랑과 카페, 클럽이 들어오면서 로잔의 나이트 라이프를 책임지고 있다.
레만 호수의 주변 도시나 근교 프랑스 에비앙으로 당일치기 여행을 떠나고 싶다면 각각 하루씩 더해 계획을 세워 보자.

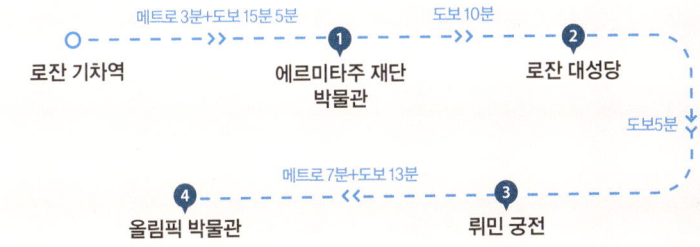

○ 로잔 기차역 —(메트로 3분+도보 15분 5분)→ ① 에르미타주 재단 박물관 —(도보 10분)→ ② 로잔 대성당 —(도보 5분)→ ③ 뤼민 궁전 —(메트로 7분+도보 13분)→ ④ 올림픽 박물관

Flon
플롱 지구

야경꾼 전통을 이어 온 고딕 대성당
로잔 대성당 La Cathédrale de Lausanne

1170년부터 1235년까지 지어지는 동안 다양한 양식이 더해졌지만, 고딕이 대표적이다. 원래는 가톨릭 성당이었으나 1536년 종교 개혁 후 개신교회가 되었다. 외관 장식이 잘 보존되어 있는데 남쪽 현관인 '사도의 입구'가 유명하다. 예수와 예언가, 선지자들이 정교하게 묘사되어 있다. 차분하고 절제된 내부에서는 스테인드글라스를 눈여겨보자. 화해와 조화를 상징하는 장미창은 기하학적 무늬로 찬사를 받고 있다. 보통 성경 이야기를 다루는데 이곳에선 땅과 바다, 물, 불처럼 자연 요소가 하느님을 감싸고 있다.

운이 좋다면 7,396개의 파이프로 된 오르간 음악을 들을 수도 있다. 2003년, 이탈리아 출신 슈퍼 카 디자이너인 조르게토 주히아로(Giorgetto Giagiaro)가 설계하여 혁신적 요소를 가미했다. 키보드 6개와 연결된 오르간을 중심으로 천사의 날개처럼 파이프가 펼쳐진다. 소리가 아름다워 오르간 콘서트(약 CHF20~)가 열리기도 한다. 일정은 홈페이지에서 확인할 수 있다.

사도의 입구

224개 계단을 오르면 첨탑 전망대다. 언덕 위에 있어 로잔 시내 너머 레만 호수와 알프스산맥까지 보인다. 맞은편은 망루인데 야경꾼 전통이 이어지고 있는 것으로 유명하다. 기록에 따르면 1405년에도 있었던 전통으로, 과거에는 목조 건축물이 많아 화재 위험이 컸기 때문에 이를 감시하는 불침번이 있었다. 매일 밤 10시부터 새벽 2시까지 매시 정각에 망루에서 시간을 외쳤다. "C'est le guet! Il a sonné dix, Il a sonné dix! (야경꾼이다! 10시, 10시다!)" 야경꾼이 시간을 알리면 불을 사용하지 말라는 뜻이다. 유럽 대부분 지역에서 종탑이 그 역할을 대신하지만, 로잔에서 지금까지 이어 오고 있다. 여름철 21시 30분에서 자정까지 야경꾼과 함께 6명 이하로 투어가 진행한다. 22시 03분부터 22시 56분까지 전화(+41 21 312 7491)로 예약해야 한다.

교통 기차역에서 M2 타고 리폰-모리스 베자르(Riponne-M.Bejart)역 하차 후 도보 5분 **주소** Place de la Cathédrale, 1005 Lausanne **전화** +41 21 316 71 61 **시간** ❶ 성당-4~9월 09:00~19:00, 10~3월 09:00~17:30 ❷ 첨탑-4~9월 월~토 09:30~12:00, 13:30~18:00, 일요일 13:00~17:00 / 10~3월 월~토 09:30~12:00, 13:30~16:30, 일 14:00~16:30 **요금** 성당-무료 / 첨탑-어른 CHF5, 어린이 CHF2 **홈페이지** cathedrale-lausanne.ch

마르셰 계단 Escaliers du Marché

구시가에서 로잔 대성당으로 가는 오르막길에 있다. 13세기에 만들어진 목조 계단으로 지붕이 덮여 있어 비가 와도 문제없다. 계단 옆으로 시장(마르셰)이 열려 붙여진 이름이다. 꽤 가파르니 구시가지로 내려올 때 이용해 보자.

로잔 역사와 문화를 한눈에
뤼민 궁전 Palais de Rumine

1890년대, 러시아 왕족이자 토목 기사인 가브리엘 드 뤼미네(Gabriel de Rumine)는 로잔에서 태어나고 자랐다. 그가 죽은 뒤 로잔시에 150만 스위스프랑을 남겼는데, 1904년 로잔 대학교 건물을 짓는 데에 사용되었다. 뤼민 궁전이라 이름 붙여진 이 건물은 현재 로잔의 역사를 살펴볼 수 있는 고고학·지질학·동물학·화폐 박물관과 도서관으로 사용된다.

르네상스 양식의 건물은 내부가 무척 아름답다. 특히 중앙 계단은 이탈리아 라우렌치아나 도서관의 미켈란젤로 계단이나 베르니니가 설계한 바티칸 계단, 메디치 저택에서 영감을 받아 작업했다. 아울라(Aula) 방은 프레스코화로 유명하다. 1906년, 제1차 세계대전 직후 연합군과 오스만 제국이 만나 제국의 해체를 결정한 '로잔 조약'이 이루어진 곳이기도 하다.

교통 기차역에서 M2 타고 리폰-모리스 베자르(Riponne-M.Bejart)역 하차 **주소** Place de la Riponne 6, 1005 Lausanne **전화** +41 21 316 33 10 **시간** 화~목 11:00~18:00, 금~일 11:00~17:00 / 월요일 휴무 **요금** 어른 CHF8 학생·어린이 무료 **홈페이지** musees.vd.ch

팔뤼 광장 Place de la Palud

9세기부터 시장이 들어선 중심 광장이다. 지금도 매주 수요일과 토요일에는 신선한 채소와 과일, 식재료와 꽃을 파는 시장이 열린다. 레스토랑과 카페, 상점이 많아 여행자가 많이 들르는 장소 중 하나이기도 하다. 광장 주위에 시청사(Hotel de Ville)를 비롯한 중세 건물이 둘러싸고 있다. 약국 건물 위로 보이는 태양 모양의 팔뤼 시계(Horloge de la Palud)는 매시 정각에 인형들이 나와 줄지어 지나가고 왈츠를 춘다. 베른 시계를 보고 로잔 박람회 때 만들었는데 인기가 많아 남겨 두었다. 중앙에는 저울을 든 정의의 여신상 분수가 있다.

전망 좋은 영국식 저택에서 반나절
에르미타주 재단 미술관 Foundation de l'Hermitage

1841년 은행가 샤를-쥐스트 부기뇽(Charles-Juste Bugnion)이 지금 자리에 땅을 사고 저택을 지었다. 영국식 정원 너머 로잔 대성당과 레만 호수가 한눈에 내려다보이는, 누구나 돈이 있으면 사고 싶을 그런 자리다. 1976년 아름다운 저택은 공원과 함께 로잔시에 기증되어 여행객도 방문할 수 있게 됐다. 상설 전시는 없지만, 재단의 탁월한 기획 전시가 자주 있고 프랑스 중세 시대의 가구로 꾸며진 방에서는 상류층 생활을 엿볼 수 있다. 관람하지 않더라도 뒤뜰에 있는 레스토랑 에스키스(Esquisse)에서 사치스러운 식사를 즐겨 봐도 좋다.

교통 기차역에서 M2 타고 베시에르(Bessières)역 하차, 역 앞에서 16번 버스 타고 에르미타주(Hermitage) 정류장 하차 **주소** Route du Signal 2, 1018 Lausanne **전화** +41 21 320 50 01 **시간** 10:00~18:00(목 ~21:00) 월요일 휴무 **요금** 어른 CHF22, 학생 CHF10, 6~17세 CHF5 **홈페이지** www.fondation-hermitage.ch

Ouchy
우시 지구

올림픽 백과사전
올림픽 박물관 Musée Olympique

2021년 올림픽 구호가 '더 빨리, 더 높이, 더 힘차게'에서 '더 빨리, 더 높이, 더 힘차게-다 함께'로 변경되었다. 근대 올림픽 창시자인 피에르 쿠베르탱 남작이 강조했던 스포츠의 우수성을 넘어 전 세계인의 유대감을 더한 슬로건이다. 올림픽 박물관을 둘러본다는 건 세계인의 축제인 올림픽을 되짚어 보면서 당시 희로애락을 함께 공유하는 시간이기도 하다. 1988년 서울 올림픽 기념품을 사거나 남북 탁구 단일팀의 경기 영상이 나오면 마음이 뭉클해지기도 한다.

박물관은 1980~2001년 IOC 위원장을 지낸 후안 안토니오 사마란치(Juan Antonio Samaranch)가 주도해 1993년 문을 열었다. 1988년 올림픽 개최지를 서울이라고 외친 그 사람이다. 고대 그리스 올림픽과 근대 올림픽의 탄생, 역사적인 순간들을 멀티미디어로 전시하고 있다. 활기찬 분위기의 톰 카페(Tom Cafe)는 호수와 알프스 전망을 볼 수 있어 머물기 좋다. 정원에선 올림픽을 주제로 한 조각을 감상해 보자. 콜롬비아 출신 유명 화가인 페르난도 보테로의 작품도 있다.

교통 기차역에서 M2 타고 조르디스(Jordis)역 하차 후 도보 10분 **주소** Quai d'Ouchy 1, 1006 Lausanne **전화** +41 21 621 65 11 **시간** 5~9월 09:00~18:00 / 월요일 휴무 **요금** 어른 CHF 20, 학생 CHF 14 **홈페이지** www.olympic.org

우시항 Port d'Ouchy

로잔은 의외로 교통의 요지다. 수도 베른에서 기차로 1시간 거리이고, 프랑스와 이탈리아, 독일 국경과도 멀지 않다. 레만 호수 맞은편은 프랑스다. 12세기에는 도시를 지키기 위해 탑과 성을 지었으나 19세기 가죽 산업과 무역으로 우시 항구가 부유해졌다. 20세기에 들어 부자들의 휴양 도시가 되면서 호화 별장이 들어서고 산책로도 꾸몄다. 12세기에 지어진 우시성(Château d'Ouchy)은 고풍스러운 부티크 호텔로 바뀌었다. 호숫가에는 레만 호수를 닮은 초승달 모양 풍향계가 있다. 평화로운 호수를 보며 와인이나 맥주를 마실 수 있는 상점이 있어 휴식을 즐겨도 좋다.

건축에 관심이 있다면 영감 100% 충전
로잔 연방 공과대학교 École polytechnique fédérale de Lausanne (EPFL)

스위스 연방 대학은 취리히(ETHZ)와 로잔(EPFL), 두 곳으로 이공계 연구 중심 대학이다. 공학자나 과학자를 양성하고 산업, 예술과도 교류 역할을 하는 데 구조를 위한 식용 드론이나 빙하 병원균 실험, 친환경 플라스틱 대체품, 태양 전지 등 일상에 밀접한 연구와 개발이 이뤄지고 있다. 대학 교정 내 독창적인 건축물들은 그들의 창의적인 생각을 돕는데 한몫을 하지 않을까? 캠퍼스를 걸으며 그들처럼 인사이트를 얻어 보자.

주소 Station 10, 1015 Ecublens **전화** +41 21 693 51 26 **홈페이지** www.epfl.ch/campus/visitors

롤렉스 러닝 센터 Rolex Learning Center

일본 건축 사무소 산아(Sanaa)가 설계한 학습 센터다. 50만 권의 책이 보관된 도서관과 레스토랑, 카페가 있다. 하늘에서 보면 구멍 뚫린 사각 치즈처럼 보이는데 듬성듬성 난 구멍은 외부 중정 공간이다. 건물 깊숙이 채광이 잘 된다. 옆에서 보면 콘크리트 튜브가 유려한 곡선을 그리며 뻗는다. 기둥 없이 노출 콘크리트 바닥으로 건물을 들고 있는데 바닥이 평평해야 한다는 고정관념을 완벽히 깬다. 건물을 받치고 있는 기둥은 실내에 있다. 기둥 수가 190여 개로 많지만, 지름 15cm라 동선에 방해되지 않는다. 내부는 누구에게나 개방되어 있다. 롤렉스는 스위스 명품 시계 회사다. 이곳의 건축을 지원하고 그 대신에 벽시계나 센터 이름 등에서 광고 효과를 얻고 있다.

EPFL 파빌리온 EPFL Pavilions

일본 건축가인 겐고 쿠마(Kengo Kuma)가 설계한 아트랩(Artlab)이다. 250m 길이의 슬레이트 지붕 아래 세 개의 공간이 있다. 과학과 기술, 인문학, 예술을 아우르는 전시가 열린다. 과학에 대한 이해를 넓히고 대중에게 접근하는 실험적 공간이다. 재즈로 유명한 몽트뢰에서 착안한 재즈 카페에서 간단한 식사나 음료를 즐길 수 있다.

전화 +41 21 693 65 01 **시간** 11:00~18:00, 월요일 휴무 **요금** 무료

메디컬 센터 아케이드 Inauguration du bâtiment (ME)

도미니크 페로(Dominique Perrault)가 설계한 건물로 기계공학부와 생물학부가 사용한다. 직물을 짜 놓은 듯 패널을 교차 연결한 입면이 눈에 띈다. 패널은 경사를 달리해 은은한 채광이 쾌적한 환경을 돕는다. 사용자 특성상 에너지 관리에 관한 연구나 고민이 절로 들지 않을까 싶다.

Plus Area ❶
모르주 Morges

꽃은 여행과도 같아서 잠시 머물다 간다. 장소를 이동하는 우리와 달리 꽃은 시간을 옮겨 가는 게 여행일까? 그렇다면 모르주는 봄부터 가을까지 성수기다. 4~5월에는 모르주 성 앞 랑데팡덩스 공원(Parc de l'Indépendance)에 튤립이 핀다. 이어 아이리스가 만개하다 가을이면 달리아가 차례로 피어난다. 피고 지는 찰나의 꽃을 보기 위해 사람들은 기꺼이 모르주로 향한다. 꽃 같은 사람, 오드리 헵번도 이 조용하고 낭만적인 마을에서 마지막 생을 보냈다. 그녀의 흔적을 찾아 이곳을 향하는 사람들도 있다.

• 모르주로 이동하기 •

모르주는 제네바에서 로잔으로 오는 길에 있는 작은 마을이다. 기차로 쉽게 도착할 수 있다. 제네바에서 30여 분, 로잔에서 10여 분 소요된다. 레만 호숫가에 있어 로잔에서 유람선을 타고 올 수도 있는데, 30분 정도 소요된다. 겨울철에는 운행이 없을 수도 있어 CGN 유람선 홈페이지(cgn.ch)에서 미리 확인하고 동선을 짜도록 하자. 모르주에서 오드리 헵번이 살았던 톨로체나스 마을과 아름다운 뷔이유렁성까지 둘러보면 좋다. 기차역에서 버스로 쉽게 닿을 수 있으며 작은 마을이라 주말에는 배차 간격이 길다.

오드리 헵번 생가로 이동하기
모르주 기차역(Morges Gare)에서 나와 오른쪽에 있는 정류장에서 706, 703번 버스를 타고 5분 정도 이동하면 오드리 헵번 생가 앞 정류장(Tolochenza, Le Portail)에 하차한다.
701번 버스는 톨로체나츠, 라 플란타스(Tolochenaz, LA Plantaz) 정류장에서 하차 후 진행 방향으로 2분 정도 걸으면 톨로체나츠 공동묘지가 나오니 오드리 헵번의 묘도 둘러보고 가자.

뷔이유렁성(Château de Vullierens)으로 이동하기
모르주 기차역(Morges Gare)에서 나와 오른쪽에 있는 정류장에서 버스 730번을 이용한다. 9개 정거장을 지나 뷔이유렁(Vullierens) 정류장에서 내린 뒤 샤토(Château) 길을 따라 6분 정도 걸어가면 왼쪽에 보인다. 지역 버스 MBC를 이용하며 버스 회사(mbc.ch) 또는 뷔이유렁성(chateauvullierens.ch) 홈페이지에서 정확한 시간표를 확인할 수 있다.

모르주 관광안내소
주소 Rue du Château 2, case Postale 55, 1110 Morges **전화** +41 21 801 32 33 **시간** 월~금 09:00~17:30, 토~일 09:30~14:30 **홈페이지** www.morges-tourisme.ch

모르주성 Château de Morges

모르주는 농지가 비옥해 배곯는 일이 없었다. 북쪽으로 독일, 서쪽에는 프랑스로 이어지는 무역로가 있고 이웃한 로잔에 주교구가 있어 만약을 대비한 요새가 필요했다. 모르주가 속한 보(Vaud)주는 사보아 왕족, 루이(Louis) 1세가 다스렸는데, 1286년 도시를 지키기 위해 요새형 성을 쌓았다. 사보아 전통 건축 양식인 정방형으로 쌓고 16세기까지 개보수되다 둥근 탑 4개가 더해졌다. 현재 내부는 군사 박물관이다. 사보이 왕가 유산과 군대 역사, 의복 등을 전시한다. 특히 밀랍 인형 40,000여 개로 역사적인 순간을 만든 디오라마 50개가 인상적이다.

교통 기차역에서 도보 5분 **주소** Rue du Château 1, 1110 Morges **전화** +41 21 316 09 90 **시간** 9~6월 10:00~17:00 / 7~8월 10:00~18:00 / 월요일 휴무 **요금** 어른 CHF10(18세 미만, 매월 첫 번째 일요일 무료)

라 파지블 – 오드리 헵번 생가 La Paisible - house of Audrey Hepburn

'세기의 연인'으로 불리는 할리우드 배우 오드리 헵번이 은퇴 후 1963년부터 생을 마감한 1993년까지 머물렀다. 은막의 여왕에서 내려와 가족들과 평범하게 삶을 지낸 유일한 집이다. 생가가 있는 마을, 톨로체나츠(Tolochenaz)는 둘러보는데 한 시간이면 충분할 만큼 작다. 그녀의 흔적을 찾아 나선다면 오드리 헵번 흉상이 있는 광장(Bust of Audrey Hepburn)에서 시작하자. 1809년부터 사용한 우물 옆에 있다. 세트흐(Rue du Ctre) 거리 끝에 생가, 라 파지블이 있다. 내부는 들어갈 수 없다. 지척인 톨로체나츠 공동묘지(Chemin des Plantees)에는 헵번의 묘가 있다. 명성과 달리 그녀를 기리는 모든 것이 작고 소박하다. 은퇴 후 유니세프 친선 대사 활동을 한 오드리 헵번이 남긴 말이 떠오른다. "한 손은 너 자신을 돕는 손이고, 다른 한 손은 다른 사람을 돕는 손이다." 자신에겐 한 평 남짓 땅을 내어주고 다른 손은 얼마나 많은 사람에게 내밀었을지 곱씹게 되는 여행지다.

주소 Rte de Lully 31

뷔이유령성 Château de Vullierens

스위스 연인들이 웨딩 촬영을 할 때 찾는 장소 중 하나다. 아름다운 배경은 물론, 중세 영주 부부 이야기도 한 몫한다. 17세기 말, 이곳 영주인 샤를 드 샹뒤(Charles de Chandieu)는 아름다운 프랑스인 아내를 성에 데려왔다. 13세기에 지어져 요새처럼 거칠었던 성이 마음에 차지 않아 아내는 고국으로 돌아가 버렸다. 놀란 영주는 건축가에게 '리틀 베르사유'처럼 만들어 달라고 의뢰했고 다시 돌아온 아내는 그곳에 머물며 아이 11명을 낳고 살았다. 내부는 중국 장인이 만든 벽지와 목재 패널, 프랑스 장인이 만든 태피스트리, 스페인 코르도바 가죽을 사용한 가구로 꾸며져 있다. 영주의 유언대로 700년 동안 한 가문이 성을 지켜 내고 있다. 5~7월이면 성은 아이리스꽃으로 뒤덮인다. 1950년 안주인인 도린 보벳(Doreen Bovet)이 기르기 시작해 400여 종이 자라고 있다. 한파에도 강하고 시간이 지날수록 싱싱한 '저먼 아이리스(Iris Germanica)'는 화장품으로도 개발되었다. 8개의 테마 가든에는 93개의 현대 작품이 전시되어 있다. 그중 가장 유명한 작품은 '에티엔 크레헨뷜(ETIENNE KRÄHENBÜHL)'이다. 키네틱 작품으로 금속 조각으로 이루어진 구를 선으로 감싸, 모았다가 놓으면 반동으로 고유의 질감과 대비, 반사로 신비로운 장면을 연출한다.

주소 Les Jardins du Château de Vullierens, 1115 Vullierens **전화** +41 79 274 79 64 **시간** 4월 초~6월 중순 10:00~18:00 / 6월 중순~10월 말 12:00~18:00 / 4월 및 8월 중순~10월말 평일, 6월 중순~8월 중순 월~화 휴무 **요금** 어른 CHF17, 학생 CHF12, 5~16세 CHF5 **홈페이지** chateauvullierens.ch

Plus Area ❷
프랑스 에비앙레뱅 Évian-les-Bains

로잔 우시 선착장에서 유람선을 타고 레만 호수를 건너면 프랑스 에비앙레뱅(Évian-les-Bains)이다. 전 세계적으로 유명한 생수 브랜드, 에비앙의 고향이다. 마을 곳곳에 있는 샘에 생수통만 가져다 담으면 에비앙이다. 신장이나 방광에 좋다고 하니 하루쯤 몸에 좋은 여행을 해 보자.

• 프랑스 에비앙레뱅으로 이동하기 •

스위스 로잔에서 배를 타고 이동하는 방법이 가장 편하다. 레만 호수 맞은편에 있어 기차를 이용할 경우, 호수 주위를 빙 둘러 가야 하기 때문이다. 로잔 우시항에서 프랑스 에비앙레뱅까지 매일 운항하며 4시 55분부터 18시 40분까지다. 운행 간격은 약 1시간 30분이며 35분 소요된다. 날씨나 특별한 일정에 따라 운행 시간이 달라지므로 운항사 CGN 홈페이지(cgn.ch)에서 확인하자. 비용은 CHF18~23이다. 스위스 트래블 패스 소지자는 무료다. 국경을 넘기 때문에 여권 소지는 필수다.

7월에는 LPGA 5대 메이저 대회 중 하나인 아문디 에비앙 챔피언십이 에비앙 리조트에서 열린다. 이 시기에는 방문자가 많으며 리조트 골프장을 이용할 수 없으니 참고하자.

프랑스 에비앙레뱅 관광안내소

주소 Place de la Porte d'Allinges 74500 France **전화** +33 4 5075 0526 **시간** ❶ 5~9월 월~토 09:00~12:30, 14:00~18:30(토 ~18:00) / 일요일 10:00~12:00, 15:00~18:00(LPGV 시즌 월~금 09:30~18:30, 토~일 10:00~18:00) ❷ 10~4월 월~토 09:00~12:00, 14:00~18:00(토 ~17:00) / 일요일 휴무 **홈페이지** evian-tourisme.com

카샤 샘 Source Cachat

우리가 익히 아는 생수 브랜드 에비앙은 알프스 빙하에서 발원해 여러 해를 지나며 여과된 샘물이다. 두꺼운 빙하 퇴적층을 통과해 미네랄이 풍부하고 늘 11.6℃를 유지한다. 원천인 카샤 샘은 18세기 이곳을 소유했던 가브리엘 카샤(Gabriel Cachat)의 이름을 따서 명명되었다. 샘 주인은 1790년, 프랑스 혁명으로 카샤의 집에 몸을 숨기러 온 오르베뉴 지역 귀족 장 샤를 드 레세르(Jean Charles de Laizer) 백작을 통해 효험을 알게 되었다. 그는 평소 신장 결석으로 고통받았는데 머무는 2달 동안 샘물을 마셨더니 나았다. 1807년 신장과 방광 질환에 좋다고 알려지자 카샤는 샘으로 오는 길을 막고 물을 팔기 시작했다. 1826년 수치료 센터가 세워졌고 1829년 에비앙이 설립되었다. 1878년 프랑스 의학계에서 소화 불량과 류마티즘, 신장 질환에 좋다고 인증까지 받게 되자 마을에는 호텔과 카지노까지 들어서며 북새통을 이뤘다. 현재 카샤 샘은 에비앙 회사 소유이며 누구에게나 열려 있다.

주소 3B Av. des Sources, 74500 Évian-les-Bains, France

에비앙 마을 Evian Village

물의 원천인 카샤 샘을 중심으로 둘러보자. 에비앙에는 30여 개 샘이 있는데 카샤 샘과 코르들리에 샘(Source des Cordeliers)만 공개하고 나머지는 모두 에비앙 생수 공장으로 흐른다. 카샤 펌프실(Cachat pump room) 건물도 함께 둘러보자. 아르누보 양식으로 만들어진 유리 타일 쿠폴라와 반원형 유리창이 아름답다. 무료 개방하고 있어 고전적인 내부 모습을 볼 수 있다. 기념관인 에스파스 에비앙(Lespace Evian)은 의류와 컵, 우산 등 다양한 기념품을 판매하는데 이름을 새겨 주는 에비앙 병이 가장 인기다. 르 테르메(Les Thermes d'Evian)에선 직접 스파를 즐길 수 있다.

1902년 문을 연 수치료 건물을 재건축한 빛의 궁전(Palais Lumière)도 지척이다. 1895년 최초로 만든 영화를 상영한 뤼미에르 형제의 여름 별장이다. 지금은 시립 미디어 도서관과 전시장으로 활용되고 있다. 붉은 대리석과 고급스러운 장식이 인상적인 중앙 홀은 무료로 관람할 수 있다. 종교 건물로는 성 니콜라스 드 베로체 교회(Église Saint-Nicolas de Véroce)와 노트르담 성당(Eglise Notre dame de L'Assomption)이 있다. 선착장과 연결된 마을이 아담해 걸어서 한나절이면 충분히 머물다 갈 수 있다.

몽트뢰
Montreux

여행은 때로 무리를 부른다. 보고 싶은 것도, 하고 싶은 일도 많아서다. 그러니 자발적으로 휴식하기 쉽지 않다. 다행히 몽트뢰는 사람을 게으르게 만든다. 레만 호수에 간간이 밀려드는 파도처럼 말이다.

몽트뢰는 연중 온화한 지중해 리비에라(Riviera)를 닮았다고 해서 '몽트뢰 리비에라'로 불린다. 사람이 살기 좋은 기후는 물론, 지중해 수목인 사이프러스와 야자수가 자라는 점도 닮았다. 1906년 지어진 페어몬트 르 몽트뢰 팰리스(Fairmont le Montreux Palace) 호텔을 비롯해 벨 에포크 시대를 연상케 하는 고전 호텔이 이어진다. 18세기부터 영국과 프랑스 상류층이 찾는 휴양지가 되었으며 헤밍웨이, 빅토르 위고 등 당대 최고 문학가와 프레디 머큐리 같은 세계적인 명사들에게 사랑받았던 곳이다. 7월에는 25만여 명이 모이는 몽트뢰 재즈 페스티벌이 열리며, 크리스마스 시즌이 되면 꼭 가고 싶은 장소로 몽트뢰가 언급되곤 한다. 바로 하늘을 나는 산타 썰매 때문이다. 호반에서 열리는 크리스마스 마켓 위로 선물을 가득 실은 산타 썰매가 저녁 5시와 6시, 7시에 횡단한다. 160개 스탠드가 서는 큰 규모의 마켓도 인기다.

• 몽트뢰로 이동하기 •

기차

몽트뢰는 동서로 길게 뻗은 레만 호수 동쪽 끝에 있다. 스위스 인기 여행지인 체르마트와 수도 베른, 북쪽 취리히까지 기차로 쉽게 오갈 수 있다. 열차 절반이 창문으로 되어 있는 파노라마 기차, 골든패스 라인을 이용해 인터라켄, 루체른과도 연결된다. 서쪽 끝 제네바와는 기차로 1시간 거리, 취리히는 2시간 30분 거리다.

배

기차보다 느리지만, 레만 호수를 미끄러지듯 가로질러 호반 도시에 도착하는 낭만적인 교통수단이다. 제네바와 로잔, 브베까지 레만 호수 주변 마을에서 유람선을 타고 이동할 수 있다. 정확한 시간이나 요금은 홈페이지(www.cgn.ch)에서 확인할 수 있다.

자동차

자동차로 이동하면 취리히나 베른에서 1번과 12번 도로, 제네바나 로잔에서는 레만 호수를 따라 이어진 1번과 9번 도로를 타고 몽트뢰로 올 수 있다. 몽트뢰선 'Parking Montreux Market' 지하 주차장에, 시옹성에선 도로변에 있는 'Parking du château de Chillon'에 주차한다.

• 몽트뢰의 시내 교통 •

몽트뢰 시내는 걸어서 다닐 수 있다. 호반 산책로나 마켓과 카지노 등이 모두 가까이에 있다. 가장 유명한 여행지인 시옹성은 걸어서 50분이 걸리고 날씨나 체력에 따라 기차 또는 버스로 이동할 수 있다. 몽트뢰 대중교통은 VMCV(Transports publics Vevey-Montreux-Chillon-Villeneuve moblilis)에서 운영한다. 브베와 시옹성을 연결하는 201번 버스 외에도 인근 마을을 연결하는 공공 버스를 이용할 수 있다. 자세한 노선 및 이용 시간은 홈페이지(vmcv.ch)에서 확인할 수 있다.

교통 패스

교통권은 1회권이 CHF3.2이다. 3개 정류장 내에 이동할 수 있고 30분간 유효하다. 브베와 시옹성은 2구역으로 CHF3.9이다. 몽트뢰 또는 브베에서 정식 숙박업체(호텔, 호스텔, 캠핑장)에 머문다면 기간 내 몽트뢰 리비에라 게스트 카드를 제공한다. 모빌리스 대중교통을 무료로 이용할 수 있으며 시옹성과 채플린 월드 등 입장료가 할인된다.

몽트뢰 관광안내소

주소 Grand'Rue 45, 1820 Montreux **전화** +41 84 886 84 84 **시간** 월~금 09:00~17:30, 토~일 10:00~15:00 **홈페이지** montreuxriviera.com

Montreux

몽트뢰
추천 코스

몽트뢰는 19세기 후반부터 유럽 왕족과 귀족들이 여유를 즐기는 마을이었다. 알프스산맥과 레만 호수가 가진 평화로운 풍경과 온화한 기후에 쉬어 가기 좋아서다. 이 시기에 벨 에포크 양식의 건물이 지어지고 호텔이 들어서면서 고급 휴양지로 자리매김했다. 20세기에는 프레디 머큐리와 찰리 채플린 등 유명 인사들이 거주하면서 더욱 유명해졌다. 그들이 마을에서 주로 하는 일은 호반을 따라 걷기였다.

몽트뢰는 호숫가를 따라 꽃과 조형물을 더한 산책로를 조성해 두었다. 더운 날에는 호수에서 수영할 수 있도록 물 위에 거대 원형 플랫폼(Plateforme sur le Lac)도 만들어 두었다. 수심이 깊어 걱정이라면 카지노 바리에르나 버스로 15분 거리에 있는 수영장(Piscine de Villeneuve)를 이용해 보자. 몽트뢰에서 가장 유명한 장소는 시옹성이다. 프레디 머큐리 동상부터 시옹성까지 호숫가 산책로를 따라 천천히 걸어도 좋다. 퀸의 팬이라면 카지노 바리에르에 있는 퀸 더 스튜디오 익스피리언스에서 흔적을 찾아보자.

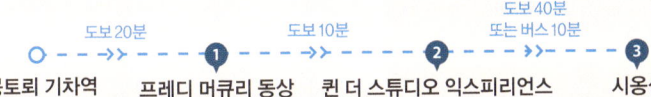

하늘을 나는 산타클로스

몽트뢰 크리스마스 마켓에서는 썰매 타고 날으는 산타 할아버지를 볼 수 있다. 호반에서 열리는 크리스마스 마켓 위로 선물을 가득 실은 산타 썰매가 저녁 5시와 6시, 7시에 횡단한다. 160개 스탠드가 서는 큰 규모 마켓도 인기다.

디즈니 애니메이션 〈인어공주〉의 모티브가 된 성
시옹성 Chateau de Chillon

몽트뢰(Montreux)와 빌레브(Villeneuve) 사이에 위치한 돌섬에 지어졌다. 시옹은 '반석'이란 뜻으로 내부 지하에서 민낯을 볼 수 있다. 청동기 때부터 사람이 살기 시작해 로마 시대에는 군사 요새로 사용되었으며 증개축되다 12세기 사보아 가문이 지배하면서 지금 모습이 되었다. 성이 섬 전체를 덮고 있어 밖에서 보면 마치 물 위에 뜬 듯 신비로운 풍경이다. 디즈니 애니메이션 〈인어공주〉에서 에릭 왕자가 사는 성의 모티브가 되기도 했다.

성은 통행세로 부를 쌓았다. 프랑스와 독일로 가는 길목이자 이탈리아에서 스위스로 오는 지름길인 론(Rhone) 계곡 끝에 자리한 덕분이었다. 호수를 오가는 상선에도 세금을 부과했다. 13세기 중반, 호수에서 함대를 운영하던 사보아 가문 피에르 2세가 여름 별장으로 사용했는데, 지금도 볼 수 있는 그의 방과 침실은 사보아 문장인 백합과 십자가로 장식되어 있다.

가톨릭 주교로 활동한 사보아 가문은 제네바 종교 개혁가 프랑수아 보니바르(Francois Bonivard)와 대립했는데 가문은 그를 잡아들여 지하 감옥에 가두었다. 기둥에 쇠사슬로 묶이는 형벌을 받은 그는 1536년 개신교 측인 베른 군대가 올 때까지 5년을 버텼다. 이후 18세기에 루소, 빅토르 위고와 같은 낭만주의 작가들이 이곳을 방문했는데 그중 영국 바이런 경이 서사시 〈시옹성의 죄수〉를 남겼다.

18세기 만들어진 목조 다리를 건너 성에 들어서면 내부 대부분을 자세히 둘러볼 수 있다. 간혹 콘서트나 콘퍼런스가 열려 일부 공간은 입장이 어려울 때도 있으니 참고하자. 한국어 안내서도 준비되어 있다.

교통 몽트뢰 관광안내소 앞 정류장에서 201번 버스 타고 시옹(Chillon)에서 하차. 몽트뢰 선착장에서 유람선 타고 샤토 드 시옹(Chateau de Chillon)에서 하선 **주소** Avenue de Chillon 21, 1820 Veytaux **전화** +41 21 966 89 10 **시간** 4~10월 09:00~18:00(6~8월 ~19:00) / 11~3월 10:00~17:00 / 크리스마스~새해 휴무 **요금** 어른 CHF15, 학생 CHF12.50, 6~16세 CHF7 **홈페이지** www.chillon.ch

'모든 이를 위한 천국'
호반 산책로 Lac Leman

몽트뢰 호반은 시옹성과 브베까지 약 7km 산책로가 이어진다. 하이킹 코스를 즐기는 사람도 많지만, 가볍게 도심 근처만 걸어도 좋다. 호숫가에는 큼직한 바위를 쌓아 제방역할을 한다. 도심에서 살짝 벗어나면 퇴적된 모래사장이 있어 수영을 즐기거나 일광욕을 할 수 있다. 시내 중심인 그

랑 거리(Rue Grand)의 아케이드 시장(Marché Couvert) 앞에는 원형 전망대(Plateforme sur le Lac)가 있다. 알프스와 호수 전망을 관람하기 좋고 사다리가 있어 호수에 몸을 담글 수도 있다.
가장 인기 있는 장소는 퀸(Queen)의 리더, 프레디 머큐리(Freddie Mercury) 동상이다. 매 순간 아름다운 몽트뢰의 풍경을 보고 마지막 앨범 〈Made in heaven〉(1995)을 만든 건 아닐까? 동상은 앨범 재킷 사진처럼 오른팔을 하늘로 힘차게 뻗는 시그니처 포즈를 하고 있다. 몽트뢰를 '모든 이를 위한 천국'이라고 노래했던 그를 기억하기 위해 매년 9월 첫째 주말에는 추모 행사가 열린다.

주소 Quai de la Rouvenaz, 1820 Montreux

프레디 머큐리 팬이라면 '돈 스탑 미 나우'
카지노 바리에르 Casino Barrière de Montreux

1881년부터 문을 연 카지노 바리에르는 몽트뢰를 찾은 관광객의 엔터테인먼트를 담당했다. 1967년에는 세계적인 음악 축제가 된 몽트뢰 재즈 페스티벌이 이곳에서 첫발을 내디뎠다. 그런데 그로부터 4년 뒤, 공연 중 한 관객이 조명탄을 쏘아 건물이 전소되는 사건이 있었다. 공연장에서 대피한 영국 록 밴드 딥 퍼플이 이날의 아픔을 쓴 곡 〈Smoke on the water〉를 발표했다. 1975년 건물이 새로 지어졌고 1993년까지 페스티벌을 이어 가다 공연장을 따로 세웠다.
카지노 건물 내에는 '퀸, 더 스튜디오 익스피리언스(Queen, the studio Experience)'가 있다. 데이비드 보위(David Bowie), 롤링 스톤즈(the Rolling Stones)가 녹음했던 마운틴 스튜디오(Mountain Studios) 자리다. 1978년 앨범 〈재즈(Jazz)〉을 위해 스튜디오를 찾은 퀸은 녹음 시설에 무척 만족했는데 이듬해 매물이 나오자 이곳을 사 버렸다. 17년 동안 6개 앨범을 녹음했고 프레디 머큐리가 생을 마감하기 전에 낸 마지막 앨범까지 이곳에서 녹음했다. 지금은 재현된 스튜디오와 공연 의상, 기념품, 프레디 머큐리가 직접 쓴 가사 등을 전시하고 있다.

교통 선착장에서 도보 5분 주소 Rue du Théâtre 9, 1820 Montreux 전화 +41 21 962 83 83 시간 10:30~22:00 요금 무료 홈페이지 www.casinosbarriere.com

Plus Area ❶
브베 Vevey

브베는 안락한 마을이다. 여느 레만 호숫가 마을보다 더 편안하게 느껴지는 건 고요해서다. 유명 관광지 사이에 있는 마을은 일상의 틈처럼 자리한다. 시끄러운 세상과 멀어질 기회다. 관광객이 많이 찾지 않는 브베는 인구의 43%가 이주한 외국인이다. 머묾을 선택한 사람 중엔 유명인도 많다. 찰리 채플린은 1953년부터 25년간 살다 생을 마감했다. 오랜 동경의 대상이었던 인물을 만나고 싶거나 그의 '오프 더 레코드'가 궁금한 팬들이 브베를 찾기도 한다.

• 브베로 이동하기 •

로잔과 몽트뢰 사이에 있다. 기차로 연결되며 로잔에서 15분, 몽트뢰에서 6분 정도 걸린다. 브베를 여행하기 전에 브베역 2층으로 가 보자. 과거 철도 노동자들의 숙소로 사용되던 공간을 미술관으로 바꿔 놓았다. 매년 다양한 아티스트 프로젝트와 전시회가 무료로 열린다.

이웃한 몽트뢰에선 버스로 이동할 수 있다. 201번 버스를 30분 정도 타고 브베역(Vevey Gare)에서 내리면 된다. 레만 호수를 가르는 유람선도 30분 정도 소요되며 브베(Vevey Marche) 선착장에서 내린다. 작은 마을이라 걸어서 둘러볼 수 있다.

브베 관광안내소

주소 Grande Place 29, 1800 Vevey **전화** +41 84 886 84 84 **시간** 월~금 09:00~18:00, 토 09:00~12:45, 13:30~17:00, 일 10:00~15:00(시기에 따라 변경) **홈페이지** montreuxriviera.com

호반 산책로 Lac Leman

레만 호반을 따라 산책로가 이어진다. 바위를 쌓은 제방에 벤치를 설치해 두어서 쉬면서 경치를 즐길 수 있다. 호수에 콕 박힌 대형 포크는 네슬레 사(社)에서 만든 음식 박물관, 알리망타리움(Alimentarium)의 상징이다. 이 박물관에서는 바른 먹거리와 요리 역사에 대한 전시, 요리 수업을 운영하고 있다.

호숫가에는 찰리 채플린 동상도 있다. 그의 첫 장편 영화 〈키드(the Kid)〉에 나오는 캐릭터 그대로다. 지팡이를 든 그는 레만 호수를 지그시 바라보고 있다. 1953년 브베에 정착한 그는 테라스에서 보는 호수와 알프스산맥을 바라보길 좋아했다. '인생은 가까이서 보면 비극, 멀리서 보면 희극'이라고 했던 그의 말처럼 인생에서 잠시 물러앉아 사유하는 시간을 가져 보자.

알리망타리움
주소 Quai Perdonnet 25, 1800 Vevey **전화** +41 21 924 41 11 **시간** 4~9월 10:00~18:00, 10~3월 10:00~17:00 / 월요일 휴무 **요금** 어른 CHF 15, 6~16세 CHF6 **홈페이지** www.alimentarium.org

■ 채플린스 월드 Chaplin's World

브베 시내에서 산길을 따라 오르면 코르지에 쉬르 브베(Corsier sur Vevey)가 나온다. 채플린 생가가 있던 마을로 2016년 채플린 재단에서 박물관을 개장했다. 생가이자 생활 공간인 마누아르(le Manoir)와 세트장처럼 꾸민 스튜디오(Le Studio), 정원(le Parc)로 나뉜다. 마누아르는 '작은 성'이라는 뜻으로 규모가 크다. 노년의 찰리 채플린이 맞아주는 입구부터 침실, 욕실, 응접실 등 그의 삶과 가족들을 엿볼 수 있는 공간이다. 스튜디오는 그의 영화 인생과 친구들을 만날 수 있다. 전시는 밀랍 인형으로 재현해 흥미진진하다. 몽블랑이 한눈에 보이는 그의 정원은 사계절 아름답다.

교통 기차역에서 212번 버스 타고 코르지에 브베(Corsier Vevey-Chaplin) 하차 후 도보 9분 **주소** Route de Fenil 2, 1804 Corsier-sur-Vevey **전화** +41 84 242 24 22 **시간** 7~8월 10:00~19:00 / 4~6월 및 9월 10:00~18:00 / 11~3월 10:00~17:00(시기에 따라 변경) **요금** 어른 CHF 25, 6~15세 CHF 19 **홈페이지** www.chaplinsworld.com

브베 구시가 Old Town

브베 시내 중심인 그랑드 플라스(Grande Place) 광장에서는 화요일과 토요일에 시장(Place du Marche)이 열린다. 이곳에서 루시 정원(Jardin Roussy)까지 구시가지다. 넓지 않지만 미로처럼 얽혀 있어 길을 잃는 재미가 있다. 사진 역사와 발명가, 기술 등을 전시한 스위스 사진 박물관(Musée Suisse de l'Appareil Photographique)과 25년마다 한 번씩 열리는 와인 축제 페트 데 비녜롱(Fête des Vignerons)을 주관하는 와인 박물관(Musée de la Confrérie des Vignerons), 브베이 역사 박물관이 있다.

라보 테라스 Terrasses de Lavaux

라보 테라스는 길이 약 12km, 스위스령 레만 호수의 1/10에 해당하는 규모의 포도밭이다. 로잔에서 브베까지 이어진 계단식 포도밭은 스위스에서 가장 많은 와인을 생산한다. 로마 시대부터 포도를 기른 흔적이 있고 11세기 시토 수도회(Cistercian)가 지배한 뒤에 활발해졌다. 석회질 토양에 기온이 온화하고 남향 비탈이라 해가 잘 들어 포도를 재배하기에 천혜의 조건이다. 전통 농업 방식을 이어 가고 있어 2007년 유네스코 세계자연유산에도 등재되었다. 여름에 포도를 수확해 와인을 만드는 10월이면 페스티벌이 열린다.

• 라보 테라스로 이동하기 •

라보 테라스는 뤼트리(Lutry), 빌레트(Villette), 에페스(Epesse), 칼라망(Calamin Grand Cru), 데잘레(Dézaley grand Cru), 생사포랑(St-Saphorin), 샤르도네(Chardonne), 브베-몽트뢰(Vevey Montreux) 등 8개 와인 생산지의 공동체, 아펠라시옹(Appellations)으로 되어 있다.

트레킹 코스 내에 있는 대표 마을은 뤼트리, 에페스, 퀼리, 셰브르(Chexbres), 생사포랑이 있다. 보통 반나절 정도 트레킹을 한 뒤 근처 마을에서 와인을 맛본다.

로잔이나 몽트뢰에서 출발할 경우, 기차를 이용하는 방법이 가장 편리하다. 기차가 서는 역은 퀼리, 에페스, 리바(데잘레·칼라망), 생사포랑이다. 가장 높은 마을인 셰브르는 브베 기차역에서 S7번 열차로 갈아타면 도착할 수 있다.

• 라보 테라스의 시내 교통 •

라보 익스프레스(Lavaux Express)

라보 테라스는 경사가 있고 넓어 걷기 힘들 수도 있다. 이럴 때는 라보 익스프레스를 이용해 보자. 라보 마을과 포도밭을 도는 미니 열차다. 퀼리 원점 회귀 코스(퀼리 → 에페스 → 데잘레 → 퀼리)와 뤼트리 원점 회귀 코스(뤼트리 → 아란 → 그랑보 → 뤼트리)가 인기 있다.

주소 ❶ 뤼트리-Quai Gustave Doret 1,1095 Lutry **❷** 퀼리-Place d'Armes 16, 1096 Cully **전화** +41 84 884 87 91 **시간** 4~10월 10:30~16:30(약 1시간 15분 소요) **요금** 어른 CHF17, 학생 CHF14, 4~12세 CHF6 **홈페이지** lavauxexpress.ch

라보 파노라믹(Lavaux Panoramic)

라보 테라스를 쉽고 편하게 즐기고 싶다면 라보 파노라믹 미니 열차를 타고 여행하자. 코스 중 가장 높은 마을 셰브르와 생사포랑을 오가는 생사포랑 투어, 리바 역 인근 비노라마 박물관을 포함한 비노라마 투어가 인기 있다. 라보 파노라믹 투어는 가문 와이너리인 카보(Caveau)에서 와인 한 잔을 제공한다. 운행 일정이 변동될 수 있어 꼭 홈페이지를 참고해서 계획을 세우는 것이 좋다.

주소 셰브르-Place de la Gare, Chexbres-Village **전화** +41 21 946 23 50 **시간** 4~10월 ❶ 생사포랑 코스-화·목 14:00, 토 10:35(1시간 소요) ❷ 비노라마 코스-일요일 10:35(1시간 30분 소요) **요금** ❶ 생사포랑 코스-어른 CHF17, 6~16세 CHF8 ❷ 비노라마 코스-어른 CHF19, 6~16세 CHF8 **홈페이지** lavaux-panoramic.ch

라보 테라스 관광안내소

주소 Lavaux Association World Heritage Vinches Trail 2, 1091 Grandvaux **전화** +41 21 946 15 74 **시간** 08:00~17:00 **홈페이지** lavaux-unesco.ch

라보 와인 루트 Terrasses de Lavaux

레만 호수 너머로 아스라이 겹쳐 보이는 알프스와 마주한 포도밭이다. 우리나라 다랭이논처럼 가파른 산비탈을 개간해 만들었다. 초목을 베어 내고 땅을 일궈 돌담을 쌓았다. 낮 동안 달궈진 돌이 밤에는 온기를 내뿜어 포도가 더 맛있어진다. 척박한 환경이지만 스위스 사람들 특유의 도전 정신이 150여 곳의 와이너리를 만들었다. 포도는 스위스 토종 품종인 샤슬라(Chasselas)다. 주로 화이트와인으로 만들며 과일 향이 풍부하고 다양해 사랑받는다. 생산된 와인은 스위스에서 대부분 소비되어 우리나라에서 맛보기 어렵다. 꼭 시음해 보길 권한다.

포도밭 사잇길은 걸을 수 있도록 잘 포장되어 있다. 스위스에서 산악 지역을 제외하고 가장 유명한 하이킹 코스다. 우리나라 제주도 올레 10코스와는 자매결연을 맺었다. 생사포랑에서 뤼트리까지의 풀 코스는 약 12km이다. 가고 싶은 마을을 정해 체력이나 여유 시간에 맞게 동선을 짜면 된다.

르 무 드 레쟁(Le Mout de Raisin)

포도주를 만들기 위해 짜낸 신선한 과즙을 말한다. 보통 제네바 서쪽에서 포도 수확 축제 기간에 많이 마시며 축제 시작일 아침에 과즙을 짜내서 판매하니 만나게 되면 마셔 보자. 포도 수확 기간에는 제네바 레스토랑이나 카페에서도 마실 수 있다. 포도즙은 발효가 매우 빨리 시작하므로 이미 알코올이 함유되어 있으니 참고하자.

• Hiking Course • 라보 와인 루트

생사포랑에서 뤼트리까지 이어지는 라보 와인 루트는 약 12km로 최소 6시간(편도) 이상 걸린다. 여유 시간이나 체력에 따라 하이킹 코스 일부를 걸어 보면 좋다. 대부분 산비탈을 가로로 걷는 평지 길이라 걷기 쉽지만 일조량이 중요한 포도밭이라 그늘이 없으므로 선글라스나 모자 같은 차양 물품을 준비하자. 물과 간식도 필요하다.

뤼트리 ▶ 퀼리 (6.2km, 약 3시간 소요) 뤼트리(Lutry)는 로잔 방향에 있는 하이킹 시작점이다. 기원전 4,000년 전으로 추정되는 거석이 발견되었으며 중세 성벽이 남아 있는 역사 도시다. 마을을 둘러본 뒤 아랑(Aran)과 그라보(Grandvaux)를 거쳐 퀼리(Cully)로 이어지는 코스다. 그라보까지 가는 라보 익스프레스를 이용할 수 있다.

퀼리 ▶ 에페스 ▶ 리에 ▶ 퀼리 (4.4km, 약 2시간 소요) 뤼트리에서 몽트뢰 방향으로 5km 더 이동하면 퀼리다. 에페스(Epesse)를 반환점으로 퀼리에 돌아오는데 여유가 된다면 리에(Riex)를 거쳐 돌아오는 코스도 좋다. 퀼리에서 리에, 에페스, 데잘레(Dézaley)를 지나 원점으로 돌아오는 라보 익스프레스가 운행하니 참고하자. 여름이라면 하이킹 후에 퀼리 선착장 옆 플라주 드 퀼리(Plage de Cully)에서 호수 수영을 하는 것도 좋다.

셰브르 ▶ 에페스 ▶ 퀼리 (5km, 약 2시간 30분 소요) 하이킹 코스 중 가장 높은 마을인 셰브르(Chexbres)에서 서쪽으로 내리막길을 걸어가는 코스다. 에페스는 라보 테라스에서 중간 지점으로 새로운 코스를 연결해서 걷기도 좋다. 라보에서 생산된 와인을 맛볼 수 있는 바도 많은데, 르 덱(le Deck)을 추천한다. 라보 포도밭과 레만 호수, 알프스산맥까지 파노라마로 펼쳐져 눈과 입이 모두 즐겁다.

셰브르 ▶ 생사포랑 (2.1km, 약 30분~1시간 소요) 하이킹 코스 중 가장 쉽다. 셰브르 언덕에서 출발해 호숫가 마을 생사포랑까지 내리막길이다. 계단식 포도밭과 호수 전망을 계속 누리며 걸을 수 있다. 그마저도 라보 파노라믹을 이용하면 쉽다. 더운 여름날이면 피신 드 셰브르(Piscine de Chexbres) 수영장에서 놀다 가도 좋다. 생사포랑은 몽트뢰 방향에 있는 하이킹 시작점이다. 로마 시대 유적과 중세 가옥이 옹기종기 모인 마을로 고즈넉하다.

여행 회화
영어

인사

처음 뵙겠습니다. (대답 시)	How are you? (Pretty good. / Fine thanks.)
만나서 반갑습니다.	Nice to meet you.
저는 ~라고 합니다.	My name is ~.
이 분이 ~ 씨입니다.	This is ~.

공항

무엇을 도와 드릴까요?	May I help you?
탑승 개시는 언제입니까?	When is boarding time?
이름을 알려 주시겠어요?	Just your name, please?
여권번호를 알려 주시겠어요?	Passport number, please?
좌석은 창쪽으로 드릴까요, 복도쪽으로 드릴까요?	Window or aisle?
창쪽으로 주세요.	Window, please.
비행기 표를 보여 주세요.	our ticket, please?
여기 있습니다.	Here you are. / Here it is.
짐은 두 개입니다.	I have two pieces of baggage.
이 예약을 취소해 주십시오.	Cancel this reservation, please?

입국 수속 시

여권을 보여 주십시오.	Passport, please.
방문 목적이 무엇입니까?	What's the purpose of your visit?

관광차 왔습니다.	For sightseeing. / For tour.
사업차 왔습니다.	On business.
취리히 어디에서 머물 예정입니까?	Where will you stay in Zurich?
ㅇㅇㅇ호텔에서	At the OOO Hotel.
얼마나 계실 겁니까?	How long will you stay here?
한 달간 있을 예정입니다.	I'll stay here for a month.
2주간 있을 겁니다.	Two weeks.
세관 신고할 것이 있습니까?	Do you have anything to declare?
없습니다.	No, I don't. / Nothing.
좋은 여행 되십시오.	Have a good time.
행운을 빕니다.	Have a good luck.

환전

환전소는 어디입니까?	Where can I change money?
유로로 바꿔 주세요.	Change euros, please.
유로를 스위스프랑으로 바꾸고 싶습니다.	I'd like to change euros to Swiss francs.
환율은 어떻게 되나요?	What's the exchange rate?
1유로에 0.95스위스프랑입니다.	One euro is 0.95 Swiss francs.

교통수단

택시를 불러 주세요.	Taxi, please.
택시 정류장은 어디입니까?	Where is the taxi stand?
기차역까지 가 주세요.	To the train station, please.
이 주소로 가 주세요.	To this address, please.
여기서 세워 주세요.	Stop here, please.
국제공항까지 요금이 얼마입니까?	How much is it to the international airport?

○○로 가는 버스가 맞나요?	Is this bus for OO?
버스는 어디에서 타나요?	Where can I get on a bus?
요금은 얼마입니까?	What's the fare?
이 기차는 ~ 역에서 정차하나요?	Does this train stop at ~?
어디서 갈아타나요?	Where do I change?
~까지는 얼마나 걸립니까?	How long dose it take to go to ~?
이 표를 취소할 수 있나요?	Can I cancel this ticket?
침대 열차가 있습니까?	Is there a sleeping train?
다음 역에서 내릴 겁니다.	I'm getting off at the next stop.
택시는 어디에서 타나요?	Where can I get a taxi?
어디로 가십니까?	Where are you going?
~로 갑시다.	To the ~, please.
여기서 세워 주세요.	Let me off here, please.
얼마입니까?	How much is it?
여기 있습니다.	Here it is.

호텔

오늘밤 묵을 방이 있나요?	Have you a room for tonight? Do you have a room for tonight?
방 값은 얼마인가요?	What's the rate for the room?
방 좀 미리 볼 수 있나요?	Can I see it, please?
더블 룸으로 하고 싶어요.	I'd like double room. / Double room, please.
욕실이 딸린 방으로 하고 싶어요.	I'd like a room with bath.
좀 더 싼 방은 없습니까?	Have you nothing cheaper?
지금 체크인을 할 수 있나요?	Can I check in now?
아침 식사가 포함되어 있는 요금입니까?	Does it include breakfast?
체크아웃 시간은 몇 시입니까?	When is check out time?

귀중품을 맡아 주시겠어요?	Can I check my valuables with you?
맡긴 짐을 찾고 싶은데요?	May I have my baggage back?
세탁 서비스가 있습니까?	Do you have laundry service?
세탁을 부탁합니다.	I have some laundry. / Laundry, please.
언제까지 될까요?	When will it be ready?
모닝콜 서비스를 받을 수 있나요?	Can I get a morning call service?
지금 체크아웃을 하고 싶습니다.	Check out, please.

음식점

금연석으로 주세요.	Non-smoking, please.
주문하시겠어요?	May I take your order? Would you like to order now?
이것으로 먹겠어요.	I'll have this one.
추천할 만한 요리가 무엇입니까?	What would you recommend?
이것은 무슨 요리인가요?	What kind of dish is this?
아이스티가 있나요?	Do you have ice-tea?
커피 주세요.	I'll have coffee, please.
사양합니다, 배가 너무 불러요.	No, thank you. I'm full, I had enough.
계산서를 주세요.	Check, please.

아플 때

몸이 안 좋아요.	I feel sick. / I feel no good.
병원에 데려다 주세요.	Please take me to the hospital.
의사를 불러 주세요.	Please call a doctor.
열이 있어요.	I have a fever.
머리가 아파요.	I have a headache.
나는 A형입니다.	My blood type is A.

길 묻기

실례지만, ~ 게스트 하우스가 어딥니까?	Excuse me, Where is the ~ guest house?
여기가 지금 어딥니까?	Where am I now?
역에 가는 길을 가르쳐 주세요.	How can I get to the station?
여기가 무슨 거리입니까?	What street is this?
~까지 얼마나 멉니까?	How far is it to ~?
얼마나 걸립니까?	How long will it take?

사진 촬영

당신 사진을 찍어도 될까요?	May I take your picture?
저랑 같이 찍을래요?	Please pose with me?
죄송하지만 셔터 좀 눌러 주세요.	Excuse me, press the shutter, please.

항공권을 예약할 때

다음 주 월요일 인천행 비행기를 예약하려고 하는데요?	I'd like to make a reservation to In-cheon(Seoul) for next monday.
2등석으로 예약하고 싶습니다.	I'd like to travel economy-class.
언제 탑승 수속을 하지요?	When am I supposed to check in?

쇼핑

그냥 둘러보고 있는 중입니다.	I'm just looking around.
시계 좀 볼 수 있나요?	Can I see some watches?
다른 물건 좀 보여 주세요.	Show me another one, please.
너무 큽니다(작습니다).	It's too big(small).
이것으로 하겠습니다.	I'll take this one.
이것을 사겠어요.	I'll buy this.

여행 회화

독일어 · 프랑스어 · 이탈리아어

독일어

네.	Ja. 야
아니오.	Nein. 나인
안녕.(만났을 때)	Hallo. 할로
안녕히 가세요.(헤어질 때)	Auf Wiedersehen. 아우프 비더제엔
안녕하세요.(아침 인사)	Guten Morgen. 구텐 모르겐
안녕하세요.(낮 인사)	Guten Tag. 구텐 탁
안녕하세요.(저녁 인사)	Guten Abend. 구텐 아벤트
안녕히 주무세요.(밤 인사)	Gute Nacht. 구트 나흐트
실례하겠습니다.	Entschuldigung. 엔츌디궁
감사합니다.	Danke. 당케
미안합니다.	Es tut mir leid. 에스 툿 미르 라이트
천만에요.	Bitteschön. 비테쉔
얼마입니까?	Wieviel kostet das? 비빌 코스텟 다스
계산서 주세요.	Die Rechnung, bitte. 디 레히눙, 비테
~은 어디에 있습니까?	Wo ist ~? 보 이스트 ~?
~를 찾고 있습니다.	Ich suche nach ~. 이호 주허 나흐 ~

프랑스어

네.	Oui. 위
아니오.	Non. 농
안녕하세요.(낮 인사)	Bonjour. 봉쥬
안녕하세요.(저녁 인사)	Bonsoir. 봉수와

안녕히 주무세요.(밤 인사)	Bonne nuit. 본 뉘
안녕히 가세요.(헤어질 때)	Au revoir. 오 르부아
실례하겠습니다.	Excusez-moi. 엑스퀴제-무아
감사합니다.	Merci. 메르씨
미안합니다.	Pardon. 빠르동
천만에요.	De rien. 드 리앙
얼마입니까?	Combien ça coûte? 꼼비앙 싸 꾸뜨?
계산서 주세요.	L'addition s'il vous plait. 라디씨옹 씰 부 쁠레
~은 어디에 있습니까?	Où est ~? 우 에 ~?
~를 찾고 있습니다.	Je cherche ~. 줴 쉐쉬 ~

이탈리아어

네.	Si. 씨
아니오.	No. 노
안녕.(만났을 때/헤어질 때)	Ciao. 챠오
안녕하세요.(아침 인사)	Buongiorno. 본 조르노
안녕하세요.(저녁 인사)	Buonasera. 보나세라
안녕히 주무세요.(밤 인사)	Buonanotte. 보나노떼
안녕히 가세요.(헤어질 때)	Arrivederci. 아리베데르치
실례하겠습니다.	Mi scusi. 미 스쿠지
감사합니다.	Grazie. 그라찌에
미안합니다.	Mi dispiace. 미 디스피아체
천만에요.	Prego. 프레고
얼마입니까?	Quanto costa? 콴토 코스타?
계산서 주세요.	Il conto per favore. 일 콘토 페르 파보레
~은 어디에 있습니까?	Dov'è ~? 도베 ~?
~를 찾고 있습니다.	Sto cercando ~? 스토 체르칸도 ~

찾아보기
INDEX

Sightseeing

FIFA 세계 축구 박물관	124
IWC 샤프하우젠 박물관	144
QC 테르메	355
감옥탑	221
겜미 패스	323
고르너 협곡	317
고르너그라트 전망대	307
곰 공원	225
구르텐	227
구시가	220
구시가지 분수	222
국제 적십자 적신월 박물관	350
국제연합 유럽 본부	348
그로세 샤이덱	260
그로스뮌스터	112
기사의 집	143
기스바흐 폭포	245
노이하우스	250
니더도르프	120
니더호른	249
라 종시옹	345
라 파지블 – 오드리 헵번 생가	372
라보 와인 루트	386
라우펜성	146
라이헨바흐 폭포	291
라인 폭포	146
라인 폭포 유람선	147
락 블랑	359
란츠게마인데 광장	167
레만 호수	346
레흐베르크 공원	119
로이커바트 테름	322
로잔 대성당	367
로잔 연방 공과대학교	370
로젠가르트 미술관	186
로트호른 파라다이스	310
루소섬	339
루체른 문화 컨벤션 센터	190
룽게른	293
뤼민 궁전	368
르 코르뷔지에 파빌리온	124
리기 쿨름	196
린덴호프	110
린트 초콜릿 박물관	125
마르세 계단	367
마르칠리 수영장	227
마터호른	302
마터호른 글래시어 파라다이스	304
마터호른 박물관	316
멘리헨	270
모르주성	372
몽탕베르	357
무노트 요새	145
무스플루	328
무제크 성벽	184
뮈렌	266

미그로스 현대 미술관	128		쉴트호른	268
미틀러 다리	157		슈타우바흐 폭포	264
바그너 박물관	189		슈팔렌토르	157
바르퓌서 교회	156		슈프로이어교	182
바이엘러 재단	160		슈피츠	249
바젤 대성당	155		스위스 교통 박물관	188
바젤 현대 미술관	158		스위스 국립 박물관	108
반호프 거리	109		시계탑	221
발리서 알펜테름	322		시그리스빌 파노라마 다리	248
베른 대성당	224		시옹성	380
베른 역사 박물관 & 아인슈타인 박물관	226		시청사	154
베트머호른	329		아레슐츠	292
벵엔	269		아리아나 박물관	349
뵈르트성	147		아이거글레처	274
뷔르클리 광장	120		아인슈타인 하우스	223
뷔이유렁성	373		알러하일리겐 대성당	144
브레방	358		알레치 아레나	328
브리엔츠 로트호른	246		알멘트후벨	267
브리엔츠 호수	244		에귀 뒤 미디 전망대	355
브베 구시가	383		에기스 호른	328
블라우 호수	284		에르미타주 재단 미술관	368
비트라 디자인 박물관	160		에벤알프	168
빈사의 사자상	183		에비앙 마을	375
빙하 공원	184		에스파스 상 피에르	342
빙하 협곡 글레처슐루흐트	260		에우로파알레	109
상 피에르 대성당	341		엥겔베르크	205
샤모니	354		연방 의사당	223
성 마우리티우스 성당	316		영국 공원	340
성 베아투스 동굴	250		예수회 성당	185
셜록 홈즈 박물관	290		옛 무기고	343
쉬니케 플라테	242		오버호펜성	248
쉬프바우	127		올림픽 박물관	369
쉬프페	110		외시넨 호수	285

우시항	369
위틀리베르크	125
융프라우요흐 전망대	275
이젤트발트	245
임 비아둑트	126
작서 뤼크	171
장미 공원	225
장크트 레오드가르 호프 성당	185
장크트 마우리티우스 성당	166
장크트 페터 교회	111
제 도 분수	339
제네바 근현대 미술관	344
제네바 노트르담 성당	345
종교 개혁 기념비	343
줌 가울	128
채플린스 월드	383
취리히 대학교 법학 도서관	119
취리히 연방 공과대학	118
취리히 웨스트	126
취리히 호수	121
카샤 샘	375
카지노 바리에르	381
카펠교	181
쿤스트하우스 취리히(취리히 미술관)	116
클라이네 샤이덱	274
클라인 티틀리스	204
타벨 저택	342
토니 아레알	128
툰 호수	247
트뤼멜바흐 폭포	264
트루브제	205
팅겔리 미술관	159
팅겔리 분수	156

파울 클레 센터	226
파텍 필립 시계 박물관	344
팔뤼 광장	368
펄스 5	128
프라우 게롤즈 가르텐	127
프라우뮌스터	114
프라이탁	127
프론바그 광장	142
피르스트	256
피어발트슈테터 호수	191
필라투스 쿨름	200
하더 쿨름	241
하우프트 거리	166
호반 산책로	381
호반 산책로	383
호흐플루	329
황금 황소의 집	143
힌터도르프	317

Hiking Course

5개 호수 길	312
구르메 길	311
드래곤 트레일	201
라보 와인 루트	387
라우터브루넨 협곡	265
로트호른~플란알프	246
루허호른	243
리기 쿨름~칼트바트	197
리펠 호수 길	308
마크 트웨인 길	309
마터호른 글래시어 트레일	306

묀히요흐 산장	278
뮈렌~김멜발트	267
바흐알프 호수	258
아이거 트레일	278
아이거글레처~벵에른알프 트레일	280
알레치 글레시어 트레일	326
에벤알프~제알프제~바서라우엔	169
융프라우 아이거 워크	279
파노라마 길	271
플랑 드 레귀~몽탕베르	356
피르스트~쉬니케 플라테	259

Eating

노스 월	318
라 로티세리	130
라트하우스 브루어라이	208
레 자르뮈르	360
레스토랑 미그로스	134
레스토랑 바이츠튀블리	271
레스토랑 베른	252
루츠 제비스트로	209
르 디젤레	132
리틀 타이	252
바우쉔즐리	132
바이저 뷘드	131
발리저슈투베	318
발리저카네	318
배리스 레스토랑	261
비르츠하우스 갈리커	210
비스트로 뒤 뵈프 루즈	360
소울 치킨	209

쉐 브로니	318
쉐 필립	360
슈벨렌매텔리	228
슈프륑글리	134
시 운트 엠	261
알테스 트람데포트	228
오데온 카페	135
윌리엄스 부처스 테이블	228
유미하나	135
초이크하우스켈러	129
춘프트하우스 추어 마이젠	131
춘프트하우스 추어 바그	130
춘프트하우스 추어 사프란	131
춘프트하우스 피슈테른	208
카바레 볼테르	133
카페 데 피레네	228
카페 알피네움	210
코티지 카페	360
크로넨할레	129
프리치	209
프릭 타이	210
피제리아 바이세스 크로이츠	208
하우스 줌 루덴	130
하우스 힐틀	129
호플라 비스트로	252
후시 비어하우스	252

Sleeping

25아워즈 호텔 취리히 랑슈트라세	136
3100 쿨름호텔 고르너그라트	319
나코 아파트호텔	319

백패커스 루체른	211		크로이츠 베른 모던 시티 호텔	229
비더 호텔	136		키플링 마노텔	361
비종아파트먼츠 제네바 가르	361		호텔 데 잘프스	211
비투 부티크 호텔 앤 스파	136		호텔 로다니아	319
샤토 게슈	211		호텔 로즈말레	361
센트랄 플라자 호텔	136		호텔 뢰슬리	137
스테이 쿡 베른 시티	229		호텔 마르타	137
아이거 마운틴 앤 소울 리조트	261		호텔 베르너호프	253
아파트먼트 테오둘	319		호텔 벨베데르 그린델발트	261
알파인 가든	137		호텔 벨뷰 데 알프스	281
앙바사도르 아 로페라	137		호텔 슈바이처호프 베른	229
유스호스텔 베른	229		호텔 인터라켄	253
인터라켄 유스호스텔	253		호텔 코비 부티크 스튜디오	211
치코 민박	253		페터쇼플리	361
캠핑 융프라우 홀리데이 파크	271